АЗБУКА-КЛАССИКА

NON-FICTION

ЮРИЙ ЛОТМАН

# *Роман А. С. Пушкина «Евгений Онегин». Комментарий*

АЗБУКА

Санкт-Петербург

УДК 82(091)
ББК 83.3(2Рос-Рус)1
Л 80

Серийное оформление В. В. Пожидаева

Оформление обложки В. А. Гореликова

В оформлении обложки использована фотография
из архива Ю. М. Лотмана





ISBN 978-5-389-08745-3

# От составителя

*Памяти*
*Григория Александровича Гуковского*

Предлагаемое вниманию читателей пособие является комментарием к роману в стихах А. С. Пушкина «Евгений Онегин». Для того чтобы между читателем и автором комментария возникло должное взаимопонимание, необходимо сделать несколько предварительных замечаний. Основные особенности научного жанра комментария сформулированы в книге С. А. Рейсера «Палеография и текстология нового времени» (М., 1970): «Независимо от того, для какой читательской категории комментарий предназначен, он не представляет собой чего-то автономного от текста, а подчинен ему — он должен помочь читателю понять текст. Комментарий — сателлит текста» (С. 293). Тезис этот следует понимать в двух планах. Первый — практический: чтение предлагаемого исследования не может являться самостоятельным — и построение, и аппарат его рассчитаны на параллельное чтение с пушкинским текстом. Второй имеет более общий смысл: работа над комментарием неотделима от одновременной работы над пушкинским романом. Комментарий, как и всякий научный текст, помогает размышлениям читателя, но не может заменить их. Без читательского интереса к произведению, любви к поэзии и культуры восприятия поэтического текста, без определенного уровня знаний и эстетической интуиции, без культуры мысли и эмоций читателя комментарий мертв.

Другая особенность комментария, также подчеркнутая С. А. Рейсером, — обязательная направленность комментария: «Тип комментария определяется прежде всего читательским назначением издания» (С. 292). Факт направленности имеет решающее значение для отбора комментируемых мест текста. Никакой комментарий не может, да и не должен, объяснять все. Объяснять то, что читателю и так понятно, означает, во-первых, бесполезно увеличивать объем книги, а во-вторых, оскорблять читателя уничижительным представлением о его литературном кругозоре. Взрослому человеку и специалисту читать объяснения, рассчитанные на школьника 5-го класса, бесполезно и обидно.

Настоящее издание является пособием для учителя-словесника. Это означает, что оно рассчитано на читателя, который, с одной стороны, не является специалистом-пушкиноведом, а с другой — имеет профессиональное филологическое образование. Соответственно предполагается, что специальной пушкиноведческой литературы в доступных читателю библиотеках может не оказаться, но такие широко распространенные справочники, как «Большая советская энциклопедия», «Краткая литературная энциклопедия» или «Толковый словарь русского языка» под редакцией Д. Н. Ушакова, находятся в пределах его досягаемости. Дублировать издания такого типа было бы бессмысленно. Однако неправильно было бы и жестко исключить все упоминающееся в этих справочниках, во-первых, поскольку читателю удобнее иметь дело с одной книгой, а не с десятками томов, а во-вторых, потому, что цель настоящего справочника не совпадает с названными выше и он не просто дает сведения о том или ином имени, но и связывает их с текстом романа.

Цель всех пояснений, которые может сделать по поводу художественного произведения любой специалист, — объяснить читателю его смысл и значение, сделать понятным. Пояснения эти могут иметь двоякий характер. Они могут быть *текстуальными*, то есть объяснять текст как таковой. Такое объяснение является необходимым условием любого читательского понимания произведения. Никто — не только исследователь или преподаватель, но и простой читатель — не имеет права претендовать на сколь-либо полное понимание произведения, если ограничился той степенью проникновения в текст, которая обеспечивается знанием русского языка и здравым смыслом, и пренебрег расшифровкой намеков, обнаружением скрытых цитат и реминисценций, если не знает реалий быта, не чувствует стилистической игры автора.

Другой вид пояснения — *концепционный*. Здесь, опираясь на понимание текста, исследователь дает разного рода интерпретации: историко-литературные, стилистические, философские и др.

Первый вид пояснений дается в комментарии, второй — в теоретических исследованиях: статьях и монографиях.

Для того чтобы дать пушкинскому роману в стихах любую достаточно содержательную интерпретацию, прочтения комментария (повторяем, параллельно с текстом) недостаточно — необходимо знакомство с исследовательской литературой. Предъявлять к комментарию требование решать специфические задачи историко-литературной и теоретической интерпретации текста неправомерно. Не следует ожидать, что человек, который возьмет на себя труд ознакомиться с предлагаемым комментарием, окончательно и бесповоротно поймет роман Пушкина. Понимание такого произведения, как «Евгений Онегин», — задача, требующая труда, любви и культуры. С целью облегчения читателю этой задачи даем краткий перечень основных работ о романе (см. с. 506–508).

Тип комментария зависит от типа комментируемого текста, а пушкинский роман отличается исключительной сложностью структурной организации. Это закономерно приводит к необходимости совмещения нескольких видов комментария и к неизбежной неполноте каждого из них в отдельности.

Большая группа лексически непонятных современному читателю слов в «Евгении Онегине» относится к предметам и явлениям быта как вещественного (бытовые предметы, одежда, еда, вино и пр.), так и нравственного (понятия чести, специфика этикета, правила и нормы поведения) и социального (служебная иерархия, структура общественных отношений и пр.). При этом недостаточно объяснить, что означает то или иное название, существенно указать, являлась ли та или иная вещь модной новинкой или обломком старины, какую художественную цель преследовал Пушкин, вводя ее в свой роман, и т. д.

Отношение текста реалистического произведения к миру вещей и предметов в окружающей действительности строится по совершенно иному плану, чем в системе романтизма. Поэтический мир романтического произведения был абстрагирован от реального быта, окружающего автора и его читателей. Если явления быта и вводились в текст, то это был *чужой* быт: экзотический быт других народов или старинный быт своего мог восприниматься поэтически, современный простонародный, чиновничий или светский — лишь сатирически. Но в любом случае это был не «свой», а «их» быт, с которым читатель соприкасался именно как читатель, то есть только в литературе. Мир поэзии возвышенной и благородной, сливаясь с миром лирических переживаний автора и читателя, был очищен от ассоциаций с низменными реалиями окружающей жизни, а мир поэзии сатирической, погруженной в быт, был удален от интимно-лирических переживаний автора. В результате между поэтическим текстом и лежащей за пределами текста жизнью сознательно создавалась пропасть[1]. С точки зрения комментария это приводит к тому, что поэтическое восприятие романтического произведения возможно и без детальных сведений о быте эпохи, в которую оно написано.

Пушкинский текст в «Евгении Онегине» построен по иному принципу: текст и внетекстовой мир органически связаны, живут в постоянном взаимном отражении, перекликаются намеками, отсылками, то звуча в унисон, то бросая друг на друга иронический отсвет, то вступая в столкновение. Понять «Евгения Онегина», не зная окружающей Пушкина жизни — от глубоких движений идей эпохи до «мелочей» быта, — невозможно. Здесь важно все, вплоть до мельчайших черточек.

Весьма существенно отделить те слова, которые сделались непонятными современному читателю, от таких, непонятность которых входила в авторский расчет и которые и в пушкинскую эпоху должны были сопровождаться комментариями (это отчасти и вызвало наличие авторских примечаний к роману). Пушкин, сам отмечавший, что его

> ...слог
> Пестреть гораздо б меньше мог
> Иноплеменными словами *(1, XXVI, 10–12[2])*,

конечно, мог бы заменить незнакомые или малоизвестные читателю слова обыденными и часто встречающимися. Видимо, такое решение противоречило бы его художественному заданию. Поэтому современный

---

[1] См.: *Гуковский Г. А.* Пушкин и проблемы реалистического стиля. М., 1957. С. 144–149.

[2] Список условных сокращений и принципы ссылок на пушкинские тексты см. на с. 14–17.

читатель должен знать, какие слова были необычными в онегинскую эпоху, а какие приобрели это качество позже.

Онегинский текст изобилует цитатами и реминисценциями; иногда источник их прямо обозначен, иногда автор не назван по имени, но указан совершенно недвусмысленно:

> ...надпись ада:
> *Оставь надежду навсегда (3, XXII, 9–10).*

Итальянский текст подлинника, данный Пушкиным в комментарии, рассеивал на этот счет любые сомнения.

В стихах:

> Словами вещего поэта
> Сказать и мне позволено:
> *Темира, Дафна и Лилета —*
> *Как сон, забыты мной давно* (VI, 647) —

вещий поэт — А. А. Дельвиг — не назван, но процитированы строки из его стихотворения «Фани», которые, казалось бы, делали намек достаточно прозрачным. Ср. у Дельвига:

> Темира, Дафна и Лилета
> Давно, как сон, забыты мной...

Однако эти стихи были опубликованы лишь в 1922 г. (*Дельвиг А. А.* Неизданные стихотворения / Под ред. М. Л. Гофмана. Пб., 1922. С. 50). Они написаны в Лицее и, вероятно, были хорошо известны в узком кругу лицеистов. Таким образом, для части читателей намек был принципиально недоступен расшифровке, а для другой — узкого круга лицейских друзей (Дельвиг как автор отличался особой стыдливостью, и стихи, которые он считал недостойными печати, за пределами очень узкого круга оставались неизвестными) — понятен до очевидности.

В стихе:

Так он писал *темно* и *вяло* *(4, XXIII, 1)* —

слова, которые Пушкин выделил курсивом, представляют цитату. Источник ее не назван, но для читателей, следивших за литературной полемикой, он не был секретом: они легко припоминали нашумевшую в 1824 г. статью В. К. Кюхельбекера «О направлении нашей поэзии, особенно лирической, в последнее десятилетие».

Можно привести и другой тип намека:

Зовут соседа к самовару,
А Дуня разливает чай... *(2, XII, 9–10)*

Смысл содержащейся здесь реминисценции раскрывается из сопоставления с цитатой из неоконченного «Романа в письмах» Пушкина: «...живу в глухой деревне и разливаю чай, как Кларисса Гарлов» (VIII, 47). Кларисса Гарлов (Гарлоу) — героиня известного одноименного сентиментального романа Ричардсона. Подобная деталь вообще составляла общее место сентиментальных романов «на старый лад» (ср. Шарлотту за завтраком в «Страданиях юного Вертера» Гёте). Сочетание подчеркнуто нелитературного имени Дуня, самого образа играющей на гитаре провинциальной барышни с сентиментальной деталью — «разливает чай» — создает иронический эффект. Он еще более подчеркнут лирической для Ленского параллелью:

Разлитый Ольгиной рукою,
По чашкам темною струею
Уже душистый чай бежал... *(3, XXXVII, 5–7)*

Иронический характер первых стихов и лирический вторых более или менее понятен всякому читателю, в том числе и не чувствующему здесь литературных реминисценций. Однако понимание намека и ощущение параллелизма этих сцен придает тексту глубину, смысловую емкость. «Евгений Онегин» построен так, что его можно воспринимать на разных уровнях проникновения в смысл.

Принятое Пушкиным построение текста создает особый образ аудитории. Пушкинский читатель всегда неоднороден: это и интимные друзья, и отдаленные потомки. Причем в одних случаях текст предельно понятен лишь тому, кто лично знает автора и все особенности его судьбы, а в других — лишь тому, кто смотрит на произведение из глубин будущих веков. Так, читатель, уже знакомый с «Анной Карениной», романами Тургенева и Гончарова, «Возмездием» Блока и «Поэмой без героя» Ахматовой, видит в «Евгении Онегине» потенциально скрытые смыслы, ускользавшие от внимания современников. Самый масштаб создания не был понятен даже наиболее прозорливым читателям 1820–1830-х гг. Только Белинский в начале 1840-х гг. смог определить историческое место «Евгения Онегина», и с тех пор каждое новое достижение русской литературы вносит что-то новое в трактовку пушкинского романа.

Непосредственное понимание текста «Евгения Онегина» было утрачено уже во второй половине XIX в.

Сто лет тому назад автор первой попытки прокомментировать роман писал: «В Евгении Онегине более, чем в каком другом произведении, мы встречаем массу непонятных для нас выражений, намеков...» (*Вольский А.* Объяснения и примечания к роману А. С. Пушкина «Евгений Онегин». М., 1877. С. 111).

Уже в пореформенное время плохо помнили быт онегинской эпохи. Что же говорить о современном нам читателе?

Предлагаемая читателю работа отнюдь не первый опыт комментирования пушкинского романа: помимо указанного комментария А. Вольского[1], ценные, хотя и краткие примечания содержатся в ряде научных и научно-популярных изданий «Евгения Онегина». Здесь в первую очередь следует назвать том 5 в издании: *Пушкин А. С.* Полн. собр. соч.: В 9 т. М., 1935 (комментарий Г. О. Винокура — с. 267–390); том 5 в издании: *Пушкин А. С.* Полн. собр. соч.: В 10 т. 2-е изд. М., 1957 (комментарий В. В. Томашевского); *Пушкин А. С.* Евгений Онегин. М.; Л., 1936; М., 1957; М., 1964 (комментарий С. М. Бонди).

Заслуженной популярностью у учителей пользуется книга: *Бродский Н. Л.* «Евгений Онегин». Роман А. С. Пушкина: Пособие для учителя (1-е изд. — 1932, 5-е — 1964). Эта книга, выдержавшая пять изданий, сыграла значительную роль в популяризации итогов комментаторской работы пушкинистов среди учителей-словесников. Однако в последние десятилетия появился ряд как общих, так и частных исследований, посвященных творчеству Пушкина и культуре его эпохи, были опубликованы ценные справочники и словари, в свете которых работа Бродского выглядит неполной, а частично и устаревшей.

Существуют также примечания к пушкинскому роману, написанные В. В. Набоковым (см. с. 15). В примечаниях содержится ряд параллелей с западноевропейскими литературными текстами, стилистические заметки, например указания на галлицизмы и некоторые бытовые комментарии. Однако в целом работа включает и ряд необязательных сведений, точные

[1] В настоящее время это издание, охватывающее первую—шестую главы, представляет лишь исторический интерес.

наблюдения перемежаются порой с субъективными и приблизительными.

Настоящий комментарий ограничен как целевой установкой, так и объемом. Поэтому от определенных сторон пояснения текста пришлось отказаться. Так, полностью исключен стиховедческий комментарий, читатель не найдет объяснений, касающихся природы стиха и строфы, рифмы, метра, ритма и звуковой структуры «Евгения Онегина». Делать отдельные «набеги» в эту область автор не считал целесообразным, а исчерпывающий или хотя бы достаточно полный комментарий этой стороны текста изменил бы весь план издания и увеличил бы значительно его объем. Ведущаяся в настоящее время интенсивная разработка стиховедческих аспектов поэзии Пушкина, возможно, восполнит этот пробел.

**Условные сокращения, применяемые в дальнейшем тексте:**

*П* — А. С. Пушкин.

*ЕО* — «Евгений Онегин».

*Алексеев — Алексеев М. П.* Пушкин. Сравнительно-исторические исследования. Л., 1972.

*Баратынский — Баратынский Е. А.* Полн. собр. стихотворений: В 2 т. Л., 1936.

*Бродский — Бродский Н. Л.* «Евгений Онегин». Роман А. С. Пушкина: Пособие для учителя. 5-е изд. М., 1964.

*Бульвер-Литтон — Бульвер-Литтон Э.* Пелэм, или Приключения джентльмена. М., 1958.

*Бутурлин* — Записки графа М. Д. Бутурлина // Русский архив. 1897. № 5–8.

*Вигель — Вигель Ф. Ф.* Записки: В 2 т. М., 1928.

Временник — Временник Пушкинской комиссии. М.; Л. Т. 1 — 1936. Т. 2 — 1936. Т. 3 — 1937. Т. 4–5 — 1939. Т. 6 — 1941; 1962; 1973; 1975.

*Вяземский-1 — Вяземский П. А.* Стихотворения. Л., 1958.

*Вяземский-2* — *Вяземский П.* Старая записная книжка. Л., 1929.

*Давыдов* — *Давыдов Д.* Соч. М., 1962.

*Дмитриев-1* — *Дмитриев И. И.* Полн. собр. стихотворений. Л., 1967.

*Дмитриев-2* — *Дмитриев И. И.* Соч.: В 2 т. СПб., 1895. Т. 2.

*Жуковский* — *Жуковский В. А.* Собр. соч.: В 4 т. М.; Л., 1959–1960.

*Карамзин-1* — *Карамзин Н. М.* Полн. собр. стихотворений. М., 1966.

*Карамзин-2* — *Карамзин Н. М.* Избр. соч.: В 2 т. М.; Л., 1964.

*Кюхельбекер-1* — *Кюхельбекер В. К.* Путешествие, дневник, статьи. Л., 1979.

*Кюхельбекер-2* — *Кюхельбекер В. К.* Избр. произведения: В 2 т. М.; Л., 1967.

*Лернер* — *Лернер Н. О.* Пушкинологические этюды // Звенья. М.; Л., 1935. Вып. V.

*Лотман-1* — *Лотман Ю. М.* Декабрист в повседневной жизни (Бытовое поведение как историко-психологическая категория) // Литературное наследие декабристов. Л., 1975.

*Лотман-2* — *Лотман Ю. М.* Посвящение «Полтавы». (Адресат, текст, функция) // Лотман Ю. М. Пушкин. СПб., 2009. С. 253–265.

*Лотман-3* — *Лотман Ю. М.* «Пиковая дама» и тема карт и карточной игры в русской литературе начала XIX века // Лотман Ю. М. Пушкин. СПб., 2009. С. 786–814.

*Лунин* — *Лунин М. С.* Соч. и письма. М., 1923.

*Миркович* — Федор Яковлевич Миркович. 1789–1866. Его жизнеописание, составленное по собственным его запискам, воспоминаниям близких людей и подлинным документам. СПб., 1889.

*Набоков* — *Nabokov V.* Eugene Onegin. A Novel in Verse by Aleksander Pushkin. Vol. 1–4. New York, 1964.

Письма Карамзина... — Письма Н. М. Карамзина к И. И. Дмитриеву. СПб., 1866.

Помещичья Россия... — Помещичья Россия по запискам современников. М., 1911.

Поэты 1790–1810-х — Поэты 1790–1810-х годов. Л., 1971.

Поэты 1820–1830-х — Поэты 1820–1830-х годов: В 2 т. Л., 1972. Т. 1.

Пушкин в воспоминаниях современников — А. С. Пушкин в воспоминаниях современников: В 2 т. М., 1974.

Рукою Пушкина — Рукою Пушкина. Несобранные и неопубликованные тексты. М.; Л., 1935.

*Рылеев — Рылеев К. Ф.* Полн. собр. стихотворений. Л., 1971.

*Селиванов — Селиванов В. В.* Предания и воспоминания. СПб., 1881.

Словарь языка *П* — Словарь языка Пушкина: В 4 т. М., 1956–1961.

*Смирнова-Россет — Смирнова-Россет А. О.* Автобиография. М., 1931.

*Томашевский — Томашевский Б. В.* Пушкин: В 2 кн. М.; Л., 1956, 1961.

*Тургенев — Тургенев Н. И.* Письма к брату С. И. Тургеневу. М.; Л., 1936.

*Тынянов — Тынянов Ю. Н.* Пушкин и его современники. М., 1968.

В цитатах из известных драматических произведений указывается действие и явление, из известных романов — том, часть, глава.

Все ссылки на пушкинские тексты даются по изданию: *Пушкин А. С.* Полн. собр. соч.: В 16 т. М., 1937–1949 (кроме специально оговоренных случаев). Ссылки на это («большое академическое») издание даются следующим образом: том — римской цифрой, страницы — арабской. Таким же образом осуществляются ссылки и на варианты к «Евгению Онегину». Однако на основной текст романа ссылки осуществляются иначе: дается номер главы (араб.), строфы (рим.) и стиха (араб.). Ссылки на основной текст романа выделяются курсивом. Неоговоренный курсив в цитатах принадлежит источникам.

В соответствии с принятыми графическими нормами угловые скобки означают редакторские конъектуры, а квадратные — текст, зачеркнутый *П.* Поскольку комментируемые строки из *ЕО* даются (непосредственно в комментарии) курсивом, то в тех случаях, когда в них встречается пушкинский курсив, он передается разрядкой.

Автор считает приятной обязанностью выразить искреннюю благодарность В. М. Глинке, Н. И. Громову, П. А. Зайончковскому, Г. П. Макогоненко, З. Г. Минц, В. В. Познанскому и Б. А. Успенскому, чьи советы оказали существенную помощь в работе над этой книгой, а также Л. А. Аболдуевой, Л. Н. Киселевой, М. С. Левиной и Л. И. Петиной, помогавшим при подготовке рукописи.

## Введение

**Хронология работы Пушкина над «Евгением Онегиным».** 26 сентября 1830 г., завершив работу над *ЕО*, поэт набросал общий план издания, пометив основные даты работы:

«*Онегин*

*Часть первая* Предисловие

I песнь *Хандра* Кишинев, Одесса

II — *Поэт* Одесса. 1824

III — *Барышня* Одесса. Мих⟨айловское⟩. 1824

*Часть вторая*

IV песнь *Деревня* Михайлов⟨ское⟩. 1825

V — [Про] *Имянины* Мих⟨айловское⟩. 1825. 1826

VI — *Поединок* Мих⟨айловское⟩. 1826

*Часть третья*

VII песнь *Москва* Мих⟨айловское⟩. П⟨етер⟩. Б⟨ург⟩. Малинн⟨ики⟩. 1827, 8

VIII — *Странствие* Моск⟨ва⟩. Павл⟨овск⟩. 1829 Болд⟨ино⟩.

IX — *Большой свет* Болд⟨ино⟩.

*Примечания*

1823 год 9 мая *Кишинев* — 1830 25 сент⟨ября⟩. *Болдино* 26 сент⟨ября⟩. АП⟨ушкин⟩.

И жить торопится и чувствовать спешит

К⟨нязь⟩. В⟨яземский⟩.

7 ле⟨т⟩ 4 ме⟨сяца⟩ 17 д⟨ней⟩» (VI, 532).

Ход работы над текстом:

1823 9–28 мая — начало работы над романом.

22 октября — окончена первая глава.

3 ноября — пометы в черновике об окончании первых семнадцати строф второй главы.

8 декабря — окончена вторая глава (но строфы XXXIX, XL и XXXV написаны позже).

1824 8 февраля — начата третья глава (к июню 1824 г. глава дописана до письма Татьяны включительно).

5 сентября — помета под строфой XXXII.

2 октября — закончена третья глава.

31 декабря 1824 / 1 января 1825 — помета под черновиком XXIII строфы четвертой главы.

1824–1825 — работа над четвертой главой.

1826 6 января — закончена четвертая глава.

4 января — начата пятая глава.

22 ноября — окончена пятая глава.

1826 — работа над шестой главой (как полагает Б. В. Томашевский, работа над шестой главой шла параллельно с пятой и до ее окончания).

10 августа — помета под черновиком XLV строфы.

1827 18 марта — начата седьмая глава.

1828 19 февраля — помета под XII строфой седьмой главы.

5 апреля — помета в рукописи «Альбома Онегина».

4 ноября — окончена седьмая глава.

1829 2 октября — написаны первые пять строф «Путешествия Онегина» (описание Одессы создано еще в 1825 г.).

24 декабря — начата восьмая (первоначально — девятая) глава.

1830 18 сентября — закончено «Путешествие Онегина».

25 сентября — закончена восьмая (первоначально — девятая) глава.

19 октября — сожжена десятая глава.

1831 5 октября — написано «Письмо Онегина Татьяне».

**Внутренняя хронология «Евгения Онегина».** В примечании к *ЕО* автор писал: «Смеем уверить, что в нашем романе время расчислено по календарю» (VI, 193). Не придавая этому высказыванию слишком буквального значения, следует все же подчеркнуть его принципиальную важность: точность соотнесенности событий романа с хронологией была сознательно противопоставлена *П* поэтике таких произведений, как «Бахчисарайский фонтан», в которых трудно пытаться приурочить действие (а вероятно, и не нужно) даже в пределах столетия. *ЕО*, если не считать десятой главы, не затрагивает исторических событий, однако автор явно рассчитывает на то, что читатель непосредственно знаком с атмосферой эпохи, без пояснений чувствует ее менявшееся не по годам, а по месяцам и неделям дыхание. Это придает внутренней хронологии романа исключительно большое значение, тем более что *П* подает читателю о ней неназойливые, но весьма определенные сигналы.

Опорной точкой является указание *П* в предисловии к отдельному изданию первой главы на то, что начало событий романа совпадает с концом 1819 г. (VI, 638). Сопоставляя с этой датой ряд указаний в тексте, мы получаем цепь основных дат.

*1795 — год рождения Онегина.*

В главе восьмой сказано, что, когда Онегин после дуэли оставил свою деревню, ему было 26 лет:

> Дожив без цели, без трудов
> До двадцати шести годов *(VIII, XII, 10–11).*

Деревню он покинул в феврале-марте 1821 г. (см. ниже), следовательно родился в 1795 г.; Н. Л. Бродский и С. М. Бонди приводят 1796 г., считая, что пушкинский текст должен истолковываться как указание на то, что герою *шел* двадцать шестой год). Текст не дает оснований для однозначного решения, хотя дата «1795» представляется более обоснованной. Таким образом, Онегин был ровесником А. С. Грибоедова и декабристов К. Ф. Рылеева, В. Ф. Раевского, Н. И. Лорера (все — 1795), Н. М. Муравьева, С. И. Муравьева-Апостола (оба — 1796). Он был моложе А. Н. Муравьева и П. А. Катенина (оба — 1792), П. П. Каверина и П. Я. Чаадаева (оба — 1794), но старше В. К. Кюхельбекера (1797), А. А. Дельвига (1798) и самого Пушкина (1799).

*1803 — год рождения Ленского.*

В январе 1821 г., когда Ленский погиб, ему было 18 лет. Это вытекает из размышлений Онегина:

> ...пускай поэт
> Дурачится; в осьмнадцать лет
> Оно простительно *(6, X, 7–9).*

*1803 — вероятный год рождения Татьяны.*

Летом 1820 г. Татьяне было 17 лет. См. возражения *П* Вяземскому 29 ноября 1824 г. в ответ на замечания относительно противоречий в письме Татьяны Онегину: «...письмо женщины, к тому же 17-летней, к тому же влюбленной!» (XIII, 125).

Ольга, младшая сестра Татьяны, в 1820 г. была невестой Ленского.

По нормам той эпохи она, вероятнее всего, была несколько моложе его, и одновременно ей не могло быть меньше 15 лет. Вероятнее всего, ей было 16 лет. Татьяна, видимо, была старше Ольги на год.

*1811–1812 — окончание «ученья» Онегина и выход «в свет».*

Отсчитывая время от зимы 1819 — весны 1820 г. (времени действия первой главы), *П* пишет:

Вот как убил он восемь лет,
Утратя жизни лучший цвет *(4, IX, 13–14)*.

16–17 лет дворянский юноша заканчивал учение, чтобы вступить в службу или пуститься в свет. В записке «О народном воспитании» *П* писал, что в России образование дворянина «кончается на 16-летнем возрасте воспитанника» (XI, 44). Однако год-два, уже выезжая в свет, молодой человек все еще вел жизнь полуребенка, живя в родительском доме и не располагая собственными денежными средствами. Около 18 лет он полностью переходил на положение самостоятельного человека, получая от родителей выделенную ему сумму собственного годового бюджета. Видимо, около 1813 г., когда Онегину исполнилось 18 лет, он зажил самостоятельно. На это указывает то, что, описывая «уединенный кабинет» *(1, XXIII, 2)* героя, автор указывает именно тот возраст Онегина, когда он покинул родительский кров, где в его распоряжении могли быть лишь детская и учебная комнаты, и завел себе модный

...кабинет
Философа в осьмнадцать лет *(1, XXIII, 13–14)*.

*С 1817 (или 1818) по весну 1820 г. — пребывание Ленского в Геттингене.*

Ленский отправился в университет, вероятно, 15 лет. Ср. в «Русском Пеламе» слова героя о том, что его решили отослать «в один из немецких университетов… Мне тогда было 15 лет» (VIII, 417). Возвратился Ленский «в свою деревню в ту же пору» *(2, VI, 1)*, что и Онегин, то есть весной 1820 г. Таким образом, его пребывание в Германии совпало с выступлением А. С. Стурдзы против вольнодумства в немецких университетах (Стурдза написал в 1818 г. по поручению Александра I для членов Аахенского конгресса брошюру — донос на немецкие университеты, чем вызвал эпиграмму *П* «Холоп венчанного солдата...») и с террористическим актом студента Карла Занда, заколовшего 23 марта 1819 г. агента русского правительства Коцебу (см. стихотворение *П* «Кинжал»).

*Зима 1819 — весна 1820 г. — время действия первой главы.*

Начальная дата определяется указанием *П* в предисловии к отдельному изданию главы (VI, 638), конечная — указанием на то, что встреча героя и автора произошла в Петербурге в 1820 г., в период «белых ночей»,

> Когда прозрачно и светло
> Ночное небо над Невою *(1, XLVII, 2–3).*

В строфах L и LI содержится намек на то, что отъезд героя в деревню был по времени близок к насильственному удалению *П* из Петербурга. *П* выехал в ссылку 6 мая 1820 г.

*Лето 1820 г. — время действия второй и третьей глав.*

В первой строфе второй главы упомянуты «нивы золотые» как деталь пейзажа первых дней пребывания Онегина в деревне. Озимые хлеба желтеют в северозападных губерниях России в конце июня — начале июля. В строфе XVI третьей главы упоминается пение соловья, в конце главы во время объяснения Онегина с Татьяной дворовые девушки собирают ягоды.

*Лето—осень 1820 г. — время действия четвертой главы.*

Глава начинается той же сценой в саду. В строфе XL говорится о начале осени («Уж небо осенью дышало»), а в строфе XLII — о наступлении морозов («И вот уже трещат морозы»). Это, конечно, ранние морозы. «Первые морозы назывались *Михайловские*, потом были

*Введенские*» (*Авдеева К. А.* Записки о старом и новом русском быте. СПб., 1842. С. 124), по дням архистратига Михаила (8 ноября ст. ст.) и Введения во храм Пресвятой Богородицы (21 ноября ст. ст.)[1].

*Ночь со 2 на 3 января — 12 января 1821 г. — время действия пятой главы.*

Начальная дата указана автором в первой строфе главы («на третье в ночь»), конечная определена именинами Татьяны — днем великомученицы Татьяны.

*25 декабря 1820 — 5 января 1821 г. — святочные праздники и гадания в доме Лариных.*

Гадания, описанные в пятой главе, происходят между ночами на 4 января (упомянут снег — «чу... снег хрустит» — *5, IX, 9*, а снег выпал лишь «на третье в ночь» — *5, I, 5*) и на 6 января 1821 г., то есть в так называемые «страшные вечера» (между Васильевым днем и Крещением).

*Ночь с 5 на 6 января — сон Татьяны.*

Сон не мог быть ранее 4 января (см. выше) и позже 6-го: он связан с гаданиями святочного цикла, которые прекращались в день Крещения.

*12 января — день именин Татьяны.*

*13 января — весна 1821 г. — время действия шестой главы.*

*14 января — дуэль и гибель Ленского.*

*Весна 1821 — февраль 1822 г. — время действия седьмой главы.*

Начальная дата определяется первыми стихами главы:

> Гонимы вешними лучами,
> С окрестных гор уже снега
> Сбежали мутными ручьями
> На потопленные луга.

---

[1] Следуя принятой традиции, все даты во внутренней хронологии «Евгения Онегина» даются по старому стилю.

Таянье снегов в средней и северней полосе России происходит между началом марта (1 марта — день праведницы Евдокии, в народном календаре — Авдотья-плющиха; 9 марта, на Сорок мучеников, праздновали начало весны) и серединой апреля, когда растаявший снег вызывает разливы рек (16 апреля — день Агафьи, Хионии, Ирины, в народном календаре — Арина — урви берега). Конечная дата может быть выведена из того, что в строфе XLI княжна Алина сообщает как о недавнем событии, что «Грандисон» ее «в сочельник навестил». Сочельник (бывал рождественский и крещенский) — канун зимних праздников Рождества или Крещения, то есть речь идет о предпраздничном визите конца 1821 или начала 1822 г. Между тем Ларины прибыли в Москву еще по зимнему, правда позднему («проходит и последний срок» — *7, XXXI, 2*), пути, то есть в феврале 1822 г.

*Февраль-март 1821 г. — отъезд Онегина в Петербург.*

Устанавливается на основании того, что во время переезда «деревенских Приамов» и «чувствительных дам» *(7, IV, 5–6)* в деревню Онегина там «уж нет» и «грустный он оставил след» *(7, V, 13–14)*.

*Лето 1821 г. — замужество Ольги и ее отъезд (7, VIII–XII).*

*Лето 1821 г. — посещение Татьяной деревенского кабинета Онегина и чтение книг в его библиотеке.*

*3 июля 1821 г. — отъезд Онегина из Петербурга (начало путешествия)*:

Июля 3 числа
Коляска венская в дорогу
Его по почте — понесла (VI, 476).

*Конец января — февраль 1822 г. — поездка Татьяны с матерью в Москву.*

*1822 г. (вероятно, осень) — замужество Татьяны.*

Устанавливается на основании слов князя N, который в 1824 г. говорит Онегину, что женат «около двух лет» *(8, XVIII, 2).*

*Август—сентябрь 1823 г. — пребывание Онегина в Крыму*:

Три года по⟨сле⟩ вслед за мн⟨ою⟩
Скитаясь в той же стороне
Онегин вспом⟨нил обо мне⟩ (VI, 489).

*П* был в Крыму с 15 августа по середину сентября 1820 г.

*Осень 1823 г. — встреча Онегина и автора в Одессе.*

*Август 1824 г. — ссылка П в Михайловское и возвращение Онегина в Петербург.*

⟨Недолго вместе мы бродили⟩
⟨По берегам Эвксинских вод⟩
Судьбы нас снова разлучили
И нам назначили поход
Онегин очень охлажденный
И тем что видел насыщенный
Пустился к невским берегам
А я от милых Южн⟨ых⟩ дам
От ⟨жирных⟩ устриц черноморских
От оперы от темных лож
И слава богу от вельмож
Уехал в тень лесов Т⟨ригорских⟩
В далекий северн⟨ый⟩ уезд
И был печален мой приезд (VI, 505).

*П* выехал из Одессы 31 июля 1824 г.

*Осень 1824 — весна 1825 г. — время действия восьмой главы.*

*Март 1825 г. — конец романа.*

XXXIX строфа восьмой главы рисует мартовский пейзаж Петербурга.

**Проблема прототипов.** Определение прототипов тех или иных персонажей *ЕО* занимало как читателей-современников, так и исследователей. В мемуарной и научной литературе накопился довольно обширный материал, посвященный попыткам связать героев пушкинского романа с теми или иными реально существовавшими лицами. Критический просмотр этих материалов заставляет крайне скептически отнестись и к степени их достоверности, и к самой плодотворности подобных поисков.

Одно дело, когда художественный образ содержит намек на некоторое реальное лицо и автор рассчитывает на то, что намек этот будет понят читателем. В этом случае такая отсылка составляет предмет изучения истории литературы. Другое дело, когда речь идет о бессознательном импульсе или скрытом творческом процессе, не адресованном читателю. Здесь мы вступаем в область психологии творчества. Природа этих явлений различна, однако оба они связаны со спецификой творческого мышления того или иного писателя. Поэтому, прежде чем искать прототипы, следует выяснить, во-первых, входило ли в художественный план писателя связывать своего героя в сознании читательской аудитории с какими-либо реальными лицами, хотел ли он, чтобы в его герое узнавали того или иного человека. Во-вторых, необходимо установить, в какой мере для данного писателя характерно исходить в своем творчестве из конкретных лиц. Таким образом, анализ принципов построения художественного текста должен доминировать над проблемой прототипов.

Это решительно противоречит наивному (а иногда и мещанскому) представлению о писателе как соглядатае, который «пропечатывает» своих знакомых. К сожалению, именно такой взгляд на творческий процесс отражается в огромном количестве мемуарных свидетельств. Приведем типичный пример — отрывок из воспоминаний М. И. Осиповой: «Как вы думаете, чем мы нередко его угощали? Мочеными яблоками, да они ведь и попали в „Онегина“; жила у нас в то время ключницей Акулина Амфиловна — ворчунья ужасная. Бывало, беседуем мы все до поздней ночи — Пушкину и захочется яблок; вот и пойдем мы просить Акулину Памфиловну: „принеси, да принеси моченых яблок“, — а та разворчится. Вот Пушкин раз и говорит ей шутя: „Акулина Памфиловна, полноте, не сердитесь! завтра же вас произведу в попадьи“. И точно, под именем ее — чуть ли не в „Капитанской дочке“ — и вывел попадью; а в мою честь, если хотите знать, названа сама героиня этой повести... Был у нас буфетчик Пимен Ильич — и тот попал в повесть» (Пушкин в воспоминаниях современников. Т. 1. С. 424). А. Н. Вульф записал в дневнике в 1833 г.: «...я даже был действующим лицом в описаниях деревенской жизни Онегина, ибо она вся взята из пребывания Пушкина у нас, „в губернии Псковской“. Так я, дерптский студент, явился в виде геттингенского под названием Ленского; любезные мои сестрицы суть образцы его деревенских барышень, и чуть не Татьяна ли одна из них» (Там же. С. 421). Из воспоминаний Е. Е. Синициной: «Чрез несколько лет встретила я в Торжке у Львова А. П. Керн, уже пожилою женщиною. Тогда мне и сказали, что это героиня Пушкина — Татьяна.

...и всех выше
И нос, и плечи подымал
Вошедший с нею генерал.

Эти стихи, говорили мне при этом, написаны про ее мужа, Керн, который был пожилой, когда женился на ней» (Там же. Т. 2. С. 83).

Высказывания эти столь же легко умножить, как и показать их необоснованность, преувеличенность или хронологическую невозможность. Однако сущность вопроса не в опровержении той или иной из многочисленных версий, потом многократно умножавшихся в околонаучной литературе, а в самой потребности дать образам *ЕО* плоско-биографическое истолкование, объяснив их как простые портреты реальных знакомых автора. При этом вопрос о творческой психологии *П*, о художественных законах его текста и путях формирования образов полностью игнорируется. Такое неквалифицированное, но весьма устойчивое представление, питающее мещанский интерес к деталям биографии и заставляющее видеть в творчестве лишь цепь не лишенных пикантности интимных подробностей, заставляет вспомнить слова самого *П*, писавшего Вяземскому в связи с утратой записок Байрона: «Мы знаем Байрона довольно. Видели его на троне славы, видели в мучениях великой души, видели в гробе посреди воскресающей Греции. — Охота тебе видеть его на судне. Толпа жадно читает исповеди, записки etc., потому что в подлости своей радуется унижению высокого, слабостям могущего. При открытии всякой мерзости она в восхищении. *Он мал, как мы, он мерзок, как мы!* Врете, подлецы: он и мал и мерзок — не так, как вы — иначе» (XIII, 243–244).

Об этом можно было бы не говорить, если бы реальный и имеющий научно-биографический интерес вопрос о прототипах пушкинских образов слишком часто не подменялся домыслами о том, кого из своих знакомцев *П* «вклеил» в роман[1].

---

[1] Своеобразным пределом такого подхода явился роман Б. Иванова «Даль свободного романа» (М., 1959), в котором *П* представлен в облике нескромного газетного репортера, выносящего на обозрение публики интимнейшие стороны жизни реальных людей.

Отзвуки излишнего «биографизма» в понимании творческих процессов чувствуются даже во вполне серьезных и интересных исследованиях, таких как ряд разысканий в специальном пушкинском номере альманаха «Прометей» (Т. 10. М., 1974). Проблема прототипов пушкинского романа нередко рассматривается с неоправданным вниманием в полезных популярных изданиях.

В связи с этим можно оставить без внимания рассуждения вроде: «Был ли у Татьяны Лариной реальный прототип? На протяжении многих лет ученые-пушкинисты не пришли к единому решению. В образе Татьяны нашли воплощение черты не одной, а многих современниц Пушкина. Может быть, мы обязаны рождением этого образа и черноокой красавице Марии Волконской, и задумчивой Евпраксии Вульф...

Но в одном сходятся многие исследователи: в облике Татьяны-княгини есть черты графини, которую вспоминает Пушкин в „Домике в Коломне“. Юный Пушкин, живя в Коломне, встречал молодую красавицу графиню в церкви на Покровской площади...» (*Раков Ю.* По следам литературных героев. М., 1974. С. 32). Хотелось бы лишь отметить, что на основании подобных цитат у неосведомленного читателя может создаться совершенно превратное впечатление относительно забот и занятий «ученых-пушкинистов».

Говоря о проблеме прототипов героев пушкинского романа, прежде всего следует отметить существенное различие с этой точки зрения в принципах построения центральных и периферийных персонажей. Центральные образы романа, несущие основную художественную нагрузку, — создание творческой фантазии автора. Конечно, воображение поэта опирается на реальность впечатления. Однако при этом оно лепит новый мир, переплавляя, сдвигая и перекраивая жизненные впечатления, ставя в своем воображении людей в ситуации, в которых реальная жизнь отказала им, и свободно комбинируя черты, разбросанные в действительности по различным, весьма отдаленным порой характерам. Поэт может увидеть в весьма различных людях (даже людях разного пола[1]) одного человека или в одном человеке нескольких различных людей. Особенно это существенно для типизации в *ЕО*, где автор сознательно строит характеры центральных персонажей как сложные и наделенные противоречивыми чертами. В этом случае говорить о прототипах можно лишь с большой осторожностью, постоянно имея в виду приблизительность таких утверждений. Так, сам *П*, встретив в Одессе доброго, светского, но пустого малого, своего дальнего родственника М. Д. Бутурлина, которого родители оберегали от «опасного» знакомства с опальным поэтом, говаривал ему: «Мой Онегин (он только что начал его тогда писать), это ты, cousin» (*Бутурлин*. С. 15). Тем не менее слова эти ничего или мало что означают, а в образе Онегина можно найти десятки сближений с различными современниками поэта — от пустых светских знакомцев до таких значимых для *П* лиц, как Чаадаев или Александр Раевский. То же следует сказать и о Татьяне.

---

[1] В этом смысле больше, чем домыслы о том, какую из знакомых ему барышень «изобразил» *П* в Татьяне, могут дать парадоксальные, но глубокие слова Кюхельбекера: «Поэт в своей 8-й главе похож сам на Татьяну. Для лицейского его товарища, для человека, который с ним вырос и знает его наизусть, как я, везде заметно чувство, коим Пушкин переполнен, хотя он, подобно своей Татьяне, и не хочет, чтоб об этом чувстве знал свет» (*Кюхельбекер-1*. С. 99–100). Прообразом Татьяны восьмой главы тонкий, хотя и склонный к парадоксам, близко знающий автора Кюхельбекер считал... самого Пушкина! На проницательность этого высказывания указал Н. И. Мордовченко (см.: *Мордовченко Н. И.* «Евгений Онегин» — энциклопедия русской жизни // Прессбюро ТАСС. 1949. № 59).

Образ Ленского расположен несколько ближе к периферии романа, и в этом смысле может показаться, что поиски определенных прототипов здесь более обоснованны. Однако энергичное сближение Ленского с Кюхельбекером, произведенное Ю. Н. Тыняновым (Пушкин и его современники. С. 233–294), лучше всего убеждает в том, что попытки дать поэту-романтику в *ЕО* некоторый единый и однозначный прототип к убедительным результатам не приводят.

Иначе строится в романе (особенно в начале его) литературный фон: стремясь окружить своих героев неким реальным, а не условно-литературным пространством, *П* вводит их в мир, наполненный лицами, персонально известными и ему, и читателям. Это был тот же путь, по которому шел Грибоедов, окруживший своих героев толпой персонажей с прозрачными прототипами.

Природа художественных переживаний читателя, следящего за судьбой вымышленного героя или узнающего в персонаже слегка загримированного своего знакомца, весьма различна. Автору *ЕО*, как и автору «Горя от ума», было важным смешение этих двух типов читательского восприятия. Именно оно составляло ту двуединую формулу иллюзии действительности, которая обусловливала одновременно и сознание того, что герои — плоды творческой фантазии автора, и веру в их реальность. Такая поэтика позволяла в одних местах романа подчеркивать, что судьба героев, их будущее целиком зависят от произвола автора («я думал уж о форме плана» — *1, LX, 1*), а в других — представлять их как своих знакомых, чья судьба ему известна из бесед во время личных встреч и чьи письма случайно попали ему в руки («письмо Татьяны предо мною» — *3, XXXI, 1*). Но для того чтобы такая игра между условностью и реальностью сделалась возможной, автору было необходимо четко разграничить приемы типизации героев, являющихся созданием творческого воображения автора, и героев — условных масок реальных лиц. Реальный человек как исходный импульс авторской мысли мог существовать в обоих случаях. Но в одном — читателю до него нет никакого дела, а в другом — читатель должен был его узнавать и постоянно иметь перед глазами.

В свете сказанного следует понимать и заключительные стихи романа:

А та, с которой образован
Татьяны милый Идеал...
О много, много Рок отъял! *(8, LI, 6–8)*

Нужно ли здесь полагать, что автор проговорился против своего желания, и, ухватившись за эту улику, начинать следствие по делу об утаенной любви или же предполагать, что обмолвка входит в сознательный авторский расчет, что автор не обмолвился, а «как бы обмолвился», желая возбудить в читателе определенные ассоциации? Являются ли эти стихи частью биографии поэта или частью художественного целого *ЕО*?

Обрывая роман как бы на полуслове, *П* психологически завершил его обращением ко времени начала работы над первой главой, воскрешая атмосферу тех лет. Такое обращение перекликалось не только с творчеством *П* южного периода, но и было контрастно соотнесено с началом восьмой главы, где раскрывалась тема эволюции автора и его поэзии. Развитие этой мысли — прямое противопоставление «высокопарных мечтаний» романтического периода и «прозаических бредней» зрелого творчества — читатель находил в «Отрывках из путешествия Онегина», композиционно расположенных уже после конечных строф восьмой главы и как бы вносящих в эти строфы коррективы. Читатель получал как бы два варианта итога авторской мысли: заключение восьмой главы (и романа в целом) утверждало непреходящую ценность жизненного опыта и творчества ранней молодости — «путешествие» говорило противоположное:

Иные нужны мне картины:
Люблю песчаный косогор,
Перед избушкой две рябины,
Калитку, сломанный забор,
На небе серенькие тучи,
Перед гумном соломы кучи… (VI, 200)

Эти положения не отменяли одно другое и не были взаимным опровержением, а бросали взаимный дополнительный смысловой отсвет. Такая диалогическая соотнесенность касается и интересующего нас вопроса: в концовке восьмой главы восстанавливался столь важный для «южного» творчества миф об утаенной любви — один из основных составляющих элементов жизненной позы романтического поэта («а та, с которой образован…»).

Читателю не надо было делать усилий, чтобы припомнить намеки на «безымянную любовь», разбросанные в пушкинском творчестве романтического периода. Призрак этой любви, воскрешенный в конце романа со всей силой лиризма, сталкивался в «путешествии» с ироническими строками о «безымянных страданиях», оцененных как «высокопарные мечтанья» (VI, 200).

Мы не знаем, имел ли в виду *П* в последней строфе романа реальную женщину, или это поэтическая фикция: для понимания образа Татьяны это абсолютно безразлично, а для осмысления этой строфы достаточно знать, что автор счел необходимым напомнить о романтическом культе утаенной любви.

Именно потому, что главные герои *ЕО* не имели прямых прообразов в жизни, они исключительно легко сделались для современников психологическими эталонами: сопоставление себя или своих близких с героями романа становилось средством объяснения своего и их характеров. Пример в этом отношении подал сам автор: в условном языке разговоров и переписке с А. Н. Раевским *П*, видимо, именовал «Татьяной» какую-то близкую ему женщину (высказывалось предположение, что Воронцову; справедливые сомнения в этом см.: *Макогоненко Г. П.* Творчество А. С. Пушкина в 1830-е годы (1830–1833). Л., 1974. С. 74). Следуя этому условному употреблению, А. Раевский писал *П*: «...сейчас расскажу вам о Татьяне. Она приняла живейшее участие в вашем несчастии; она поручила мне сказать вам об этом, я пишу вам с ее согласия. Ее нежная и добрая душа видит лишь несправедливость, жертвою которой вы стали; она выразила мне это со всей чувствительностью и грацией, свойственными характеру Татьяны» (XIII, 106 и 530). Очевидно, что речь идет не о прототипе Татьяны Лариной, а о перенесении образа романа в жизнь. Аналогичный пример — имя Тани, под которым фигурирует Н. Д. Фонвизина в письмах И. И. Пущина к ней и в ее собственных письмах к нему. Н. П. Чулков писал: «Таней Фонвизина себя называет потому, что, по ее мнению, Пушкин с нее написал свою Татьяну Ларину. Действительно, в ее жизни было много сходства с героиней Пушкина: в юности у нее был роман с молодым человеком, который от нее отказался (правда, по другим причинам, нежели Онегин), затем она вышла замуж за пожилого генерала, страстно в нее влюбленного, и вскоре встретилась с прежним предметом своей любви, который в нее влюбился, но был ею отвергнут» (Декабристы // Государственный литературный музей. Летописи. Кн. III. М., 1938. С. 364).

Обилие «применений» образов Татьяны и Онегина к реальным людям показывает, что сложные токи связи шли не только от реальных человеческих судеб к роману, но и от романа к жизни.

Исчерпать онегинский текст невозможно. Сколь подробно ни останавливались бы мы на политических намеках, многозначительных умолчаниях, бытовых реалиях или литературных ассоциациях, комментирование которых проясняет различные стороны смысла пушкинских строк, всегда остается место для новых вопросов и для поисков ответов на них. Дело здесь не только в неполноте наших знаний, хотя чем более трудишься над приближением текста к современному читателю, тем в большей мере с грустью убеждаешься в том, сколь многое забыто, и частично забыто бесповоротно. Дело в том, что литературное произведение, пока оно непосредственно волнует читателя, живо, то есть изменчиво. Его динамическое развитие не прекратилось, и к каждому поколению читателей оно оборачивается какой-то новой гранью. Из этого следует, что каждое новое поколение обращается к произведению с новыми вопросами, открывая загадки там, где прежде все казалось ясным. В этом процессе две стороны. С одной — читатели новых поколений больше забывают, и поэтому прежде понятное делается для них темным. Но, с другой стороны, новые поколения, обогащенные историческим, порой купленным тяжелой ценой опытом, глубже понимают привычные строки. Казалось бы, зачитанные и заученные стихи для них неожиданно открываются непонятными прежде глубинами. Понятное превращается в загадку потому, что читающий обрел новый и более глубокий взгляд на мир и литературу. А новые вопросы ждут нового комментатора. Поэтому живое произведение искусства нельзя прокомментировать «до конца», как нельзя его «до конца» объяснить ни в каком литературоведческом труде.

В романе Л. Н. Толстого «Декабристы» вернувшаяся из Сибири декабристка, сравнивая старого мужа с сыном, говорит: «Сережа моложе чувствами, но душой ты моложе его. Что он сделает, я могу предвидеть, но ты еще можешь удивить меня». Это можно применить ко многим романам, написанным после «Евгения Онегина». Что они «сделают», мы часто можем предвидеть, но пушкинский роман в стихах «еще может нас удивить». И тогда потребуются новые комментарии.

# Очерк дворянского быта онегинской поры

Известное определение Белинского, назвавшего *ЕО* «энциклопедией русской жизни», подчеркнуло совершенно особую роль бытовых представлений в структуре пушкинского романа. Конкретизируя этот тезис, Г. А. Гуковский писал: «...уже самое количество бытовых тем и материалов принципиально отличает пушкинский роман от предшествующей литературы. В „Евгении Онегине“ перед читателем проходит серия бытовых явлений, нравоописательных деталей, вещей, одежд, цветов, блюд, обычаев». И далее: «Не в том заключено реалистическое новаторство „Евгения Онегина“, что в нем описан быт, неоднократно изображенный до него русскими поэтами, которых мы не захотим и не сможем отнести к реалистам, а в том, что бытовой материал истолкован Пушкиным иначе, чем его предшественниками, по-новому, реалистически, то есть в качестве типического, идейно обосновывающего человека и его судьбу» (*Гуковский Г. А.* Пушкин и проблемы реалистического стиля. М., 1957. С. 140, 146).

Одной из особенностей бытописания в *ЕО*, весьма существенной при комментировании романа, является то, что знание бытовых реалий необходимо для понимания текста даже тогда, когда они непосредственно не упоминаются или лишь мелькают в виде кратких отсылок, намеков на то, что было с полуслова понятно и автору, и современному ему читателю. В этих случаях необходимые пояснения трудно приурочить к какому-либо определенному слову или стиху, не создавая впечатления искусственности. А между тем отказаться от бытовых пояснений без ущерба для читателя нельзя. Это заставляет нас вынести характеристику некоторых черт дворянского быта онегинской эпохи в отдельный очерк, давая в построчном комментарии отсылки на соответствующие страницы. При этом мы, разумеется, не ставим перед собой цели характеризовать быт эпохи как таковой — внимание будет привлекаться лишь к тем его сторонам, которые прямо или косвенно отразились в тексте пушкинского романа. В тех случаях, когда в тексте *ЕО* упоминаются конкретные факты быта и рассказ о них не рассредоточен по разным местам романа, а сконцентрирован в определенном месте, пояснения даются в разделе построчного комментария.

**Хозяйство и имущественное положение.** Русское дворянство было сословием душе- и землевладельцев. Владение поместьями и крепостными крестьянами составляло одновременно сословную привилегию дворян и было мерилом богатства, общественного положения и престижа. Это, в частности, приводило к тому, что стремление увеличивать число душ доминировало над попытками повысить доходность поместья путем рационального землепользования.

Герои *ЕО* довольно четко охарактеризованы в отношении их имущественного положения. Отец Онегина «промотался» *(1, III, 4)*, сам герой романа, после получения наследства от дяди, видимо, сделался богатым помещиком:

Заводов, вод, лесов, земель
Хозяин полный *(1, LIII, 10–11)*.

Характеристика Ленского начинается с указания, что он «богат» *(2, XII, 1)*. Ларины же не были богаты. В первоначальных набросках Ольга характеризовалась как «меньшая дочь соседей бедных» или «ребенок, дочь соседей бедных» (VI, 287). В дальнейшем эта характеристика была снята, но остались жалобы Прасковьи Лариной на то, что для поездки в Москву «доходу мало» *(7, XXVI, 12)*. Зато выйдя за князя N, Татьяна сделалась «богата и знатна» *(8, XLIV, 8)*. Старшая Ларина, вдова екатерининского бригадира, скорее всего, была помещицей среднего достатка. Что это означало?

По имущественному положению различались мелкопоместные (до 80–100 душ), среднепоместные (число душ которых исчислялось сотнями) и крупнопоместные (около тысячи душ) дворяне. Кроме того, имелась количественно небольшая, но стоящая на вершинах власти и жизни группа помещиков, имущество которых насчитывало десятки или даже сотни тысяч душ. Иерархия душевладения в значительной мере определяла общественное положение. Так, Н. Макаров в своих воспоминаниях о начале XIX в. приводит колоритный пример — костромского помещика, властного вельможу П. А. Шипова, державшего в руках всю губернию и прозванного за это «солигалическим императором»: «У него было три формулы обращения с разными лицами. Дворянам, владеющим не менее двухсот душ и более, он протягивал свою руку и говорил сладчайшим голосом: „Как вы поживаете, почтеннейший Мартьян Прокофьевич?“ Дворянам с восьмьюдесятью и до двухсот душ он делал только легкий поклон и говорил голосом сладким, но не сладчайшим: „Здоровы ли вы, мой почтеннейший Иван Иваныч?“ Всем остальным, имевшим менее восьмидесяти душ, он только кивал головою и говорил просто голосом приятным: „Здравствуйте, мой любезнейший...“» (*Макаров Н.* Мои семидесятилетние воспоминания... СПб., 1881. Ч. 1. С. 23–24).

Тема богатства оказывается связанной с мотивом разорения. Слова «долги», «залог», «заимодавцы» встречаются уже в первых строках романа.

Долги, проценты по залогам, перезакладывание уже заложенных имений было уделом отнюдь не только бедных или стоящих на грани краха помещиков. Более того, именно мелкие и средние провинциальные помещики, менее нуждающиеся в деньгах на покупку предметов роскоши и дорогостоящих импортных товаров и довольствующиеся «домашним припасом», реже входили в долги и прибегали к разорительным финансовым операциям. Между тем столичное дворянство, начиная с екатерининских времен, поголовно было в долгах. Фонвизин во «Всеобщей придворной грамматике» писал: «Как у двора, так и в столице никто без долгу не живет, для того чаще всех спрягается глагол: *быть должным...*» Он же спрашивал Екатерину II: «Отчего все в долгах?» — и получил ответ: «Оттого в долгах, что проживают более, нежели дохода имеют» (*Фонвизин Д. И.* Собр. соч.: В 2 т. М.; Л., 1959. Т. 2. С. 51, 272). Жалобы на долги составляют постоянный мотив в многочисленных документах XVIII — начала XIX в.

Дело было не только в дороговизне предметов роскоши и относительной дешевизне продуктов помещичьего хозяйства; страдали от долгов богатейшие вельможи, получавшие от правительства огромные подарки землями, деньгами и крепостными душами. Так, канцлер граф М. И. Воронцов получал огромные подарки от правительства. В 1763 г. Екатерина выплатила за фиктивно купленный у него дом — дом остался за графом — 217 000 руб., ему было «уступлено» 190 000 гульденов долгу Голландской республики России, при увольнении от должности он получил 50 000 руб. и пожизненной пенсии — 7000 руб. в год. Однако, по выражению исследователя, он из-за долгов бился «всю жизнь как рыба об лед» (*Карнович Е. П.* Замечательные богатства частных лиц в России. СПб., 1874. С. 263). Огромные долги обнаружились после смерти Потемкина, хотя состояние его было неисчислимо. По данным английского посланника Гарриса, Потемкин лишь за два года получил 37 тысяч душ и 9 млн руб., а француз Кастера считал, что он получил подарков на 50 млн руб., не считая беззастенчивых краж и злоупотреблений (см.: Русский исторический журнал. 1918. Кн. 5. С. 240).

Одной из причин всеобщей задолженности было сложившееся в царствование Екатерины II представление о том, что «истинно дворянское» поведение заключается не просто в больших тратах, а в тратах не по средствам. Стремление нового поколения 1830-х гг. «с расходом свесть приход» (III, 219) даже *П* воспринимал с известной грустью как утрату поэзии дворянского века. В записках И. Ф. Тимковского зафиксирован разговор богатейших русских магнатов: графа Ф. В. Растопчина, вице-канцлера князя П. А. Голицына и графа Н. Н. Головина: «Произошел большой разговор ⟨...⟩ о балансе доходов и расходов, судимых категорически, от мала до велика. Жить, говорили, по доходам невозможно. Подражание и уравнение гонят вперед. Вы увидите подле себя человека с маленьким состоянием в таком же сукне, какое на вас. Не все же имеют доходы, сколько им надобно. Не всякий подымает их по расходам (показательно в психологическом отношении, что не расходы подгоняются к доходам, а доходы стремятся подверстать под расходы! — *Ю. Л.*). Мне кажется, однако, сказал другой, воля как воля; все то делает своя невоздержимая охота. — Поэтому граф Александр Сергеевич Строганов только счастливец, когда государыня, представляя императору Иосифу своих вельмож, могла сказать об нем: „Это у меня магнат, который старается весь век разориться, но не может". — Да, сказал еще другой, хорошо ему, получая миллион доходу (тогда курсом на серебро[1]), а я получаю всего 100 тысяч, чем мне жить!» (Русский архив. 1874. Кн. I. Стб. 1463). Ср. в «Русском Пеламе» *П*: «Отец имел 5000 душ. Следственно был из тех дворян, которых покойный гр. Ш⟨ереметев⟩ называл мелкопоместными, удивляясь от чистого сердца, каким образом они могут жить! — Дело в том, что отец мой жил не хуже графа Ш⟨ереметева⟩, хотя был ровно в 20 раз беднее. Москвичи помнят еще его обеды, домашний театр и роговую музыку» (VIII, 416).

Повышение доходности хозяйства путем увеличения его производительности противоречило как природе крепостного труда, так и психологии дворянина-помещика, который предпочитал идти по более легкому пути роста крестьянских повинностей и оброков. Давая единовременный эффект повышения дохода, эта мера в конечном итоге разоряла крестьян и самого помещика, хотя умение выжимать из крестьян деньги считалось среди средних и мелких помещиков основой хозяйственного искусства. В *ЕО* упомянут

Гвоздин, хозяин превосходный,
Владелец нищих мужиков *(5, XXVI, 3–4).*

Рационализация хозяйства не вязалась с природой крепостного труда и чаще всего оставалась барской причудой. Так, Растопчин выписал из Англии специалиста-фермера, применял удобрения и завел вслед за известным англоманом Д. М. Полторацким вместо сохи английский плуг. Однако тот же Растопчин в 1806 г. выпустил в Москве брошюру «Плуг и соха», в которой

[1] По манифесту 20 июня 1810 г. серебряный рубль равнялся 4 руб. ассигнациями, то есть речь шла о 4 млн руб. ассигнациями.

отстаивал отечественную соху перед иностранным плугом. Брошюра имела два эпиграфа. Первый: «Отцы наши не глупее нас были». И второй, в стихах, который кончался так:

> Служил в войне, делах, теперь служу с сохой.
> Я пользы общества всегда был верный друг,
> Хочу уверить в том и восстаю на плуг.

(См.: *Булич Н. Н.* Очерки по истории русской литературы и просвещения с начала XIX века. 2-е изд. СПб., 1912. С. 184–185).

Более верными способами «подымать доходы по расходам» были различные формы пожалований от правительства. Они бывали особенно значительны в XVIII в. М. И. Воронцов писал Елизавете: «Мы все верные ваши рабы без милости и награждения вашего императорского величества прожить не можем. И я не единого дома фамилии в государстве не знаю, который бы собственно без награждения монаршеских щедрот себя содержал» (*Карнович Е. П.* Указ. соч. С. 259). Огромные пожалования производились при Екатерине II и Павле I, однако Александр I был скуп на денежные и земельные награды.

Причиной образования долгов было не только стремление «жить по-дворянски», то есть не по средствам, но и потребность иметь в своем распоряжении свободные деньги. Крепостное хозяйство — в значительной мере барщинное — давало доходы в виде продуктов крестьянского труда *(«простой продукт» — 1, VII, 12)*, а столичная жизнь требовала денег. Сбывать сельскохозяйственные продукты и получать за них деньги было для обычного помещика, особенно богатого столичного жителя, ведущего барский образ жизни, непривычно и хлопотно.

Долги могли образоваться от частных займов и заклада поместий в банк (ср.: «...освободился / От частных и других долгов...» — *8, X, 9–10*). Первые образовывались при одалживании денег (многие дворяне не стеснялись ссужать деньги под проценты; Растопчин в письмах упоминал «нежных друзей», дававших ему деньги взаймы из 12 % годовых), вторые — от закладывания имений. Одалживая же под залог крепостных душ и земельной собственности большую сумму, помещик сразу соблазнительно просто получал в свои руки нужное ему количество денег. Именно по этому, привычному, но ведущему к разорению пути и шел отец Евгения. В 1754 г. был учрежден Дворянский банк, который в 1786 г. был по указу Екатерины II переименован в Государственный заемный банк для дворян и городов. В указе говорилось: «От дворян принимать под залог деревни, полагая 40 р. за душу ⟨...⟩ Дворяне закладывают имения на 20 лет по 5 процентов, а 3 процента идет на уплату капитала, итого 8 процентов» (*Яблочков М.* История дворянского сословия в России. СПб., 1876. С. 565–566). Жить на средства, полученные при закладе имения, называлось «жить долгами». Такой способ был прямым путем к разорению. Предполагалось, что дворянин на полученные при закладе деньги приобретет новые поместья или улучшит состояние старых и, повысив таким образом свой доход, получит средства на уплату процентов и выкуп поместья из заклада. Однако в большинстве случаев дворяне проживали полученные в банке суммы, тратя их на покупку или строительство домов в столице, туалеты, балы («давал три бала ежегодно» — *1, III, 3* — для не слишком богатого дворянина, не имеющего в доме дочерей-невест, три бала в год — неоправданная роскошь). Это приводило к перезакладыванию уже заложенных имений, что влекло за собой удвоение процентов, которые начинали поглощать значительную часть ежегодных доходов от деревень. Приходилось делать долги, вырубать леса, продавать еще не заложенные деревни и т. д.

Неудивительно, что, когда отец Онегина, который вел хозяйство именно таким образом, скончался, выяснилось, что наследство обременено большими долгами:

Перед Онегиным собрался
Заимодавцев жадный полк *(1, LI, 6–7)*.

В этом случае наследник мог принять наследство и вместе с ним взять на себя долги отца или отказаться от него, предоставив кредиторам самим улаживать счеты между собой. Первое решение диктовалось чувством чести, желанием не запятнать доброе имя отца или сохранить родовое имение (последнее обстоятельство играло значительную роль: не случайно закон предусматривал льготы по выкупу родовых имуществ, такой выкуп входил в круг дворянских прав; следуя этой традиции, например, опека выкупила проданное за долги в 1837 г. Михайловское и возвратила его во владение детей уже погибшего к этому времени поэта). Именно так поступил после смерти отца Николай Ростов, движимый чувствами родовой чести. Легкомысленный же Онегин пошел по второму пути.

Получение наследства было не последним средством поправить расстроенные дела. Молодым людям охотно верили в долг рестораторы, портные, владельцы магазинов в расчете на их «грядущие доходы» (V, 6). Поэтому молодой человек из богатой семьи мог без больших денег вести в Петербурге безбедное существование при наличии надежд на наследство и известной беззастенчивости. Так, Лев Сергеевич, брат поэта, жил в Петербурге без копейки денег, но задолжал в рестораны 260 руб., нанимал в долг квартиру в доме Энгельгардта за 1330 руб. в год, делал подарки, вел карточную игру (долги оплатил позже А. С. Пушкин). Молодость — время надежд на наследство — была как бы узаконенным периодом долгов, от которых во вторую половину жизни следовало освобождаться, став «наследником ⟨...⟩ своих родных» *(1, II, 4)* или выгодно женившись. Рисуя рутинную смену возрастных норм поведения, *П* писал:

Блажен ⟨...⟩
Кто в двадцать лет был франт иль хват,
А в тридцать выгодно женат;
Кто в пятьдесят освободился
От частных и других долгов... *(8, X, 1–10)*

**Образование и служба дворян.** В записке «О народном воспитании», составленной в 1826 г., *П* писал: «В России домашнее воспитание есть самое недостаточное, самое безнравственное; ребенок окружен одними холопями, видит одни гнусные примеры, своевольничает или рабствует, не получает никаких понятий о справедливости, о взаимных отношениях людей, об истинной чести. Воспитание его ограничивается изучением двух или трех иностранных языков и начальным основанием всех наук, преподаваемых каким-нибудь нанятым учителем» (XI, 44).

Характерной фигурой домашнего воспитания был француз-гувернер. В наброске «Русский Пелам» *П* дал картину такого образования: «Отец конечно меня любил, но вовсе обо мне не беспокоился и оставил меня на попечение французов, которых беспрестанно принимали и отпускали. Первый мой гувернер оказался пьяницей; второй, человек не глупый и не без сведений, имел такой бешеный нрав, что однажды чуть не убил меня поленом за то, что пролил я чернила на его жилет; третий, проживший у нас целый год, был сумасшедший, и в доме тогда только догадались о том, когда пришел он жаловаться Анне Петровне на меня и на Мишеньку за то, что мы подговорили клопов со всего дому не давать ему покою, и что сверх того чертенок повадился вить гнезда в его колпаке» (VIII, 416).

Русский язык, словесность и историю, а также танцы, верховую езду и фехтование преподавали специальные учителя, которых приглашали «по билетам» (ср.: «Берем же побродяг, и в дом, и по билетам» — «Горе от ума», д. I, явл. 4). Учитель сменял гувернера. Так, для происходившего из дворянской семьи среднего достатка Ф. Я. Мирковича, когда ему исполнилось 5 лет, родители взяли француза-гувернера Бальзо. «Бальзо смотрел попечительно и старательно за мною и братом, учил нас французскому языку, который тогда я знал тверже родного». Однако, когда Мирковичу исполнилось 13 лет, ему взяли профессионального учителя: «Будри был родом швейцарец, выписанный в царствование Екатерины князем Салтыковым для воспитания его сына. Окончив оное, Будри женился на русской и остался в России. Он был родной брат кровожадного Марата...» (*Миркович*. С. 9, 14). Этот де Будри позднее был преподавателем у *П* в Лицее.

Француз-гувернер и француз-учитель редко серьезно относились к своим педагогическим обязанностям. Такие люди, как Жильбер Ромм (известный математик, якобинец, воспитатель П. А. Строганова), де Будри, лингвист Модрю (несмотря на резкую и справедливую критику его русской грамматики Карамзиным), были редкостью. Не только русская сатирическая литература, но и свидетельства самих французов, посещавших Россию в конце XVIII — начале XIX в., изобилуют анекдотическими сообщениями. Тут рассказы и о французе, который преподавал французскую грамматику, но, будучи подвергнут сам профессиональному экзамену, на вопрос о наклонениях (по-французски «mode») французских глаголов отвечал, что давно покинул Париж, а моды там постоянно меняются, и о том, как французский посол в 1770 г. узнал в Петербурге в одном учителе своего бывшего кучера, а начальник кадетского корпуса Ангальт — бывшего барабанщика своего полка, которого он лично приговорил к телесному наказанию.

Если в XVIII в. (до Французской революции 1789 г.) претендентами на учительские места в России были главным образом мелкие жулики и авантюристы, актеры, парикмахеры, беглые солдаты и просто люди неопределенных занятий, то после революции за границами Франции оказались тысячи аристократов-эмигрантов, и в России возник новый тип учителя-француза. Характерный его портрет рисует в своих мемуарах Ф. Ф. Вигель: «...наш гувернер, шевалье де-Ролен-де-Бельвиль, французский подполковник, человек лет сорока. Не слишком молодой, умный и весьма осторожный, сей повеса старался со всеми быть любезен и умел всем нравиться, старым и молодым, господам и даже слугам. Обхождение его со мною с самой первой минуты меня пленило ⟨...⟩ Об отечестве своем говорил как все французы, без чувства, но с хвастовством, и с состраданием, более чем с презрением, о нашем варварстве. Мало-помалу приучил он меня видеть во Франции прекраснейшую из земель, вечно озаренную блеском солнца и ума, а в ее жителях избранный народ, над всеми другими поставленный. Революционеры, новые титаны, по словам его, только временно овладели сим Олимпом, но подобно им, будут низвергнуты в бездну. При слове религия он с улыбкой потуплял глаза, не позволяя себе однако же ничего против нее говорить; как средством, видно, по мнению его, пренебрегать ею было нельзя ⟨...⟩ Посреди сих разговоров вдруг начал он заводить со мною нескромные речи и рассказывать самые непристойные, даже отвратительные анекдоты ⟨...⟩ Он был высок и сухощав, имел самые маленькие серые сверкающие глаза и огромный нос, который, описывая правильную дугу, составлял четверть круга. Он был чрезвычайно опрятен и никогда не покидал крестика святого Лазаря, который доставляли не заслуги, а доказательства старинного дворянства» (*Вигель.* Т. 1. С. 81–82). Если прибавить, что именно этот шевалье развил в Вигеле противоестественные наклонности, картина получится достаточно выразительная. Известен случай, когда появившийся в России беглый каторжник-француз, демонстрируя бурбонский герб на своем плече (уголовным преступникам в дореволюционной Франции палач выжигал на плече клеймо — королевскую лилию), уверял русских помещиков, что этим знаком отметили себя принцы крови, чтобы узнавать друг друга в эмиграции. Мнимому принцу воздавались доверчивыми провинциалами королевские почести, и он чуть было не женился на дочери своего гостеприимного хозяина (*Pingaud L.* Les français en Russie et les russes en France. Paris, 1886. P. 89).

Альтернативой домашнему воспитанию, дорогому и малоудовлетворительному, были частные пансионы и государственные училища. Частные пансионы, как и уроки домашних учителей, не имели ни общей программы, ни каких-либо единых требований. На одном полюсе здесь стояли дорогостоящие и привилегированные столичные пансионы, открытые для доступа лишь детям из аристократического круга. Таков был, например, известный пансион аббата Николя. Вигель вспоминал: «Тайный иезуит, аббат Николь, завел в Петербурге аристократический пансион. Он объявил, что сыновья вельмож одни только в нем будут воспитываться; и сколько с намерением затруднить вступление в него детям небогатых состояний, столько из видов корысти положил неимоверную плату: ежегодно по 1500 рублей, нынешних шесть тысяч» (*Вигель*. Т. 1. С. 91–92). В этом учебном заведении воспитывались будущие декабристы М. Ф. Орлов и С. Г. Волконский, дети из аристократических фамилий: Голицыны, Нарышкины, Меншиковы, сюда же были отданы Александр и Константин Бенкендорфы, сыновья подруги императрицы Марии Федоровны, лезшие из кожи, чтобы попасть в аристократию. Из пансиона Николя вышли не только будущие декабристы, но и будущий шеф корпуса жандармов. Наряду с эффектно составленной учебной программой, иезуиты умело занимались пропагандой католицизма — многие из воспитанников в будущем сделались католиками. Николь, который, «воспитывая русскую молодежь, верил, что трудится также для Франции» (*Pingaud*. Op. cit. P. 234), сумел привлечь на свою сторону и русскую аристократию, находившуюся в значительной мере под влиянием эмигрантов — сторонников «старого режима» (таких, как графиня Головина), и молодых либералов из ближайшего окружения Александра I, и таких завзятых врагов галломании, как Растопчин, писавший ему: «Когда речь идет о гербах или качестве вина, я охотно советуюсь с г.*** и г.***. Но, когда дело касается воспитания, я обращаюсь к Вам, г. аббат. Надеюсь, что этим я доказал Вам, насколько я люблю мое дитя» (*Pingaud*. Op. cit. P. 235). *П* многое знал о пансионе Николя. И не только по разговорам современников — его самого в 1811 г. собирались поместить в «Иезуитский коллегиум в Петербурге». В «Программе автобиографии» *П* записал: «Меня везут в П⟨етер⟩Б⟨ург⟩ Езуиты. Тургенев. Лицей» (XII, 308).

На другом полюсе находились плохо организованные провинциальные пансионы. Представление о них дают воспоминания В. Н. Карпова о харьковских пансионах начала XIX в.: «Пансион Якимова шел в параллель с пансионом для девиц. В этом пансионе учились тихонько, не спеша, а между тем с успехом переходили из класса в класс на радость родителям и на пользу отечеству. Но этот пансион недолго существовал и был закрыт вследствие происшедшей в Основянском бору дуэли надзирателя Фейерзена с учителем географии Филаткиным за красавицу жену Якимова ⟨...⟩ Пансион „Немца“ более других требует, чтобы на нем остановиться. О „Немце“ ходили тогда легенды, будто он был привезен стариком Кузиным в Россию в качестве камердинера. По ходатайству Кузина он был записан на русскую службу и, получивши первый чин, получил право на открытие пансиона ⟨...⟩ Это был человек высокого роста, худой, с желтым лицом, раздражительный, суровый на вид, с седыми, нависшими на глаза бровями и с весьма плохим мнением о русских детях. Он их открыто называл наглецами и бездарными животными. „Die russischen Kinder das ist etwas unmögliches, darum sie sind alle dummköpfig!“ („Русские дети — это нечто невозможное, все они тупоголовые!“) — был его постоянный и обыкновенный отзыв о всех русских детях. И вот этому лицу и было вручено воспитание русского юношества. Бедное русское юношество!» (*Карпов В. Н.* Воспоминания; *Шипов Ник*. История моей жизни. М.; Л., 1933. С. 148–149).

В значительно большем порядке находились государственные учебные заведения.

Большинство русских дворян по традиции готовили своих детей к военному поприщу. По указу 21 марта 1805 г. в обеих столицах и ряде провинциальных городов (Смоленске, Киеве, Воронеже и др.) были открыты начальные военные училища в количестве «15 рот». В них зачислялись дети «от 7 до 9-летнего возраста, которые, пробыв в училище 7 лет, переводятся для довершения воспитания в высшие кадетские корпуса. Для окончания военного воспитания благородное юношество поступает в два высшие кадетские корпуса в Петербурге» (*Яблочков М.* Указ. соч. С. 603). Кроме двух — Первого и Второго — петербургских кадетских корпусов, среднее военное образование молодые люди могли получить в Пажеском корпусе, в так называемом Дворянском полку (в будущем Константиновское военное училище), в Морском кадетском корпусе или в Школе колонновожатых — учебном заведении для подготовки квалифицированных штабных офицеров. Показательно, что из 456 лиц, внесенных в «Алфавит декабристов» — список лиц, которые привлекались к следствию по делу декабристов, составленный для Николая I по инициативе Бенкендорфа, — 125 окончили военные заведения: 30 человек — Морской корпус, 28 — Пажеский (среди них — Пестель), 24 — Школу колонновожатых (среди них — Н. В. Басаргин, Арт. З. Муравьев, Н. А. Крюков, П. А. Муханов и др.). Рылеев закончил Первый кадетский корпус.

Для получения первого офицерского чина не обязательно было иметь военное образование: военные науки преподавались в ряде гражданских учебных заведений, а некоторые из дворян брали домашние уроки или слушали частные лекции по военным предметам. Студент из дворян по указу 3 ноября 1806 г. лишь три месяца служил рядовым и три месяца подпрапорщиком, после чего получал офицерский чин. Правда, в одном из самых первых своих указов (8 апреля 1801 г.) Александр I повелел «неграмотных [дворян] принимать рядовыми».

Военное поприще представлялось настолько естественным для дворянина, что отсутствие этой черты в биографии должно было иметь какое-либо специальное объяснение: болезнь или физический недостаток, скупость родителей, не дававшую определить сына в гвардию (в соединении с фамильным чванством, отвергавшим слишком «низкую» карьеру армейского офицера), фамильные связи в дипломатическом мире. Большинство штатских чиновников или неслужащих дворян имели в своей биографии хотя бы краткий период, когда они носили военный мундир. Достаточно просмотреть список знакомых *П*, чтобы убедиться, что он был и в Петербурге после Лицея, и в Кишиневе, и в Одессе окружен военными — среди его знакомых лишь единицы никогда не носили мундира.

На таком фоне биография Онегина приобретала демонстративный оттенок, ускользающий от внимания современного читателя. Показательно, что в образе хронологически и типологически близкого к Онегину Чацкого угадывалось недавнее военное прошлое («Не в прошлом ли году, в конце, / В полку тебя я знал?» — д. III, явл. 6). Письмо *П* А. А. Бестужеву, в котором о Молчалине сказано: «Штатский трус в большом свете между Чацким и Скалозубом мог быть очень забавен», — показывает, что понятие «штатский» соединялось для автора *ЕО* с Молчалиным, но не с Чацким (см. XIII, 138).

Характер образования был, как правило, связан с тем родом службы, для которой родители предназначали своего сына. Штатская служба в престижном отношении стояла значительно ниже военной. Однако в ее пределах имелись существенные отличия с точки зрения ценности в глазах современников. К наиболее «благородным» относили дипломатическую службу. Гоголь в «Невском проспекте» иронически писал, что чиновники иностранной коллегии «отличаются благородством своих занятий и привычек», и восклицал:

«Боже, какие есть прекрасные должности и службы! как они возвышают и услаждают душу!»

Штатскими высшими учебными заведениями были университеты. В начале XIX в. их было в России пять: Московский, Дерптский, Виленский, Казанский и Харьковский. При университетах имелись подготовительные училища — пансионы. Наиболее известным был пансион при Московском университете, в котором учились братья Тургеневы, Жуковский, Грибоедов и многие другие знакомые *П*. Благородные пансионы (пансионы для дворянских детей) имелись и при других учебных заведениях высшего типа: при Царскосельском лицее, Главном педагогическом институте в Петербурге.

При вступлении в службу такие же права, как и университеты, давали лицеи: Демидовский в Ярославле (кандидаты — так именовались окончившие лицей с отличием — вступали в службу чиновниками 12-го класса, а остальные студенты — 14-го), Царскосельский (окончившие вступали в службу с чинами «от 14-го класса до 9-го», «смотря по успехам»), а позже — Нежинский и Ришельевский (в Одессе). По указу 1817 г. ученики Петербургской гимназии получили право вступать в службу в чине 14-го класса.

Герой пушкинского романа получил только домашнее образование. Следует подчеркнуть, что отношение *П* к такому воспитанию было резко отрицательным. В записке для Николая I в 1826 г. поэт писал категорически: «Нечего колебаться: во что бы то ни стало должно подавить воспитание частное» (XI, 44).

Онегин, как уже было сказано, никогда не носил военного мундира, что выделяло его из числа сверстников, встретивших 1812 г. в возрасте 16–17 лет. Но то, что он вообще никогда нигде не служил, не имел никакого, даже самого низшего чина, решительно делало Онегина белой вороной в кругу современников[1].

Манифестом Петра III от 18 февраля 1762 г. дворянство было освобождено от обязательной службы. Правительство Екатерины II пыталось указом от 11 февраля 1763 г. приостановить действие манифеста и сделать службу вновь обязательной. Указ 1774 г. подтвердил обязательность военной службы для дворянских недорослей. Однако Жалованная дворянству грамота 1785 г. вновь вернула дворянам «вольность» служить и оставлять службу — как гражданскую, так и военную — по своему произволу.

Таким образом, неслужащий дворянин формально не нарушал законов империи. Однако его положение в обществе было совершенно особым. Сатирическая литература и публицистика XVIII в. создали традицию отождествления государственной службы и общественного служения. Появилась условная маска неслужащего петиметра, тунеядца и эгоиста. Еще И. Т. Посошков иронизировал по поводу дворян, которые «в службу написаны и ни на какой службе не бывали», «домо соседям своим страшен яко лев, а на службе хуже козы» (*Посошков И. Т.* Книга о скудости и богатстве и другие сочинения. М., 1951. С. 98, 94–95).

Правительство также весьма отрицательно смотрело на уклоняющегося от службы и не имеющего ника-

---

[1] Л. Н. Киселева, проверившая биографии всех современников *П*, родившихся в интервале между 1794 и 1798 гг., по справочнику Л. А. Черейского «Пушкин и его окружение» (всего 137 биографий, охватывающих круг реальных жизненных наблюдений автора *ЕО*), установила, что среди них нет ни одного человека, который бы никогда не служил и не имел никакого чина. Подавляющее большинство из них учились в различных учебных заведениях, а не ограничивались только домашним образованием. Пользуюсь случаем поблагодарить Л. Н. Киселеву, любезно поделившуюся со мной результатами своих разысканий.

кого чина дворянина. И в столице, и на почтовом тракте он должен был пропускать вперед лиц, отмеченных чинами. Если он вынужден был все же вступить в службу, то рассчитывать на хорошее место ему не приходилось. Так, М. С. Воронцов с явным пренебрежением приказывал 1 июня 1822 г. «нигде не служившего дворянина Вас⟨илия⟩ Туманского» определить в канцелярию без жалованья (Пушкин. Статьи и материалы. Вып. III. Одесса, 1927. С. 90), хотя Туманский закончил училище в Петербурге и Collège de France в Париже и был заметным литератором. Екатерина II, прочитав в показаниях арестованного Новикова, что, прослужив всего шесть лет, он вышел в отставку 24 лет от роду поручиком, раздраженно писала: «Можно сказать, что нигде не служил, и в отставку пошел молодой человек ⟨...⟩, следовательно, не исполнил долгу служением ни государю, ни государству» (*Новиков Н. И.* Избр. соч. М.; Л., 1951. С. 606).

Наконец, служба органически входила в дворянское понятие чести, становясь ценностью этического порядка и связываясь с патриотизмом. Представление о службе как высоком служении общественному благу и противопоставление ее прислуживанию «лицам» (это чаще всего выражалось в противопоставлении патриотической службы отечеству на полях сражений прислуживанию «сильным» в залах дворца) создавало переход от дворянского патриотизма к декабристской формуле Чацкого: «Служить бы рад, прислуживаться тошно» (д. II, явл. 2).

И. И. Пущин, говоря автору *ЕО* о своем вступлении в тайное общество словами: «...не я один поступил в это новое служение отечеству» (Пушкин в воспоминаниях современников. Т. 1. С. 108), подчеркивал преемственность между «старым», боевым и «новым», революционным служением отечеству. Итак, складывалась мощная, но сложная и внутренне противоречивая традиция отрицательного отношения к «неслужащему дворянину».

Однако была и противоположная (хотя и значительно менее сильная) традиция. Еще Новиков противопоставил пафосу государственной службы идею организованных усилий «приватных» людей. В поэзии Державина сталкивались пафос государственного служения и поэзия частного существования. Однако, пожалуй, именно Карамзин сделал впервые отказ от государственной службы предметом поэтизации в стихах, звучавших для своего времени достаточно дерзко:

> ...в войне добра не видя,
> В чиновных гордецах чины возненавидя,
> Вложил свой меч в ножны
> («Россия, торжествуй, — сказал я, — без меня!»)...
>
> (*Карамзин-1.* С. 170)

То, что традиционно было предметом нападок с самых разных позиций, сатирически обличалось как эгоизм и отсутствие любви к обществу, неожиданно приобретало контуры борьбы за личную независимость, отстаивания права человека самому определять род своих занятий, строить свою жизнь независимо от государственного надзора или рутины протоптанных путей. Право не служить, быть «сам большой» (VI, 201) и оставаться верным «науке первой» — *чтить самого себя* (III, 193) стало заповедью зрелого *П.* Известно, как упорно заставлял Николай I служить Вяземского в министерстве финансов, Герцена — в провинциальной канцелярии, Полежаева — в солдатах и к каким трагическим последствиям привела самого *П* придворная служба.

В свете сказанного видно, во-первых, что то, что Онегин никогда не служил, не имел чина, не было неважным и случайным признаком, — это важная и заметная современникам черта. Во-вторых, черта эта по-разному просматривалась в свете различных культурных перспектив, бросая на героя то сатирический, то глубоко интимный для автора отсвет.

Не менее бессистемный характер носило образование молодой дворянки. Схема домашнего воспитания была та же, что и при начальном обучении мальчика-дворянина: из рук крепостной нянюшки, заменявшей в этом случае крепостного дядьку, девочка поступала под надзор гувернантки — чаще всего француженки, иногда англичанки. В семьях, где нанять хорошую гувернантку не было средств, а дать девушке образование все же считали необходимым (немало было и дворянок, получивших лишь самое начальное образование от какого-нибудь сельского дьячка и едва умеющих читать и писать), прибегали к помощи пансионов.

Наиболее известными государственными учебными заведениями этого типа были Смольный институт благородных девиц и аналогичный ему Екатерининский институт (оба в Петербурге). Эти привилегированные закрытые учебные заведения имели специфический характер. С одной стороны, состав их в значительной мере пополняли девушки из малообеспеченных дворянских семей, родители которых смогли найти заступников при дворе. С другой — определенной части выпускниц были обеспечены придворные должности фрейлин или выгоды, связанные с личным покровительством императрицы Марии Федоровны. Сделавшись после смерти Екатерины II покровительницей этих учебных заведений, Мария Федоровна внесла в их жизнь мелочную опеку. Она «осматривала с ног до головы, ей показывались руки, зубы, уши» (*Смирнова-Россет*. С. 82).

Другую возможность представляли частные пансионы. Именно такое воспитание *П* дал героине поэмы «Граф Нулин»:

> ...к несчастью,
> Наталья Павловна совсем
> Своей хозяйственною частью
> Не занималася; затем,
> Что не в отеческом законе
> Она воспитана была,
> А в благородном пансионе
> У эмигрантки Фальбала (V, 5).

В мемуарах той поры мы находим интересные описания таких пансионов. В качестве особого предмета там преподавались светские манеры, причем тренировка строилась по всем правилам театральных репетиций: воспитанницы в учебных сценках разучивали типичные ситуации светского поведения.

«Начальница встречала их в большом рекреационном зале и заставляла проделывать различные приемы из светской жизни.

— Ну, милая, — говорила начальница, обращаясь к воспитаннице, — в вашем доме сидит гость — молодой человек. Вы должны выйти к нему, чтобы провести с ним время. Как вы это должны сделать? ⟨...⟩

Затем девицы то будто провожали гостя, то будто давали согласие на мазурку, то садились играть, по просьбе кавалера, то встречали и видались с бабушкой или с дедушкой» (*Карпов В. Н.* Указ. соч. С. 142–143).

Таким образом, вырабатывался тип двойного поведения — театрализованного в «парадных» ситуациях и «помещичьего» в обыденных, причем первое доминировало до замужества, второе — после.

*П* колебался в том, какой тип воспитания дать дочерям Прасковьи Лариной. Иронические строки «Графа Нулина» были написаны в сроки, близкие к работе над центральными главами романа, в которых затрагивалась тема образования Татьяны и Ольги. Однако глубокая разница в отношении автора к героиням этих двух произведений исключала возможность одинакового воспитания. Первоначально *П* думал вообще дать своим героиням чисто отечественное образование:

Ни дура Английской породы
Ни своенравная Мамзель
(В России по уставам ⟨моды⟩
Необходимые досель)
Не баловали Ольги милой
Фадеевна рукою — хилой
Ее качала колыбель
Стлала ей детскую постель
Помилуй мя читать учила
Гуляла с нею, средь ночей
Бову рассказывала ей (VI, 287–288).

Однако в дальнейшем (одновременно с перенесением сюжетного акцента с Ольги на Татьяну) характер воспитания изменился. Культурный облик Татьяны был приближен к кругозору соседок автора по Михайловскому — тригорских барышень. Хотя *П* и сделал старшую Ларину тезкой Прасковьи Осиповой, это были, конечно, женщины совершенно различного культурного склада. Дочь Вындомского, сотрудника «Беседующего гражданина», ученика Н. И. Новикова и знакомого А. Н. Радищева, Осипова не только смогла добиться, чтобы ее дочери в Псковской губернии выросли литературно образованными, владеющими французским и английским языками, но и сама, зрелой женщиной, продолжала свое образование. Этим она нарушила твердое убеждение своей среды, что самоцельный интерес к науке достоин лишь разночинца, дворянин же учится до получения первого чина, а дворянка — лишь до замужества (вернее, до начала выездов в свет). Нарушение этого правила позволялось лишь в отдельных случаях как чудачество большого вельможи или «академика в чепце».

Показательно, однако: засвидетельствовав, что Татьяна в совершенстве знала французский язык, и, следовательно, заставив нас предполагать наличие в ее жизни гувернантки-француженки, автор предпочел прямо не упомянуть об этом ни разу.

Подчеркивая в поведении Татьяны естественность, простоту, верность себе во всех ситуациях и душевную непосредственность, *П* не мог включить в воспитание героини упоминание о пансионе.

**Интересы и занятия дворянской женщины.** На общем фоне быта русского дворянства начала XIX в. «мир женщины» выступал как некоторая обособленная сфера, обладавшая чертами известного своеобразия. Образование молодой дворянки было, как правило, более поверхностным и значительно чаще, чем для юношей, домашним. Оно обычно ограничивалось навыком бытового разговора на одном-двух иностранных (чаще всего это бывали французский и немецкий, знание английского языка уже свидетельствовало о более чем обычном уровне образования), умением танцевать и держать себя в обществе, элементарными навыками рисования, пения и игры на каком-либо музыкальном инструменте и самыми начатками истории, географии и словесности. Конечно, бывали и исключения. Так, Г. С. Винский в Уфе в первые годы XIX в. обучал 15-летнюю дочь С. Н. Левашова: «Скажу, не хвастаясь, что Наталья Сергеевна через два года понимала столько французский язык, что труднейших авторов, каковы: Гельвеций, Мерсье, Руссо, Мабли — переводила без словаря; писала письма со всею исправностию правописания; историю древнюю и новую, географию и мифологию знала также достаточно» (*Винский Г. С.* Мое время. СПб., [1914]. С. 139).

Значительную часть умственного кругозора дворянской девушки начала XIX в. определяли книги. В этом отношении в последней трети XVIII в. — в значительной мере усилиями Н. И. Новикова и Н. М. Карамзина — произошел поистине поразительный сдвиг: если в середине XVIII столетия читающая дворянка — явление редкостное, то поколение Татьяны можно было представить

...барышней уездной,
С печальной думою в очах,
С французской книжкою в руках *(8, V, 12–14)*.

Еще в 1770-е гг. на чтение книг, в особенности романов, часто смотрели как на занятие опасное и для женщины не совсем приличное. А. Е. Лабзину — уже замужнюю женщину (ей, правда, было неполных 15 лет!), отправляя жить в чужую семью, наставляли: «Ежели тебе будут предлагать книги какие-нибудь для прочтения, то не читай, пока не просмотрит мать твоя (имеется в виду свекровь. — *Ю. Л.*). И когда уж она тебе посоветует, тогда безопасно можешь пользоваться» (*Лабзина А. Е.* Воспоминания. СПб., 1914. С. 34). В дальнейшем Лабзина провела некоторое время в доме Херасковых, где ее «приучили рано вставать, молиться Богу, утро заниматься хорошей книгой, которые мне давали, а не сама выбирала. К счастью, я еще не имела случая читать романов, да и не слыхала имени сего. Случалось раз начали говорить о вышедших вновь книгах и помянули роман, и я уж несколько раз слышала. Наконец спросила у Елизаветы Васильевны (Е. В. Херасковой, жены поэта. — *Ю. Л.*), о каком она все говорит Романе, а я его у них никогда не вижу» (Там же. С. 47–48). В дальнейшем Херасковы, видя «детскую невинность и во всем большое незнание» Лабзиной, отсылали ее из комнаты, когда речь заходила о современной литературе. Существовали, конечно, и противоположные примеры: мать

Леона в «Рыцаре нашего времени» Карамзина оставляет герою в наследство библиотеку, «где на двух полках стояли романы» (*Карамзин-2*. Т. 1. С. 64). Молодая дворянка начала XIX в. — уже, как правило, читательница романов. В повести некоего В. З. (вероятно, В. Ф. Вельяминова-Зернова) «Князь В-ский и княгиня Щ-ва, или Умереть за отечество славно, новейшее происшествие во времена кампании французов с немцами и россианами 1806 года, российское сочинение» описывается провинциальная барышня, живущая в Харьковской губернии (повесть имеет фактическую основу). Во время семейного горя — брат погиб под Аустерлицем — эта прилежная читательница «произвдений ума Радклиф, Дюкре-Дюмениля и Жанлис[1] славных романистов нашего времени», предается любимому занятию: «Взяв наскоро „Удольфские таинства“, забывает она непосредственно виденные сцены, которые раздирали душу ее сестры и матери ⟨...⟩ За каждым кушаньем читает по одной странице, за каждою ложкою смотрит в разогнутую перед собою книгу. Перебирая таким образом листы, постоянно доходит она до того места, где во всей живости романического воображения представляются мертвецы-привидения; она бросает из рук ножик и, приняв на себя испуганный вид, нелепые строит жесты» (Указ. соч. С. 58, 60–61). О распространении чтения романов среди барышень нача-

---

[1] *Радклиф* (Рэдклифф) Анна (1764–1823) — английская романистка, одна из основательниц «готического» романа тайн, автор популярного романа «Удольфские тайны» (1794). В «Дубровском» *П* назвал героиню «пылкая мечтательница, напитанная таинственными ужасами Радклиф» (VIII, 195). *Дюкре-Дюмениль* (правильно: Дюминиль) Франсуа (1761–1819) — французский сентиментальный писатель; *Жанлис* Фелиситэ (1746–1830) — французская писательница, автор нравоучительных романов. Творчество двух последних активно пропагандировалось в начале XIX в. Карамзиным.

ла XIX в. см. также: *Сиповский В. В.* Очерки из истории русского романа. СПб., 1909. Т. 1. Вып. 1. С. 11–13.

Образование молодой дворянки имело главной целью сделать из девушки привлекательную невесту. Характерны слова Фамусова, откровенно связывающего обучение дочери с будущим ее браком:

> Дались нам эти языки!
> Берем же побродяг, и в дом, и по билетам,
> Чтоб наших дочерей всему учить, всему —
> И танцам! и пенью! и нежностям! и вздохам!
> Как будто в жены их готовим скоморохам
>
> (д. I, явл. 4).

Естественно, что со вступлением в брак обучение прекращалось.

В брак молодые дворянки в начале XIX в. вступали рано. Правда, частые в XVIII в. замужества 14- и 15-летних девочек начали выходить из обычной практики, и нормальным возрастом для брака сделались 17–19 лет[1].

---

[1] Ранние браки, бывшие в крестьянском быту нормой, в конце XVIII в. нередки были и для не затронутого европеизацией провинциального дворянского быта. А. Е. Лабзина была выдана замуж, едва ей минуло 13 лет (см.: *Лабзина А. Е.* Указ. соч. С. 10, 20); мать Гоголя, Марья Ивановна, пишет в своих записках: «Когда мне минуло четырнадцать лет, нас перевенчали в местечке Яресках; потом муж мой уехал, а я осталась у тетки, оттого, что еще была слишком молода. ⟨...⟩ Но в начале ноября он стал просить родителей отдать меня ему, говоря, что не может более жить без меня (*Шенрок В. И.* Материалы для биографии Гоголя. М., 1892. Т. 1. С. 43); отец «в 1781 г. вступил в брак» с «Мариею Гавриловною, которой тогда было едва 15 лет от роду» (*Миркович.* С. 2). Проникновение романтических представлений в быт и европеизация жизни провинциального дворянства сдвинули возраст невесты до 17–19 лет. Когда красавице Александрине Корсаковой перевалило за двадцать, старик Н. Вяземский, отговаривая от женитьбы влюбившегося в нее сына, А. Н. Вяземского, называл ее «старой девкой, привередницей, каких мало» (Рассказы Бабушки. Из воспоминаний пяти поколений, зап. и собр. ее внуком Д. Благово. СПб., 1885. С. 439).

Однако сердечная жизнь, время первых увлечений молодой читательницы романов начинались значительно раньше. И окружающие мужчины смотрели на молодую дворянку как на женщину уже в том возрасте, в котором последующие поколения увидали бы в ней лишь ребенка. Жуковский влюбился в Машу Протасову, когда ей было 12 лет (ему шел 23-й год). В дневнике, в записи 9 июля 1805 г., он спрашивает сам себя: «...можно ли быть влюбленным в ребенка?» (см.: *Веселовский А. Н.* В. А. Жуковский. Поэзия чувства и «сердечного воображения». СПб., 1904. С. 111). Софье в момент действия «Горя от ума» 17 лет, Чацкий отсутствовал три года, следовательно влюбился в нее, когда ей было 14 лет, а может быть, и ранее, поскольку из текста видно, что до отставки и отъезда за границу он некоторое время служил в армии и определенный период жил в Петербурге («Татьяна Юрьевна рассказывала что-то. Из Петербурга воротясь, / С министрами про вашу связь...» — д. III, явл. 3). Следовательно, Софье было 12–14 лет, когда для нее и Чацкого наступила пора

> Тех чувств, в обоих нас движений сердца тех,
> Которые во мне ни даль не охладила,
> Ни развлечения, ни перемена мест.
> Дышал, и ими жил, был занят беспрерывно!
>
> (д. IV, явл. 14)

Наташе Ростовой 13 лет, когда она влюбляется в Бориса Друбецкого и слышит от него, что через четыре года он будет просить ее руки, а до этого времени им не следует целоваться. Она считает по пальцам: «Тринадцать, четырнадцать, пятнадцать, шестнадцать» («Война и мир», т. 1, ч. 1, гл. X). Эпизод, описанный И. Д. Якушкиным (см.: Пушкин в воспоминаниях современников. Т. 1. С. 363), выглядел в этом контексте вполне обычно. Шестнадцатилетняя девушка — уже невеста, и к ней можно свататься. В этой ситуации определение девушки как «ребенка» отнюдь не отделяет ее от «возраста любви». Слова «ребенок», «дитя» входили в бытовой и поэтический любовный лексикон начала XIX в. Это следует иметь в виду, читая строки вроде: «Кокетка, ветреный ребенок» *(1, XLV, 6)*.

Выйдя замуж, юная мечтательница часто превращалась в домовитую помещицу-крепостницу, как Прасковья Ларина, в столичную светскую даму или провинциальную сплетницу. Вот как выглядели провинциальные дамы в 1812 г., увиденные глазами умной и образованной москвички М. А. Волковой, обстоятельствами военного времени заброшенной в Тамбов: «Все с претензиями, крайне смешными. У них изысканные, но нелепые туалеты, странный разговор, манеры как у кухарок; притом они ужасно жеманятся, и ни у одной нет порядочного лица. Вот каков прекрасный пол в Тамбове!» (Двенадцатый год в воспоминаниях и переписке современников / Сост. В. В. Каллаш. М., 1912. С. 275). Ср. с описанием общества провинциальных дворянок в *ЕО*:

Но ты — губерния Псковская
Теплица юных дней моих
Что может быть, страна глухая
Несносней барышень твоих?
Меж ими нет — замечу кстати
Ни тонкой вежливости знати
Ни [ветрености] милых шлюх —
Я уважая русский дух,
Простил бы им их сплетни,
чванство
Фамильных шуток остроту
Порою зуб нечистоту
[И непристойность и] жеманство
Но как простить им [модный] бред
И неуклюжий этикет (VI, 351).

В другом месте автор подчеркнул умственную отсталость провинциальных дам, даже по сравнению с отнюдь не высокими критериями образования и глубокомыслия провинциальных помещиков:

> ...разговор их милых жен
> Гораздо меньше был умен *(2, XI, 13–14).*

И все же в духовном облике женщины были черты, выгодно отличавшие ее от окружающего дворянского мира. Дворянство было служилым сословием, и отношения службы, чинопочитания, должностных обязанностей накладывали глубокую печать на психологию любого мужчины из этой социальной группы. Дворянская женщина начала XIX в. значительно меньше была втянута в систему служебно-государственной иерархии, и это давало ей бо́льшую свободу мнений и большую личную независимость. Защищенная к тому же, конечно лишь до известных пределов, культом уважения к даме, составлявшим существенную часть понятия дворянской чести, она могла в гораздо большей мере, чем мужчина, пренебрегать разницей в чинах, обращаясь к сановникам или даже к императору. Это в соединении с общим ростом национального самосознания в среде дворянства после 1812 г. позволило многим дворянкам возвыситься до подлинного гражданского пафоса. Письма уже упомянутой М. А. Волковой к ее петербургской подруге В. И. Ланской в 1812 г. свидетельствуют, что *П*, создавая в «Рославлеве» образ Полины — экзальтированно патриотической и мечтающей о героизме девушки, полной гордости и глубокого чувства независимости, смело идущей наперекор всем предрассудкам общества, — мог опираться на реальные жизненные наблюдения. См., например, письмо Волковой от 27 ноября 1812 г.: «...я не могу удержать своего негодования касательно спектаклей и лиц, их посещающих. Что же такое Петербург? Русский ли это город, или иноземный? Как это понимать, ежели вы русские? Как можете вы посещать театр, когда Россия в трауре, горе, развалинах и находилась на шаг от гибели? И на кого смотрите вы? На французов, из которых каждый радуется нашим несчастьям?! Я знаю, что в Москве до 31 августа открыты были театры, но с первых чисел июня, т. е. со времени объявления войны, у подъездов их виднелись две кареты, не более. Дирекция была в отчаянии, она разорялась и ничего не выручала ⟨...⟩ Чем более я думаю, тем более убеждаюсь, что Петербург вправе ненавидеть Москву и не терпеть всего в ней происходящего. Эти два города слишком различны по чувствам, по уму, по преданности общему благу, для того, чтобы сносить друг друга. Когда началась война, многие особы, будучи не хуже ваших красивых дам, начали часто посещать церкви и посвятили себя делам милосердия...» (Двенадцатый год в воспоминаниях... С. 273–274).

Показательно, что предметом критики становится не всякая форма увеселения, а именно театр. Здесь сказывается традиционное отношение к театральным зрелищам как времяпровождению, несовместимому с порой покаяния, а година национальных испытаний и несчастий воспринимается как время обращения к своей совести и покаяния[1].

Последствия петровской реформы не в одинаковой мере распространялись на мир мужского и женского

---

[1] Мысль об Отечественной войне 1812 г. и связанных с нею бедствиях как о времени морального очищения соединяется для М. А. Волковой с представлением о неизбежности коренных перемен в жизни после войны: «...больно видеть, что злодеи вроде Балашова и Аракчеева продают такой прекрасный народ! Но уверяю тебя, что ежели сих последних ненавидят в Петербурге так же, как и в Москве, то им не сдобровать впоследствии» (письмо от 15 августа 1812 г. — Указ. соч. С. 253–254).

быта, идей и представлений — женская жизнь и в дворянской среде сохранила больше традиционных черт, поскольку более была связана с семьей, заботами о детях, чем с государством и службой. Это влекло за собой то, что жизнь дворянки имела больше точек соприкосновения с народной, чем существование ее отца, мужа или сына. Поэтому глубоко не случайно то, что после 14 декабря 1825 г., когда мыслящая часть дворянской молодежи была разгромлена, а новое поколение интеллигентов-разночинцев еще не появилось на исторической арене, именно женщины-декабристки выступили в роли хранительниц высоких идеалов независимости, верности и чести.

**Дворянское жилище и его окружение в городе и поместье.** Место действия играет в пушкинском романе большую и совершенно специфическую роль. События все время развиваются в каком-либо конкретном пространстве: в Петербурге, в Москве, в деревне, на почтовом тракте. При этом характер событий оказывается тесно связанным с местом, в котором они развертываются. Более того, в такой же мере, в какой Петербург является «своим» пространством для Онегина, деревня — органичный мир Татьяны, и как Онегин в деревне остается временным гостем, заезжим посетителем, проникнувшим в чужое пространство, так Татьяна чужая в Москве — в доме тетки и в зале Благородного собрания — и в Петербурге в собственном доме. Если в деревенском мире Татьяны герой остался равнодушным к трогательному признанию героини, то в «онегинском» пространстве его собственное объяснение не встретило сочувствия. Конечно, отношение героев к тому типичному для них окружению, которое дано для Онегина в первой главе, а для Татьяны во второй—пятой, не статично. Татьяна в Петербурге тоскует по «бедному жилищу», но Петербург — это не только «ветошь маскарада», светский и придворный «омут». Салон Татьяны — оазис высокой культуры, духовного аристократизма, это «пушкинский мир». Простота и естественность поведения людей здесь перекликаются с простотой истинной народности, и это делает переход Татьяны в столичный мир в одном отношении, безусловно, насильственным, в другом — естественным и органичным.

Одновременно и Онегин в конце романа не так соотносится с петербургским миром, как в начале: из «петербургского» героя он превратился в скитальца, для которого «своего» пространства нет вообще. И в родном для него Петербурге «для всех он кажется чужим» *(8, VII, 7)*.

Если «свой» мир Татьяны — это мир, к которому героиня принадлежит духовно и куда она хотела бы вернуться, то «свой» мир Онегина — мир, из которого он хочет бежать.

Даже из этого обзора видно, сколь значительное место в романе занимает окружающее героев пространство, которое является одновременно и географически точным и несет метафорические признаки их культурной, идеологической, этической характеристики. Ясно, какое значение получает понимание всех деталей пространственного мира романа.

И в этом отношении, как и в других, роман *П* не является описательным. Автор почти нигде не дает детальных картин места действия, не описывает интерьера домов. Твердо зная, что читатель его знаком и с видом, и с внутренним убранством обычного помещичьего дома в деревне, и с интерьером петербургского аристократического особняка на набережной Невы, он делает лишь скупые указания:

...легче тени
Татьяна прыг в другие сени... *(3, XXXVIII, 5–6)*

В передней толкотня, тревога;
В гостиной встреча новых лиц... *(5, XXV, 9–10)*

...для гостей
Ночлег отводят от сеней
До самой девичьи *(6, I, 10–12).*

Нет ни одной души в прихожей.
Он в залу; дальше: никого.
Дверь отворил он *(8, XL, 6–8).*

По этим указаниям читатель пушкинской эпохи легко восстанавливал картину. Это соответствовало поэтике *П.* Л. Н. Толстой смотрит на мир, им изображаемый, глазами внешнего, впервые попавшего сюда наблюдателя, превращая тем самым читателя в «естественного человека», который должен объяснить себе смысл и значение каждой детали (отсюда подробность и «отстраненность» описаний). *П* строит образ читателя как давнего знакомого, «своего» в авторском мире, которому не надо ничего детально описывать — достаточно указать или намекнуть. Но именно такое знакомство с внетекстовым миром романа отсутствует у современного нам читателя. А это заставляет комментировать опущенные в *ЕО*, но понятные и возникавшие в сознании современников картины.

Весь пространственный мир романа (если исключить «дорогу», о которой речь пойдет отдельно) делится на три сферы: Петербург, Москва, деревня.

Онегинский Петербург имеет весьма определенную географию. То, какие районы столицы упоминаются в тексте, а какие остались за его пределами, раскрывает нам смысловой образ города в романе. Так, в *ЕО* не упоминается хорошо известная поэту Коломна, где, по выражению Гоголя, «не столица, и не провинция», «все тишина и отставка» («Портрет») — мир, знакомый *П* по личным впечатлениям и описанный в «Домике в Коломне», «Медном всаднике». Но не упомянуты и черты пейзажа «военной столицы»: Марсово поле (Царицын луг) с его парадами и «эскадра на реке». Антитеза Зимнего дворца и Петропавловской крепости дана в тексте лишь глубоко зашифрованным намеком, сделать который понятнее автор собирался при помощи картинки — внетекстового ключа к тексту.

Реально в романе представлен лишь Петербург аристократический и щегольской. Это Невский проспект, набережная Невы, Миллионная, видимо, набережная Фонтанки (вряд ли гувернер водил мальчика Евгения в Летний сад издалека), Летний сад, Малая Морская — гостиница «Лондон», Театральная площадь.

Онегин в первой главе, видимо, живет на Фонтанке. Район этот был прекрасно знаком автору: здесь в доме А. Н. Голицына (ныне № 20) проживали в 1820-е гг. братья Тургеневы, в нынешнем доме № 25, принадлежавшем тогда Катерине Федоровне Муравьевой (матери декабриста Никиты Муравьева — «осторожного Никиты»), жил Н. М. Карамзин, здесь бывали многие декабристы, жил К. Н. Батюшков. Нынешний дом № 16 в 1820-е гг. принадлежал князю В. П. Кочубею — блестящему, хотя и ничтожному представителю бюрократии начала XIX в. В доме Кочубея проживала его родственница Н. К. Загряжская, внучатой племянницей которой была Н. Н. Гончарова и разговоры которой *П* записывал в 1830-е гг. На Фонтанке же жил отец Пестеля — почт-директор и сибирский генерал-губернатор, отставленный от службы за чудовищные злоупотребления. Это был район аристократических особняков. Такой же была и Миллионная улица, упомянутая в первой главе.

Дом князя N находится на набережной Невы (Онегин, отправившийся «к своей Татьяне» — *8, XL, 3*, «несется вдоль Невы в санях» — *8, XXXIX, 10*). Здесь располагались дворцы и особняки высшей аристократии — Лавалей, Воронцовых-Дашковых и др. Когда граф Андрей Шувалов посватался к смертельно больной Софье Нарышкиной (внебрачной дочери императора Александра I), царь дал ей приданое — дом на набережной и капитал, приносящий дохода 25 тысяч ассигнациями (хотя современники были поражены его скупостью, это все же было «царское» приданое). О. А. Жеребцова (урожденная Зубова, сестра известного фаворита Екатерины II) продала в 1830 г. дом на Английской набережной за 200 тысяч рублей ассигнациями. За три года она два раза меняла местожительство — «не любила долго жить в одном доме», — вспоминает ее домашний карлик И. Якубовский (см.: Карлик фаворита. История жизни Ивана Якубовского. München, 1968. S. 158), но неизменно арендовала особняки на Английской набережной.

Доминирующими элементами городского пейзажа в Петербурге, в отличие от Москвы, были не замкнутые в себе, территориально обособленные особняки или городские усадьбы, а улицы и четкие линии общей планировки города. Хотя Петербург был задуман как европейский город и именно как таковой противопоставлялся Москве, внешний вид его не напоминал облика европейских городов XVIII — начала XIX в. В отличие от крупных исторических городов Европы, Петербург никогда не был окружен стенами, ограничивающими площадь застройки. Поэтому ограничений на размеры фасада и ширину улиц, определявших облик всех европейских средневековых городов, в Петербурге не было. Почти одновременная застройка всего города (по сравнению с хронологией роста других европейских столиц) придавала ему характер упорядоченности, стройности и однообразия.

Жизнь в собственном доме была доступна в Петербурге (в тех его районах, которые упоминаются в *ЕО*) лишь очень богатым людям. Тип внутренней планировки такого дома приближался к дворцовому. Большинство тех людей, которые в Москве выстроили бы или наняли целый особняк, в Петербурге довольствовались наемной квартирой. Квартиры эти могли быть роскошными: так, молодой конногвардейский корнет поэт-декабрист А. И. Одоевский занимал квартиру из восьми комнат — целый этаж в доме Булатова на Исаакиевской площади. Зато его двоюродный брат — известный писатель и критик В. Ф. Одоевский, — перебравшийся после женитьбы в дом своей тещи Ланской (на углу Мошкова пер. и Миллионной), занял во флигеле скромную и тесную квартиру, которую его друг Плетнев именовал чердаком.

Планировка петербургского дома в начале XIX в., как правило, предполагала вестибюль, куда выходили двери из швейцарской и других служебных помещений. Отсюда лестница вела в бельэтаж, где располагались основные комнаты: передняя, зала, гостиная, из которой, как правило, шли двери в спальню и кабинет. Такова планировка дома графини в «Пиковой даме» (в основу положен реальный план дома княгини Н. П. Голицыной на Малой Морской, д. 10)[1]: «...Германн ступил на графинино крыльцо и взошел в ярко освещенные сени. Швейцара не было. Германн взбежал по

---

[1] Н. Раевский в книге «Портреты заговорили» (Алма-Ата, 1974. С. 277–281, 292–312) считает, что в основу описания в «Пиковой даме» положен план дома Салтыкова на набережной Невы, в котором в 1830-е гг. жил австрийский посол Ш.-Л. Фикельмон (сейчас Дворцовая наб., д. 4). Следует учитывать, однако, типовой характер планировки петербургских особняков XVIII в.

лестнице, отворил двери в переднюю и увидел слугу, спящего под лампою, в старинных, запачканных креслах. Легким и твердым шагом Германн прошел мимо его. Зала и гостиная были темны. Лампа слабо освещала их из передней. Германн вошел в спальню» (VIII, 239). Онегин во время последнего свидания с Татьяной также проходит всю анфиладу помещений вплоть до интимных внутренних покоев (прихожую, залу, гостиную) и, отворив дверь в кабинет или спальню, застает Татьяну:

> Нет ни одной души в прихожей.
> Он в залу; дальше (т. е. в гостиную. — *Ю. Л.*):
> никого.
> Дверь отворил он. Что ж его
> С такою силой поражает?
> Княгиня перед ним, одна,
> Сидит, не убрана, бледна... *(8, XL, 6–11)*

Н. А. Полевой в рецензии на последнюю главу романа писал с излишней определенностью об Онегине: «В последний раз читатель видит его в спальне Татьяны, уже княгини» (Московский телеграф. 1832. № 1. С. 118). Автор поступил тоньше, чем его критик: он, указав, что действие происходит во внутренней, непарадной части дома, не определил комнаты, полностью сняв тот оттенок скандальности, который придал своему пересказу Полевой.

Набор: зала, гостиная, спальня, кабинет — был устойчивым и выдерживался и в деревенском помещичьем доме.

Московский пейзаж строится в романе принципиально иначе, чем петербургский: он рассыпается на картины, здания, предметы. Улицы распадаются на независимые друг от друга дома, будки, колокольни. Длинное и детальное путешествие Лариных через

Москву составляет одно из самых пространных описаний в *ЕО*, ему посвящены четыре строфы; *П* увеличил их счет до пяти, прибавив «пустой номер» XXXIX строфы и этим создав впечатление, что «утомительная прогулка» *(7, XL, 1)* длилась еще дольше. Оно резко отличается от краткой эскизности петербургских зарисовок. «Правильность» петербургского пейзажа подчеркнута тем, что он дается с точки зрения прекрасно знающего его и привыкшего к нему наблюдателя, которому достаточно кратких намеков, чтобы восстановить картину. Москва же показана глазами внешнего наблюдателя:

У Тани в шумной сей прогулке
Все в голове кругом идет... (VI, 452)

Характерной чертой московского пейзажа было то, что доминирующими ориентирами в городе были не цифровые и линейные координаты улиц и домов, а отдельные, замкнутые мирки: части города, церковные приходы и городские усадьбы с домами-особняками, отнесенными с красной линии улицы вглубь сада или парка и окруженными хозяйственными постройками, флигелями и сараями. Каждая такая усадьба составляла особую самодовлеющую структуру в плане города. Правда, после пожара 1812 г. характер городской застройки несколько изменился. В 1813 г. была организована «Комиссия для строений города Москвы», которая внесла известную унификацию в тип московского барского особняка. Но и вынесенные на красную линию улицы фасады домов не изменили основного. Строения стояли не в глубине усадьбы, а вдоль фронта улицы, создавая единую линию, однако застройка все равно не была непрерывной: каждый дом был отдельной архитектурной, бытовой и владельческой единицей и, как правило, окружен был зеленью (которая в Петербурге не сочеталась с домами, а составляла отдельные массивы в общем ансамбле города)[1].

Административная стройность, тяготение к архитектурным ансамблям Петербурга и уютная пестрота, расчлененность, патриархальная замкнутость московского мира нашли разительное воплощение и в системе адресов. Петербург был городом чисел и координат, Москва — городом собственных имен.

«С конца XVIII века и до 1834 года в Петербурге существовала валовая нумерация домов в пределах каждой полицейской части и квартала. Эта нумерация не всегда была последовательна и в быту почти не употреблялась. С 1834 г. была введена нумерация каждой улицы, четной и нечетной стороны раздельно...» (*Рейсер С. А.* Революционные демократы в Петербурге. Л., 1957. С. 135). Однако адрес, как правило, начинался указанием на улицу или полицейскую часть, к которой относится дом. В московских адресах после указания района города следовал, как правило, церковный приход. *П* точно следовал этому: в обоих случаях, когда в романе фигурирует московский адрес, как отправная точка указана церковь, к приходу которой он относится: «У Харитонья в переулке» *(7, XL, 3)*, «Живет у Симеона» *(7, XLI, 12)*.

Автор сознательно провез Татьяну и через окраины, и через центр Москвы: от Петровского замка, стоявшего вне черты города, через Тверскую заставу, по Тверской-Ямской, Триумфальной (ныне Маяковского) площади, Тверской, мимо Страстного монастыря (на месте

[1] Воспитанный во Флоренции и приехавший в 1812 г. в Москву М. Д. Бутурлин писал: «На меня, привыкшего к постройкам европейских городов с сплошными и высокими их домами, Москва сделала первоначально странное впечатление с ее отдельными и двухэтажными, обыкновенно, домами, и одноэтажными домиками с палисадником пред ним, как бы в деревне, и с деревянными заборами между домами» (*Бутурлин*. С. 181).

которого теперь Пушкинская пл.), далее, вероятно, по Камергерскому переулку (ныне проезд Художественного театра), пересекая Большую Дмитровку (ул. Пушкина), по Кузнецкому Мосту («Мелькают ⟨...⟩ магазины моды») и Мясницкой до Харитоньевского переулка.

Магазины мод были сосредоточены на Кузнецком Мосту — это были французские лавки «Аме, Арман, Венсен, Моро, Пансмаль, Шальме, Шеню и пр.» (Щукинский сб. М., 1903. [Вып.] 2. С. 5).

Число французских модных лавок на Кузнецком Мосту было очень велико, а состав их постоянно менялся. Различные мемуаристы приводят разные списки имен наиболее выдающихся поставщиц мод. Сопоставляя 1820-е гг. с 1850-ми, М. Д. Бутурлин писал: «Не знаю, от чего случилось, что *маршанд-демодный* элемент окончательно вытеснен с Кузнецкого моста. В былое время он запружен был мадамами Лебур, Юрсюль, Буасель, Софиею Бабен, Лакомб, Леклер и их менее знаменитыми конкурентками...» (*Бутурлин*. С. 437).

Значительная часть действия романа сосредоточена в деревенском доме помещика XIX в. Описание типичного помещичьего дома находим в записках М. Д. Бутурлина: «С архитектурною утонченностию нынешних вообще построек, при новых понятиях о домашнем комфорте, исчезли повсюду эти неказистые дедовские помещичьи домики, все почти серо-пепельного цвета, тесовая обшивка и тесовые крыши коих никогда не красились ⟨...⟩ В более замысловатых деревенских постройках приклеивались, так сказать, к этому серому фону четыре колонны с фронтонным треугольником над ними. Колонны эти были у более зажиточных оштукатуренные и вымазанные известью так же, как и их капители; у менее достаточных помещиков колонны были из тощих сосновых бревен без всяких капителей. Входное парадное крыльцо, с огромным, выдающимся вперед деревянным навесом и двумя глухими боковыми стенами в виде пространной будки, открытой спереди. Внутреннее устройство было совершенно одинаково везде; оно повторялось без всяких почти изменений в Костромской, Калужской, Орловской, Рязанской и прочих губерниях и было следующее. В будке парадного крыльца была боковая дверь в ретирадное место (всегда, конечно, холодное), и потому вход в дом не всегда отличался благовонием. После передней был длинный зал, составляющий один из углов дома, с частыми окнами в двух стенах и потому светлый, как оранжерея. В глухой капитальной стене зала было двое дверей; первая, всегда низкая, вела в темный коридор, в конце коего была девичья и черный выход на двор. Вторая такого же размера дверь вела из гостиной в кабинет или в хозяйскую спальню, составляющую другой угол дома. Эти две комнаты и поперечная часть зала были обращены к цветнику, а за неимением такового к фруктовому саду; фасад же этой части дома состоял из семи огромных окон, два из них были в зале, три в гостиной (среднее, впрочем, превращалось летом в стеклянную дверь со спуском в сад), а остальные два окна в спальне. Убранство гостиной было также одинаково во всех домах. В двух простенках между окнами висели зеркала, а под ними тумбочки или ломберные столы. В середине противоположной глухой стены стоял неуклюжий, огромный с деревянною спинкою и боками диван (иногда, впрочем, из красного дерева); перед диваном овальный большой стол, а по обеим сторонам дивана симметрически выходили два ряда неуклюжих кресел ⟨...⟩ Вся эта мебель была набита как бы ореховою шелухою и покрыта белым коленкором, как бы чехлами для сбережения под нею материи, хотя под коленкором была нередко одна толстейшая пеньковая суровая ткань. Мягкой мебели и в помине тогда не было; но в кабинете или спальне нередко стояла полумягкая клеенчатая зеленая софа, и там же в углу этажерка с лучшим хозяйским чайным сервизом, затейливыми дедушкиными бокалами, фарфоровыми куколками и с подобными безделюшками. Обои были тогда еще редко в ходу; у более зажиточных стены были окрашены желтою вохрою...» (*Бутурлин*. С. 403–405).

Такова «сцена», на которой развертывалось действие второй—седьмой глав романа. Так, в строфе XVII седьмой главы мы находим Татьяну сначала в зале онегинского дома, где ей бросаются в глаза «кий на бильярде» и манежный хлыстик на канапе. Сообщение: «Таня дале» — указывает, что героиня перешла в гостиную, где продолжаются объяснения Анисьи:

...А вот камин;
Здесь барин сиживал один.

XVIII

Здесь с ним обедывал зимою
Покойный Ленский, наш сосед.

В связи с упоминанием камина уместно сослаться на того же Бутурлина, вспоминавшего: «Оба внутренние угла гостиной были перерезаны наискосок двумя печьми (не всегда изразцовыми, а часто кирпичными); они отапливали задними своими зеркалами зал и спальню» (*Бутурлин*. С. 404). В доме Онегина одна из этих печей была переделана в камин.

Далее Анисья проводит Татьяну в «барский кабинет».

Сходная планировка, видимо, и в доме Лариных. Действие XXXVII строфы третьей главы происходит в гостиной:

Смеркалось; на столе блистая
Шипел вечерний самовар...

«Заветный вензель *О* да *Е*» *(3, XXXVII, 14)* Татьяна писала на окне фасадной стены, выходившем в сторону парадного крыльца. Через это окно она и увидела подъезжающего Евгения. Она бросилась через дверь, ведущую в коридор, и черный ход в сад.

Фасадная часть дома, заключающая залу и парадные комнаты, была одноэтажной. Однако комнаты, находившиеся по ту сторону коридора: девичья и другие помещения — были значительно ниже. Это позволяло делать вторую половину здания двухэтажной.

В помещичьих домах, претендовавших на бо́льшую роскошь, чем «серенькие домики», охарактеризованные Бутурлиным, и приближавшихся по типу к московским особнякам, передние высокие комнаты были парадными. Жилые помещения, расположенные по другую сторону коридора и на втором этаже, имели низкие потолки и обставлялись гораздо проще. Онегин поселился не в «высоких покоях» *(2, II, 5)*, а там, где его дядя «лет сорок с ключницей бранился», где «все было просто» *(2, III, 3, 5)*, — в задних жилых покоях.

На втором этаже часто располагались детские. Там и жили барышни Ларины. В комнате Татьяны был балкон:

> Она любила на балконе
> Предупреждать зари восход… *(2, XXVIII, 1–2)*

Балкон был для *П* характерной приметой помещичьего дома (см. III, 403).

Барский дом виден издалека, из окон и с балкона его также открывались далекие виды. Дома провинциальных помещиков ставили крепостные архитекторы и безымянные артели плотников. Они глубоко усвоили одну из главных особенностей древнерусской архитектуры — умение поставить строение так, чтобы оно гармонично вписалось в пейзаж. Это делало такие постройки, наряду с церковными строениями и колокольнями, организующими точками того русского пейзажа, к которому привыкли *П* и Гоголь в своих дорожных странствиях. Дом ставился обычно не на ровном месте, но и не на вершине холма, открытой ветрам. Его строили, как правило, на склоне, так что с одной стороны он казался стоящим на ровном месте (отсюда бывал обычно подъезд, и к дому вела липовая аллея), а с другой — открывался вид на скат холма, спуск к реке или озеру, на далекие горизонты. Так поставлены дом *П* в Михайловском и дом Осиповых в Тригорском. Не случайно Татьяна, приехавшая в Москву, была поражена отсутствием просторного вида из окна:

Садится Таня у окна.
Редеет сумрак; но она
Своих полей не различает:
Пред нею незнакомый двор,
Конюшни, кухня и забор *(7, XLIII, 10–14)*.

**День светского человека. Развлечения.** День столичного дворянина имел некоторые типовые черты. Однако те признаки, которыми отмечен день офицера или департаментского чиновника, в романе не отмечены, и останавливаться на них в настоящем очерке не имеет смысла.

Онегин ведет жизнь молодого человека, свободного от служебных обязательств. Следует отметить, что количественно лишь немногочисленная группа дворянской молодежи Петербурга начала XIX в. вела подобную жизнь. Кроме людей неслужащих, такую жизнь могли себе позволить лишь редкие молодые люди из числа богатых и имеющих знатную родню маменькиных сынков, чья служба, чаще всего в министерстве иностранных дел, была чисто фиктивной. Тип такого молодого человека, правда в несколько более позднее время, мы находим в мемуарах М. Д. Бутурлина, который вспоминает «князя Петра Алексеевича Голицына и неразлучного его друга Сергея (отчество забыл) Романова». «Оба они были статские, и оба, кажется, служили тогда по Министерству иностранных дел. Помню, что Петруша (как его звали в обществе) Голицын говаривал, que servant au ministère des affaires étrangères il etait très étranger aux affaires (непереводимая игра слов: французское «étrangère» означает и «иностранный» и «чужой» — «служа по министерству иностранных дел, я чужд всяких дел». — *Ю. Л.*)» (*Бутурлин*. С. 354).

Офицер-гвардеец в 1819–1820 гг. — в самый разгар аракчеевщины, — если он был в младших чинах (а по возрасту одногодок Онегина в эту пору, конечно, не мог рассчитывать на высокий чин, дающий известные облегчения в порядке каждодневной военной муштры — просмотр ряда биографий дает колебание в чинах между гвардейским поручиком и армейским подполковником), с раннего утра должен был находиться в своей роте, эскадроне или команде. Заведенный Павлом I солдатский порядок, при котором император в десять часов вечера был в постели, а в пять утра — на ногах, сохранялся и при Александре I, любившем, кокетничая, повторять, что он «простой солдат»[1]. «Венчанным солдатом» его именовал *П* в известной эпиграмме.

Между тем право вставать как можно позже являлось своего рода признаком аристократизма, отделявшим неслужащего дворянина не только от простонародья или собратьев, тянущих фрунтовую лямку, но и от деревенского помещика-хозяина. Мода вставать как можно позже восходила к французской аристократии «старого режима» и была занесена в Россию эмигран-

---

[1] Известен анекдот, записанный П. А. Вяземским: «В холодный зимний день, при резком ветре, Александр Павлович встречает г-жу Д***, гуляющую по Английской набережной. „Как это не боитесь вы холода?“ — спрашивает он ее. — „А вы, государь?“ — „О, я — это дело другое: я солдат“. — „Как! Помилуйте, ваше величество, как! Будто вы солдат?“» (*Вяземский-2*. С. 165–166).

тами-роялистами. Парижские светские дамы предреволюционной поры гордились тем, что никогда не видели солнца: просыпаясь на закате, они ложились в постель перед восходом. День начинался с вечера и кончался в утренних сумерках. Ж. Сорэн в комедии «Нравы нашего времени» изобразил диалог между буржуа и аристократкой. Первый восхваляет прелести солнечного дня и слышит ответ: «Фи, месье, это неблагородное удовольствие: солнце — это лишь для черни!» (ср.: *Иванов Ив.* Политическая роль французского театра в связи с философией XVIII века // Учен. зап. Моск. ун-та. Отд. историко-филол. 1895. Вып. XXII. С. 430). Просыпаться позже, чем другие люди света, имело такое же значение, как являться на бал позже других. Отсюда сюжет типичного анекдота о том, как служака-военный застает своего сибарита-подчиненного в утреннем дезабилье (вполне естественном для светского человека, но стыдном для военного) и в таком виде водит его по лагерю или Петербургу на потеху зрителям. Анекдоты такого рода прикреплялись и к Суворову, и к Румянцеву, и к Павлу I, и к великому князю Константину. Жертвами их в этих рассказах оказывались офицеры-аристократы. В свете сказанного, вероятно, проясняется странная причуда княгини Авдотьи Голицыной, прозванной «Princesse Nocturne» (nocturne в переводе с фр. означает «ночная» и, как существительное, — «ночная бабочка»). «Ночная княгиня», проживавшая в особняке на Миллионной, — красавица, «обворожительная как свобода» (Вяземский), предмет увлечений *П* и Вяземского, — никогда не появлялась при дневном свете и никогда не видела солнца. Собирая в своем особняке утонченное и либеральное общество, она принимала только ночью. Это вызвало при Николае I даже тревогу Третьего отделения: «Княгиня Голицына, жительствующая в собственном домс, что в Большой Миллионной, которая, как уже по известности, имеет обыкновение спать днем, а ночью занимается компаниями, — и такое употребление времени относится к большому подозрению, ибо бывают в сие время особенные занятия какими-то тайными делами...» (*Модзалевский Б. Л.* Пушкин под тайным надзором. Л., 1925. С. 79). К дому Голицыной был приставлен тайный агент. Опасения эти, несмотря на неуклюжесть полицейских преувеличений, не были совсем лишены оснований: в обстановке аракчеевщины, под властью «венчанного солдата», аристократическая партикулярность приобретала оттенок независимости, заметный, хотя и терпимый, при Александре I и превращавшийся почти в крамолу при его преемнике.

Утренний туалет и чашка кофе или чаю сменялись к двум-трем часам дня прогулкой. Прогулка пешком, верхом или в коляске занимала час-два. Излюбленными местами гуляний петербургских франтов в 1810–1820-х гг. были Невский проспект и Английская набережная Невы. Прогуливались также по Адмиралтейскому бульвару, который был в три аллеи насажен в начале XIX в. на месте обновленного при Павле гласиса Адмиралтейства (гласис — насыпь перед рвом)[1].

Ежедневная прогулка Александра I повлияла на то, что модное дневное гулянье проходило по определенному маршруту. «В час пополудни он выходил из Зимнего дворца, следовал по Дворцовой набережной,

---

[1] Название Невского проспекта «бульваром» представляло собой жаргонизм из языка петербургского щеголя, поскольку являлось перенесением названия модного места гуляний в Париже (ср.: «...после обеда все пойдем в Тюллери или на Булевар...» — *Волков Д.* Воспитание // Российский феатр. СПб., 1788. Т. 21. С. 120; «Спектакли там [в Париже] везде и jusques на Булеваре!» — *Хвостов Д.* Русский парижанец // Российский феатр. Т. 15. С. 180). Ср. для Средних веков аналогичные уподобления типа «Новый Иерусалим» под Москвой или название «Бродвей» («Брод») для Невского проспекта между Литейным и Садовой в более позднее время.

у Прачешного моста поворачивал по Фонтанке до Аничковского моста ⟨...⟩ Затем государь возвращался к себе Невским проспектом. Прогулка повторялась каждый день и называлась le tour impérial [императорский круг]. Какая бы ни была погода, государь шел в одном сюртуке...» (*Соллогуб В. А.* Повести. Воспоминания. Л., 1988. С. 362). Император, как правило, прогуливался без сопровождающих лиц, разглядывая дам в лорнет (он был близорук) и отвечая на поклоны прохожих. Толпа в эти часы состояла из чиновников, чья служба носила фиктивный или полуфиктивный характер. Они, естественно, могли заполнять в присутственные часы Невский, наряду с гуляющими дамами, приезжими из провинции и неслужащими франтами. Именно в эти часы Онегин гулял по «бульвару»[1].

---

[1] Б. Иванов, автор книги «Даль свободного романа», заставил Онегина гулять по Биржевой набережной между кипами товаров и прямо на улице поедать устриц из только что открытой голландцем бочки, запивая их портером (*Иванов Б.* Даль свободного романа. М.; Л., 1959. С. 106–110). Вся эта нелепая сцена непосредственно списана из книги М. И. Пыляева «Старый Петербург» (СПб., 1909. С. 419). Однако Пыляев, говоря о «всеобщем сходбище» и о том, что «прибытие первого иностранного корабля» составляло «эпоху в жизни петербуржца», не уточняет, какого круга и общественного положения люди «пресыщались устрицами» под открытым небом. Конечно, решительно невозможно представить себе светского человека 1810-х гг., воспитанника аббата-эмигранта, жующим на улице в обществе ремесленников и запивающим еду портером. Если что-либо в этом роде и возможно было как шалость с друзьями после разгульной ночи, то считать это регулярным времяпровождением (ивановский Евгений еще хвастается им вечером в кругу светских дам!) — приблизительно то же самое, что представить, как Пьер Безухов, проснувшись утром, деловито отправлялся купать квартального, привязав его к медведю, а вечером рассказывал об этом в кругу восторженных дам. Комбинируя отрывки из разных источников, Б. Иванов не обнаруживает, однако, понимания изображаемого им времени. Надерганные им поверхностные сведения выдаются иногда за «знание быта пушкинской эпохи» (Русская литература в историко-функциональном освещении. М., 1979. С. 294).

Около четырех часов пополудни наступало время обеда. Такие часы явственно ощущались как поздние и «европейские»: для многих было еще памятно время, когда обед начинался в двенадцать.

Молодой человек, ведущий холостой образ жизни, редко содержал повара — крепостного или наемного иностранца — и предпочитал обедать в ресторане. За исключением нескольких первоклассных ресторанов, расположенных на Невском, обеды в петербургских трактирах были хуже по качеству, чем в Москве. О. А. Пржецлавский вспоминал: «Кулинарная часть в публичных заведениях пребывала в каком-то первобытном состоянии, на очень низкой степени. Холостому человеку, не имевшему своей кухни, почти невозможно было обедать в русских трактирах. При том же заведения эти закрывались вечером довольно рано. При выходе из театра можно было поужинать только в одном ресторане, где-то на Невском проспекте, под землею; его содержал Доменик» (Помещичья Россия... С. 68).

«Холостую» атмосферу ресторанного обеда ярко обрисовывает *П* в письмах весны 1834 г. к Наталье Николаевне, уехавшей через Москву на Полотняный завод: «...явился я к Дюме, где появление мое произвело общее веселие: холостой, холостой Пушкин! Стали подчивать меня шампанским и пуншем и спрашивать, не поеду ли я к Софье Астафьевне? Все это меня смутило, так что я к Дюме являться уж более не намерен и обедаю сегодня дома, заказав Степану ботвинью и beaf-steaks» (XV, 128). И позже: «Обедаю у Дюме часа в 2, чтоб не встретиться с холостою шайкою» (XV, 143).

Довольно полный обзор петербургских ресторанов 1820-х гг. (правда, относящийся ко времени несколько более позднему, чем действие первой главы романа) находим в одном из дневников современников:

«1-го июня 1829 года. Обедал в гостинице Гейде, на Васильевском острову, в Кадетской линии, — русских почти здесь не видно, все иностранцы. Обед дешевый, два рубля ассигнаций, но пирожного не подают никакого и ни за какие деньги. Странный обычай! В салат кладут мало масла и много уксуса. 2-го июня. Обедал в немецкой ресторации Клея, на Невском проспекте. Старое и закопченное заведение. Больше всего немцы, вина пьют мало, зато много пива. Обед дешев; мне подали лафиту в 1 рубль; у меня после этого два дня болел живот. 3-го июня обед у Дюме. По качеству обед этот самый дешевый и самый лучший из всех обедов в петербургских ресторациях. Дюме имеет исключительную привилегию — наполнять желудки петербургских львов и денди. 4-го июня. Обед в итальянском вкусе у Александра или Signor⟨e⟩ Ales⟨s⟩andro, по Мойке у Полицейского моста. Здесь немцев не бывает, а более итальянцы и французы. Впрочем, вообще посетителей немного. Он принимает только хорошо знакомых ему людей, изготовляя более обеды для отпуска на дома. Макароны и стофато превосходны! У него прислуживала русская девушка Марья, переименованная в Марианну; самоучкой она выучилась прекрасно говорить по-французски и по-итальянски. 5-го. Обед у Леграна, бывший Фельета, в Большой Морской. Обед хорош; в прошлом году нельзя было обедать здесь два раза сряду, потому что все было одно и то же. В нынешнем году обед за три рубля ассигнациями здесь прекрасный и разнообразный. Сервизы и все принадлежности — прелесть. Прислуживают исключительно татары, во фраках. 6-го июня. Превосходный обед у Сен-Жоржа, по Мойке (теперь Донон), почти против Ales⟨s⟩andro. Домик на дворе деревянный, просто, но со вкусом убранный. Каждый посетитель занимает особую комнату; при доме сад; на балконе обедать прелесть; сервизы превосходные, вино отличное. Обед в три и пять рублей ассигнациями. 7-го июня нигде не обедал, потому, что неосторожно позавтракал и испортил аппетит. По дороге к Ales⟨s⟩andro, тоже на Мойке есть маленькая лавка Диаманта, в которой подаются страсбургские пироги, ветчина и проч. Здесь обедать нельзя, но можно брать на дом. По просьбе хозяин позволил мне позавтракать. Кушанья у него превосходны, г. Диамант золотой мастер. Лавка его напоминает мне парижские guinguettes (маленькие трактиры). 8-го июня. Обедал у Simon-Grand-Jean, по Большой Конюшенной. Обед хорош, но нестерпим запах от кухни. 9-го июня. Обедал у Кулона. Дюме лучше и дешевле. Впрочем, здесь больше обеды для живущих в самой гостинице; вино прекрасное. 10-го июня. Обед у Отто; вкусный, сытный и дешевый; из дешевых обедов лучше едва ли можно сыскать в Петербурге» (цит. по: *Пыляев М. И.* Старое житье: Очерки и рассказы. СПб., 1892. С. 8–9).

Настоящий отрывок характеризует положение конца 1820-х гг. и к началу десятилетия может быть применен лишь с некоторыми оговорками. Так, местом сбора петербургских денди в это время был не ресторан Дюме, а ресторан Талона на Невском. Однако общая картина была та же: хороших ресторанов было немного, каждый посещался определенным, устойчивым кругом лиц. Появиться в том или ином ресторане (особенно в таком, как Талона или, позже, Дюме) означало явиться на сборный пункт холостой молодежи — «львов» и «денди». А это обязывало к определенному стилю поведения и на все оставшееся до вечера время. Не случайно *П* должен был в 1834 г. обедать раньше обычного времени, чтобы избегать встречи с «холостою шайкою».

Послеобеденное время молодой франт стремился «убить», заполнив промежуток между рестораном и балом. Одной из возможностей был театр. Он для петербургского франта той поры не только художественное зрелище и своеобразный клуб, где происходили светские встречи, но и место любовных интриг и доступных закулисных увлечений. «Театральная школа находилась через дом от нас, на Екатерининском канале. Влюбленные в воспитанниц каждый день прохаживались бессчетное число раз по набережной канала мимо окон школы. Воспитанницы помещались в третьем этаже...» (*Панаева А. Я.* Воспоминания. М., 1972. С. 36).

В течение второй половины XVIII и первой трети XIX в. распорядок дня неуклонно сдвигался. В XVIII в. деловой день начинался рано: «Военные являлись на службы в шестом часу, гражданские чины в восемь и без отлагательств открывали Присутствия, а в час пополудни, следуя регламенту, прекращали свои суждения. Таким образом, они весьма редко возвращались к себе домой позднее второго часа, военные же бывали в квартирах уже в двенадцатом часу ⟨...⟩ Частные вечера все вообще начинались в семь часов. Кто приезжал на них часов в девять или в десять, хозяин тотчас спрашивал: „А что так поздно?“ Ответ бывал: „Театр или консерт задержал, кареты не дождался!“» (*Макаров М. Н.* О времени обедов, ужинов и съездов в Москве с 1792 по 1844 год // Щукинский сб. [Вып.] 2. С. 2). В. В. Ключарев писал в 1790-е гг. И. А. Молчанову: «Могу у вас быть до седьмого часа, а в седмь часов начнется бал в клубе, то всем известно». В 1799 г. званый обед у главнокомандующего в Москве графа И. П. Салтыкова начинался в три часа, а вечер — в семь и «кончался легким ужином часу во втором заполночь, а иногда и ранее» (Там же. С. 4). В 1807 г. к московскому главнокомандующему Т. И. Тутолмину начинали съезжаться на его вечера и балы от девяти до десяти часов. «...Записные же щеголи, по нынешнему львы, туда же являлись в одиннадцать, но это иногда замечалось им, хозяином, с неудовольствием...» (Там же. С. 5). В 1810-е гг. распорядок дня еще более сдвинулся: в 1812 г. «мадам Сталь, будучи в Москве, обыкновенно завтракала в Галерее на Тверском бульваре, это бывало в два часа» (Там же. С. 8).

К началу 1820-х гг. обед сдвинулся к четырем часам, время вечерних собраний — к десяти, щеголи же не приезжали на балы до полуночи. Там, где после бала имел место ужин, он проходил в два-три часа ночи.

**Бал.** Танцы занимают в *ЕО* значительное место: им посвящены авторские отступления, они играют большую сюжетную роль.

Танцы были важным структурным элементом дворянского быта. Их роль существенно отличалась как от функции танцев в народном быту того времени, так и от современной.

В жизни русского столичного дворянина XVIII — начала XIX в. время разделялось на две половины: пребывание дома было посвящено семейным и хозяйственным заботам — здесь дворянин выступал как частное лицо; другую половину занимала служба — военная или статская, в которой дворянин выступал как верноподданный, служа государю и государству, как представитель дворянства перед лицом других сословий. Противопоставление этих двух форм поведения снималось в венчающем день «собрании», на балу или званом вечере. Здесь реализовывалась общественная жизнь дворянина: он не был ни частное лицо в частном быту, ни служивый человек на государственной службе — он был дворянин в дворянском собрании, человек своего сословия среди своих.

Таким образом, бал оказывался, с одной стороны, сферой, противоположной службе, — областью непринужденного общения, светского отдыха, местом, где границы служебной иерархии ослаблялись. Присутствие дам, танцы, нормы светского общения вводили внеслужебные ценностные критерии, и юный поручик, ловко танцующий и умеющий смешить дам, мог почувствовать себя выше стареющего израненного полковника. С другой стороны, бал был областью общественного представительства, формой социальной организации, одной из немногих форм дозволенного в России той поры коллективного быта. В этом смысле светская жизнь получала ценность общественного дела. Характерен ответ Екатерины II на вопрос Фонвизина: «Отчего у нас не стыдно не делать ничего?» — «...в обществе жить не есть не делать ничего» (*Фонвизин Д. И.* Собр. соч.: В 2 т. М.; Л., 1959. С. 273).

Со времени петровских ассамблей остро встал вопрос и об организационных формах светских общений. Формы отдыха, общения молодежи, календарного ритуала, бывшие в основном общими и для народной, и для боярско-дворянской среды, должны были уступить место специфически дворянской структуре быта. Внутренняя организация бала делалась задачей исключительной культурной важности, так как была призвана дать формы общению «кавалеров» и «дам», определить тип социального поведения внутри дворянской культуры. Это повлекло за собой ритуализацию бала, создание строгой последовательности частей, выделение устойчивых и обязательных элементов. Возникала грамматика бала, а сам он складывался в некоторое целостное театрализованное представление, в котором каждому элементу соответствовали типовые эмоции (от входа в залу до разъезда), фиксированные значения, стили поведения. Однако строгий ритуал, приближавший бал к параду, делал тем более значимыми возможные отступления, «бальные вольности», которые композиционно возрастали к его финалу, строя бал как борение «порядка» и «свободы».

Основным элементом бала как общественно-эстетического действа были танцы. Они служили организующим стержнем вечера, задавали тип и стиль беседы. «Мазурочная болтовня» требовала поверхностных, неглубоких тем, но также занимательности и остроты разговора, способности к быстрому, эпиграмматическому ответу. Бальный разговор был далек от той игры интеллектуальных сил, «увлекательного разговора высшей образованности» (VIII, 151), который культивировался в литературных салонах Парижа в XVIII столетии и на отсутствие которого в России жаловался *П*. Тем не менее он имел свою прелесть — оживленность свободы и непринужденность беседы между мужчиной и женщиной, которые оказывались одновременно и в центре шумного празднества, и в невозможной в других обстоятельствах близости («Верней нет места для признаний...» — *1, XXIX, 3*).

Обучение танцам начиналось рано — с пяти-шести лет. Видимо, *П* начал учиться танцам уже в 1808 г. До лета 1811 г. он с сестрой посещал танцевальные вечера у Трубецких, Бутурлиных и Сушковых, а по четвергам — детские балы у московского танцмейстера Иогеля. Балы у Иогеля описаны в воспоминаниях балетмейстера А. П. Глушковского (см.: *Глушковский А. П.* Воспоминания балетмейстера. М.; Л., 1940. С. 196–197).

Раннее обучение танцам было мучительным и напоминало жесткую тренировку спортсмена или обучение рекрута усердным фельдфебелем. Составитель «Правил», изданных в 1825 г., Л. Петровский, сам опытный танцмейстер, так описывает некоторые приемы первоначального обучения, осуждая при этом не саму методу, а лишь ее слишком жесткое применение: «Учитель должен обращать внимание на то, чтобы учащиеся от сильного напряжения не потерпели в здоровье. Некто рассказывал мне, что учитель его почитал непременным правилом, чтобы ученик, несмотря на природную неспособность, держал ноги вбок, подобно ему, в параллельной линии ⟨...⟩ Как ученик имел 22 года, рост довольно порядочный и ноги немалые, при том неисправные; то учитель не могши сам ничего сделать, почел за долг употребить четырех человек, из коих два выворачивали ноги, а два держали колена. Сколько сей не кричал, те лишь смеялись и о боли слышать не хотели — пока наконец не треснуло в ноге, и тогда мучители оставили его ⟨...⟩ Я почел за долг рассказать сей случай для предостережения других. Неизвестно, кто выдумал станки для ног; и станки на винтах для ног, колен и спины: изобретение очень хорошее! однако и оно может сделаться небезвредным от лишнего напряжения» (Правила для благородных общественных танцев, изданные учителем танцеванья при Слободско-украинской гимназии Людовиком Петровским. Харьков, 1825. С. 13–14).

Длительная тренировка придавала молодому человеку не только ловкость во время танцев, но и уверенность в движениях, свободу и независимость в постановке фигуры, что определенным образом влияло и на психический строй человека: в условном мире светского общения он чувствовал себя уверенно и свободно, как опытный актер на сцене. Изящество, проявляющееся в точности движений, являлось признаком хорошего воспитания. Л. Н. Толстой, описывая в романе «Декабристы» вернувшуюся из Сибири жену декабриста, подчеркивает, что, несмотря на долгие годы, проведенные ею в тяжелейших условиях добровольного изгнания, «нельзя было себе представить ее иначе, как окруженную почтением и всеми удобствами жизни. Чтоб она когда-нибудь была голодна и ела бы жадно, или чтобы на ней было грязное белье, или чтобы она спотыкнулась, или забыла бы высморкаться — этого не могло с ней случиться. Это было физически невозможно. Отчего это так было — не знаю, но всякое ее движение было величавость, грация, милость для всех тех, которые могли пользоваться ее видом...». Характерно, что способность споткнуться здесь связывается не с внешними условиями, а с характером и воспитанием человека. Душевное и физическое изящество связаны и исключают возможность неточных или некрасивых движений и жестов. Аристократической простоте движений людей «хорошего общества» и в жизни, и в литературе противостоит скованность или излишняя развязность (результат борьбы с собственной застенчивостью) жестов разночинца.

Бал в эпоху Онегина начинался *польским* (полонезом), который в торжественной функции первого танца сменил менуэт. Менуэт отошел в прошлое вместе с королевской Францией. «Со времени перемен, последовавших у европейцев как в одежде, так и в образе мыслей, явились новости и в танцах; и тогда польской, который имеет более свободы и танцуется неопределенным числом пар, а потому освобождает от излишней и строгой выдержки, свойственной менуэту, занял место первоначального танца» (Правила... С. 55).

Показательно, что в *ЕО* полонез не упоминается ни разу. В Петербурге поэт вводит нас в бальную залу в момент, когда «толпа мазуркой занята» *(1, XXVIII, 7)*, то есть в самый разгар праздника, чем подчеркивается модное опоздание Онегина. Но и на балу у Лариных полонез опущен, и описание праздника начинается со второго танца — вальса. С полонезом можно связать, вероятно, лишь не включенную в окончательный текст строфу, вводящую в сцену петербургского бала в восьмой главе великую княгиню Александру Федоровну (будущую императрицу), которую *П* именует Лаллой-Рук, по маскарадному костюму героини поэмы Т. Мура, который она надела во время маскарада в Берлине (см.: Lalla-Roukh, Divertissement executé au chateau royal de Berlin le 27 janvier 1821... Berlin, 1822).

После стихотворения Жуковского «Лалла-Рук» (1821) имя это стало поэтическим прозвищем Александры Федоровны:

И в зале яркой и богатой
Когда в умолкший, тесный круг
Подобна лилии крылатой
Колеблясь входит Лалла-Рук
И над поникшею толпою
Сияет царственной главою
И тихо вьется и скользит
Звезда-Харита меж Харит
И взор смешенных поколений
Стремится ревностью горя
То на нее, то на царя —
Для них без глаз один
Евг⟨ений⟩
Одной Татьяной поражен;
Одну Т⟨атьяну⟩ видит он (VI, 637).

Г. А. Гуковский так прокомментировал эти стихи: «Онегин влюблен. Он на балу. И вот в залу входит императрица, „Лалла-Рук“, и с ней сам царь». Эта строфа, по мнению исследователя, «явный анахронизм: действие восьмой главы происходит в 1825 году» (*Гуковский Г. А.* Пушкин и проблемы реалистического стиля. М., 1957. С. 258). Однако в данном случае комментатор ошибся: Александра Федоровна присутствует на балу в восьмой главе не как императрица (ею она сделалась лишь в декабре 1825 г.), а как великая княгиня. Соответственно упомянутый в стихах царь не Николай I, а Александр I, который часто бывал партнером Александры Федоровны в танцах (ср. в ее воспоминаниях: «Я обыкновенно доставалась на долю императора, который казался в восторге от этого...» — *Шильдер Н. К.* Имп. Николай Первый, его жизнь и царствование. СПб., 1903. Т. 1. С. 116). Упомянутый в строфе бал, вероятно, приходится на позднюю осень 1824 г., а не на 1825 г., как полагает Гуковский: зимой влюбленный Онегин, «как сурок» *(8, XXXIX, 7)* сидел дома, а 4 апреля 1825 г. Александр I навсегда покинул Петербург, отправившись в Таганрог.

Косвенным подтверждением того, что «царь» в данном случае Александр, а не Николай, является следующее соображение: из текста видно, что «Лалла-Рук» «скользит» в паре с царем. Возможность того, чтобы император танцевал, открывая бал, со своей женой, абсолютно исключается, как противоречащая этикету. Если бал происходил в доме какого-либо вельможи, император открывал его в паре с хозяйкой дома, если же это придворный бал — со старшей (по положению мужа) приглашенной гостьей. Если одновременно танцуют и император, и императрица (больная и забытая жена Александра I Елизавета Алексеевна в начале 1820-х гг. балов не посещала), то она идет в первой паре с хозяином, а царь во второй — с хозяйкой дома. На придворном балу старшей дамой, естественно, оказывается великая княгиня — жена брата царя. *П* и рисует такую, реально подтверждаемую документами картину: Александр I в паре с великой княгиней Александрой Федоровной открывает бал, привлекая взоры всех присутствующих, кроме влюбленного Онегина. Позже Л. Н. Толстой, не зная этого, не опубликованного тогда, отрывка, нарисует сходную ситуацию: занятая собственными переживаниями, Наташа Ростова не заметит на балу государя. Ход мысли *П* и Толстого о противоположности истинных и мишурных ценностей развивался в одном направлении. Стих «И тихо вьется и скользит» свидетельствует, что речь идет не о появлении «Лаллы-Рук» в зале, а о моменте открытия ею бала в первой паре, то есть о полонезе.

Бал не фигурирует в *ЕО* как официально-парадное торжество, и поэтому полонез не упомянут. Показательно, что в «Войне и мире» Толстой, описывая первый бал Наташи, противопоставит полонез, который открывает «государь, улыбаясь и не в такт ведя за руку хозяйку дома» («за ним шли хозяин с М. А. Нарышкиной[1], потом министры, разные генералы»), второму танцу — вальсу, который становится моментом торжества Наташи. Государь же из мира повествования в этот момент исчезает (т. 2, ч. III, гл. 16). Эта противопоставленность двух обликов бала («польский — другие танцы») определила и то, что в *ЕО* балы начинаются «не с начала», и то, что из текста исключено упоминание полонеза. Примечательно, что разные мемуаристы свидетельствуют о любви *П* к танцам, но ни в одном из воспоминаний мы не видим его танцующим польский.

Второй бальный танец — *вальс* — *П* назван «однообразный и безумный» *(5, XLI, 1)*. Эпитеты эти имеют не только эмоциональный смысл. «Однообразный» — поскольку, в отличие от мазурки, в которой в ту пору огромную роль играли сольные танцы и изобретение новых фигур, и уж тем более от танца-игры котильона,

---

[1] М. А. Нарышкина — любовница, а не жена императора, поэтому не может открывать бал в первой паре, у *П* же «Лалла-Рук» идет в первой паре с Александром I.

вальс состоял из одних и тех же постоянно повторяющихся движений. Ощущение однообразия усиливалось также тем, что «в это время вальс танцевали в два, а не в три па, как сейчас» (*Слонимский Ю.* Балетные строки Пушкина. Л., 1974. С. 10). Определение вальса как «безумного» имеет другой смысл: вальс, несмотря на всеобщее распространение (Л. Петровский считает, что «излишне было бы описывать, каким образом вальс вообще танцуется, ибо нет почти ни одного человека, который бы сам не танцевал его или не видел, как танцуется» — Правила... С. 70), пользовался в 1820-е гг. репутацией непристойного или, по крайней мере, излишне вольного танца. «Танец сей, в котором, как известно, поворачиваются и сближаются особы обоего пола, требует надлежащей осторожности ⟨...⟩, чтобы танцевали не слишком близко друг к другу, что оскорбляло бы приличие» (Правила... С. 72). Еще определеннее писала Жанлис в «Словаре придворного этикета»: «Молодая особа, легко одетая, бросается в руки молодого человека, который ее прижимает к своей груди, который ее увлекает с такой стремительностью, что сердце ее невольно начинает стучать, а голова идет кругом! Вот что такое этот вальс!.. ⟨...⟩ Современная молодежь настолько естественна, что, ставя ни во что утонченность, она с прославляемыми простотой и страстностью танцует вальсы» (Dictionnaire critique et raisonné des étiquettes de la cour ⟨...⟩ par M-me la comtesse de Genlis. Paris, 1818. Vol. 2. P. 355).

Не только скучная моралистка Жанлис, но и пламенный Вертер Гёте считал вальс танцем настолько интимным, что клялся, что не позволит своей будущей жене танцевать его ни с кем, кроме себя.

Однако слова Жанлис интересны еще и в другом отношении: вальс противопоставляется классическим танцам как романтический; страстный, безумный, опасный и близкий к природе, он противостоит этикетным танцам старого времени. «Простонародность» вальса ощущалась остро: «Wiener Walz, состоящий из двух шагов, которые заключаются в том, чтобы ступать на правой, да на левой ноге и притом так скоро, как шалёной, танцевали; после чего предоставляю суждению читателя, соответствует ли он благородному собранию или другому какому» (Правила… С. 70). Вальс был допущен на балы Европы как дань новому времени. Это был танец модный и молодежный.

*Мазурка* составляла центр бала и знаменовала собой его кульминацию. Мазурка танцевалась с многочисленными причудливыми фигурами и мужским соло, составляющим «соль» танца. И солист, и распорядитель мазурки должны были проявлять изобретательность и способность импровизировать. «Шик мазурки состоит в том, что кавалер даму берет себе на грудь, тут же ударяя себя пяткой в centre de gravité [*фр.* — центр тяжести] (чтобы не сказать задница), летит на другой конец зала и говорит: „Мазуречка, пане“, а дама ему: „Мазуречка, пан“ 〈…〉 Тогда неслись попарно, а не танцевали спокойно, как теперь» (*Смирнова-Россет*. С. 119). В пределах мазурки существовало несколько резко выраженных стилей. Отличие между столицей и провинцией выражалось в противопоставлении «изысканного» и «бравурного» исполнения мазурки:

> Мазурка раздалась. Бывало,
> Когда гремел мазурки гром,
> В огромной зале все дрожало,
> Паркет трещал под каблуком,
> Тряслися, дребезжали рамы;
> Теперь не то: и мы, как дамы,
> Скользим по лаковым доскам *(5, XLII, 1–7)*.

«Когда появились подковки и высокие подборы у сапогов, делая шаги, немилосердно стали стучать, так, что, когда в одном публичном собрании, где находилось слишком двести молодых людей мужского пола, заиграла музыка мазурку ⟨...⟩ подняли такую стукотню, что и музыку заглушили» (Правила... С. 83).

Но существовало и другое противопоставление. Старая «французская» манера исполнения мазурки требовала от кавалера легкости прыжков (ср.: «Легко мазурку танцевал» — *1, IV, 11*), так называемых антраша. Антраша (или «антреша»), по пояснению одного танцевального справочника, «говорится о скачке, в котором нога об ногу ударяется три раза в то время, как тело бывает в воздухе» (*Компан Ш.* Танцевальный словарь... М., 1790. С. 182). Французская, «светская» и «любезная», манера мазурки в 1820-е гг. стала сменяться английской, связанной с дендизмом. Последняя требовала от кавалера томных, ленивых движений, подчеркивавших, что ему скучно танцевать и он это делает против воли. Кавалер отказывался от мазурочной болтовни и во время танца угрюмо молчал.

«...И вообще ни один фешенебельный кавалер сейчас не танцует, это *не полагается!* — Вот как? — удивленно спросил мистер Смит ⟨...⟩ — Нет, клянусь честью, нет! — пробормотал мистер Ритсон. — Нет, разве что пройдутся в кадрили или *повертятся в вальсе* ⟨...⟩ нет, к чорту танцы, это очень уж вульгарно!» (*Бульвер-Литтон*. С. 228). В воспоминаниях Смирновой-Россет рассказан эпизод ее первой встречи с *П*: еще институткой она пригласила его на мазурку. *П* молча и лениво пару раз прошелся с ней по зале (*Смирнова А. О.* Записки. М., 1929. С. 332). То, что Онегин «легко мазурку танцевал», показывает, что его дендизм и модное разочарование были в первой главе наполовину поддельными. Ради них он не мог отказаться от удовольствия попрыгать в мазурке.

Декабрист и либерал 1820-х гг. усвоили себе «английское» отношение к танцам, доведя его до полного отказа от них. В пушкинском «Романе в письмах» Владимир пишет другу: «Твои умозрительные и важные рассуждения принадлежат к 1818 году. В то время строгость правил и политическая экономия были в моде. Мы являлись на балы не снимая шпаг (со шпагой нельзя было танцевать, офицер, желающий танцевать, отстегивал шпагу и оставлял ее у швейцара. — *Ю. Л.*) — нам было неприлично танцовать, и некогда заниматься дамами» (VIII, 55). На серьезных дружеских вечерах у Липранди не было танцев (см.: Русский архив. 1866. № 7. Стб. 1255). Декабрист Н. И. Тургенев писал брату Сергею 25 марта 1819 г. о том удивлении, которое вызвало у него известие, что последний танцевал на балу в Париже (С. И. Тургенев находился во Франции при командующем русским экспедиционным корпусом графе М. С. Воронцове): «Ты, я слышу, танцуешь. Гр[афу] Головину дочь его писала, что с тобою танцевала. И так я с некоторым удивлением узнал, что теперь во Франции еще и танцуют! Une écossaise constitutionelle, indépendante, ou une contredanse monarchique ou une danse contre-monarchique (конституционный экосез, экосез независимый, монархический контрданс или антимонархический танец — *фр.*; игра слов заключается в перечислении политических партий: конституционалисты, независимые, монархисты — и употреблении приставки «контр» то как танцевального, то как политического термина. — *Ю. Л.*)» (*Тургенев*. С. 280). С этими же настроениями связана жалоба княгини Тугоуховской в «Горе от ума»: «Танцовщики ужасно стали редки!» (д. III, явл. 7). Противоположность между человеком, рассуждающим об Адаме Смите, и человеком, танцующим вальс или мазурку, подчеркивалась ремаркой после программного монолога Чацкого: «*Оглядывается, все в вальсе кружатся с величайшим усердием*» (д. III, явл. 22).

Стихи:

> Буянов, братец мой задорный,
> К герою нашему подвел
> Татьяну с Ольгою... *(5, XLIII, XLIV, 1–3)* —

имеют в виду одну из фигур мазурки: к кавалеру (или даме) подводят двух дам (или кавалеров) с предложением выбрать. Выбор себе пары воспринимался как знак интереса, благосклонности или (как истолковал Ленский) влюбленности. Николай I упрекал Смирнову-Россет: «Зачем ты меня не выбираешь?» (*Смирнова-Россет*. С. 118). В некоторых случаях выбор был сопряжен с угадыванием качеств, загаданных танцорами. Ср.: «Подошедшие к ним три дамы с вопросами — oubli ou regret? [забвение или сожаление — *фр.*] прервали разговор...» (VIII, 244). См. также в «После бала» Л. Н. Толстого: «...мазурку я танцевал не с нею ⟨...⟩ Когда нас подводили к ней и она не угадывала моего качества, она, подавая руку не мне, пожимала худыми плечами и, в знак утешения и сожаления, улыбалась мне».

> И бесконечный котильон
> Ее томил как тяжкий сон *(6, I, 7–8)*.

*Котильон* — вид кадрили, один из заключающих бал танцев — танцевался на мотив вальса и представлял собой танец-игру, самый непринужденный, разнообразный и шаловливый танец. «...Там делают и крест, и круг, и сажают даму, с торжеством приводя к ней кавалеров, дабы избрала, с кем захочет танцевать, а в других местах и на колена становятся перед нею; но чтобы отблагодарить себя взаимно, садятся и мужчины, дабы избрать себе дам, какая понравится ⟨...⟩ Затем следуют фигуры с шутками, подавание карт, узелков, сделанных из платков, обманывание или отскакивание в танце одного от другого, перепрыгивание через платок высоко...» (Правила... С. 74).

Бал был не единственной возможностью весело и шумно провести ночь. Альтернативой ему были

> ...игры юношей разгульных,
> Грозы дозоров караульных (VI, 621) —

холостые попойки в компании молодых гуляк, офицеров-бретеров, прославленных «шалунов» и пьяниц. Бал, как приличное и вполне светское времяпровождение, противопоставлялся этому разгулу, который, хотя и культивировался в определенных гвардейских кругах, в целом воспринимался как проявление «дурного тона», допустимое для молодого человека лишь в определенных, умеренных пределах. М. Д. Бутурлин, склонный к вольной и разгульной жизни, вспоминал, что был момент, когда он «не пропускал ни одного бала». Это, пишет он, «весьма радовало мою мать, как доказательство, que j'avais pris le goût de la bonne société [что я полюбил бывать в хорошем обществе — *фр.*]» (*Бутурлин*. С. 46). Однако вкус к бесшабашной жизни взял верх: «Бывали у меня на квартире довольно частые обеды и ужины. Гостями моими были некоторые из наших офицеров и штатские петербургские мои знакомые, преимущественно из иностранцев; тут шло, разумеется, разливное море шампанского и жженки. Но главная ошибка моя была в том, что после первых визитов с братом в начале приезда моего к княгине Марии Васильевне Кочубей, Наталье Кирилловне

Загряжской (весьма много тогда значившей) и к прочим в родстве или прежнем знакомстве с нашим семейством, я перестал посещать это высокое общество. Помню, как однажды, при выходе из французского Каменноостровского театра, старая моя знакомая Елисавета Михайловна Хитрова, узнав меня, воскликнула: „Ах, Мишель!“ А я, чтобы избегнуть встречи и экспликаций с нею, чем спуститься с лестницы перестиля, где происходила эта сцена, повернул круто направо мимо колонн фасада; но так как схода на улицу там никакого не было, то я и полетел стремглав на землю с порядочной весьма высоты, рискуя переломить руку или ногу. Вкоренились, к несчастию, во мне привычки разгульной и нараспашку жизни в кругу армейских товарищей с поздними попойками по ресторанам, и потому выезды в великосветские салоны отягощали меня, вследствие чего немного прошло месяцев, как члены того общества решили (и не без оснований), что я малый, погрязший в омуте дурного общества» (*Бутурлин*. С. 343–344).

Поздние попойки, начинаясь в одном из петербургских ресторанов, оканчивались где-нибудь в «Красном кабачке», стоявшем на седьмой версте по Петергофской дороге и бывшем излюбленным местом офицерского разгула.

Жестокая картежная игра и шумные походы по ночным петербургским улицам дополняли картину. Шумные уличные похождения — «гроза полуночных дозоров» *(8, III, 6)* — были обычным ночным занятием «шалунов». Племянник поэта Дельвига вспоминает: «...Пушкин и Дельвиг нам рассказывали о прогулках, которые они по выпуске из Лицея совершали по петербургским улицам, и об их разных при этом проказах и глумились над нами, юношами, не только ни к кому не придирающимися, но даже останавливающими других, которые десятью и более годами нас старее ⟨...⟩ Прочитав описание этой прогулки, можно подумать, что Пушкин, Дельвиг и все другие с ними гулявшие мужчины, за исключением брата Александра и меня, были пьяны, но я решительно удостоверяю, что этого не было, а просто захотелось им встряхнуть стариною и показать ее нам, молодому поколению, как бы в укор нашему более серьезному и обдуманному поведению» (Пушкин в воспоминаниях современников. Т. 2. С. 124–125). В том же духе, хотя и несколько позже — в самом конце 1820-х гг., Бутурлин с приятелями сорвал с двуглавого орла (аптечной вывески) скипетр и державу и шествовал с ними через центр города. Эта «шалость» уже имела достаточно опасный политический подтекст: она давала основания для уголовного обвинения в «оскорблении величества». Не случайно знакомый, к которому они в таком виде явились, «никогда не мог вспомнить без страха это ночное наше посещение». Если это похождение сошло с рук, то за попытку накормить в ресторане супом бюст императора последовало наказание: штатские друзья Бутурлина были сосланы в гражданскую службу на Кавказ и в Астрахань, а он переведен в провинциальный армейский полк (*Бутурлин*. С. 355–356).

Это не случайно: «безумные пиры», молодежный разгул на фоне аракчеевской (позже николаевской) столицы неизбежно окрашивались в оппозиционные тона (см.: *Лотман-1*).

**Дуэль.** Дуэль — поединок, происходящий по определенным правилам парный бой, имеющий целью восстановление чести, снятие с обиженного позорного пятна, нанесенного оскорблением. Таким образом, роль дуэли социально-знаковая. Дуэль представляет собой определенную процедуру по восстановлению чести и не может быть понята вне самой специфики понятия «честь» в общей системе этики русского европеизированного послепетровского дворянского общества. Естественно, что с позиции, в принципе отвергавшей это понятие, дуэль теряла смысл, превращаясь в ритуализованное убийство.

Русский дворянин XVIII — начала XIX в. жил и действовал под влиянием двух противоположных регуляторов общественного поведения. Как верноподданный, слуга государства, он подчинялся приказу. Психологическим стимулом подчинения был страх перед карой, настигающей ослушника. Как дворянин, человек сословия, которое одновременно было и социально господствующей корпорацией, и культурной элитой, он подчинялся законам чести. Психологическим стимулом подчинения здесь выступает стыд. Идеал, который создает себе дворянская культура, подразумевает полное изгнание страха и утверждение чести как основного законодателя поведения. В этом смысле значение приобретают занятия, демонстрирующие бесстрашие. Так, если «регулярное государство» Петра I рассматривает поведение дворянина на войне как служение государственной пользе, а храбрость его — лишь как средство для достижения этой цели, то с позиций чести храбрость превращается в самоцель. Особенно ярко это проявляется в отношении к дуэли: опасность, сближение лицом к лицу со смертью становятся очищающими средствами, снимающими с человека оскорбление. Сам оскорбленный должен решить (в принятии им правильного решения проявляется степень его владения законами чести), является ли бесчестие настолько незначительным, что для его снятия достаточно демонстрации бесстрашия — показа готовности к бою (примирение возможно после вызова и его принятия: принимая вызов, оскорбитель тем самым показывает, что считает противника равным себе и, следовательно, реабилитирует его честь) или знакового изображения боя (примирение происходит после обмена выстрелами или ударами шпаги без каких-либо кровавых намерений с какой-либо стороны). Если оскорбление было более серьезным, таким, которое должно быть смыто кровью, дуэль может закончиться первым ранением (чьим — не играет роли, поскольку честь восстанавливается не нанесением ущерба оскорбителю или местью ему, а фактом пролития крови, в том числе и своей собственной). Наконец, оскорбленный может квалифицировать оскорбление как смертельное, требующее для своего снятия гибели одного из участников ссоры. Существенно, чтобы оценка меры оскорбления — незначительное, кровное или смертельное — соотносилась с оценкой со стороны окружающей социальной среды (например, с полковым общественным мнением): человек, слишком легко идущий на примирение, может прослыть трусом, непропорционально кровожадный — бретером.

Дуэль как институт корпоративной чести встречала оппозицию с двух сторон. С одной стороны, правительство относилось к поединкам неизменно отрицательно. В «Патенте о поединках и начинании ссор», составлявшем главу 49 петровского «Устава воинского» (1716), предписывалось: «Ежели случится, что двое на назначенное место выедут, и один против другого шпаги обнажат, то Мы повелеваем таковых, хотя никто из оных уязвлен или умерщвлен не будет, без всякой милости, такожде и секундантов или свидетелей, на которых докажут, смертию казнить и оных пожитки отписать ⟨...⟩ Ежели же биться начнут, и в том бою убиты и ранены будут, то как живые, так и мертвые повешены да будут» (цит. по: Памятники русского права. М., 1961. Вып. 8. С. 459–460). К. А. Софроненко считает, что «Патент» направлен «против старой феодальной знати» (Там же. С. 461). В том же духе высказывался и Н. Л. Бродский, который считал, что «*дуэль* — порожденный феодально-рыцарским обществом обычай кровавой расправы-мести, сохранялся в дворянской среде» (*Бродский*. С. 248). Однако дуэль в России не была пережитком, поскольку ничего аналогичного в быту русской «старой феодальной знати» не существовало. На то, что поединок представляет собой нововведение, недвусмысленно указывала Екатерина II: «Предубеждения, не от предков полученные, но перенятые или наносные, чуждые» («Манифест 21 апр. 1787 г.», ср.: «Наказ», ст. 482).

Характерно высказывание Николая I: «Я ненавижу дуэли; это — варварство; на мой взгляд, в них нет ничего рыцарского» (Пушкин. Письма. 1826–1830. М.; Л., 1928. Т. 2. С. 185).

На причины отрицательного отношения самодержавной власти к обычаю дуэли указал еще Монтескьё в «Духе законов»: «Честь не может быть принципом деспотических государств: там все люди равны и потому не могут превозноситься друг над другом; там все люди рабы и потому не могут превозноситься ни над чем ⟨...⟩ Может ли деспот потерпеть ее в своем государстве? Она полагает свою славу в презрении к жизни, а вся сила деспота только в том, что он может лишать жизни. Как она сама могла бы стерпеть деспота?» (Кн. I, гл. VIII).

Естественно, что в официальной литературе дуэли преследовались как проявление свободолюбия, «возродившееся зло самонадеянности и вольнодумства века сего» (Подарок человечеству, или Лекарство от поединков. СПб., 1826. С. I; анонимная брошюра, предисловие подписано: «Русской»).

С другой стороны, дуэль подвергалась критике со стороны мыслителей-демократов, видевших в ней проявление сословного предрассудка дворянства и противопоставлявших дворянскую честь человеческой, основанной на Разуме и Природе. С этой позиции дуэль делалась объектом просветительской сатиры или критики. В «Путешествии из Петербурга в Москву» Радищев писал: «Вы твердой имеете дух, и обидою не сочтете, если осел вас улягнет, или свинья смрадным до вас коснется рылом» («Крестьцы»).

«Бывало хоть чуть-чуть кто-либо кого по нечаянности зацепит шпагой или шляпою, повредит ли на голове один волосочик, погнет ли на плече сукно, так милости просим в поле ⟨...⟩ Хворающий зубами даст ли ответ в полголоса, насморк имеющий скажет ли что-нибудь в нос... ни на что не смотрят!.. Того и гляди, что по эфес шпага!.. Также глух ли кто, близорук ли, но когда, Боже сохрани, он не ответствовал, или недовидел поклона... статошное ли дело! Тотчас шпаги в руки, шляпы на голову, да и пошла трескотня да рубка!» (*Страхов Н.* Переписка моды... М., 1791. С. 46). Ср. басню А. Е. Измайлова «Поединок» (Сочинения Измайлова. СПб., 1849. С. 34–35).

Отрицательно относились к дуэли и масоны (см., например: О поединках // Моск. ежемесячн. соч. 1781. Ч. II / Пер. с англ. А. Брянцева).

Таким образом, в дуэли, с одной стороны, могла выступать узкосословная идея защиты корпоративной чести, а с другой — общечеловеческая, несмотря на архаические формы, идея защиты человеческого достоинства. Перед лицом поединка придворный шаркун, любимец императора аристократ и флигель-адъютант

В. Д. Новосильцев оказывался равен подпоручику Семеновского полка, без состояния и связей, из провинциальных дворян, К. П. Чернову.

В связи с этим отношение декабристов к поединку было двойственным. Допуская в теории негативные высказывания в духе общепросветительской критики дуэли, декабристы практически широко пользовались правом поединка. Так, Оболенский убил на дуэли некоего Свиньина (см.: Декабристы. Материалы для их характеристики. М., 1907. С. 165); многократно вызывал разных лиц и с несколькими дрался Рылеев; Якубович слыл бретером. Шумный отклик у современников вызвала дуэль Новосильцева и Чернова, которая приобрела характер политического столкновения между защищающим честь сестры членом тайного общества и презирающим человеческое достоинство простых людей аристократом. Оба противника были убиты на месте. Северное общество превратило похороны Чернова в первую в России уличную манифестацию.

Взгляд на дуэль как на средство защиты своего человеческого достоинства не был чужд и *П*, как показывает его биография.

Несмотря на негативную в общем оценку дуэли как «светской вражды» и проявления «ложного стыда», изображение ее в романе не сатирическое, а трагическое, что подразумевает и определенную степень соучастия в судьбе героев. Для того чтобы понять возможность такого подхода, необходимо прокомментировать некоторые технические стороны поединка тех лет.

Прежде всего следует подчеркнуть, что дуэль подразумевала наличие строгого и тщательно исполняемого ритуала. Только пунктуальное следование установленному порядку отличало поединок от убийства.

Но необходимость точного соблюдения правил вступала в противоречие с отсутствием в России строго кодифицированной дуэльной системы. Никаких дуэльных кодексов в русской печати, в условиях официального запрета, появиться не могло, не было и юридического органа, который мог бы принять на себя полномочия упорядочения правил поединка. Конечно, можно было бы пользоваться французскими кодексами, но излагаемые там правила не совсем совпадали с русской дуэльной традицией. Строгость в соблюдении правил достигалась обращением к авторитету знатоков, живых носителей традиции и арбитров в вопросах чести. Такую роль в *ЕО* выполняет Зарецкий.

Дуэль начиналась с вызова. Ему, как правило, предшествовало столкновение, в результате которого какая-либо сторона считала себя оскорбленной и в качестве таковой требовала удовлетворения (сатисфакции). С этого момента противники уже не должны были вступать ни в какие общения, это брали на себя их представители — секунданты. Выбрав себе секунданта, оскорбленный обсуждал с ним тяжесть нанесенной ему обиды, от чего зависел и характер будущей дуэли — от формального обмена выстрелами до гибели одного или обоих участников. После этого секундант направлял противнику письменный вызов (картель).

Роль секундантов сводилась к следующему: как посредники между противниками, они прежде всего обязаны были приложить максимальные усилия к примирению. На обязанности секундантов лежало изыскивать все возможности, не нанося ущерба интересам чести и особенно следя за соблюдением прав своего доверителя, для мирного решения конфликта. Даже на поле боя секунданты обязаны предпринять последнюю попытку к примирению. Кроме того, секунданты вырабатывают условия дуэли. Если примирение оказывалось невозможным, как это было, например, в дуэли *П* с Дантесом, секунданты составляли письменные условия и тщательно следили за строгим исполнением всей процедуры.

Условия, подписанные секундантами *П* и Дантеса, были следующими (подлинник по-французски):

«1. Противники становятся на расстоянии двадцати шагов друг от друга и пяти шагов (для каждого) от барьеров, расстояние между которыми равняется десяти шагам.

2. Вооруженные пистолетами противники, по данному знаку, идя один на другого, но ни в коем случае не переступая барьеры, могут стрелять.

3. Сверх того, принимается, что после выстрела противникам не дозволяется менять место для того, чтобы выстреливший первым огню своего противника подвергся на том же самом расстоянии.

4. Когда обе стороны сделают по выстрелу, то, в случае безрезультатности, поединок возобновляется как бы в первый раз: противники становятся на то же расстояние в 20 шагов, сохраняются те же барьеры и те же правила.

5. Секунданты являются непременными посредниками во всяком объяснении между противниками на поле боя.

6. Секунданты, нижеподписавшиеся и облеченные всеми полномочиями, обеспечивают, каждый за свою сторону, своею честью строгое соблюдение изложенных здесь условий» (*Щеголев П. Е.* Дуэль и смерть Пушкина. М., 1936. С. 191).

Условия дуэли *П* и Дантеса были максимально жестокими (дуэль была рассчитана на смертельный исход), но и условия поединка Онегина и Ленского, к нашему удивлению, были также очень жестокими, хотя причин для смертельной вражды здесь явно не было. Поскольку Зарецкий развел друзей на 32 шага, а барьеры, видимо, находились на «благородном расстоянии» *(6, XXXIII, 12)*, то есть на дистанции в 10 шагов, то каждый мог сделать 11 шагов. Однако не исключено, что Зарецкий определил дистанцию между барьерами менее чем в 10 шагов. Требования, чтобы после первого выстрела противники не двигались, видимо, не было, что подталкивало их к наиболее опасной тактике: не стреляя на ходу, быстро выйти к барьеру и на предельно близкой дистанции целиться в неподвижного противника. Именно таковы были случаи, когда жертвами становились оба дуэлянта. Так было в дуэли Новосильцева и Чернова. Требование, чтобы противники остановились на месте, на котором их застал первый выстрел, было минимально возможным смягчением условий. Характерно, что когда Грибоедов стрелялся с Якубовичем, то, хотя такого требования в условиях не было, он все же остановился на том месте, на котором застал его выстрел, и стрелял, не подходя к барьеру.

Зарецкий был единственным распорядителем дуэли, и тем более заметно, что, «в дуэлях классик и педант» *(6, XXVI, 8)*, он вел дело с большими упущениями, вернее, сознательно игнорируя все, что могло устранить кровавый исход. Еще при первом посещении Онегина, при передаче картеля, он обязан был обсудить возможности примирения. Перед началом поединка попытка покончить дело миром также входила в прямые его обязанности, тем более что кровной обиды нанесено не было и всем, кроме 18-летнего Ленского, было ясно, что дело заключается в недоразумении. Вместо этого он «встал без объяснений ⟨...⟩ имея дома много дел» *(6, IX, 9–11)*. Зарецкий мог остановить дуэль и в другой момент: появление Онегина со слугой вместо секунданта было ему прямым оскорблением (секунданты, как и противники, должны быть социально равными; Гильо — француз и свободно нанятый лакей — формально не мог быть отведен, хотя появление его в этой роли, как и мотивировка, что он по крайней мере «малый честный», являлись недвусмысленной обидой для Зарецкого), а одновременно и грубым нарушением правил, так как секунданты должны были встретиться накануне без противников и составить правила поединка.

Наконец, Зарецкий имел все основания не допустить кровавого исхода, объявив Онегина неявившимся. «Заставлять ждать себя на месте поединка крайне невежливо. Явившийся вовремя обязан ждать своего противника четверть часа. По прошествии этого срока явившийся первым имеет право покинуть место поединка, и его секунданты должны составить протокол, свидетельствующий о неприбытии противника» (*Дурасов В.* Дуэльный кодекс. СПб., 1908. С. 56). Онегин опоздал более чем на час[1].

Таким образом, Зарецкий вел себя не только не как сторонник строгих правил искусства дуэли, а как лицо, заинтересованное в максимально скандальном и шумном — что применительно к дуэли означало кровавом — исходе.

Вот пример из области «дуэльной классики»: в 1766 г. Казанова дрался на дуэли в Варшаве с любимцем польского короля Браницким, который явился на

---

[1] Ср. в «Герое нашего времени»: «„Мы давно уж вас ожидаем“, — сказал драгунский капитан с иронической улыбкой. Я вынул часы и показал ему. Он извинился, говоря, что его часы уходят». Смысл эпизода в следующем: драгунский капитан, убежденный, что Печорин «первый трус», косвенно обвиняет его в желании, опоздав, сорвать дуэль.

поле чести в сопровождении блестящей свиты. Казанова же, иностранец и путешественник, мог привести в качестве свидетеля лишь кого-либо из своих слуг. Однако он отказался от такого решения, как заведомо невозможного — оскорбительного для противника и его секундантов и мало лестного для него самого: сомнительное достоинство секунданта бросило бы тень на его собственную безупречность как человека чести. Он предпочел попросить, чтобы противник назначил ему секунданта из числа своей аристократической свиты. Казанова пошел на риск иметь в секунданте врага, но не согласился призвать наемного слугу быть свидетелем в деле чести (см.: Mémoires de J. Casanova de Seingalt écrits par lui-même. Paris, 1931. T. 10. P. 163).

Любопытно отметить, что аналогичная ситуация отчасти повторилась в трагической дуэли *П* и Дантеса. Испытав затруднения в поисках секунданта, *П* писал утром 27 января 1837 г. д'Аршиаку, что привезет своего секунданта «лишь на место встречи», а далее, впадая в противоречие с самим собой, но вполне в духе Онегина, он предоставляет Геккерену выбрать ему секунданта: «...я заранее его принимаю, будь то хотя бы его ливрейный лакей» (XVI, 225, 410). Однако д'Аршиак, в отличие от Зарецкого, решительно пресек такую возможность, заявив, что «свидание между секундантами, *необходимое перед поединком*», является условием, отказ от которого равносилен отказу от дуэли. Свидание д'Аршиака и Данзаса состоялось, и дуэль стала формально возможна. Свидание Зарецкого и Гильо состоялось лишь на поле боя, но Зарецкий не остановил поединка, хотя мог это сделать.

Онегин и Зарецкий — оба нарушают правила дуэли. Первый — чтобы продемонстрировать свое раздраженное презрение к истории, в которую он попал против собственной воли и в серьезность которой все еще не верит, а Зарецкий потому, что видит в дуэли забавную историю, предмет сплетен и розыгрышей...

Поведение Онегина на дуэли неопровержимо свидетельствует, что автор хотел его сделать убийцей поневоле. И для *П*, и для читателей романа, знакомых с дуэлью не понаслышке, было очевидно, что тот, кто желает безусловной смерти противника, не стреляет с ходу, с дальней дистанции и под отвлекающим внимание дулом чужого пистолета, а, идя на риск, дает по себе выстрелить, требует противника к барьеру и с короткой дистанции расстреливает его как неподвижную мишень.

Например, во время дуэли Завадовского и Шереметева, знаменитой по роли в биографии Грибоедова (1817), мы видим классический случай поведения бретера: «Когда они с крайних пределов барьера стали сходиться на ближайшие, Завадовский, который был отличный стрелок, шел тихо и совершенно спокойно. Хладнокровие ли Завадовского взбесило Шереметева или просто чувство злобы пересилило в нем рассудок, но только он, что называется, не выдержал и выстрелил в Завадовского, еще не дошедши до барьера. Пуля пролетела около Завадовского близко, потому что оторвала часть воротника у сюртука, у самой шеи. Тогда уже, и это очень понятно, разозлился Завадовский. „Ah!“ — сказал он, — „il en voulait à ma vie! A la barrière“ [Ого! хотят моей жизни! К барьеру! — *фр.*].

Делать было нечего. Шереметев подошел. Завадовский выстрелил. Удар был смертельный, — он ранил Шереметева в живот!»

Для того чтобы понять, какое удовольствие мог находить во всем этом деле человек типа Завадовского, следует добавить, что присутствовавший на дуэли как зритель приятель *П* Каверин (член Союза благоденствия, с которым Онегин в первой главе встречался у Talon, известный кутила и буян), увидав, как раненый Шереметев «несколько раз подпрыгнул на месте, потом упал и стал кататься по снегу», подошел к раненому и сказал: «Что, Вася? Репка?» Репа ведь лакомство у народа, и это выражение употребляется им иронически в смысле: «Что же? вкусно ли? хороша ли закуска?» (А. С. Грибоедов, его жизнь и гибель в мемуарах современников. Л., 1929. С. 279–280). Следует отметить, что, вопреки правилам дуэли, на поединок нередко собиралась публика как на зрелище.

Если же опытный стрелок производил выстрел первым, то это, как правило, свидетельствовало о волнении, приводившем к случайному нажатию спускового крючка. Вот описание дуэли, проведенной по всем правилам дендизма, — стреляются английский денди Пелэм и французский щеголь, оба опытные дуэлянты: «Француз и его секундант уже дожидались нас (здесь это сознательное оскорбление; норма утонченной вежливости состоит в том, чтобы прибыть на место дуэли точно одновременно; Онегин превзошел все допустимое, опоздав более чем на час. — *Ю. Л.*). Я заметил, что противник бледен и неспокоен — мне думалось, не от страха, а от ярости ⟨...⟩ Я посмотрел на д'Азимара в упор и прицелился. Его пистолет выстрелил на секунду раньше, чем он ожидал, — вероятно, у него дрогнула рука — пуля задела мою шляпу. Я целился вернее и ранил его в плечо — именно туда, куда хотел» (*Бульвер-Литтон*. С. 174).

Возникает, однако, вопрос: почему все-таки Онегин стрелял в Ленского, а не мимо? Во-первых, демонстративный выстрел в сторону являлся новым оскорблением и не мог способствовать примирению. Во-вторых, в случае безрезультатного обмена выстрелами дуэль начиналась сначала и жизнь противнику можно было сохранить только ценой собственной смерти или раны, а бретерские легенды, формировавшие общественное мнение, поэтизировали убийцу, а не убитого[1].

Надо учитывать также еще одно существенное обстоятельство. Дуэль с ее строгим ритуалом, представляющая целостное театрализованное действо — жертвоприношение ради чести, обладает строгим сценарием. Как всякий жесткий ритуал, она лишает участников индивидуальной воли. Остановить или изменить что-либо в дуэли отдельный участник не властен. В описании дуэли у Бульвер-Литтона имеется эпизод: «Когда мы стали по местам, Винсент (секундант. — *Ю. Л.*) подошел ко мне и тихо сказал: — Бога ради, позвольте мне уладить дело миром, если только возможно! — Это не в *нашей* власти, — ответил я» (*Бульвер-Литтон*. С. 174). Ср. в «Войне и мире»:

«— Ну, начинать! — сказал Долохов.

— Что ж, — сказал Пьер, все так же улыбаясь.

Становилось страшно. Очевидно было, что дело, начавшееся так легко, уже ничем не могло быть предотвращено, что оно шло само собою, уже независимо от воли людей, и должно было совершиться» (т. 2, ч. I, гл. 5). Показательно, что Пьер, всю ночь думавший: «К чему же эта дуэль, это убийство?» — попав на боевое поле, *выстрелил первым* и *ранил* Долохова в левый бок (рана легко могла оказаться смертельной).

Исключительно интересны в этом отношении записки Н. Н. Муравьева-Карского — свидетеля осведом-

---

[1] Напомним правило дуэли: «Стрелять в воздух имеет только право противник, стреляющий вторым. Противник, выстреливший первым в воздух, если его противник не ответил на выстрел или также выстрелил в воздух, считается уклонившимся от дуэли...» (*Дурасов В.* Указ. соч. С. 104). Правило это связано с тем, что выстрел в воздух первого из противников морально обязывает второго к великодушию, узурпируя его право самому определять свое поведение чести.

ленного и точного, который приводит слова Грибоедова о его чувствах во время дуэли с Якубовичем. Грибоедов не испытывал никакой личной неприязни к своему противнику, дуэль с которым была лишь завершением «четверной дуэли»[1], начатой Шереметевым и Завадовским.

Он предлагал мирный исход, от которого Якубович отказался, также подчеркнув, что не испытывает никакой личной вражды к Грибоедову и лишь исполняет слово, данное покойному Шереметеву. И тем более знаменательно, что, встав с мирными намерениями к барьеру, Грибоедов по ходу дуэли почувствовал желание убить Якубовича — пуля прошла так близко от головы, что «Якубович полагал себя раненым: он схватился за затылок, посмотрел свою руку ⟨...⟩ Грибоедов после сказал нам, что он целился Якубовичу в голову и хотел убить его, но что это не было первое его намерение, когда он на место стал» (А. С. Грибоедов, его жизнь и гибель... С. 112).

Для читателя, не утратившего еще живой связи с дуэльной традицией и способного понять смысловые оттенки нарисованной Пушкиным картины, было очевидно, что Онегин «любил его [Ленского] и, целясь в него, не хотел ранить» (*Герцен А. И.* Собр. соч.: В 30 т. М., 1956. Т. 7. С. 206).

Эта способность дуэли, втягивая людей, лишать их собственной воли и превращать в игрушки и автоматы, очень важна (проблема автомата весьма волновала *П* (см.: *Jakobson R.* Puškin and His Sculptural Myth. The Hague — Paris, Mouton, 1975).

Особенно важно это для понимания образа Онегина.

---

[1] Так назывался поединок, в котором после противников стрелялись их секунданты.

Герой романа, отстраняющий все формы внешней нивелировки своей личности и этим противостоящий Татьяне, органически связанной с коллективной жизнью народных обычаев, поверий, привычек, в шестой главе *ЕО* изменяет себе: против собственного желания он признает диктат норм поведения, навязываемых ему Зарецким и «общественным мнением», и тут же, теряя волю, становится куклой в руках безликого ритуала дуэли. У *П* есть целая галерея «оживающих» статуй, но есть и цепь живых людей, превращающихся в автоматы (см.: *Лотман-3*). Онегин в шестой главе выступает как родоначальник этих персонажей.

Основным механизмом, при помощи которого общество, презираемое Онегиным, все же властно управляет его поступками, является боязнь быть смешным или сделаться предметом сплетен. Следует учитывать, что неписаные правила русской дуэли конца XVIII — начала XIX в. были значительно более суровыми, чем, например, во Франции, а с характером узаконенной актом 13 мая 1894 г. поздней русской дуэли (см. «Поединок» А. И. Куприна) вообще не могли идти ни в какое сравнение. В то время как обычное расстояние между барьерами в начале XIX в. было 10–12 шагов, а нередки были случаи, когда противников разделяло лишь 6 шагов[1], за период между 20 мая 1894 г. и 20 мая 1910 г. из 322 имевших место поединков ни одного не было

---

[1] Бывали и более жестокие условия. Так, Чернов, мстя за честь сестры, требовал поединка на расстоянии в три (!) шага. В предсмертной записке (дошла в копии рукой А. А. Бестужева) он писал: «Стреляюсь на три шага, как за дело семейственное; ибо, зная братьев моих, хочу кончить собою на нем, на этом оскорбителе моего семейства, который для пустых толков еще пустейших людей преступил все законы чести, общества и человечества» (Девятнадцатый век. М., 1872. Кн. 1. С. 334). По настоянию секундантов дуэль происходила на расстоянии в восемь шагов, и все равно оба участника ее погибли.

с дистанцией менее 12 шагов, лишь один — с дистанцией в 12 шагов. Основная же масса поединков происходила на расстоянии 20–30 шагов, то есть с дистанции, с которой в начале века никто не думал стреляться. Естественно, что из 322 поединков лишь 15 имели смертельные исходы (см.: *Микулин И.* Пособие для ведения дел чести в офицерской среде. СПб., 1912. Ч. 1. С. 176–201). Между тем в онегинскую эпоху нерезультативные дуэли вызывали ироническое отношение. При отсутствии твердо зафиксированных правил резко возрастало значение атмосферы, создаваемой вокруг поединков бретерами — хранителями дуэльных традиций. Эти последние культивировали дуэль кровавую и жестокую. Человек, выходивший к барьеру, должен был проявить незаурядную духовную самостоятельность, чтобы сохранить собственный тип поведения, а не принять утвержденные и навязанные ему нормы. Поведение Онегина определялось колебаниями между естественными человеческими чувствами, которые он испытывал по отношению к Ленскому, и боязнью показаться смешным или трусливым, нарушив условные нормы поведения у барьера.

Любая, а не только «неправильная», дуэль была в России уголовным преступлением. Каждая дуэль становилась в дальнейшем предметом судебного разбирательства. И противники, и секунданты несли уголовную ответственность. Суд, следуя букве закона, приговаривал дуэлянтов к смертной казни, которая в дальнейшем для офицеров чаще всего заменялась разжалованием в солдаты с правом выслуги (перевод на Кавказ давал возможность быстрого получения снова офицерского звания). Онегин, как неслужащий дворянин, вероятнее всего, отделался бы месяцем или двумя крепости и последующим церковным покаянием. Однако, судя по тексту романа, дуэль Онегина и Ленского вообще не сделалась предметом судебного разбирательства. Это могло произойти, если приходской священник зафиксировал смерть Ленского как последовавшую от несчастного случая или как результат самоубийства. Строфы XL—XLI шестой главы, несмотря на связь их с общими элегическими штампами могилы «юного поэта», позволяют предположить, что Ленский был похоронен вне кладбищенской ограды, то есть как самоубийца.

Условная этика дуэли существовала параллельно с общечеловеческими нормами нравственности, не смешиваясь и не отменяя их. Это приводило к тому, что победитель на поединке, с одной стороны, был окружен ореолом общественного интереса, типично выраженного словами, которые вспоминает в романе Л. Н. Толстого Каренин: «Молодецки поступил; вызвал на дуэль и убил». С другой стороны, все дуэльные обычаи не могли заставить его забыть, что он *убийца*. Так, В. А. Оленина вспоминала о декабристе Е. Оболенском: «Этот нещастной имел дюэль, — и убил — с тех пор, как Орест, преследуемый фуриями, так и он нигде уже не находил себе покоя» (Летописи Гос. лит. музея. [Вып.] 3. М., 1938. С. 488). В. А. Оленина знала Оболенского до 14 декабря, но и воспитанница М. И. Муравьева-Апостола, выросшая в Сибири, А. П. Созонович, вспоминает: «Прискорбное это событие терзало его всю жизнь» (Декабристы. Материалы для их характеристики. С. 165). Ни восстание, ни суд, ни каторга не смягчили этого переживания. То же можно сказать и о ряде других случаев.

Для психологического состояния Онегина седьмой—восьмой глав это очень существенно.

**Средства передвижения. Дорога.** Передвижения занимают в *ЕО* исключительно большое место: действие романа начинается в Петербурге, затем герой едет в Псковскую губернию, в деревню дяди. Оттуда действие переносится в Москву, куда героиня отправляется «на ярмарку невест», с тем чтобы в дальнейшем переехать с мужем в его петербургский дом. Онегин за это время совершает поездку по маршруту Москва — Нижний Новгород — Астрахань — Военно-Грузинская дорога и Закавказье (?) — северокавказские минеральные источники — Крым — Одесса — Петербург. Чувство пространства, расстояний, сочетание дома и дороги, домашнего, устойчивого и дорожного, подвижного быта составляют важную часть внутреннего мира пушкинского романа. Существенными элементами пространственного чувства человека являются способ и скорость его передвижения. Тютчев, впервые проехав по Европе по железной дороге, отметил, что пространство сжалось, промежутки между городами сократились, а города сблизились: «Можно переноситься к одним, не расставаясь с другими. Города подают друг другу руку» (Старина и новизна. СПб., 1914. Кн. 18. С. 20). Именно малые (для нас) скорости и длительность передвижений связывали образ России с темой дороги, что так характерно для литературы пушкинского и гоголевского периодов.

Карета, основное средство передвижения в XVIII — начале XIX в., являлась и мерилом социального достоинства.

Все оттенки «почтовых» значений были понятны читателям *ЕО*.

В первой главе Онегин спешит на бал *«в ямской карете» (XXVII, 3)*. Содержать своего кучера и собственную карету с лошадьми в Петербурге было дорого. В 1830-е гг. *П* — отец и муж, известный литератор, вынужденный светским положением к частым выездам, — не держал лошадей, а имел только карету. Лошадей нанимали. Четверка приходилась для разъезда по городу по 300 руб. в месяц (в 1836 г.). Извозчикам или кучерам платили отдельно. «Последнюю карету поставил Пушкину в июне 1836 года мастер Дриттенпрейс за 4150 руб. (с городским и дорожным прибором)» (*Щеголев П.* Пушкин и мужики. М., 1928. С. 172). Не имея собственного выезда, Онегин нанимал ямскую карету. Такую карету можно было взять на извозчичьей бирже на день. «Не таков (как „Ванюшка“) извозчик-лихач. Не кочует он по улицам порожняком, не выезжает на промысел ни свет ни заря, не морит себя, стоя до полуночи из-за гривенника ⟨...⟩ седоки лихача показываются не ранее полудня» (*Кокорев И. Т.* Русские очерки. М., 1956. Т. 1. С. 357).

Способ передвижения соответствовал общественному положению. Начало этому было положено петровской Табелью о рангах, которая требовала, «чтоб каждый такой наряд, экипаж ⟨...⟩ имел, как чин и характер его требует» (Памятники русского права. С. 190; характер — здесь: положение). Разница в экипажах, количестве и цене лошадей и в пушкинскую эпоху образовывала сложную иерархию, имевшую социально-знаковый характер:

> Пустилися к нему купцы на бегунах,
> Художники (ремесленники. — *Ю. Л.*) пешком,
> приказные в санях,
> Особы классные в каретах и колясках
> И на извозчиках различны лица...
>
> (*Шаховской А. А.* Комедии, стихотворения.
> Л., 1961. С. 111)

*Стремглав ⟨...⟩ поскакал (1, XXVII, 3–4)* — в допетровской Руси признаком важности пассажира была медленная езда. В послепетровском обществе знаками достоинства сделалась и слишком быстрая (признак «государственного» человека), и слишком медленная езда (признак вельможества). В Москве ездили медленнее, чем в Петербурге. Однако еще в XVIII в. установилась общеевропейская «щегольская» мода очень быстрой езды по людным улицам города.

Количество фонарей (один или два) или факелов зависело от важности седока. В 1820-е гг. *«двойные фонари» (1, XXVII, 7)* — это признак лишь дорогой, щегольской кареты.

*Летя в пыли на почтовых (1, II, 2)*; *...Ларина тащилась, / Боясь прогонов дорогих, / Не на почтовых, на своих... (7, XXXV, 9–11)*. Езда для путешественников, пользующихся казенными лошадьми (езда «на почтовых» или «перекладных»), осуществлялась следующим образом: путешественник запасался подорожной — документом, куда вносились его маршрут, чин, звание (от этого зависело количество лошадей; неслуживший Онегин, как и *П*, — чиновник 13-го класса, имел право лишь на трех лошадей; особы 1-го класса имели право на 20 лошадей, 2-го — на 15, а 3-го — на 12). Подорожная регистрировалась на заставах; данные о выехавших или въехавших в столицы публиковались в газетах. На почтовых станциях фельдъегери и курьеры получали лошадей вне очереди (для них должны были иметься специальные тройки), но, если курьерские лошади были в разгоне, забирали любых, бывших в наличии, затем лошадей получали путешественники «по собственной надобности» в порядке чинов. Это приводило к тому, что обычному путешественнику часто приходилось просиживать на станциях долгое время (см. стихотворение П. А. Вяземского «Станция»).

Обычная скорость для едущих «по своей надобности» была зимой не более 12 верст в час, летом — не более 10, а осенью — 8. В сутки обычно проезжали 70–100 верст. На станции проезжающий «платил прогоны» — оплачивал лошадей по таксе, которая колебалась от 8 до 10 коп. за одну лошадь на одну версту.

Ларины ехали в Москву «на своих» (или «долгих»). В этих случаях лошадей на станциях не меняли, а давали им отдохнуть, ночью тоже, естественно, не двигались с места (ночная езда была обычной при гоньбе перекладных), отчего скорость путешествия резко уменьшалась. Однако одновременно уменьшалась и стоимость.

«Наконец день выезда наступил. Это было после крещенья. На дорогу нажарили телятины, гуся, индейку, утку, испекли пирог с курицею, пирожков с фаршем и вареных лепешек, сдобных калачиков, в которые были запечены яйца цельные совсем с скорлупою. Стоило разломить тесто, вынуть яичко и кушай его с калачиком на здоровье. Особый большой ящик назначался для харчевого запаса. Для чайного и столового приборов был изготовлен погребец. Там было все: и жестяные тарелки для стола, ножи, вилки, ложки и столовые и чайные чашки, перечница, горчичница, водка, соль, уксус, чай, сахар, салфетки и проч. Кроме погребца и ящика для харчей, был еще ящик для дорожного складного самовара ⟨...⟩ Для обороны от разбойников, об которых предания были еще свежи, особенно при неизбежном переезде через страшные леса муромские, были взяты с собой два ружья, пара пистолетов, а из холодного оружия — сабля ⟨...⟩ Поезд наш состоял из трех кибиток. В первой сидели я, брат и отец, во второй тетушка с сестрою, в третьей повар с горничными девушками и со всеми запасами для стола: провизиею, кастрюлями и проч., и, наконец, сзади всех ехали сани с овсом для продовольствия в дороге лошадей. Это был обычный порядок путешествия наших ⟨...⟩ Разумеется такие путешествия обходились недорого, так что 20 или много 25 рублей ассигнациями, т. е. менее 7 рублей нынешним серебром, на 4-х тройках достаточно было доехать до Нижнего — это от нас около 500 верст, а может и более» (*Селива-*

*нов*. С. 145–147). Хозяйственная мать Татьяны, страшившаяся «прогонов дорогих», видимо, понесла такие же расходы.

Представления о размерах «поездки» при езде «на долгих» дает С. Т. Аксаков: «Мы едем-с в трех каретах, в двух колясках и в двадцати повозках; всего двадцать пять экипажей-с; господ и служителей находятся двадцать две персоны; до сотни берем лошадей» (*Аксаков С. Т.* Собр. соч. М., 1955. С. 423). Хозяйственная Ларина путешествовала, видимо, несколько скромнее.

При плохом состоянии дорог поломка экипажей и починка их на скорую руку с помощью «сельских циклопов», благословлявших «колеи и рвы отеческой земли» *(7, XXXIV, 13–14)*, делалась обычной деталью дорожного быта. «Коляска моя была куплена у великого Фребелиуса, знаменитейшего из петербургских каретных мастеров, которые одни умеют приготовлять оси, рессоры и подтяжные ремни, способные выдерживать в продолжение недели всякого рода удары, толчки и подпрыгивания на русских дорогах ⟨...⟩ „Наши русские дороги, — сказал мне один очень любезный житель Петербурга, — коверкают в сорок восемь часов экипажи французские, английские и венские, но щадят наши национальные экипажи в течение восьми дней нашей беспримерной скачки — а это много“. В силу этого предвещания, я и ожидал на восьмой день какой-нибудь беды. Она не заставила ждать себя: произведение „великого“ Фребелиуса, моя петербургская коляска сломалась перед самой станцией, к которой я подъехал уже в наклонном положении» (*Бургоэн П. де.* Воспоминания французского дипломата при С.-Петербургском дворе. 1828–1831 гг. // Военный сб. СПб., 1866. Т. 48. С. 190).

В 1820-е гг. начали входить в употребление также дилижансы — общественные кареты, ходящие по расписанию. Первая компания дилижансов, ходивших между Петербургом и Москвою, была организована в 1820 г. вельможами М. С. Воронцовым и А. С. Меншиковым не только из коммерческих, но также из либерально-цивилизаторских побуждений. Начинание имело успех; Меншиков 27 февраля 1821 г. писал Воронцову: «Наши дилижансы в самом цветущем ходу, охотников много, отправление исправное» (цит. по: *Тургенев*. С. 444). Дилижансы брали зимой по 4 пассажира, летом — 6 и имели места внутри кареты, которые стоили по 100 руб., и снаружи (60–75 руб.). Путь из Петербурга в Москву они проделывали в 4–4,5 суток.

Однако основным средством передвижения все же оставались карета, бричка, возок, телега; зимой — сани.

# *Комментарий*

*Евгений Онегин* — выбор названия произведения и имени главного героя не был случайным. На это указывал сам *П* в обращении к читателям: «Я думал 〈...〉 как героя назову» *(1, LX, 1–2)*. Этим выбором определялись жанровая природа текста и характер читательского ожидания. Включение в название не только имени, но и фамилии героя, притом не условно-литературных, а реально-бытовых, возможно было лишь в относительно небольшом круге жанров, ориентированных на современное содержание и создающих иллюзию истинности происшествия (ср.: Достопамятная жизнь девицы Клариссы Гарлов, истинная повесть. Ч. 1–4. СПб., 1791–1792). Такое название возможно было в бытовой повести, содержащей элементы сатирического нравоописания и морализма. В этом случае оно конструировалось из двух частей, соединенных союзом «или», — собственного имени героя и некоторой моралистической сентенции или функционально ей равного элемента (ср.: «Два Ивана, или Страсть к тяжбам», «Российский Жилблаз, или Похождения князя Гаврилы Симоновича Чистякова» В. Т. Нарежного, 1814; «Памела, или Вознагражденная добродетель» С. Ричардсона, 1740). Отсутствие «или» указывало на то, что повествование имеет психологический (например, «Жизнь и мнения Тристрама Шенди, джентльмена» Л. Стерна, 1760–1767) или приключенческий характер (ср.: «Странные приключения Дмитрия Магушкина, российского дворянина», анонимный автор, 1796). Романтическое повествование предпочитало выносить в заглавие только имя героя. Байрон в «Чайльд Гарольде» специально включил в III строфу первой песни рассуждение об отсутствии указаний на фамилию героя («Зачем называть, из какой он был семьи? Достаточно знать, что его предки были славны и прожили свой век, окруженные почестями...»).

После *ЕО* названия такого типа (имя и фамилия — «Анна Каренина», или только фамилия — «Рудин», «Обломов») сделались традиционными. Однако для читателей времени появления пушкинского романа такой тип заглавия был неожиданным и оставлял возможность для различных жанровых реализаций.

Имя Евгений воспринималось как значимое и было окружено ярко выраженным смысловым и эмоциональным ореолом. Начиная со второй сатиры А. Кантемира, Евгений (*греч.* «благородный») — имя, обозначающее отрицательный, сатирически изображенный персонаж, молодого дворянина, пользующегося привилегиями предков, но не имеющего их заслуг (ему противопоставлен у Кантемира Филарет — «добродетельный», незнатного происхождения, но герой и патриот). Сатирический образ щеголя-дворянина дается также в романе А. Е. Измайлова «Евгений, или Пагубные следствия дурного воспитания и сообщества» (ч. 1–2, 1799–1801). Детали работы *П* над первой главой позволяют говорить о его знакомстве с романом Измайлова. Полное имя измайловского героя — Евгений Негодяев — лучше всего характеризует природу той сатирической маски, с которой в литературе XVIII в. связывалось имя Евгений. Показательно, что, давая герою «Медного всадника» то же имя, *П* сохранит семантику утраты. Однако если в моралистической литературе XVIII в. «Евгений» — это благородный, утративший душевное благородство, то герой «Медного всадника» — обедневший потомок родовитых предков.

Литературная семантика имени Евгений была сатирической и расходилась с бытовой. Здесь «Евгений» воспринималось как в известной мере «монашеское» имя, которое давалось при пострижении в замену таких имен, как Ефимий, Евстигней и др. Ср. игру этими двумя смысловыми оттенками в письме *П* к Вяземскому 7 ноября 1825 г.: «Архиерей отец Евгений принял меня как отца Евгения» (XIII, 240). Здесь двойное противопоставление: отец (духовный) — отец (автор), Евгений («монашеское имя» в бытовой традиции) — Евгений («сатирическое» имя в литературе).

Фамилия героя была сконструирована *П* необычно для литературы той поры. Если герой имел фамилию (что сразу же давало ему черты национальной и эпохальной конкретности, связывая с русской послепетровской культурой), то принцип наименования, как правило, был таков: коренная часть фамилии, значимая, соотнесенная с характером, плюс суффикс и окончание, воспринимаемые как признак русской фамилии: Негодяев для негодяя у Измайлова, Чистяков для чистого сердцем, хотя и заблуждающегося героя у Нарежного, Мечин для лихого рубаки, Ничтович для скептика, Стрелинский и Гремин для гусар у А. А. Бестужева-Марлинского. Избирая фамилию для своего героя, *П* отказался от принципа значимости, однако сохранил представление о том, что она должна иметь специфические черты литературности и, напоминая реальные фамилии, одновременно быть невозможной вне художественного текста. Оттенок «поэтичности» таких фамилий, как Онегин или Ленский, возникает за счет того, что в корне их повторяются названия больших русских рек, а это решительно невозможно в реальных русских фамилиях пушкинской поры. Среди русских дворянских фамилий начала XIX в. имелась определенная группа, производная от географических наименований. Это были, в первую очередь, княжеские фамилии, производные от названий городов и уделов. В XVIII в. возможно было образование реальных фамилий от названий поместий. Однако большие реки в России никогда не составляли собственности отдельных лиц или семей, и естественное возникновение фамилий от гидронимов было невозможно. Фамилии типа Онегин, Ленский, Печорин, Волгин (*Бестужев-Марлинский А.* Второй вечер на бивуаке, 1823) были построены по модели реальных фамилий типа Мещерский, Можайский, Звенигородский, Барыбин, но в корневой части содержали названия больших русских рек, никогда не принадлежавших ни к чьей вотчине[1]. Ассоциируясь с героическими про-

[1] Возможны фамилии от гидронимов — небольших озер (Кашинские от озера Кашинского) или рек (Нелединские от р. Неледины, притока Мологи, на которой находились их вотчины) (*Веселовский С. Б.* Ономастикон. Древнерусские имена, прозвища и фамилии. М., 1974. С. 142, 217), полностью расположенных в пределах владений данной семьи. Однако и этот случай весьма редок. В дальнейшем фамилии типа Ленский или Волгин могли появляться как искусственные (у артистов, незаконных детей, в качестве псевдонимов). Известна «театральная» фамилия Ленский, которую носил московский артист Д. Т. Воробьев; в мемуарах А. О. Смирновой упоминается «Ленский, незаконный сын Фомы Лубенского» (*Смирнова-Россет*. С. 161). Наконец, в бытовом контексте фамилия Ленский могла восприниматься как польская (*П* был знаком с Адамом Ленским, который чуть было косвенно не сделался причиной дуэли поэта с Соллогубом), хотя в тексте романа ассоциации этого типа автором не предусмотрены («гидронимический» ряд Онегин — Ленский снимает оттенок «полонизма»).

звищами типа Донской или Невский, которые фамилиями не были и фамилий не образовывали, наименования типа Онегин создавали литературный образ реальных фамилий.

Принцип образования условно русских фамилий от названий рек прежде всего был реализован в комедии — жанре, в котором вопрос о соотношении литературных и бытовых имен начал обсуждаться еще в середине XVIII столетия. *П* явно учитывал опыт построения имен в комедиях: так, фамилия Ленского встречается в «Притворной неверности» Грибоедова (1818), а Онегин упоминается в комедии Шаховского «Не любо — не слушай, а лгать не мешай» (1818). По той же модели образовывались часто и искусственные «театральные фамилии», служившие сценическими псевдонимами.

Такие фамилии, как Онегин, Ленский или Печорин, имели отчетливо литературный, а не бытовой характер (могли встречаться, например, в драматургии) и звучали для уха читателя той поры совершенно иначе, чем, например, Ростов из «Войны и мира» или Серпуховский из «Холстомера». Во втором случае читатель ощущал натуральность фамилий, это были фамилии, которые *могли существовать* в реальности. В первом же он отчетливо ощущал момент литературной стилизации реальной русской фамилии. Встречающееся упоминание того, что в начале XIX в. в Торжке проживал булочник Евгений Онегин, если не является плодом вымысла или легенды, вероятно, случайное совпадение. Если же *П* слыхал об этом, то имя провинциального пирожника могло запомниться ему лишь как курьез.

*Роман в стихах.* — Такое определение жанра *ЕО* впервые было высказано *П* в письме Вяземскому от 4 ноября 1823 г.: «...я теперь пишу не роман, а роман в стихах — дьявольская разница. В роде Дон-Жуана —

о печати и думать нечего...» (XIII, 73). В печати подзаголовок «роман в стихах» впервые появился в 1825 г., на титуле первой публикации первой главы *ЕО*.

*Pétri de vanité...* (Проникнутый тщеславием... — *фр.*). — Эпиграф впервые появился в публикации 1825 г. и был отнесен к первой главе. Как эпиграф ко всему произведению — впервые в 1833 г., в первом отдельном издании *ЕО*. Помета «извлечено из частного письма» фиктивная, автор текста эпиграфа — *П*. Характеристика героя как «проникнутого тщеславием», возвышающегося над уровнем посредственности и равнодушного к морали дает лишь одну из его возможных оценок, а не всестороннюю интерпретацию. В первом издании главы, вышедшем отдельной книжкой, эпиграф входил в полифоническое окружение. Рядом с ним выступали, освещая с иных точек зрения текст первой главы, «Разговор книгопродавца с поэтом» и «Предисловие», в котором *П*, предвосхищая образ Белкина, являлся под маской постороннего издателя («Звание издателя не позволяет нам ни хвалить, ни осуждать сего нового произведения — мнения наши могут показаться пристрастными...» — VI, 527–528). См.: *Алексеев М. П.* Заметки на полях // Временник Пушкинской комиссии 1974. Л., 1977. С. 98–107.

*Не мысля гордый свет забавить...* — Посвящение обращено к Петру Александровичу Плетневу (1792–1865) — литератору, педагогу, позднее профессору, академику, ректору Петербургского университета. Плетнев происходил из духовной среды. Познакомился с *П* в 1817 г. и до последних дней принадлежал к ближайшим приятелям поэта. При незначительном литературном даровании обладал мягким, отзывчивым характером и был искренне предан *П*. С 1825 г. основной издатель *П*.

Посвящение впервые появилось в 1828 г. перед отдельным изданием четвертой—пятой глав с пометой: «29 декабря 1827». В издании 1837 г. (второе отдельное издание *ЕО*) — предпослано всему тексту. Издание первой главы в 1825 г. имело помету: «Посвящено брату Льву Сергеевичу Пушкину». Издание 1833 г. вышло без посвящения.

Посвящение интересно как характеристика жанровой природы *ЕО* в момент, когда контуры романа уже окончательно определились. Еще в 1824 г. в письме Вяземскому *П* определил *ЕО* как «пестрые строфы романтической поэмы» (XIII, 92). Сейчас он раскрыл понятие «собранье пестрых глав», резко подчеркнув противоречивость романа — соединение в нем разнородных картин, взаимоисключающих интонаций («Полусмешных, полупечальных, / Простонародных, идеальных...»), различных этапов творчества («Незрелых и увядших лет»). Ср.:

> Пересмотрел все это строго;
> Противоречий очень много... *(1, LX, 5–6)*

Расположенное рядом с заглавием, посвящение подчеркивало противоречие, скрытое в определении «роман в стихах». Одновременно такой подзаголовок бросал отсвет на посвящение, заставляя видеть в противоречиях текста выражение единства, особой жанровой закономерности.

## ГЛАВА ПЕРВАЯ

Публикация первой главы в 1825 г. снабжена была предисловием:

*«Вот начало большого стихотворения, которое, вероятно, не будет окончено.*

*Несколько песен, или глав Евгения Онегина уже готовы. Писанные под влиянием благоприятных обстоятельств, они носят на себе отпечаток веселости, ознаменовавшей первые произведения автора Руслана и Людмилы.*

*Первая глава представляет нечто целое. Она в себе заключает описание светской жизни петербургского молодого человека в конце 1819 года и напоминает Беппо, шуточное произведение мрачного Байрона.*

*Дальновидные критики заметят конечно недостаток плана. Всякой волен судить о плане целого романа, прочитав первую главу оного. Станут осуждать и антипоэтический характер главного лица, сбивающегося на Кавказского Пленника, также некоторые строфы, писанные в утомительном роде новейших элегий, в коих* чувство уныния поглотило все прочие. *Но да будет нам позволено обратить внимание читателей на достоинства, редкие в сатирическом писателе: отсутствие оскорбительной личности и наблюдение строгой благопристойности в шуточном описании нравов»* (VI, 638).

Предисловие имеет характер мистификации и проникнуто глубокой, хотя и скрытой иронией. От лица беспристрастного издателя *П* язвительно ответил М. П. Погодину, который в «Вестнике Европы» (1823. № 1) подверг критике характер Пленника, и В. К. Кюхельбекеру: выделенные в предисловии слова — цитата из статьи последнего «О направлении нашей поэзии...» в альманахе «Мнемозина» (1824. Ч. II). Об отношении *П* к этой статье см. с. 296. Одновременно, сообщая, что публикуемая глава писалась «под влиянием благоприятных обстоятельств» (что, как известно, не соответствовало истине — глава писалась в ссылке), *П* хотел привлечь внимание читателей к своему нынешнему положению — ссылке в Михайловское.

*И жить торопится и чувствовать спешит.* — Эпиграф взят из стихотворения П. А. Вяземского «Первый снег» (1819). Впервые появился в издании *ЕО* 1833 г.

В стихотворении Вяземского стих входит в такой контекст:

Кто может выразить счастливцев упоенье?
Как вьюга легкая, их окриленный бег
Браздами ровными прорезывает снег
И, ярким облаком с земли его взвевая,
Сребристой пылию окидывает их.
Стеснилось время им в один крылатый миг.
По жизни так скользит горячность молодая,
И жить торопится, и чувствовать спешит!

(*Вяземский-1.* С. 131)

Реминисценция из этого отрывка была включена *П* в выпущенную в дальнейшем IX строфу первой главы, посвященную связи между ранним развитием и «преждевременной старостью души» (XIII, 52):

Природы глас предупреждая
Мы только счастию вредим
И поздно, поздно вслед за ним
Летит горячность молодая (VI, 546).

Описания зимы в *ЕО* также влекут за собой реминисценции из «Первого снега» (ср.: «сребристой пылию» — Вяземский, «Морозной пылью серебрится...» — *1, XVI, 3*); отметим, что *П*, сохраняя образ Вяземского, снимает славянизмы, переводя картину из условно-поэтической в бытовую плоскость («Браздами ровными прорезывает снег / И, ярким облаком с земли его взвевая...» — Вяземский, «Бразды пушистые взрывая...» — *5, II, 5*).

I, 1 — *Мой дядя самых честных правил...* — Первая строфа романа, представляющая прямую речь героя, вводит читателя непосредственно в середину действия, которое получает, однако, продолжение лишь в конце главы, с LII по LIV строфу. В. М. Жирмунский считал одним из отличительных признаков «байронической» поэмы то, что «внезапный зачин вводит нас ex abrupto (вдруг. — *Ю. Л.*) в середину действия ⟨...⟩, а все предварительные условия драматического конфликта (т. н. „Vorgeschichte“) сообщаются задним числом, как объяснение уже совершившихся перед нами событий» (*Жирмунский В. М.* Байрон и Пушкин. Л., 1977. С. 55). Однако подчеркнуто бытовой и сатирический характер эпизода *ЕО* придавал «байроническому» зачину пародийный характер. С этим же связано и нагнетание в первой строфе фразеологизмов разговорной речи, резко ощущаемых благодаря начальной позиции и контрасту с элегическим эпиграфом: «самых честных правил», «не в шутку занемог», «лучше выдумать не мог», «пример другим наука». Строфа завершается шокирующим включением в текст ругательства. Упоминание «черта» вносит в речь героя «щегольской« оттенок, являясь калькой с французского «Que diable t'emporte». В народной речи той поры слово «черт» обязательно заменялось эвфемизмами «прах тя побери», «провал тя побери». Чертыхание — постоянный признак речевой маски щеголя в сатирической литературе XVIII в. (ср. из письма Щеголихи: «...ты это славно прокричал — чорт меня возьми!» — Сатирические журналы Н. И. Новикова. М.; Л., 1951. С. 312). Восклицание, смысловая значимость которого подчеркнута помещением его в заключительный стих строфы, имеет еще одно значение: в момент работы над началом романа *П* был увлечен романом Ч. Р. Метьюрина «Мельмот-скиталец». Роман начинается тем, что молодой Джон Мельмот отправляется «к умирающему дяде, средоточию всех его надежд на независимое положение в свете»

(*Метьюрин Ч. Р.* Мельмот-скиталец. Л., 1976. С. 7), а кончается тем, что Скитальца уносит дьявол. Восклицание Онегина вносит, с одной стороны, в сюжетное начало романа элемент пародии, а с другой — раскрывает параллель Онегин — Мельмот как элемент самооценки героя, на которую автор смотрит иронически.

Встречающееся в комментариях к *ЕО* утверждение, что выражение «самых честных правил...» — цитата из басни Крылова «Осел и мужик» («Осел был самых честных правил...»), не представляется убедительным. Крылов использует не какое-либо редкое речение, а живой фразеологизм устной речи той поры (ср.: «...он набожных был правил...» в басне «Кот и повар»). Крылов мог быть для *П* в данном случае лишь образцом обращения к устной, живой речи. Современники вряд ли воспринимали это как литературную цитату.

II, 1 — *Так думал молодой повеса... — Повеса* — шалун, проказник, шалопай. Слово «повеса» имело в 1810-е гг. почти терминологическое значение. Оно применялось к кругу разгульной молодежи, в поведении которой сочетались бесшабашная веселость, презрение к светским приличиям и некоторый привкус политической оппозиционности (подробнее см.: *Лотман-1*. С. 52–65).

3 — *Всевышней волею Зевеса... — Зевес* (Зевс) *(греч., миф.)* — сын Крона, верховное божество, глава богов, царствующий на Олимпе.

5 — *Друзья Людмилы и Руслана!* — Такое обращение к читателям *ЕО* не случайно. В сознании современников в начале 1820-х гг. образ пушкинского творчества двоился: для большинства читателей и критиков *П* был в первую очередь поэт-романтик, автор элегий

и «южных поэм». В этих кругах отношение к «Руслану и Людмиле» было сдержанным. Так, Погодин, противопоставляя «Кавказского пленника» началу творчества *П*, все же находил в последнем несколько стихов, которые «напоминают соблазнительности, коими наполнена первая поэма Пушкина» (Вестник Европы. 1823. № 1). Как «непристойную» оценили поэму Н. М. Карамзин и И. И. Дмитриев. Напротив, в кругах архаистов[1] первую поэму *П* ценили выше, чем последующие. Кюхельбекер отметил, что у *П* «три поэмы, особенно первая, подают великие надежды» (*Кюхельбекер-1*. С. 458). *П* в предисловии к первой главе (см. с. 140) демонстративно упомянул рядом оба произведения, связав «характер главного лица» с героем «Кавказского пленника», а тон повествования — с «Русланом и Людмилой». Аналогичная тенденция к синтезу продемонстрирована в начале *ЕО* — система эпиграфов связывает его с «байроническим» героем, а упоминание в *II, 5* — с «Русланом и Людмилой».

7 — *Без предисловий, сей же час...* — Упоминание отказа от «предисловий» имеет демонстративный характер. Ср. ироническое: «Хоть поздно, а вступленье есть» *(7, LV, 14)* — в конце седьмой (!) главы.

---

[1] *Архаисты* — литературные противники Карамзина, требовавшие, чтобы развитие русского литературного языка ориентировалось не на французские фразеологические модели, а на исконную, по их мнению, старославянскую языковую основу. В начале XIX в. лагерь архаистов возглавил А. С. Шишков, придавший движению реакционно-утопическую политическую окраску. Организационным центром группы сделались Российская академия и созданное Шишковым литературное общество «Беседа любителей русского слова». Однако в конце 1810-х — начале 1820-х гг. в движении архаистов образовалось революционное течение (П. А. Катенин, А. С. Грибоедов, В. К. Кюхельбекер и др.), соединявшее политические настроения декабристского толка с программой архаизации языка литературы (см.: *Тынянов*. С. 23–121).

13 — *Там некогда гулял и я...* — Глагол «гулять» был двусмысленным. Ср. эпизод из воспоминаний В. Ф. Раевского (разговор с цесаревичем Константином в Тираспольской крепости):

«— Позвольте, Ваше высочество, просить Вас еще милости.

Цес⟨аревич⟩: Какой?

Я: Гулять в крепости!

Цес⟨аревич⟩: Нет, майор, этого невозможно! Когда оправдаетесь, довольно будет времени погулять; а теперь пишите, оправдывайтесь, а гулять — после, когда освободитесь.

Я увидел, что князь не так понял, и прибавил:

— Ваше высочество, хотя здесь лучше, нежели в крепости Петропавловской, но душно, без всякого движения, я опять могу заболеть ⟨...⟩ в Петропавловской нас водили гулять в сад по крепостному валу поочереди...

— Да! Да! — подхватил цесаревич. — Вы хотите прогуливаться на воздухе для здоровья, а я думал погулять, т. е. попировать» (Лит. наследство. М., 1956. Т. 60. Кн. 1. С. 100–101).

14 — *Но вреден север для меня.* — Намек на ссылку на юг. *П* снабдил стих примечанием: «Писано в Бессарабии» (VI, 191).

III, 1 — *Служив отлично-благородно...* — Официальная формула бюрократического языка, употреблявшаяся при аттестации чиновников, означает: «весьма благородно», «заслуживающим отличия образом».

2 — *Долгами жил его отец...* — См. с. 41–47.

6–13 — *Сперва Madame за ним ходила...* — См. с. 47–50.

В первоначальном варианте учитель Онегина должен был получить такую характеристику:

Мосье Швейцарец очень [умный]
Учил его всему шутя
Что⟨б⟩ не измучился дитя —
Не докучая бранью [шумной] (VI, 215).

В таком контексте обучение «шутя» воспринималось как изложение основ педагогики Руссо («Швейцарец очень умный»). В Кишиневе *П* пережил увлечение Руссо и заново перечел его основные произведения. Не исключено, однако, что такая трактовка образа учителя была навеяна «Моей исповедью» Карамзина. Там учитель «женевец» (прошу заметить, а не француз, потому что в это время французские гувернеры в знатных домах наших выходили уже из моды) произносит следующую речь перед своим воспитанником: «Я родился в республике и ненавижу тиранство! Надеюсь только, что моя снисходительность заслужит со временем твою признательность» (*Карамзин-1*. С. 730–731). В дальнейшем учитель делается покровителем разврата героя. На возможность такого развития пушкинского замысла указывает стих из строфы IV черновой редакции: «Мосье же стал наперстник нежный» (VI, 216). Ср. характеристику *П* наставника в трагедии Расина «Федра»: «Терамен аббат и сводник» (XIII, 87).

14 — *И в Летний сад гулять водил.* — *Летний сад* — петербургский парк, заложенный Петром I; по утрам был местом детских гуляний.

IV, 6 — *Острижен по последней моде...* — В 1812 г., когда Онегин оказался «на свободе» (см. с. 21–22), французская прическа à la Titus[1] сменилась английской

---

[1] Ср.: «Волосы à la Titus, завитые и поднятые наперед, назади очень короткие» (Московский Меркурий. 1803. Ч. 1. С. 75).

короткой стрижкой (ср.: «Вся английская складка ⟨...⟩ И так же коротко обстрижен для порядка» — «Горе от ума», д. IV, явл. 4). Модная щегольская прическа обходилась в ту пору недешево. Ср.: «Я же, приехавши в 1822 г., застал только одного (парикмахера. — *Ю. Л.*), Гелио (Heliot[1]) ⟨...⟩ Чрез руки этих артистов (двух французских парикмахеров. — *Ю. Л.*) проходили головы всех мужчин, которые хотели быть хорошо обстриженными ⟨...⟩ Артисты брали дорого: за стрижку 5 руб., за дамскую куафюру 15 руб. ассигн⟨ациями⟩» (*Пржецлавский О. А.* Воспоминания // Помещичья Россия... С. 68).

7 — *Как dandy лондонский одет...* — Ориентация русских щеголей на английский дендизм датируется началом 1810-х гг. В отличие от петиметра XVIII в., образцом для которого был парижский модник, русский денди пушкинской эпохи культивировал не утонченную вежливость, искусство салонной беседы и светского остроумия, а шокирующую небрежность и дерзость обращения. Ср. в пушкинском «Романе в письмах»: «Мужчины отменно недовольны моею fatituté indolente[2], которая здесь еще новость. Они бесятся тем более, что я чрезвычайно учтив и благопристоен, и они никак не понимают, в чем именно состоит мое нахальство — хотя и чувствуют, что я нахал» (VIII, 54). Ср.: *Бульвер-Литтон.* С. 73.

Слово «денди» появилось в английском языке в 1815 г. (*Cochrane A. D. R.* In the days of the dandies. London, 1906; *Melville L.* Beau Brummel. His life and

---

Прическа подразумевала, что волосы зачесываются на лоб, в подражание бюстам римского императора Тита, и соответствовала «ампирным» вкусам эпохи.

[1] Ср. имя лакея Онегина (Guillot — Гильо), возможно вызванное ассоциацией памяти.

[2] Фатовская томность *(фр.)*.

letters. London, 1925). В русские словари попало впервые в 1847 г. (Словарь церковно-славянского и русского языка, составленный Академией наук. 1847. Т. 1) и еще в начале 1820-х гг. воспринималось как необычный неологизм. Ср. запись в дневнике Байрона в 1821 г.: «Некий щеголь (слово „денди“ тогда еще не появилось) пришел в кофейню П[ринца] У[эльского] и сказал жеманно: „Официант, подайте желе и стакан глинтвейна и протрите мою тарелку душистым луком“. Какой-то морской офицер немедленно спародировал во весь голос: „Официант, подайте стакан чертовски крепкого грога и потрите мне... кирпичом!“» (*Байрон Дж.* Дневники. Письма. М., 1963. С. 256). *П* трижды подчеркнул стилистическую отмеченность слова «денди» в русском языке как модного неологизма, дав его в английской транскрипции, курсивом и снабдив русским переводом, из чего следует, что отнюдь не каждому читателю оно было понятно без пояснений. Еще в середине XIX в. слово «денди» воспринималось как отчетливый варваризм. Д. Н. Бегичев во фразе: «Неизвестный мне провинциальный *денди*» — выделил его курсивом, хотя и дал уже в русской транскрипции (*Бегичев Д. Н.* Записки губернского чиновника // Сто русских литераторов. СПб., 1845. Т. 3. С. 405).

9–12 — *Он по-французски совершенно... И кланялся непринужденно...* — Перечислены признаки, по которым светская элита отграничивала людей своего круга от «чужих». Ср. в повести Л. Н. Толстого «Юность»: «*Мое* comme il faut состояло, первое и главное, в отличном французском языке и особенно в выговоре. Человек, дурно выговаривавший по-французски, тотчас же возбуждал во мне чувство ненависти. „Для чего же ты хочешь говорить, как мы, когда не умеешь?“ — с ядовитой насмешкой спрашивал я его мысленно. Второе условие comme il faut были ногти, длинные, отчищенные и чистые; третье было уменье кланяться, танцевать и разговаривать; четвертое, и очень важное, было равнодушие ко всему и постоянное выражение некоторой изящной, презрительной скуки» (гл. «Comme il faut»). Интересно полное совпадение неписаного кодекса светского поведения у Толстого и у *П.*

Значение французского языка как своеобразного социального пароля ясно чувствовал происходивший из крепостных А. В. Никитенко: «...знание французского языка служит как бы пропускным листом для входа в гостиную „хорошего тона". Он часто решает о вас мнение целого общества» (*Никитенко А. В.* Дневник: В 3 т. М., 1955. Т. 1. С. 11). Показательно, что тот же Л. Н. Толстой, саркастически изобразивший нормы comme il faut, заставил в «Войне и мире» разночинца и семинариста Сперанского «с очевидным затруднением» выговаривать по-французски, «говоря еще медленнее, чем по-русски» (т. 2, ч. III, гл. 5). Это тем более любопытно, что французский язык реального Сперанского был безукоризнен. Лично знавший его И. И. Дмитриев отмечал, что он мог «говорить и писать по-французски бегло и правильно, как на отечественном языке» (*Дмитриев-2*. Т. 2. С. 114).

Искусство непринужденных поклонов вырабатывалось в результате длительного обучения. Танцмейстер Л. Петровский в специальной главе о поклонах писал: «При появлении в общество незнакомца, прежде, нежели узнают о его достоинстве, обращают внимание на вид его и движения. — Как в походке, так и в поклонах — разные способы ⟨...⟩ человек благовоспитанный сам знает, где и какой поклон сделать должно. От тех, которые никогда не обращали внимания, как прилично ходить, сидеть, кланяться, ничего приятного ожидать нельзя» (Правила для благородных общественных танцев, изданные учителем танцеванья при Слободско-украинской гимназии Людвиком Петровским. Харьков, 1825. С. 25–26). Далее Петровский обращает внимание на *непринужденность*, как основное условие светского поклона. Он осуждает и раболепие («Иные людям кланяются ниже, нежели самому Богу...»), и щегольскую утрировку поклонов («поклоны, выходящие из меры естественности» — Там же. С. 27). «Натуральный» поклон он определяет так: «Если бы спросили меня, чем должно людям кланяться — спиною, грудью или корпусом? — отвечал бы: должно кланяться головою — это есть честь, которою обязаны старшим, равным и низшим; самая же разность сей чести или уважения покажет и оттенки поклона ⟨...⟩ Мужскому полу, держа себя прямо, поступить сколько нужно вперед, стать в первой позиции, наклонить голову на грудь, сгибая очень мало корпус, опустить свободно руки и, приняв прямое положение, стать или пойти далее, смотря по надобностям» (Там же. С. 27–28). Этому же вопросу уделяют большое внимание и другие наставники в области танцев: «Надобно примечать, что при входе производится три поклона один после другого ⟨...⟩ Надлежит примечать также, что при входе в зал, в котором находится великое собрание, не должно отдавать поклона каждой особе порознь ⟨...⟩ Дошедши ж к своему месту, прежде нежели сядешь, следует поклониться особам, кои подле случатся» (*И. К.⟨усков⟩* Танцевальный учитель... СПб., 1794. С. 5–6) (ср.: «С мужчинами со всех сторон / Раскланялся...» — *1, XXI, 8–9*).

Длительные тренировки под руководством профессиональных специалистов вырабатывали в воспитанном дворянине умение свободно владеть своим телом, культуру жеста и позы, умение непринужденно чувствовать себя в любой ситуации. Разночинец не был посвящен в тайны искусства свободно выражать движением и позой оттенки душевного состояния, поэтому, попадая в светское общество, чувствовал себя «без языка», преувеличенно неловким. Ср. поведение Мышкина (хоть и князя, но не аристократа) в салоне Епанчиных или рассказы современников о застенчивости и неловкости Белинского (например, рассказ Герцена о том, как Белинский от застенчивости перевернул на вечере у В. Одоевского столик и бутылку бордо на белые панталоны Жуковского) («Былое и думы», ч. 4, гл. XXV).

13–14 — *...Свет решил, / Что он умен и очень мил.* — Стихи звучат иронически в силу противоречия между характером способностей героя и выводом света о его уме. Вопросу умственного развития Онегина посвящены следующие, V–VII строфы. В кругах Союза благоденствия, оказавших на *П* в период работы над первой главой исключительное воздействие, понятия «передовой» и «умный» рассматривались как синонимы (ср.: «Горе от ума», «Общество *умных*», как показывает *П* Союз благоденствия в плане романа «Русский Пелам» — VIII, 974). Ум не ставился в прямую зависимость от степени образованности и просвещенности. Степень просвещенности героя воспринималась как его общественная характеристика. Необразованность, невежество — объекты сатиры. Ум и просвещение — точка зрения сатирика. Оценка Онегина в V–VII строфах — сатирическая.

V — В черновом варианте строфы характер разговоров Онегина был подчеркнут более резко:

[Мы все] учились понемногу
Чему-нибудь, и как-нибудь
И воспитаньем, слава богу,
У нас не мудрено блеснуть
Онегин был по мненью многих —
Судей решительных ⟨и⟩ строгих
Ученый малый но педант.

В нем дамы видели талант —
И мог он с ними в с⟨амом деле⟩
Вести [ученый разговор]
И [даже] мужественный спор
О Бейроне, о Манюэле
О карбонарах, о Парни
Об генерале Жомини (VI, 217).

Круг перечисленных тем вполне оправдывал определение беседы как «мужественной»: *Байрон* в 1819–1820 гг., когда Онегин вел споры в петербургских салонах, вызывал воспоминания о «карбонарах», то есть карбонариях, итальянских революционерах-заговорщиках — в этот период он принимал активное и, вероятно, руководящее участие в их движении. *Манюэль* Жак-Антуан (1775–1827) — французский политический деятель левого крыла, в 1818–1823 гг. депутат парламента; факт избрания его в самом конце 1818 г. составлял во время действия первой главы актуальную политическую новость. Однако имена эти сохраняли актуальность и в 1823 г., когда глава писалась: в начале августа Байрон высадился в Греции. С этим, как и с обсуждением греческого вопроса в декабристских кругах, связано колебание в формулировке 15-го стиха: «О карбонарах» или «о гетерии». Вариант 12-го стиха: «О Benjamin, о Манюэле» — приобретал особый смысл в связи с разговорами в декабристских кругах о необходимости международных контактов. В. С. Толстой на следствии показывал: «Действительно мне *Аниньков* говорил, что наше общество соединено ⟨...⟩ с французским, в котором начальники Manuel и Benjamin-Constant» (Декабристы. Новые материалы. М., 1955. С. 131). *Жомини* Генрих Вельяминович (1779–1869) — швейцарец, военный теоретик, французский генерал, перешел в русскую службу. Жомини ставил перед собой задачу обобщить военный опыт эпохи Наполеоновских войн. В 1817 г. в Петербурге вышел русский перевод его книги «Общие правила военного искусства». Книга вызвала отклики в «Военном журнале», одним из издателей которого был близкий *П* Ф. Н. Глинка. Споры вокруг теоретических положений Жомини связаны со стремлением декабристов заменить в армии фрунтоманию интересом к военной науке. Ср. в наброске комедии *П*:

> В кругу своем они
> О дельном говорят, читают Жомини (VII, 246).

В «Песне старого гусара» Д. В. Давыдова:

> *Жомини да Жомини!*
> А об водке — ни полслова!
> (*Давыдов*. С. 102)

*Парни* Эварист (Дезире де Форж) (1753–1814) — французский поэт. Здесь, вероятно, упомянут не как автор элегий, а как создатель кощунственной, антихристианской поэзии, к традиции которой *П* обратился в 1821 г., работая над «Гавриилиадой» (см.: *Вольперт Л.* О литературных истоках «Гавриилиады» // Русская литература. 1966. № 3. С. 95–103; *Алексеев*. С. 288). Контраст между серьезностью, даже политической запретностью тематики бесед и светским характером аудитории («В нем дамы видели талант… ») бросает иронический отсвет на характер интересов Онегина (ср. то же противоречие в поведении Репетилова).

V, 7 — *Ученый малый, но педант… — Педант* здесь: «человек, выставляющий напоказ свои знания, свою ученость, с апломбом судящий обо всем» (Словарь языка *П*. Т. 3. С. 289). Именно таково употребление слова «педант» во всех текстах *П*:

> Ты прав — несносен Фирс ученый,
> Педант надутый и мудреный (II, 132).

«Полевой пустился без тебя в анти-критику! Он длинен и скучен, педант и невежда» (XIII, 227) и пр. В связи с этим толкование Н. Л. Бродского представляется надуманным (*Бродский*. С. 44–46). Ироническое звучание в комментируемом тексте возникает за счет противоречия между реальным уровнем знаний Онегина и представлением о нем «общества», в свете которого умственный кругозор людей светского круга является в еще более жалком виде.

14 — *Огнем нежданных эпиграмм.* — *Эпиграмма* здесь: «Колкое, остроумное замечание, насмешка, острота» (Словарь языка *П*. Т. 4. С. 1007). То, что здесь не имеется в виду один из жанров сатирической поэзии, вытекает из подчеркнутой *П* неспособности Онегина к стихотворству. Следовательно, объяснение этого стиха Бродским неточно (*Бродский*. С. 46).

VI, 1–8 — *Латынь из моды вышла ныне... Из Энеиды два стиха.* — Знание латыни, обычное в среде воспитанников духовных семинарий, не входило в круг светского дворянского образования. Однако еще Радищев подчеркнул значение латинского языка для воспитания гражданских чувств: «Солнце, восходя на освещение трудов земнородных, нередко заставало его [Ф. Ушакова], беседующего с Римлянами. Наиболее всего привлекала его в Латинском языке сила выражений. Исполненные духа вольности сии властители Царей упругость своея души изъявили в своем речении. Не льстец *Августов* и не лизорук *Меценатов* прельщали его, но *Цицерон*, гремящий против Катилины, и колкий *Сатирик*, не щадящий Нерона» (*Радищев А. Н.* Полн. собр. соч.: В 3 т. М.; Л., 1938. Т. 1. С. 179). Латынь для разночинной интеллигенции XVIII — начала XIX в. была таким же языком-паролем, как французский для дворянства. От Ломоносова, кричавшего в Академии одному из своих противников: «Ты де што за человек ⟨...⟩ говори со мною по латыне»[1] (раз не можешь — значит, не ученый!), до Надеждина, уснащавшего свои статьи эпиграфами и цитатами на античных языках с целью изъять литературную критику из сферы дворянского дилетантизма, протянулась единая нить ранней русской разночинской культуры. Известен факт создания в последней трети XVIII в. чиновниками И. К. Стрелевским и И. Н. Буйдой антиправительственной прокламации на латыни.

Однако определенное распространение латинский язык получил и среди дворян, стремившихся к серьезному образованию. Так, А. С. Кайсаров, приехав в начале XIX в. в Геттинген, прежде всего засел за латынь, а в 1806 г. уже написал и защищал на латинском языке диссертацию «О необходимости освобождения рабов в России». Мода на воспитателей-иезуитов в начале 1800-х гг. также способствовала тому, что латынь стала включаться в круг знаний, необходимых дворянину. Онегин, учившийся под руководством аббата-католика, конечно, должен был бы при минимальном усердии основательно усвоить латынь. Характеристики «Не мог он Тацита ⟨читать⟩», «не мог он tabula спрягать» (VI, 219) имеют иронический характер.

С закрытием иезуитских пансионов в 1815 г. латынь выпала из круга «светского» образования («из моды вышла ныне»). К 1820-м гг. знание латыни стало восприниматься как свидетельство «серьезного» образования в отличие от «светского». Знание латинского

---

[1] Протокол так рисует последующее: «Он ответствовал, что я не умею, на что он: ты де дрянь, никуда не годисся и недостойно произведен» (*Билярский П. С.* Материалы для биографии Ломоносова. СПб., 1865. С. 29).

языка было распространено среди декабристов. Пушкин «хорошо учился латинскому языку в Лицее» (*Покровский М. М.* Пушкин и античность // Временник. Т. 4–5. С. 28) и позже читал в подлиннике даже сравнительно малоизвестных латинских авторов (см.: *Амусин И. Д.* Пушкин и Тацит // Временник. Т. 6. С. 160–180).

Латинским языком владели Якушкин, М. Орлов, Корнилович, Дмитриев-Мамонов, Батеньков, Н. Муравьев, Н. Тургенев и многие другие. По контрасту показательна характеристика В. А. Мухановым плохой подготовки Николая I: «Что же касается до наук политических, о них и не упоминалось при воспитании императора 〈...〉 Покойный государь уже после брака своего занялся языками Немецким и Английским. С врачами иногда употреблял он несколько слов Латинских, например: commode, vale и другие. Когда решено было, что он будет царствовать, государь сам устрашился своего неведения» (Русский архив. 1897. № 5. С. 89–90). Знаменательно совпадение ничтожных крох латинской лексики, которые Пушкин вкладывает в уста своего героя, а мемуарист — Николая I.

4 — *Чтоб эпиграфы разбирать...* — *Эпигра́фы* здесь: античные надписи на памятниках, зданиях и гробницах. Наиболее известные из античных эпиграфов включались в популярные французские хрестоматии и входили в начальный курс древних языков.

5 — *Потолковать об Ювенале...* — *Ювенал* (ок. 42 — ок. 125 г. н. э.) — римский поэт-сатирик. В европейскую культуру XVIII в. вошел как обобщенный образ поэта-обличителя политического деспотизма и нравственной развращенности. Бич сатиры «в руке суровой Ювенала» (*Кюхельбекер-2*. Т. 1. С. 131) — устойчивый образ

декабристской политической поэзии. Однако соединение имени Ювенала с небрежным «потолковать» и общий контекст рассуждения о слабом знании Онегиным латыни придают онегинским разговорам о Ювенале ироническую окраску, отделяя их от аналогичных бесед декабристов.

8 — *Из Энеиды два стиха. — Энеида* — эпическая поэма римского поэта Публия Виргилия Марона (70–19 до н. э.). Изучение отрывков из «Энеиды» входило в начальный курс латинской словесности. *П* относился к поэзии Виргилия иронически, возможно из-за противодействия теоретикам классицизма. Ср.:

В те дни, когда в садах Лицея
Я безмятежно расцветал
Читал украдкой Апулея
А над Виргилием зевал (VI, 507).

9–14 — *Он рыться не имел охоты... Хранил он в памяти своей.* — Интерес к историческим сведениям был широко распространен в декабристской среде и особенно обострился в связи с полемикой вокруг первых томов «Истории государства Российского» Н. М. Карамзина. Философско-публицистический подход к истории в декабристских кругах противостоял взгляду на историю как на цепь анекдотов — описаний пикантных происшествий из жизни двора. Ср. в «Вечере в Кишиневе» В. Ф. Раевского: «...маиор (т. е. сам автор. — *Ю. Л.*) обрушивается на Bon-mot камердинера Людовика 15» и добавляет: «Я терпеть не могу тех анекдотов [которые для тебя новость], которые давно забыты в кофейн[ях] в Париже» (Лит. наследство. М., 1934. Т. 16–18. С. 661). Произведение это, содержащее строгий разбор элегии «Наполеон на Эльбе», конечно, было *П* известно. Беседы с Раевским *П* имел в виду, подчеркивая, что Онегин помнил «дней минувших анекдоты».

*Ромул* — легендарный основатель и первый царь Рима (VIII в. до н. э.).

VII, 1–4 — *Высокой страсти не имея... Как мы ни бились, отличить.* — Если в кругу карамзинистов было распространено представление о поэзии как мериле прогресса в деле цивилизации (ср. программную работу К. Н. Батюшкова «Речь о влиянии легкой поэзии на язык», 1816), то, например, Н. И. Тургенев (мнение его было хорошо известно *П*) считал, что поэзия отвлекает молодежь от важнейших политических занятий. В «проспектусе» проектируемого им в 1819 г. журнала он жаловался, что русская литература ограничивается «почти одною поэзиею. Сочинения в прозе не касаются до предметов политики» (*Тургенев Н. И.* Дневники и письма: В 3 т. Пг., 1921. Т. 3. С. 369). Ср. восклицание «маиора» в «Вечере в Кишиневе» В. Ф. Раевского: «Я стихов терпеть не могу!» (Лит. наследство. М., 1934. Т. 16–18. С. 661), особенно примечательное в устах поэта и свидетельствующее об определенной направленности умов в Союзе благоденствия и в близких к нему кругах. Называя поэзию «высокой страстью» (ср. перефразировку Пастернака «высокая болезнь»; церковносл. «страсть» могло иметь значение «страдание», «мука», «болезнь») и указывая на опасность поэтического ремесла в России («для звуков жизни не щадить»), *П* полемизировал с этой идеей своих политических друзей.

5–6 — *Бранил Гомера, Феокрита; / Зато читал Адама Смита...* — *Гомер* (Омир — визант. форма имени, воспринятая русской средневековой традицией и перешедшая в XVIII в. в «высокий стиль») — древнегреческий народный поэт (аэд), время жизни — предположительно от XII до VII в. до н. э. Античная традиция приписывала ему авторство эпических поэм «Илиада» и «Одиссея». *Феокрит* (III в. до н. э.) — древнегреческий поэт, автор идиллий. Творчество Гомера и Феокрита вызывало повышенный интерес в эпоху предромантизма, во время поисков путей к национально-самобытной героической и народной культуре, противостоящей салонному искусству эпохи рококо. В России начала XIX в. Гомера и Феокрита переводили поэты отчетливо демократической ориентации — Мерзляков и Гнедич. Опыты их оказали большое воздействие на русскую гражданскую (в том числе и декабристскую) поэзию. Однако в тех кругах Союза благоденствия, с которыми соприкасался *П* (кружок Н. И. Тургенева), увлечение античной поэзией вызывало ироническое отношение. *П* были известны слова Тургенева во вступительной речи при приеме в «Арзамас», иронически противопоставлявшие бесполезный, по его мнению, перевод «Илиады» Гнедичем полезным сочинениям по политической экономии: «Я, занимая мысли мои ⟨...⟩ финансами, вздумал, что приличнее было бы помощнику библиотекаря и переводчику Гомера, вместо Илиады, перевести в стихах, и даже экзаметрами, например: Süssmilch Göttliche Ordnung или Justi Abhandlung von den Steuern und Abgaben», то есть «Зюссмильх», «Божественный порядок», «Трактат о налогах и доходах» Юсти — произведения экономистов, изучавшиеся Тургеневым в Геттингене (Арзамас и арзамасские протоколы. Л., 1933. С. 193). *Адам Смит* (1723–1790) — англ. экономист, оказавший сильное влияние на Н. И. Тургенева и политэкономические идеи декабристов. Разговоры *П* с Тургеневым, утверждавшим, что «поэзия и вообще изящная литература не может наполнить души нашей, открытой для впечатлений важных, решительных» (Русский библиофил.

1914. № 5. С. 17), и считавший вслед за Адамом Смитом, что «деньги составляют весьма малую часть богатства народного» и что «народы суть самые богатейшие», «у коих всего менее чистых денег» (*Тургенев Н.* Опыт теории налогов. 2-е изд. СПб., 1819. С. 93), отразились в характеристике воззрений Онегина.

Таким образом, Онегин вслед за Адамом Смитом видел путь к повышению доходности хозяйства в увеличении его производительности (что, согласно идеям Смита, было связано с ростом заинтересованности работника в результатах своего труда, а это подразумевало право собственности для крестьянина на продукты его деятельности). Отец же Онегина предпочитал идти по традиционному для русских помещиков пути: разорение крестьян в результате увеличения повинностей и последующий заклад поместья в банк (см. с. 43–47).

Интерес к политической экономии был яркой чертой общественных настроений молодежи в 1818–1820 гг. Ср. в пушкинском «Романе в письмах»: «В то время строгость правил и политическая экономия были в моде» (VIII, 55).

12 — *Когда простой продукт имеет.* — *Простой продукт* — перевод одного из основных понятий экономической теории физиократов[1] «produit net» (чистый продукт) — продукт сельского хозяйства, составляющий, по их мнению, основу национального богатства. У *П* курсив подчеркивает цитатный и терминологический характер этого выражения.

---

[1] *Физиократы* — французские экономисты XVIII в., рассматривавшие землю в качестве единственного источника богатства и отрицавшие любые формы государственного вмешательства в экономику.

Стихи эти привлекли внимание К. Маркса, который в работе «К критике политической экономии» писал: «В поэме Пушкина отец героя никак не может понять, что товар — деньги» (*Маркс К., Энгельс Ф.* Соч.: В 39 т. М., 1959. Т. 13. С. 158). Ф. Энгельс во «Внешней политике русского царизма», анализируя экономические основы агрессивной внешней политики, писал: «Это было время, когда Евгений Онегин (Пушкина) узнал из Адама Смита —

„Как государство богатеет...“».

(Там же. Т. 22. С. 29)

VIII, 5 — *Что было для него измлада... — Измлада* (церк.-сл.) — смолоду. Употребление слова «измлада», возможного лишь в высоком стиле, придает строфе иронический оттенок.

9–10 — *... наука страсти нежной, / Которую воспел Назон... — Овидий Назон* — римский поэт (43 до н. э. — 16 н. э.), автор «Метаморфоз» и элегий. Был сослан императором Августом в город Томи в устье Дуная. В кишиневский период *П* неоднократно проводит параллели между своей судьбой и судьбой Овидия. *Наука страсти нежной* — непристойная дидактическая поэма Овидия «Наука любви» (Ars ametoria). Упоминание «Науки любви» резко снижает характер любовных увлечений Онегина. Это особенно ощущалось в черновых вариантах первой главы с их упоминаниями «б⟨есст⟩ыдных наслаждений» (VI, 243):

Любви нас не природа учит
А первый пакостный роман... (VI, 226)

Ссылка на Овидия как создателя «любовной науки» традиционна в «щегольском наречии». А. В. Храповицкий в предисловии к «Любовному лексикону» писал: «Всякому же известно, что Овидий, гражданин древнего Рима, приметив любовные хитрости, сочинил книгу о любовном искусстве. Итак тогда еще любовь сделалась наукою» (Любовный лексикон / Пер. с фр. М., 1779. С. 3).

IX — В печатном тексте строфа опущена и заменена тремя строчками точек. В беловом автографе:

Нас пыл сердечный рано мучит.
Очаровательный обман,
Любви нас не природа учит
А Сталь или Шатобриан.
Мы алчем жизнь узнать заране,
Мы узнаем ее в романе
Мы все узнали, между тем
Не насладились мы ни чем —
Природы глас предупреждая
Мы только счастию вредим
И поздно, поздно вслед за ним
Летит горячность молодая
Онегин это испытал
Зато как женщин он узнал (VI, 546).

Пропуски строф становятся у *П* в дальнейшем композиционным приемом, создавая многоплановость художественного пространства текста (см.: *Гофман М. Л.* Пропущенные строфы «Евгения Онегина» // Пушкин и его современники. Вып. XXXIII–XXXV. Пб., 1922. С. 1–328; *Тынянов Ю. Н.* О композиции «Евгения Онегина» // Тынянов Ю. Н. Поэтика. История литературы. Кино. М., 1977).

XII, 2 — *Сердца кокеток записных! — Записной* здесь: «завзятый, отъявленный, общепризнанный» (Словарь языка *П*. Т. 2. С. 84). «Кокетка записная» — выражение, имевшее почти терминологическое значение, ср. в стихотворении Баратынского «Моя жизнь» (1818–1819?):

Люблю с красоткой записной
На ложе неги и забвенья
По воле шалости младой
Разнообразить наслажденья.
(*Баратынский.* Т. 1. С. 266)

Стихотворение это впервые опубликовано в 1936 г., однако автограф его находился в альбоме лицеиста Яковлева. Альбом этот был в руках *П*, который вписал в него свое стихотворение «Я люблю вечерний пир...». Выражение это у *П* означает женщин полусвета (понятие «хорошего тона» исключало возможность откровенного кокетства для женщины «света»: «Кокетства в ней ни капли нет — / Его не терпит высший свет» — *8, XXXI, 7–8*), соединявших свободу обращения с большей, чем у светских дам, живостью разговоров, непринужденной веселостью и смелостью в любовных увлечениях. Автор *ЕО* различал оттенки обращения «тонкой вежливости знати» и «[ветренности] милых шлюх» (VI, 351). Ср. параллельный фразеологизм «франты записные» *(7, LI, 9)*, видимо образовавшийся под влиянием первого.

XII, 10 — *Фобласа давний ученик...* — *Фоблас* — герой романа Ж.-Б. Луве де Кувре (1760–1797) «Похождения кавалера Фобласа». Нарицательное имя женского соблазнителя. Об отношении *П* к Луве де Кувре см.: *Вольперт Л. И.* «Фоблас» Луве де Кувре в творчестве Пушкина // Проблемы пушкиноведения. Л., 1975. С. 87–119.

XIII–XIV — *П* опустил эти две строфы, заменив их тремя строками точек. В черновом автографе значится:

XIII

Как он умел вдовы смиренной
Привлечь благочестивый взор
И с нею скромный и смятенный
Начать краснея ⟨разговор⟩

Пленять неопытностью нежной
И верностью надежной
[Любви] которой [в мире] нет —
И пылкостью невинных лет
Как он умел с любою дамой
О платонизме рассуждать
[И в куклы с дурочкой играть]
И вдруг нежданой эпиграммой
Ее смутить и наконец
Сорвать торжественный венец.

XIV

Так резвый баловень служанки
Анбара страж усатый кот
За мышью крадется с лежанки
Протянется, идет, идет
Полузажмурясь, [подступает]
Свернется в ком хвостом играет
Расширит когти хитрых лап
И вдруг бедняжку цап-царап —
Так хищный волк томясь от глада
Выходит из глуши лесов
И рыщет близ беспечных псов
Вокруг неопытного стада
Все спит — и вдруг свирепый вор
Ягненка мчит в дремучий бор (VI, 224–226).

Образ кота как изображение хитрого волокиты находит близкое соответствие в «Орлеанской девственнице» Вольтера:

Осведомленнее был наш Монроз.
Он очень ловко расспросил прислугу.
Где спит Агнесса, где ее покой,
Все осторожным взглядом замечая,
Как кошка, что идет, подстерегая
Застенчивую мышку, чуть ступая
Неслышною походкой воровской,

Глазами блещет, коготки готовит
И, жертву увидав, мгновенно ловит...

(*Вольтер*. Орлеанская девственница /
Пер. под ред. М. Л. Лозинского. М., 1971. С. 156)

Эпизод этот, выпав из *ЕО*, попал в «Графа Нулина». О том, что поэма Вольтера была в поле зрения *П* в момент его работы над первой главой, свидетельствует не только этот отрывок. Заметные переклички имеются между предисловием к первой главе *ЕО* и предисловием отца Апулея Ризория Бенедиктинца, под маской которого Вольтер издал свое предисловие к поэме. Перекликается не только образ условного издателя — лица постороннего по отношению к автору поэмы, но и более конкретные детали — ироническое утверждение: «Особенно нас утешает, что в нашей „Девственнице“ найдется гораздо меньше дерзостей и вольностей, чем у всех великих итальянцев, писавших в этом роде» (Там же. С. 30) и: «...да будет нам позволено обратить внимание поч⟨теннейшей⟩ пуб⟨лики⟩ и гг. журн⟨алистов⟩ на достоинство, еще новое в сатирическом писателе: наблюдение строгой благопристойности в шуточном описании нравов. Ювенал, Петрон, Вольтер и Байрон — далеко не редко не сохранили должного уважения к читателям и к прекрасному полу» (VI, 528). В предисловии и примечаниях Вольтер именует себя «скромным автором» (Там же. С. 32, 243). *П* так же именовал себя в примечании (VI, 193).

Пропуск двух строф в окончательном тексте отмечал границу между частью, посвященной характеристике героя (строфы I–XII), и описанием его дня (XV–XXXVI). Характер Онегина в том виде, в каком он рисуется в первых двенадцати строфах, отмечен противоречием между чертами, позволяющими включить его в круг молодежи, испытавшей воздействие Союза благоденствия, и свойствами, полностью несовместимыми с такой характеристикой. Онегин то приближается к идеалу «умного человека», то сливается с полярно противоположным ему типом «светского молодого человека». Колебание в этом типологическом поле создавало возможность переключения тона повествования то в сатирический, то в иронический, то в лирический план.

Выделение истории дня светского франта как особой сатирической темы (ср.: *Толстой Я. Н.* К петербургскому жителю // Мое праздное время. СПб., 1821; параллели между стихотворением Я. Н. Толстого — приятеля *П* по «Зеленой лампе» — и строфами, посвященными дню Онегина, дают картину убедительных соответствий, см.: *Бродский*. С. 85–86) вполне закономерно в контексте общественных настроений 1820-х гг. Жизнь петербургского франта подчинялась общему закону дворянской культуры — стремлению к ритуализации быта, почти полностью исключавшей возможность индивидуального распорядка дня. В этом смысле жизнь франта приближалась к таким, казалось бы, далеким от нее и строго организованным формам, как быт офицера или течение «работ» в масонской ложе. Во всех этих случаях последовательность моментов (дня или заседания) строго устанавливалась и не подлежала индивидуальным вариациям.

Поколение декабристов, выдвинув требования для человека активно формировать свое поведение и лично отвечать за поступки, резко воспротивилось ритуализации быта. «Деятельной праздности» светского ритуала противопоставлялось свободное уединение, кабинетная работа мысли. И парад, и масонская ложа стали восприниматься как тягостные и бессодержательные обряды. Мишенью сатирических стрел делается механическое однообразие раз навсегда заведенного светского ритуала, тема «потери времени».

XV, 1 — *Бывало, он еще в постеле...* — Распорядок дня франта сдвинут по отношению к средним нормам светского времяпрепровождения. День Онегина начинается позже обычного («проснется за-полдень»). Ср.: «В высшем обществе день начинался довольно рано: в 10 часов вставали, обед происходил обыкновенно в 4–5 часов» (*Северцев Г. Т.* Петербург в XIX веке // Историч. вестник. 1903. Май. С. 621). См. с. 83–92.

5 — *Там будет бал, там детский праздник.* — *Детский праздник* — бал для подростков. «Дамами» на детских праздниках были 13–16-летние барышни, приезжавшие в сопровождении матерей. Однако возраст «кавалеров» мог быть самый разнообразный. Ср. описание «детского праздника» у Иогеля в «Войне и мире» (т. 2, ч. I, гл. 12). Детские праздники начинались и оканчивались раньше обычных балов, так что молодой человек мог успеть еще заехать с детского праздника в театр, а затем поехать на бал.

10 — *Надев широкий б о л и в а р...* — Курсив и фамильярно-метонимическая замена шляпы именем прославившего ее политического деятеля указывают на сознательное использование *П* жаргонизма из диалекта франтов. Боливар Симон (1783–1830) — вождь национально-освободительного движения в Латинской Америке, кумир европейских либералов 1820-х гг. Судя по иконографическим материалам, *П* носил шляпу à la Bolivar. Ср. в романе В. Гюго «Отверженные»: «Это происходило во времена борьбы южноамериканских республик с испанской короной, борьбы Боливара с Морильо. Шляпы с узкими полями составляли принадлежность роялистов и назывались „морильо“, либералы облюбовали шляпы с широкими полями, носившие название „боливаров“» (ч. I, кн. 5, гл. XII).

11 — *Онегин едет на бульвар... — Бульвар* (см. с. 87) — Невский проспект в Петербурге до весны 1820 г. был засажен посередине аллеей лип и в бытовой речи именовался бульваром. Около двух часов дня он был местом утренней прогулки людей «хорошего общества». «...Чем ближе к двум часам, тем уменьшается число гувернеров, педагогов и детей: они наконец вытесняются нежными их родителями, идущими под руку с своими пестрыми, разноцветными, слабонервными подругами» (Н. В. Гоголь. «Невский проспект»).

13–14 — *Пока недремлющий брегет / Не прозвонит ему обед. — Брегет* — часы фирмы парижского механика Брегета (вернее, Бреге) Абрахама-Луи (1747–1823). Поведение Онегина во многом не совпадает с нормами дендизма, отклоняясь в сторону традиционного поведения русского щеголя-петиметра. Ср. употребление часов «безмозглым петиметром» в «Щепетильнике» В. И. Лукина: «...они будут его разбужать по полуночи в двенадцатом часу и позже; ⟨...⟩ будут показывать время, когда должно ему скакать на свидание с любовницею...» (Русская комедия и комическая опера XVIII века. М.; Л., 1950. С. 101–102).

Ср., с другой стороны, в «Пелэме...» Э. Бульвер-Литтона: «— Скажите, мистер Пелэм, а вы уже купили часы у Бреге? — Часы? — переспросил я. — Неужели вы полагаете, что я стал бы носить часы? У меня нет таких плебейских привычек. К чему, скажите на милость, человеку точно знать время, если он не делец, девять часов в сутки проводящий за своей конторкой и лишь один час — за обедом? Чтобы вовремя прийти туда, куда он приглашен? — скажете вы; согласен, но — прибавил я, небрежно играя самым прелестным из моих завитков, — если человек достоин того, чтобы его пригласить, он, разумеется, достоин и того, чтобы его подождать» (*Бульвер-Литтон*. С. 74).

*Прозвонит ему обед.* — Карманные часы «с репетицией» были снабжены механизмом, который, если надавить на специальную пружинку, «отзванивал» время. Таким образом, время можно было узнавать, не раскрывая крышки, прикрывавшей циферблат. Мода на часы фирмы «Брегет» поддерживалась не только их точностью, но и тем, что А.-Л. Бреге никогда не производил двух одинаковых часов. Каждый образец был уникальным. В музейном собрании Московского Кремля хранится брегет с семью циферблатами, показывающий часы, минуты, месяцы календаря Великой французской революции (часы производства 1792 г.) и григорианского календаря, дни недели и декады.

XVI, 2 — *«Пади, пади!» — раздался крик...* — *«Пади!»* — крик форейтора, разгоняющего пешеходов. Быстрота езды по людным улицам составляла признак щегольства. «...Все, что было аристократия или претендовало на аристократию, ездило в каретах и колясках четвернею, цугом, с форейтором. Для хорошего тона, или, как теперь говорят, для *шика*, требовалось, чтобы форейтор был, сколь можно, маленький мальчик, притом чтобы обладал одною, насколько можно, высокою нотой голоса ⟨...⟩ Ноту эту, со звуком и!.., обозначающим сокращенное „поди“, он должен был издавать без умолку и тянуть как можно долее, например, от Адмиралтейства до Казанского моста. Между мальчиками-форейторами завязалось благородное соревнование, кто кого перекричит...» (*Пржецлавский О. А.* Воспоминания // Помещичья Россия... С. 67–68).

5–6 — *К Talon помчался: он уверен, / Что там уж ждет его Каверин.* — Ресторан Талон существовал до весны 1825 г. Он находился на Невском проспекте (ныне д. 15, в его помещении теперь находится кинотеатр «Баррикада»). *Каверин* Петр Павлович (1794–1855) —

приятель *П* в лицейские и петербургские годы. Учился в Геттингене (1810–1811), служил в лейб-гусарском и Павлоградском гусарском полках. Был известен разгульным поведением и свободомыслием, член Союза благоденствия. См. стихотворения *П* «К портрету Каверина» и «К Каверину». Весельчак, известный повеса, легко делавший и плохо отдававший долги, гусар и дуэлянт, Каверин был одновременно членом «Зеленой лампы», другом Н. И. Тургенева (несмотря на недоразумения, вызванные его беспечностью в денежных делах), Грибоедова, Пушкина, Вяземского и Лермонтова. Лучше всего Каверина характеризует письмо Тургенева к брату Сергею от 29 мая 1818 г. Рассказав о крепостнических выходках своего двоюродного брата «гнусного Бориса», Тургенев продолжает: «Сравни же с этим поступок повесы Каверина, к которому кучер принес 1000 рублей и просил за это свободы. Он ему отвечал, что дал бы ему свои 1000 р. за одну идею о свободе: но, не имея денег, дает ему отпускную» (*Тургенев*. С. 261). Сводя Онегина с Кавериным, *П* вводил героя в свое собственное близкое окружение.

7–14 — *Вошел: и пробка в потолок...* — Стихи нагнетают одновременно бытовые и литературные детали: *вино кометы* — шампанское урожая 1811 г., года кометы (см.: *Кузнецов Н.* Вино кометы // Пушкин и его современники. Вып. XXXVIII–XXXIX. Л., 1930. С. 71–75). *Roast-beef окровавленный* — ср. в стихотворении Парни «Goddam!»: «...le sanglant roast-beef ⟨...⟩ le jus d'Ai»; «кровавый ростбиф» — блюдо английской кухни, модная новинка в меню конца 1810-х — начала 1820-х гг. *Стразбурга пирог* — паштет из гусиной печенки, который привозился в консервированном виде *(нетленный),* что было в то время модной новинкою (консервы были изобретены во время Наполеоновских войн). *Лимбургский сыр* — импортировавшийся из Бельгии очень острый сыр, с сильным запахом. Лимбургский сыр очень мягок и при разрезании растекается *(живой),* ср. другое объяснение: «покрытый слоем „живой пыли“, образуемой микробами» (Словарь языка *П.* Т. 1. С. 790).

XVII, 8 — *Почетный гражданин кулис...* — В 1810–1820-е гг. понятие «театрал» включало не только представление о завсегдатае театра, знатоке и ценителе игры актеров. Театрал поддерживал дружеские отношения с актерами, покровительствовал тем или иным актрисам, организуя в партере «партии» их поклонников, гордился любовными связями за кулисами и принимал активное участие в театральных интригах, «ошикивая» или «охлопывая» актеров и актрис. Главы театральных «партий», такие как Катенин и Гнедич, были авторитетными ценителями актерской игры и наставниками в вопросах декламации. Однако основную массу театралов составляли люди, для которых принципиальные вопросы искусства отступали на второй план перед закулисными интригами (см.: *Жихарев С. П.* Записки современника. М.; Л., 1955. С. 557–634). *П*, которого участие в «Зеленой лампе» и дружба с Н. Всеволожским, П. Мансуровым, Д. Барковым и другими ввела в круг театральных интересов и закулисных знакомств, пережил период, когда и его можно было назвать «почетным гражданином кулис» (ср. стихи 13–14 в следующей, XVIII строфе). Связь XVII строфы с воспоминаниями о «Зеленой лампе» устанавливается текстуально. Ср. характеристику Всеволожского в черновом варианте послания Я. Н. Толстому:

...гражданин кулис,
Театра злой летописатель,
Очароватслыниц актрис
Непостоянный обожатель (II, 776).

(См. также: *Гроссман Л.* Пушкин в театральных креслах // Собр. соч.: В 5 т. М., 1928. Т. 1. С. 243–384; *Королева Н.* Декабристы и театр. Л., 1975). Однако статья *П* «Мои замечания об русском театре» (XI, 9–13) показывает, что уже в 1820 г. он перерос театральную групповщину и образ молодого театрала, который «гуляет по всем десяти рядам кресел, ходит по всем ногам, разговаривает со всеми знакомыми и незнакомыми» (XI, 9), хвастаясь закулисными связями, стал вызывать у него иронию. Сочетание лиризма и иронии характерно и для строф, рисующих Онегина в театре.

10 — *Где каждый, вольностью дыша...* — *Вольностью дыша* — галлицизм respirer l'air la liberté. В прижизненных изданиях — цензурная замена «критикой дыша». Ср. слова Рылеева на Сенатской площади 14 декабря 1825 г.: «Мы дышим свободою» (Воспоминания Бестужевых. М.; Л., 1951. С. 37, 41).

12–13 — *Обшикать Федру, Клеопатру, / Моину вызвать...* — *П* дает суммарную картину типичных театральных ролей эпохи. Точное определение пьес, которые здесь имеются в виду, затруднительно. *Федра* — персонаж из оперы — переделки известной одноименной трагедии Расина. Ср.: «18 декабря ⟨1818⟩ была представлена в бенефис Сандуновой лирич⟨еская⟩ опера в 3 дейст⟨виях⟩ в стихах, „*Федра*“ (из театра Расина), перевод Пет. Ник. Семенова, музыка соч. Лемаена и Штейнбельта» (*Арапов П.* Летопись русского театра. СПб., 1861. С. 272). *Клеопатра* — установить, какую роль имел в виду *П*, не удалось. *Моина* — героиня трагедии В. А. Озерова «Фингал». «30 декабря ⟨1818⟩ в роли Моины» выступала второй раз молодая актриса А. М. Колосова. «В Моине она была пластично прелестна и долго шли толки об ее игре» (Там же). *П*, видимо, посетил оба спектакля. Попытки связать все три роли непременно с балетом в свое время вызвали протест Б. В. Томашевского (см.: Лит. наследство. 1934. Т. 16–18. С. 1110), однако продолжались и впоследствии: А. А. Гозенпуд видит в строках 12–13 намек на балет «Тезей и Ариадна» (см.: *Гозенпуд А. А.* Музыкальный театр в России. Л., 1959. С. 343–344). Однако соображения эти недостаточно убедительны.

Театр в пушкинскую эпоху не только зрелище, но и место общественных собраний и определенный форум независимой общественной жизни. Актеры императорских театров, подчиняясь официальному ведомству, в известном смысле воспринимались как лица, несущие некоторую степень государственного авторитета. Наблюдение за порядком в театре было вверено полиции как одна из существенных ее обязанностей. Одновременно актеры, как деятели искусства, были зависимы от одобрения публики, которая имела право выражать свое мнение шумными знаками. Широкая осведомленность публики в закулисных интригах, протекциях, оказываемых тем или иным актрисам со стороны театральной дирекции или известных сановников, легко придавала овациям и свисткам оттенок политических акций. В 1822 г. приятель *П* П. А. Катенин был выслан из Петербурга за демонстрацию в театре против любовницы петербургского генерал-губернатора Милорадовича — актрисы М. А. Азаричевой. У *П* неоднократно бывали ссоры в театре, приводившие к неприятностям с полицией (его ссора в 1818 г. с Перевозчиковым вызвала донос полицмейстера Горголи и причинила *П* много беспокойства) и дуэлям (например, с майором Денисевичем). Театральному поведению *П* был свойствен эпатирующий тон, в черновых вариантах XVII строфы приписанный Онегину: «он бурный»; «Ежову вызвать...» (VI, 229). Е. И. Ежова — второстепенная актриса, гражданская жена Шаховского, объект насмешек арзамасцев.

XVIII, 1 — *Волшебный край! там в стары годы...* — Последние годы, проведенные перед ссылкой *П* в Петербурге (совпадающие со временем действия первой главы), были периодом его исключительно напряженных театральных интересов и проходили под впечатлением оживленной полемики о комедии на страницах русских журналов. Имена, названные *П* в XVIII строфе, неизбежно вызывали у читателя той поры ассоциации с острой перепалкой между театральными «партиями», распределявшими аплодисменты и свистки в зале, и столкновениями литературных группировок. Памятником активного участия *П* в этой борьбе остался набросок: «Мои замечания об русском театре» (XI, 9–13). «Вовлеченный в борьбу арзамасцев с Шаховским, Пушкин с начала своей литературной деятельности был в оппозиции к Шаховскому, но затем под влиянием Катенина познакомился и сблизился с ним, стал посетителем его салона. Несмотря на отрицательное отношение к некоторым пьесам Шаховского (например, к „Пустодомам“), Пушкин продолжал интересоваться Шаховским и его кружком и в годы ссылки» (*Мордовченко Н. И.* Русская критика первой четверти XIX века. М.; Л., 1959. С. 245). В 1819 г. наметился отход *П* от односторонне «арзамасской» ориентации и сближение его с катенинским лагерем. Однако в определенном отношении взгляды *П* совпадали с критикой Катенина А. А. Бестужевым в 1819 г. «Когда Пушкин писал о стихах Катенина „отверженных вкусом и гармонией“, он явно был единомышленником Бестужева ⟨...⟩ В основных вопросах, разделявших обе стороны, Пушкин был не на стороне Катенина. В споре о Семеновой Пушкин был против Катенина, в споре о славянизмах он был, конечно, последовательным арзамасцем. Единственное, в чем Пушкин расходился со своими единомышленниками, это в оценке Озерова...» (*Томашевский*. Кн. 1. С. 290–291).

На этом фоне сложилась та глубоко независимая от групповых интересов картина истории русского театра, которая изложена в XVIII строфе. XVIII в. представлен именами Фонвизина и Княжнина (Сумароков, к которому *П* относился отрицательно, обойден). Здесь интересно, во-первых, то, что на первый план выдвинута комедия: Фонвизин назван раньше Княжнина, да и этот последний, возможно, упомянут *П* как автор «Несчастья от кареты». *П*, как и критики-романтики, не видел в трагедии XVIII в. национального начала и противопоставлял ей в этом отношении комедию. Фонвизин — постоянный спутник *П* на всем протяжении его творчества. До «Капитанской дочки» включительно (см. с. 337) всякое обращение к XVIII в. вызывает у *П* образы Фонвизина.

4 — *И переимчивый Княжнин...* — *Княжнин* Яков Борисович (1742–1791) — драматический писатель, автор трагедий «Росслав», «Вадим Новгородский», комедий «Хвастун», «Чудаки», «Несчастье от кареты», комической оперы «Сбитенщик» и др. *П* относился к творчеству Княжнина холодно, хотя и интересовался им как жертвой самовластия («Княжнин умер под розгами» — XI, 16) и автором «Вадима Новгородского». Эпитет «переимчивый» связан с упреками в заимствовании сюжетов из репертуара французского театра и намекает на сатирическое изображение Княжнина в комедиях Крылова (см.: *Гуковский Г. А.* Крылов и Княжнин. XVIII век. М.; Л., 1940. Сб. 2. С. 142–152).

5–7 — *Там Озеров невольны дани / Народных слез, рукоплесканий / С младой Семеновой делил...* — *Озеров* Владислав Александрович (1769–1816) — драматург, автор пользовавшихся перед войной 1812 г. шумным успехом трагедий «Эдип в Афинах» (1804), «Фингал» (1805), «Дмитрий Донской» (1807). Творчество его пропагандировалось карамзинистами (см. статью П. А. Вяземского «О жизни и сочинениях В. А. Озерова»).

В 1816 г. *П* оценивал Озерова положительно (I, 197). Однако в 1819 г. он высказался об Озерове более сдержанно, объяснив его успех игрой Семеновой: «Она украсила несовершенные творения несчастного Озерова» (XI, 10). Такой оценкой и объясняется то, что успех Озерова в *ЕО* назван «невольны дани народных слез, рукоплесканий». *Семенова* Екатерина Семеновна (1786–1849) — трагическая актриса, ученица Гнедича. *П* исключительно высоко ценил ее драматический талант (см.: «Мои замечания об русском театре», XI, 9–13). С именем Семеновой был связан острый спор, возникший в театральной критике в 1819 г. Дебют Колосовой, которую Катенин и его последователи выдвигали на место первой русской трагической актрисы, обострил конфликт литературных группировок. В театральном зале сложились «партия Семеновой» и «партия Колосовой». Успех Семеновой в роли Медеи 15 мая 1819 г. был шумно отмечен журналами. В «Сыне Отечества» появилась восторженная статья Я. Н. Толстого, за ней последовала другая (NN — вероятно, Н. Н. Гнедича), столь же положительная. *П* разделял мнение о превосходстве Семеновой. Упоминание Озерова и Семеновой, казалось, придавало строфе антикатенинскую окраску. Тем резче выступали следующие стихи, высоко оценивающие роль Катенина и Шаховского в истории театра.

8 — *Там наш Катенин воскресил…* — *Катенин* Павел Александрович (1792–1853) — активный участник движения декабристов, руководитель Военного общества (см.: *Оксман Ю.* Вступ. статья к воспоминаниям П. А. Катенина о Пушкине // Лит. наследство. М., 1934. Т. 16–18. С. 624–625), теоретик группы «младших архаистов».

9 — *Корнеля гений величавый…* — первоначально было: «Эсхила Гений величавый» (VI, 259), что намекало на пристрастие Катенина к идее высокого трагического театра. Однако *П* предпочел биографически более конкретную ссылку на Корнеля. Катенин опубликовал монолог Цинны из одноименной трагедии Корнеля, политически заострив его при переводе и превратив в яркое декабристское стихотворение (Сын Отечества. 1818. № 12), и перевод трагедии Корнеля «Сид» (1822). *Корнель* Пьер (1606–1684) — один из основоположников и корифеев французского классицизма.

10 — *Там вывел колкий Шаховской…* — *Шаховской* Александр Александрович (1777–1846) — драматург, режиссер и театральный деятель — был объектом сатирических нападок со стороны арзамасцев, в том числе и молодого *П.* Шаховской, считая, что комедия должна быть злой, злободневной, выводящей на сцене карикатурные образы современников, был создателем ряда пьес, вызвавших театральные скандалы («Новый Стерн» — против Карамзина, 1805; «Липецкие воды» — против Жуковского, 1815, и др.). Эпитет «колкий» (*фр.* caustique — насмешливый) точно определял литературную программу Шаховского, который несколько позже, подхватив брошенную ему арзамасцами кличку «новейший Аристофан», создал в 1825 г. комедию

«Аристофан, или Представление комедии „Всадники“», создающую возвышенно-гражданственный образ автора «колких» комедий.

12 — *Дидло венчался славой...* — *Дидло* Карл (1767–1837) — известный петербургский балетмейстер. О нем см.: *Слонимский Ю.* Балетные строки Пушкина. Л., 1974. С. 49–63.

XIX, 1 — *Мои богини! что вы? где вы?* — Активное посещение *П* театра приходится на 1817–1820 гг. В это время *П* тесно сближается с кружком молодых театралов, объединенных в общество «Зеленая лампа». Общество соединяло театральные интересы с политическими и находилось в определенной зависимости от Союза благоденствия. Театральные интересы были неотделимы от многочисленных увлечений актрисами и балеринами. Так, Никита Всеволожский был влюблен в 15-летнюю балерину Авдотью Овошникову; другой «лампист», друг *П* Мансуров, — в ее ровесницу, балерину Марию Крылову. В 1819 г. *П* увлекся Е. С. Семеновой.

6 — *Узрю ли русской Терпсихоры...* — *Терпсихора* (др.-греч., миф.) — муза танца.

XX, 1–3 — *Театр уж полон; ложи блещут; / Партер и кресла, все кипит; / В райке нетерпеливо плещут...* — Спектакли в петербургских театрах начинались в 6 часов вечера. *Ложи* посещались семейной публикой (дамы могли появляться только в ложах) и часто абонировались на целый сезон. *Партер* — пространство за креслами; здесь смотрели спектакль стоя. Билеты в партер были относительно дешевы, и он посещался смешанной публикой, в том числе завзятыми театралами. *Кресла* — несколько рядов кресел устанавливалось в передней части зрительного зала, перед сценой. Кресла обычно абонировались вельможной публикой. Частое появление *П* «в креслах» сердило его сурового друга Пущина: «...Пушкин, либеральный по своим воззрениям, имел какую-то жалкую привычку изменять благородному своему характеру и очень часто сердил меня и вообще всех нас тем, что любил, например, вертеться у оркестра около Орлова, Чернышева, Киселева и других. ⟨...⟩ Случалось из кресел сделать ему знак, он тотчас прибежит» (Пушкин в воспоминаниях современников. Т. 1. С. 98). Однако левую сторону кресел занимали либералы (разумеется, те, кто мог, как Онегин, позволить себе относительно дорогой билет «в кресла». *П* такой возможности не имел), которые «составили в ту пору свое общество в Большом театре, называя себя в шутку *левым флангом*. Оно состояло из нескольких молодых людей, военных и статских, которые имели свои абонированные кресла в первых рядах на левой стороне театра» (*Арапов П.* Летопись русского театра. СПб., 1861. С. 290–291). *Раек* — верхняя галерея — местопребывание демократического зрителя. Определения *П* резко разграничивают состав и поведение различных частей зала: *ложи блещут* орденами и звездами мундиров, бриллиантами дам; *партер* и *кресла* — в движении (театральный хороший тон предписывал входить в зал в последнюю минуту, а появление людей света требовало выполнения этикета: обмена приветствиями, ритуала поклонов и бесед). Демократическая публика хлопает, требуя начать спектакль.

5–14 — *Блистательна, полувоздушна... Стоит Истомина... — Истомина* Авдотья Ильинична (1799–1848) прима балерина петербургского балета. *П* пережил увлечение Истоминой. Шумную известность

Истоминой доставила трагическая дуэль из-за нее В. В. Шереметева и А. П. Завадовского. Дуэль, в которую были вовлечены Каверин, Грибоедов и Якубович, взволновала *П*, и он неоднократно возвращался к ней в своем творчестве.

*П* не описывает в строфах XX–XXII какой-либо один реальный спектакль, а создает художественный образ русского балета той поры. В описании танца Истоминой можно видеть черты таких постановок, как опера «Телемак» (Истомина танцевала с кордебалетом нимф, опера шла на петербургской сцене в 1818 и 1819 гг.), балет «Пастух и Гамадриада» и др. (см.: *Слонимский Ю.* Балетные строки Пушкина. С. 34). Однако тот же автор показал, что в строфе XXII имеется в виду «китайский балет» Дидло «Хензи и Тао» (Там же. С. 79–87). 30 октября 1819 г. *П*, опоздав на этот спектакль, вел в театре антиправительственные разговоры.

XXI, 3–4 — *Двойной лорнет скосясь наводит / На ложи незнакомых дам... — Двойной лорнет* — бинокль; рассматривать не сцену, а зрительный зал (к тому же еще — *незнакомых дам*) — дерзость поведения щеголя, глядеть *скосясь* — также оскорбительно для тех, на кого смотрят. Ср. в «Щепетильнике» В. И. Лукина описание щегольского поведения: «Мирон работник *(держа в руке зрительную трубку)*: ⟨...⟩ а здесь в них один глаз прищуря, не веть цаво-та смотрят. Да добро бы, браценъ, из-дали, а то нос с носом столкнувшись, устремятся друг на друга» (Русская комедия и комическая опера XVIII века. М.; Л., 1950. С. 99). Притворная близорукость была одним из признаков щеголя. Особенно неприличным считалось смотреть через очки или лорнет на дам. Ср. близкое к пушкинскому описание поведения щеголя у Николева:

Кто смотрит на красу, прищуря глаз в лорнет,
Хоть в помощи его и надобности нет;
Хоть зорче сокола, но в моде близоруки,
И будь слепей крота для добровольной муки,
Отягощай свой нос очками для того,
Чтоб, моде рабствуя, не зреть в них ничего.

(Поэты XVIII века. Л., 1972. Т. 2. С. 24)

Дельвиг вспоминал, что в Лицее воспитанникам запрещалось носить очки (юноше смотреть на старших через оптические стекла — дерзость), и поэтому все женщины казались ему прекрасными. Выйдя из Лицея, он был разочарован. Эта остро́та раскрывает природу представления, связывающего очки и дерзость: оптика позволяет усматривать недостатки там, где невооруженный глаз видит красоту и величие. Фельдмаршал И. В. Гудович, московский главнокомандующий, по свидетельству Вяземского, был «настойчивый гонитель очков»: «Никто не смел являться к нему в очках; даже и в посторонних домах случалось ему, завидя очконосца, посылать к нему слугу с наказом: нечего вам здесь так пристально разглядывать; можете снять с себя очки» (*Вяземский-2*. С. 135). Выходкой против щеголей было появление в Москве в 1802 г. во время гулянья 1 мая лошади в очках, которую вел некто наряженный крестьянином. «Московские ведомости» об этом сообщали: «Между очками по переносью на красном сафьяне подписано крупными литерами: „а *только трех лет*“. Лошадь в очках возбудила и общий смех, и общее любопытство, и кто ни спрашивал у поселянина, зачем лошадь в очках, он всем постоянно отвечал, что в его селе все лошади видят, а молодые непременно смотрят в очки. Правду или нет сказал мужик, остается решить молодым знатокам в деле окулярном» (Московские ведомости. 1802. № 35. «Смесь»). Появление этой заметки «без ведома и согласия начальства» явилось причиной неудовольствия московского военного губернатора И. П. Салтыкова — сатира в официальном издании казалась ему неуместной (см.: Русский архив. 1897. № 5. С. 117).

14 — *Но и Дидло мне надоел.* — Примеч. *П*: «Черта охлажденного чувства, достойная Чальд-Гарольда. Балеты г. Дидло исполнены живости воображения и прелести необыкновенной. Один из наших романтических писателей находил в них гораздо более Поэзии, нежели во всей французской литературе» (VI, 191). «Один из наших романтических писателей» — вероятно, сам Пушкин (в черновых вариантах: «А. П.», «Сам П. говаривал» — VI, 529). Стремление *П* в примечаниях занять позицию внешнюю по отношению к самому себе — автору «Онегина» — примечательно.

XXII, 3–4 — *Еще усталые лакеи / На шубах у подъезда спят...* — Театры начала XIX в. не имели гардеробов, верхнее платье сторожили лакеи.

11–12 — *И кучера, вокруг огней...* — «Нередко бывали случаи, что ожидавшие выхода господ из театра или с бала маленькие форейторы замерзали во время больших морозов, число отмороженных пальцев на руках и ногах у кучеров не считалось» (*Северцев Г. Т.* Петербург в XIX веке // Историч. вестник. 1903. Май. С. 625).

XXIII, 6 — *Торгует Лондон щепетильный...* — *Щепетильный* (неологизм В. И. Лукина) здесь: «связанный с торговлей галантерейными, парфюмерными товарами» (Словарь языка *П*. Т. 4. С. 997).

XXIII–XXIV — Кабинет Онегина описан в традициях сатиры XVIII в. против щеголей (Лукин, Новиков, Страхов и др.), но включает и отзвуки одновременно иронического и сочувственного изображения быта щеголя в стихотворении Вольтера «Светский человек». Вольтер, в противоположность Руссо, видит в роскоши положительный результат успехов цивилизации.

XXIV, 4 — *Духи в граненом хрустале...* — Духи в начале XIX в. были модной новинкой. «Духи вошли в употребление у нас только в конце прошедшего [XVIII] столетия» (*Пыляев М. И.* Старое житье: Очерки и рассказы. С. 80–81).

9–14 — *Руссо... В сем случае совсем не прав.* — Стихи дополняют стилистический конфликт предшествующего текста идеологическим: вводится резкое высказывание Руссо против моды (с приведением в примечаниях цитаты из «Исповеди» Руссо в подлиннике). Сталкиваются две резко противоположные оценки Руссо: «защитник вольности и прав» и «красноречивый сумасброд» — «un charlatan déclamateur» из эпилога «Гражданской войны в Женеве» Вольтера. *Руссо* Жан-Жак (1712–1778) — французский писатель и философ. Произведения Руссо были известны *П* уже в Лицее, однако на юге под воздействием споров с друзьями-декабристами он снова перечел его основные трактаты. Об отношении *П* к Руссо см.: *Лотман Ю. М.* Руссо и русская культура XVIII — нач. XIX века // Руссо Ж.-Ж. Трактаты. М., 1969. С. 590–598. *Гримм* Мельхиор (1723–1807) — писатель из круга энциклопедистов. *П* цитирует в примечаниях следующий отрывок: «...все знали, что он белится; я сперва не верил этому, но потом поверил — не только потому, что цвет лица у него стал лучше и что я сам видел чашки с белилами на его туалете, но и потому, что, войдя однажды утром к нему в комнату, застал его за чисткой ногтей особой щеточкой, и он с гордостью продолжал это занятие при мне.

Я решил, что человек, способный проводить каждое утро по два часа за чисткой ногтей, может также посвящать несколько минут на то, чтобы покрывать свою кожу белилами» (*Руссо Ж.-Ж.* Избр. соч.: В 3 т. М., 1961. Т. 3. С. 407–408). Первоначально *П* писал:

Во всей Европе в наше время
Между воспитанных людей
Не почитается за бремя
Отделка нежная ногтей (VI, 234).

Утверждение, что «[поэт] и либерал задорный» (Там же) могут одновременно быть и франтами, смягчало степень сатиры, вводя возможность иной оценки.

XXV, 5 — *Второй Чадаев, мой Евгений...* — До этой строфы *П* очень осторожно вводил Онегина в свое биографическое окружение («Не мог он ямба от хорея, / Как мы ни бились, отличить» *(1, VII, 3–4)*; «...уверен, / Что там уж ждет его Каверин“ *(1, XVI, 5–6)*. Здесь впервые такое сближение осуществляется прямо, причем по вызвавшему споры в кругу «либералистов» вопросу о возможности совместить черты «дельного человека» (слова «дельный» и «дело» в лексике членов тайных обществ имели специфическое, политически окрашенное значение) и денди. Необходимо учитывать, с каким пиететом произносил *П* в это время имя Чаадаева. *Чаадаев* Петр Яковлевич (1794–1856) — общественный деятель, философ. *П* познакомился с ним в 1816 г., когда Чаадаев с гусарским полком стоял в Царском Селе. Чаадаев оказал огромное влияние на формирование воззрений *П* и в 1817–1820 гг. был одним из высших авторитетов для поэта. Чаадаев был известен не только свободолюбием, независимостью суждений, рыцарской щепетильностью в вопросах чести, но и утонченным аристократизмом и щегольством в одежде. Близко знавший Чаадаева М. Жихарев писал, что «искусство одеваться Чаадаев возвел почти на степень исторического значения» (*Жихарев М.* П. Я. Чаадаев // Вестник Европы. 1871. № 7. С. 183).

11–12 — *И из уборной выходил / Подобный ветреной Венере... — Уборная* — «комната, в которой одеваются, наряжаются» (Словарь языка *П.* Т. 4. С. 625); *Венера* (др.-рим.) — богиня любви.

XXVI, 7–8 — *Но панталоны, фрак, жилет, / Всех этих слов на русском нет...* — Протесты против «европейской одежды» *П* мог слышать в кругу архаистов. Ср. в «Горе от ума» о фраке:

> Хвост сзади, спереди какой-то чудный выем,
> Рассудку вопреки, наперекор стихиям (д. III, явл. 22).

*П* могли быть известны и рассуждения Пестеля, предлагавшего при реформе военной одежды принять за образец древнерусское платье: «Что касается до красоты одежды, то русское платье может служить тому примером». Интересна лексика, которую использует при этом Пестель: «Кафтаны и зеленыя длинныя Штаны (Панталоны)» (Восстание декабристов: Документы. М., 1958. Т. 7. С. 255). Из контекста очевидно, что Пестель в собственной речи пользуется общераспространенным словом «панталоны», но считает его подлежащим замене на коренное русское (как он, например, предлагал заменить «сабля» на «рубня» и «пика» на «тыкня» — Там же. С. 409).

*Панталоны, фрак, жилет* в начале XIX в. относились к сравнительно новым видам одежды, терминология и функциональное употребление которых еще не установились. Фрак являлся первоначально одеждой для верховой езды. Превращение его в одежду для салона связывалось с англоманией и «модной наглостью» английских денди. Целую науку и одновременно поэзию, посвященную теме «фрак джентльмена», находим в «Пелэме» Бульвер-Литтона (гл. XXXII). С распространением на континенте английских мод фрак завоевал признание.

Форма и название нижней части мужского костюма также находились в становлении. Французский язык и культурная традиция создали утвердившееся противопоставление коротких штанов, застегивавшихся ниже колен (culotte), и длинных, получивших название от костюма комического персонажа итальянской сцены Панталоне. Первые являлись дворянской одеждой, вторые принадлежали костюму человека из третьего сословия. Социальная значимость этих деталей была столь велика, что люди восставшей улицы эпохи Великой французской революции получили кличку «санкюлоты» — «не носящие дворянских коротких штанишек». Эта социальная символика была совершенно чужда и русской системе одежды, и русскому языку. Не случайно «санкюлот» было в русском языке XVIII в. заменено калькой «бесштанник», что осмыслялось как «бедняк, не имеющий штанов вообще» (ср. рассказанный Растопчиным Вяземскому анекдот о том, как русский дипломат 1790-х гг., когда правительство потребовало писать исключительно по-русски, вместо les auberges abondent en sanculotes (гостиницы переполнены санкюлотами), доносил: «Гостиницы гобзят бесштанниками» (см.: *Вяземский-2*. С. 102). Культурная причина этой языковой коллизии была в следующем: во Франции короткие штаны были единственно возможной придворной и светской одеждой для мужчины XVIII в. Военные, которые отнюдь не составляли основной массы французского дворянства, появлялись в Версале лишь в придворных костюмах. В России дворянство почти поголовно было военным сословием, что придавало военной форме высокий авторитет: она допускалась и на бал, и во дворец. Русская же военная форма в конце XVIII в. включала в себя длинные шаровары (или, на разных исторических поворотах, узкие немецкие, но непременно длинные штаны), которые заправлялись в сапоги. И хотя в особо церемониальных случаях и военным приходилось надевать culotte, чулки и башмаки, но в принципе длинные панталоны при высоких сапогах никого не шокировали.

Подобно тому как culotte и заправленные в сапоги панталоны, отличаясь в церемониальном отношении, в равной мере были одеждой русского дворянина, лексика русского языка не делала различия между этими видами одежды. И те и другие назывались «штаны». Добавление «короткие» или «длинные» было факультативным. Приведем пример случая употребления слов «штаны» и «панталоны» как синонимов — эпиграмму на изменение одежды военных при Александре I:

Хотел издать Ликурговы законы, —
И что же издал он? Лишь кант на панталоны!

Желали прав они — права им и даны:
Из узких сделаны широкие штаны.

(Русская эпиграмма второй половины XVII — начала XX в. Л., 1975. С. 825, 425)

Зато когда появилась мода на длинные панталоны навыпуск, они возбудили протест, как простонародная одежда. Русским названием, достаточно ясным в своей социальной определенности, сделалось для них не «штаны», а «портки».

Обычная одежда светского франта в конце 1810-х гг. состояла «в благоустроенном туалете, во фраках, в панталонах под высокие сапоги с кисточками, т. е. гусарские или, как назывались они по-французски, à la Souwaroff». Отчаянные франты «позволяли себе сапоги с желтыми отворотами» (*Свербеев Д. Н.* Записки. М., 1899. Т. 1. С. 265). Однако в 1819 г., то есть именно во время действия первой главы *ЕО*, франты начали носить белые панталоны навыпуск, что казалось чудовищным неприличием — утверждением простонародных «портков» в качестве нормы светской одежды. Так, молодой Свербеев, появившись в это время на вечере у старухи Перекусихиной в «белых как снег» панталонах навыпуск, «которые более уже месяца принято было носить в первых петербургских домах», вызвал гнев хозяйки: «Я начал было робко объяснять историю нововведения белых панталон, она не дала мне договорить: „Не у меня только, не у меня! Ко мне, слава Богу, никто еще в портках не входит!“» (Там же. С. 266). Белые панталоны навыпуск именует портками и Вяземский. «Что слышно ⟨...⟩ о белых панталонах? — спрашивает он А. И. Тургенева (в 1821 г. это все еще новинка, и он заказывает их в Петербурге. — *Ю. Л.*). ⟨...⟩ Я хлопочу о портках» (Остафьевский архив. СПб., 1899. Т. 2. С. 210). Известно высказывание Вяземского, также подчеркивающее, что панталоны в момент действия первой главы романа были новинкой и что высказывание об этом в *ЕО* имело острозлободневный характер: «В 18-м или 19-м году в числе многих революций в Европе совершилась революция и в мужском туалете. Были отменены короткие штаны при башмаках с пряжками, отменены и узкие в обтяжку панталоны с сапогами сверх панталонов; введены в употребление и законно утверждены либеральные широкие панталоны с гульфиком впереди, сверх сапог или при башмаках на бале. Эта благодетельная реформа в то время еще не доходила до Москвы. Приезжий NN первый явился в таких *невыразимых* на бал к М. И. Корсаковой. Офросимов, заметя это, подбежал к нему и сказал: „Что ты за штуку тут выкидываешь? Ведь тебя приглашали на бал танцевать, а не на мачту лазить; а ты вздумал нарядиться матросом“» (*Вяземский-2*. С. 152).

Жилеты, хотя и были известны в XVIII в. (гвардейские модники екатерининских времен нáшивали по семи жилетов один поверх другого), но, как и фраки, подвергались гонению при Павле I. В дневнике княгини Дарьи (Доротеи) Ливен — родной сестры Бенкендорфа и многолетней подруги Гизо — читаем: «Жилеты запрещены. Император говорил, что именно жилеты совершили французскую революцию. Когда какой-нибудь жилет встречают на улице, хозяина его препровождают в часть» (*Daudet E.* Une vie d'ambassadrice au sciècle dernier. La princesse de Lièven. Paris, 1909. P. 27). В сезон 1819–1820 гг. в моде были жилеты, о которых хлопотал А. И. Тургенев, писавший в Варшаву Вяземскому: «Здесь никак нельзя достать черного полосатого бархата, из коего делают жилеты и какой ты мог видеть и у брата, а в Варшаве, сказывают, есть. Пришли мне на один жилет пощеголеватее» (Остафьевский архив. Т. 2. С. 11). А получив, уведомлял с удовольствием: «Весь пост и здесь, и в Москве буду щеголять в твоих жилетах» (Там же. С. 23).

Цвет фраков в 1819–1820 гг. еще не установился окончательно. Свербеев вспоминал: «...черных фраков и жилетов тогда еще нигде не носили, кроме придворного и семейного траура. Черный цвет как для мужчин, так и для дам считался дурным предзнаменованием, фраки носили коричневые или зеленые и синие с светлыми пуговицами, — последние были в большом употреблении, панталоны и жилеты светлых цветов»

(*Свербеев Д. Н.* Записки. Т. 1. С. 265). Черный цвет связывался с трауром. Еще в 1802 г. в «Письме из Парижа» говорилось о бале, на котором «мужчины, казалось, все пришли с похорон ⟨...⟩ ибо были в черных кафтанах» (Вестник Европы. 1802. № 8. С. 355–356). Ср. у Мюссе: «...во всех салонах Парижа — неслыханная вещь! — мужчины и женщины разделились на две группы — одни в белом, как невесты, а другие в черном, как сироты, — смотрели друг на друга испытующим взглядом ⟨...⟩ черный костюм, который в наше время носят мужчины — это страшный символ» (*Мюссе А.* Исповедь сына века: Новеллы. Л., 1970. С. 24). Ощущение черных фраков как траурных сделало их романтическими и способствовало победе этого цвета уже в 1820-е гг.

Комментируемые стихи воспринимаются как ирония в адрес иноязычной лексики и европеизированного быта русского денди. Однако то, что *П* выделил курсивом «*слов*» (это подчеркивание встречается уже в ранних черновых вариантах строфы), позволяет предположить, что здесь допустимо видеть и противоположную иронию в адрес шишковистского лексического ригоризма — ср. стихи В. Л. Пушкина: «И, бедный мыслями, печется о словах!»; «Нам нужны не слова — нам нужно просвещенье» (Поэты 1790–1810-х годов. С. 666).

Стих *Всех этих с л о в на русском нет* нельзя воспринимать как непосредственное выражение мнения *П*: ему, например, конечно, были известны строки И. И. Дмитриева из шуточного «Путешествия NN в Париж и Лондон, писанного за три дни до путешествия» (1803):

Какие фраки! панталоны!
Всему новейшие фасоны!

(*Дмитриев-1.* С. 350)

Комментируемый стих представляет собой указание на отсутствие этих слов в Словаре Академии Российской и, следовательно, на отсутствие их в языке, с точки зрения авторов словаря. Словарь Академии Российской (академический словарь) — 1-е изд. 1794 г., 2-е (в алфавитном порядке) в шести частях 1806–1822 гг. — имел характер толкового нормативного и был ориентирован на лингвистический пуризм. Показательно, что слова эти вошли в «Новый словотолкователь, расположенный по алфавиту» Н. Яновского (СПб., 1803. Ч. I. Стб. 781–782; Ч. III. Стб. 196–197, 1059). Словарь этот был толковым словарем иностранных слов. Это свидетельствует, что «панталоны», «фрак» и «жилет» ощущались в начале века как иностранные слова.

В первой публикации первой главы строфа имела примечание: «Нельзя не пожалеть, что наши писатели слишком редко справляются со словарем Российской Академии. Он останется вечным памятником попечительной воли Екатерины и просвещенного труда наследников Ломоносова, строгих и верных опекунов языка отечественного. Вот, что говорит Карамзин в своей речи: „Академия Российская ознаменовала самое начало бытия своего творением, важнейшим для языка, необходимым для авторов, необходимым для всякого, кто желает предлагать мысли с ясностию, кто желает понимать себя и других. Полный словарь, изданный Академиею, принадлежит к числу тех феноменов, коими Россия удивляет внимательных иноземцев: наша, без сомнения счастливая, судьба, во всех отношениях, есть какая-то необыкновенная скорость: мы зреем не веками, а десятилетиями. Италия, Франция, Англия, Германия славились уже многими великими писателями, еще не имея словаря: мы имели церковные, духовные книги; имели стихотворцев, писателей, но только одного истинно *классического* (Ломоносова), и представили систему языка, которая может равняться с знаменитыми творениями Академий Флорентинской и Парижской. Екатерина Великая... кто из нас и в самый цветущий век Александра I может произносить имя ее без глубокого чувства любви и благодарности?.. Екатерина, любя славу России, как собственную, и славу побед, и мирную славу разума, приняла сей счастливый плод трудов Академии с тем лестным благоволением, коим она умела награждать все достохвальное, и которое осталось для вас, милостивые государи, незабвенным драгоценнейшим воспоминанием". *Примеч. соч.*» (VI, 653–654). Для осмысления текста примечания необходимо учитывать, что в нем *П* сопровождает стихи, содержащие осуждение карамзинской лексики с позиций шишковизма, высокой оценкой шишковской Академии, данной в форме цитаты *из речи Карамзина*. Смысл цитаты также достаточно сложен: признавая заслуги пуристов, Карамзин не только положительно оценивает самый факт быстрых изменений в русской культуре (против чего резко выступал Шишков), но и широко использует слова типа «автор», «феномен», употребление которых означало отказ строить свою речь по нормам Словаря Академии Российской. Показательно и противоречие, с которым *П* в конце строфы утверждает, что он лишь *встарь* заглядывал в Академический Словарь, а в примечании сетует, что «наши писатели слишком редко справляются со словарем». Существенно, что если в других случаях *П* составлял примечания с позиции некоего вымышленного «издателя» — даже ссылаясь в третьем лице на мнение А[лександра] П[ушкина] (см. с. 140), то здесь он демонстративно снабдил текст примечания пометой, указывающей на единство авторства поэтического и прозаического текстов. Таким образом, *П*, касаясь остродискуссионной темы, дает сложное переплетение разнонаправленных высказываний и оттенков мысли, ни одно из которых в отдельности не может быть отождествлено с его позицией.

XXVII, 3 — *Куда стремглав в ямской карете...* — См. с. 124–127.

5 — *Перед померкшими домами...* — Балы начинались, когда трудовое население столицы уже спало. Фонари в пушкинскую эпоху давали весьма скудный свет, и улицы освещались в основном светом из окон.

7 — *Двойные фонари карет...* — См. с. 127.

10 — *Усеян плошками кругом...* — *Плошки* — плоские блюдца с укрепленными на них светильниками или свечками. Плошками, расставленными по карнизам, иллюминировались дома в праздничные дни.

12 — *По цельным окнам тени ходят...* — Цена стекла определялась его величиной. Использование для окон огромных стекол, делавших излишними оконные переплеты, составляло дорогостоящую новинку, которую могли позволить себе лишь немногие.

14 — *...и модных чудаков.* — Господствовавший в петербургском свете «французский» идеал модного поведения требовал отказа от резко выраженных индивидуальных особенностей. Правильно вести себя означало вести себя в соответствии с правилами. В конце 1810-х — начале 1820-х гг. в поведении франта начала сказываться «английская» ориентация, требовавшая

«странного» поведения (она совпадала с бытовыми клише романтизма — «странный человек» сделался бытовой маской романтического героя). Таким образом, «странным человеком», «чудаком» в глазах общества, на вершинах культуры оказывался романтический бунтарь, а в прозаическом, бытовом варианте — петербургский денди, тень от прически которого мелькает на освещенных стеклах петербургской залы.

XXVIII, 7 — *Толпа мазуркой занята...* — См. с. 101–102.

9 — *Бренчат кавалергарда шпоры...* — *Кавалергард* — офицер Кавалергардского полка, привилегированного полка гвардейской тяжелой кавалерии, созданного при Павле I в противовес уже существовавшему Конногвардейскому полку. Обязательный высокий рост и белый расшитый мундир делали фигуры кавалергардов заметными в бальной толпе. В черновом варианте к тексту полагалось примечание: «Неточность. — На балах кавалергард⟨ские⟩ офицеры являются также как и прочие гости в виц мундире в башмаках. Замечание основательное, но в шпорах есть нечто поэтическое. Ссылаюсь на мнение А. И. В.» (VI, 528). Попытка снабдить поэтический текст оспаривающим его комментарием в прозе примечательна, поскольку создает картину диалогического спора между автором-поэтом и автором-прозаиком. А. И. В. — Анна Ивановна Вульф (Netty) (1799–1835), в замужестве — Трувеллер, приятельница *П*, предмет его неглубокого увлечения.

Для «игровой» природы пушкинских примечаний характерно соединение важного тона сурового критика, под маской которого выступает Пушкин, со ссылкой на мнение никому не известной тригорской барышни как на мнение третейского судьи между поэтом и комментатором.

14 — *Ревнивый шопот модных жен. — Модная жена* — выражение, почерпнутое из сатирической литературы XVIII в.; см. анонимное стихотворение «Модная жена» (Сатирические журналы Н. И. Новикова. М.; Л., 1951. С. 154). *П* имел в виду в первую очередь сатирическую «сказку» И. И. Дмитриева «Модная жена» (1791). *Модная жена* — щеголиха.

XXX, 8 — *Люблю их ножки; только вряд... —* Об источниках символики «ножки» см.: *Томашевский Б. В.* Маленькая ножка // Пушкин и его современники. Вып. XXXVIII–XXXIX. Л., 1930. С. 76–78.

XXX–XXXIII — Строфы отмечены сменой целой гаммы разнообразных интонаций и тонкой игрой стилями. В конце XXX строфы сочетание лексики элегической и уже ставшей штампом позы условного разочарования («грустный, охладелый») с рассуждением о «ножках» создает эффект иронии. Строфа XXXI переносит повествование в интимный, как бы биографический план и звучит лирически. Строфа XXXII нагнетает условно-литературные и уже в ту пору банальные образы («Дианы грудь, ланиты Флоры», «мой друг Эльвина»), резко обрывающиеся высокоромантическим стихом «У моря на граните скал», который, в свою очередь, служит переходом к XXXIII строфе — одной из наиболее патетических и напряженно-лирических строф романа.

XXXII, 1 — *Дианы грудь, ланиты Флоры... — Диана* (др.-рим.) — богиня луны, девственница, в традиции условно-аллегорического иконизма изображалась в образе юной девы. *Флора* (рим.) — богиня цветов, изображалась в образе румяной женщины.

3 — *Терпсихора* — См. с. 178.

9 — *Эльвина* — условно-поэтическое имя, связанное в карамзинской традиции с эротической лирикой.

XXXIII — Строфа введена в текст главы значительно позже создания основного корпуса, в разгар работы над третьей главой романа. *П* сознательно придал ей характер непосредственного и страстного признания в реальном чувстве. Однако установление биографической основы строфы затруднительно. Литературоведческая традиция связывает ее с именем М. Н. Раевской (в замужестве Волконской, 1805–1863) — дочери генерала Н. Н. Раевского, в будущем «декабристки», последовавшей за мужем в Сибирь. Основанием служит следующее место из ее мемуаров: «Завидев море, мы приказали остановиться, вышли из кареты и всей гурьбой бросились любоваться морем. Оно было покрыто волнами, и, не подозревая, что поэт шел за нами, я стала забавляться тем, что бегала за волной, а когда она настигала меня, я убегала от нее; кончилось тем, что я промочила ноги. Понятно, я никому ничего об этом не сказала и вернулась в карету. Пушкин нашел, что эта картинка была очень грациозна, и, поэтизируя детскую шалость, написал прелестные стихи; мне было тогда лишь 15 лет» (Пушкин в воспоминаниях современников. Т. 1. С. 214–215). Однако существует возможность и иной биографической трактовки строфы. Из письма В. Ф. Вяземской из Одессы мужу от 11 июля 1824 г. следует, что стихи могут быть отнесены и к Е. К. Воронцовой: «...иногда у меня не хватает храбрости дожидаться девятой волны, когда она слишком приближается, тогда я убегаю от нее, чтобы тут же воротиться. Однажды мы с гр. Воронцовой и Пушкиным дожидались ее, и она окатила нас настолько сильно, что пришлось переодеваться» (Остафьевский архив. СПб., 1913. Т. 5. Вып. 2. С. 123). Интересно, что осенью 1824 г., посылая В. Ф. Вяземской в Одессу, видимо, эту строфу, *П* писал ей: «Вот, однако, строфа, которою я вам обязан» (XIII, 114, 532. Ср.: *Салупере М.* Из комментариев к текстам А. С. Пушкина // Русская филология, I. Тарту, 1963. С. 49–51). Об отношении *П* к М. Н. Раевской см.: *Щеголев П. Е.* Из жизни и творчества Пушкина. 3-е изд. М.; Л., 1931. С. 222–243. Об отношении *П* к Е. К. Воронцовой см.: *Цявловская Т. Г.* «Храни меня, мой талисман» // Прометей. М., 1974. Т. 10. С. 12–84. К сожалению, последняя статья страдает известными преувеличениями и содержит ряд малообоснованных утверждений. Основной смысл строфы, видимо, не в обращении ее к какому-либо реальному прототипу, как мы видели проблематичному и, вероятно, собирательному, а в художественной необходимости контрастно противопоставить строфам, проникнутым литературно-условными образами, стихи, которые звучали бы как голос непосредственного чувства.

XXXIII, 10 — *Лобзать уста младых Армид... — Армида* — главная героиня поэмы Торквато Тассо (1544–1595) «Освобожденный Иерусалим», здесь: волшебница.

XXXV, 4 — *Уж барабаном пробужден.* — Сигналы утренней побудки и вечернего сбора в казармах подавались в начале XIX в. барабанной дробью. Казармы гвардейских полков были расположены в разных концах города, и барабанная дробь, разносясь в утренней тишине по пустынным улицам, будила трудовое население города.

---

6–7 — *На биржу тянется извозчик, / С кувшином охтинка спешит...* — *Биржа* здесь: «уличная стоянка извозчиков» (Словарь языка *П.* Т. 1. С. 114). См. с. 125–126. *Охтинка* — жительница Охты, окраинного района в Петербурге, здесь: молочница. Охта была заселена финнами, снабжавшими жителей столицы молочными продуктами.

13–14 — *...нераз / Уж отворял свой в а́ с и с д а с.* — То есть продал уже не одну булку: купцы в небольших лавочках на окраинах города арендовали помещения с одним окном, через которое и велась торговля. *Васисдас* (искаж. фр.) — форточка, германизм во французском языке, здесь: игра слов между значением слова «форточка» и русской жаргонной кличкой немца: Was ist das? — Что это? *(нем.).*

XXXVII–XXXVIII — Строфы вводят тему байронического разочарования Онегина и «преждевременной старости души» (XIII, 52) в том иронически-сниженном освещении, которое было типично для наиболее радикальных деятелей тайных обществ, в частности кишиневского окружения *П.* Ср. характерное высказывание: «Байрон наделал много зла, введя в моду искусственную разочарованность, которою не обманешь того, кто умеет мыслить. Воображают, будто скукою показывают свою глубину, — ну, пусть это будет так для Англии, но у нас, где так много дела, даже если живешь в деревне, где всегда возможно хоть несколько облегчить участь бедного селянина, лучше пусть изведают эти попытки на опыте, а потом уж рассуждают о скуке» (*Муравьев-Апостол М. И.* Воспоминания и письма. Пг., 1922. С. 85 — письмо И. Д. Якушкину от 27 мая 1825 г.).

XXXVIII, 9 — *Как Child-Harold, угрюмый, томный... — Чайльд-Гарольд* — герой поэмы Байрона «Странствование Чайльд-Гарольда» (1812–1818). *П* в период работы над первой главой *ЕО* читал поэму во французском прозаическом переводе: Oeuvres complètes de lord Byron / Traduites de l'anglais par A. E. Chastopallis. Paris, 1820.

Чайльд-Гарольд стал нарицательным именем для обозначения разочарованного байронического героя.

XXXIX–XLI — Пропуск ряда строф в тексте романа, как отмечено выше (с. 162), носил фиктивный характер: данные строфы вообще никогда не были написаны. Пропуск имеет структурно-композиционный смысл, создавая, с одной стороны, временной промежуток, необходимый для обоснования изменений в характере героя, а с другой — эффект противоречивого сочетания подробного повествования («болтовни», по определению *П*) и фрагментарности. Пропуски строф были существенным элементом создаваемого *П* нового типа повествования, построенного на смене интонаций и пересечении точек зрения, что позволяло автору возвыситься над субъективностью романтического монолога. Однако современники воспринимали это часто именно как проявление романтической отрывочности текста. Это имел в виду Грибоедов, когда иронически начал письмо к Булгарину так:

«Строфы XIII, XIV, XV

Промежуток 1 ½ месяца».

Публикуя это письмо, Булгарин сопроводил его примечанием: «Эти строфы поставлены Грибоедовым в шутку, в подражание модным Поэмам» (*Булгарин Ф.* Полн. собр. соч. СПб., 1844. Т. 7. С. 255).

Ср. также пародию П. Л. Яковлева, брата лицейского друга Пушкина, под названием: «Вместо романа в стихах — рассказ в прозе». Здесь после «главы первой», занимающей несколько строчек, идет: II, III, IV, V, VI, VII, VIII, IX, X, XI, XII. «Я очень знаю, что теперь не в моде большие главы и что не надобно порядка в нумерации глав. Знаю — зато вдруг глава XII! Это право лучше старинного порядка» (⟨*Яковлев П. Л.*⟩ Рукопись покойного Климентия Акимовича Хабарова... М., 1828. С. 7–8).

XLII, 6 — *Толкует Сея и Бентама... — Сей* (Сэ) Жан-Батист (1767–1832) — французский публицист и экономист, последователь Д. Рикардо и А. Смита, автор «Курса политической экономии». *Бентам* Иеремия (1748–1832) — английский либеральный публицист.

XLIV, 2 — *Томясь душевной пустотой...* — Реминисценция стиха Карамзина «Осталась в сердце пустота...» (*Карамзин-1*. С. 199); ср. о Татьяне:

Плоды сердечной полноты *(3, X, 8)*.

XLV–LX — Работа над строфами приходится на октябрь 1823 г. — время тяжелого идейного кризиса *П*. Разгром кишиневского («орловского») кружка декабристов сопровождался протекавшим на глазах *П* арестом В. Ф. Раевского, преследованиями и отставкой М. Ф. Орлова и ссылкой самого поэта в Одессу. *П* был свидетелем неудач европейских революций от Испании до Дуная. Однако все это было лишь одной из причин, побудивших *П* к трагическим размышлениям о слабых сторонах передового сознания и о пассивности народов, которые «тишины хотят» (II, 179). Не менее существенны были другие. Распад Союза благоденствия сопровождался разочарованием в его тактической программе, связанной с установкой на относительно длительный период мирной пропаганды и переходом к тактике военной революции. А это совершенно по-новому ставило вопрос о роли и участии народа в своем собственном освобождении. Трагическое чувство оторванности от народа и в связи с этим обреченности дела заговорщиков было пережито в 1823–1824 гг. наиболее решительными участниками движения. Боязнь революционной энергии крестьян сложно сочеталась при этом с горьким сознанием политической инертности народа.

Как истукан, немой народ
Под игом дремлет в тайном страхе...

Так писал В. Ф. Раевский в стихотворении «Певец в темнице» в 1822 г. (*Раевский В.* Стихотворения. Л., 1952. С. 152). Период трагических сомнений пережили Грибоедов, Пестель (см.: Восстание декабристов. 1927. Т. 4. С. 92), Н. С. Бобрищев-Пушкин и многие другие. *П* в этот период пишет стихотворения «Демон» и «Свободы сеятель пустынный», связанные с размышлениями этого же рода (см.: *Томашевский*. Кн. 1. С. 548–554). Представление об «умном» человеке начинает ассоциироваться не с образом энтузиаста и политического проповедника (Чацкий), а с фигурой сомневающегося Демона, мучительно освобождающего поэта от иллюзий. Новое осмысление получила и тема скуки. Весной 1825 г. *П* писал Рылееву: «Скука есть одна из принадлежностей мыслящего существа» (XIII, 176). В этих условиях скука Онегина и его отношение к миру авторских идеалов получают новую оценку. В строфе XLV впервые происходит сближение автора и героя. Одновременно Онегин наделяется новыми характеристиками: ему приписывается оригинальность («неподражательная странность») и высокий интеллектуальный уровень («резкий, охлажденный ум»). Последнее — в противоречии с характеристиками его в начале главы.

XLV, 1–2 — *Условий света свергнув бремя, / Как он, отстав от суеты...* — Тема замены большого света дружеским кругом разрабатывается в поэзии *П* этих лет и отражает биографическую реальность. Ср. «Послание к кн. Горчакову» (II, 114).

XLVI, 1–7 — *Кто жил и мыслил... Того раскаянье грызет.* — Строфа принадлежит к наиболее пессимистическим в творчестве *П*. Она связана с пересмотром в ходе идейного кризиса 1823 г. концепции Руссо об исконной доброте человека. *П* пришел к убеждению о связи торжества реакции и исконного эгоизма человеческой природы:

И горд и наш пришел Разврат,
И перед⟨?⟩ ним⟨?⟩ сердца застыли,
За власть⟨?⟩ Отечество забыли,
За злато продал брата брат.
Рекли безумцы: нет Свободы,
И им поверили народы.
[И безразлично, в их речах]
Добро и зло, все стало тенью —
Все было предано презренью,
Как ветру предан дольный прах (II, 314).

Стихи имеют прямое соответствие в черновой редакции «Демона»:

[И взор я бросил на] людей,
Увидел их надменных, низких,
[Жестоких] ветреных судей,
Глупцов, всегда злодейству близких.
Пред боязливой их толпой,
[Жестокой], суетной, холодной,
[Смешон] [глас] правды благо⟨родны⟩й,
Напрасен опыт вековой (II, 293).

Близость этих стихов к XLVI строфе показывает духовное сближение автора и Онегина, что подготавливало появление *П* в тексте романа уже не в качестве носителя авторской речи, а как непосредственного персонажа. Черновые варианты этих строф свидетельствуют о тесной близости их с «Демоном». Эти семь стихов по своему строю соответствуют началу онегинской строфы. Возможно, что они предназначались для характеристики Онегина:

> Мне было грустно, тяжко,
> больно,
> Но, одолев меня в борьбе,
> Он сочетал меня невольно
> Своей таинственной судьбе —
> Я стал взирать его очами,
> С его печальными речами
> Мои слова звучали в лад...

Этот набросок не нашел себе места в *ЕО*. Вслед за ним был написан «Демон» (*Томашевский*. Кн. 1. С. 552–553). Сближение Онегина и Демона дало основание комментаторам (см.: *Бродский*. С. 107–108) сблизить Онегина с якобы прототипом Демона А. Н. Раевским. Однако, поскольку отождествление А. Н. Раевского и поэтического Демона (несмотря на устойчивость такого сближения, восходящего к воспоминаниям современников поэта) на поверку оказывается произвольным, основанным лишь на стремлении некоторых современников и исследователей непременно выискивать в стихах «портреты» и «прототипы», параллель эту следует отвергнуть как лишенную оснований. И образ Онегина, и фигура Демона диктовались *П* соображениями гораздо более высокого художественного и идеологического порядка, чем стремление «изобразить» то или иное знакомое лицо. Это, конечно, не исключает, что те или иные наблюдения могли быть исходными импульсами, которые затем сложно преломлялись и трансформировались в соответствии с законами художественного мышления автора.

XLVII, 3 — *Ночное небо над Невою...* — Приведенный в примечании к этому стиху обширный отрывок из идиллии Гнедича «Рыбаки» (см.: VI, 191–192) должен был уравновесить отрицательный отзыв в строфе VII («Бранил Гомера, Феокрита») и одновременно подчеркнуть включенность «нового» Онегина, в отличие от предшествующих характеристик, в мир поэтических ассоциаций («Мечтам невольная преданность» — 1, *XLV, 5*).

5 — *Не отражает лик Дианы...* — *Диана* здесь: луна. Отсутствие луны на небосклоне для пушкинского пейзажа — характерный признак петербургских белых ночей:

> Твоих задумчивых ночей
> Прозрачный сумрак, блеск безлунный... (V, 136)

11 — *Как в лес зеленый из тюрьмы...* — Автореминисценция из «Братьев разбойников». Показательно, что этому стиху в контексте романа придан символический смысл, который, видимо, отсутствовал в структуре самих «Братьев разбойников», но вычитывался романтически настроенным читателем. «Один современник, иностранец, очевидно, передавая русские отклики на поэму „Братья разбойники“, формулируя понимание ее русскими читателями, писал: „Не является ли именно эта живая любовь к независимости, столь яркая печать которой свойственна поэзии Пушкина, тем, что привлекает читателя сочувственным обаянием. Пушкина любят всей силой любви, обращенной к свободе ⟨...⟩ Без сомнения, в стихе: „Мне тошно здесь... Я в лес хочу“, — заключено глубокое политическое чувство“» (*Гуковский Г. А.* Пушкин и русские романтики. М., 1965. С. 221–222).

XLVIII, 4 — *Как описал себя Пиит. — Пиит* здесь: Муравьев Михаил Никитич (1757–1807) (см.: VI, 192) — поэт, один из основоположников русского сентиментализма. *Пиит* (церк.-сл.) — «поэт», здесь имеет иронический оттенок.

Текст строфы насыщен конкретными топографическими намеками, создающими атмосферу зашифрованности по принципу: «Понятно тем, кому должно быть понятно».

5–6 — *...лишь ночные / Перекликались часовые...* — Намек вводит в смысловую картину образ Петропавловской крепости со всем кругом вызываемых ассоциаций.

8 — *С Мильонной раздавался вдруг...* — Намек на возвращающегося в этот час из театра в свою квартиру на Миллионной, в казармах Преображенского полка, П. А. Катенина. Катенин писал *П* о первой главе: «Кроме прелестных стихов, я нашел тут тебя самого, твой разговор, твою веселость и вспомнил наши казармы в Миллионной» (XIII, 169). Стихи включали *П* и Онегина в атмосферу споров на квартире Катенина, который в эту пору был и одним из теоретиков литературной группы архаистов, и лидером конспиративного Военного общества.

XLVIII, 12 — *Рожок и песня удалая...* — Мнение Бродского, согласно которому имеется в виду роговая музыка крепостного оркестра трубачей (*Бродский*. С. 112), видимо, ошибочно: «Роговая музыка в России просуществовала только до 1812 года» (*Пыляев М. И.* Старый Петербург. СПб., 1903. С. 74). Имеется в виду обычай богатых жителей Петербурга в начале XIX в. кататься по Неве, сопровождая прогулку хором песельников и игрой духового оркестра. Ср.: «Хоры песенников, т. е. гребцы и полковой хор, то сменялись, то пели вместе, а музыканты играли в промежутки. Шампанское лилось рекой в пивные стаканы, громогласное „ура“ ежеминутно раздавалось» (*Пыляев М. И.* Забытое прошлое окрестностей Петербурга. СПб., 1889. С. 114).

13–14 — *Но слаще, средь ночных забав, / Напев Торкватовых октав!* — Как и три последующие строфы, намек на планы *П* бежать за границу. Зашифрованный характер строфы связан был с упорным желанием *П* приложить к ней иллюстрацию, на которой, как он настаивал, должны были быть изображены не только поэт и Онегин, но и Петропавловская крепость, расположение же героев делало очевидным, что они находятся на равном расстоянии от «гнезда либералов» на Миллионной и Зимнего дворца. В первых числах ноября 1824 г., готовя главу к печати, *П* писал брату Л. С. Пушкину: «Брат, вот тебе картинка для Онегина — найди искусный и быстрый карандаш.

Если и будет другая, так чтоб все в том же *местоположении*. Та же сцена, слышишь ли? Это мне нужно непременно» (XIII, 119). На обороте письма — рисунок с точным указанием места Петропавловской крепости. Рисунок, выполненный А. Нотбеком (гравировал Е. Гейтман), *П* не удовлетворил не только потому, что был технически слаб, а самому поэту была придана другая поза, но, видимо, и потому, что место действия было перенесено к Летнему саду, то есть удалено от Миллионной и дворца. *Октава* — строфа из восьми стихов (Ав Ав Ав СС).

XLIX–LI — Строфы посвящены планам побега за границу, обдумывавшимся *П* в Одессе. В начале 1824 г. *П* с «оказией» писал о них брату: «Ты знаешь, что я дважды просил Ивана Ивановича (условное наименование имп. Александра I. — *Ю. Л.*) о своем отпуске чрез его министров — и два раза воспоследствовал всемилостивейший отказ. Осталось одно — писать прямо на его имя — такому-то, в Зимнем дворце, что против Петропавловской крепости, не то взять тихонько трость и шляпу и поехать посмотреть на Константинополь. Святая Русь мне становится не в терпеж» (XIII, 85–86). В планы *П* была посвящена В. Ф. Вяземская и, возможно, Е. К. Воронцова. Маршрут, намеченный в XLIX строфе, близок к маршруту Чайльд-Гарольда, но повторяет его в противоположном направлении.

XLIX, 1–2 — *Адриатические волны, / О Брента! нет, увижу вас...* — *Брента* — река, в дельте которой стоит Венеция.

6 — *По гордой лире Альбиона...* — Здесь имеется в виду творчество Байрона. *Альбион* — Англия.

14 — *Язык Петрарки и любви.* — *Петрарка* Франческо (1304–1374) — итальянский поэт. Образы условно-романтической Венеции с обязательными атрибутами: гондольерами, поющими Тассо, венецианками и проч. — были широко распространены. Кроме IV песни «Чайльд-Гарольда», *П* мог запомнить слова Ж. Сталь: «Октавы Тассо поются гондольерами Венеции» («О Германии»), а также строки А. Шенье, К. Делавиня и многих др. Примечателен контраст между топографически точной, основанной на личном опыте, понятной лишь тем, кто сам ходил по этим местам Петербурга, строфой XLVIII и составленной из общих мест условно-литературной топографией строфы XLIX, ср. также строфу L, вводящую тему двух родин — России и Африки — и поэта — двойного изгнанника, обреченного на одной родине тосковать о другой.

L, 3 — *Брожу над морем, жду погоды...* — К этому стиху *П* сделал примечание: «Писано в Одессе» (VI, 192), превращающее условную формулу поговорки в интимное и небезопасное признание — намек на план бегства за границу, вынашивавшийся *П* в Одессе.

11 — *Под небом Африки моей...* — В первом издании главы *П* сопроводил этот стих обширным автобиографическим примечанием: «Автор, со стороны матери, происхождения африканского. Его прадед Абрам Петрович Аннибал на 8 году своего возраста был похищен с берегов Африки и привезен в Константинополь» (VI, 654–655).

В изд. 1833 г. *П* сократил это примечание, заменив его ссылкой: «См. первое издание Евгения Онегина» (VI, 192).

LI, 11 — *Наследство предоставил им...* — См. с. 44–46.

LII, 7 — *Стремглав по почте поскакал...* — См. с. 126–127.

9–10 — *Приготовляясь, денег ради, / На вздохи, скуку и обман...* — Ср. в «Дон-Жуане» Байрона (песнь I, строфа 125, 1–3): «Сладко получить наследство, и это высшее счастье — узнать о неожиданной смерти какой-либо древней родственницы или старого кузена, которому стукнуло семьдесят лет». Отъездом героя в деревню к умирающему дяде начинается «Мельмот-скиталец» Метьюрина.

LV, 7 — *far niente (ит.)* — «безделие», «ничегонеделание». Выражение это встречалось в речи и эпистолярной прозе современников. Батюшков писал Гнедичу 30 сентября 1810 г.: «3 часа упражняюсь в искусстве убивать время, называемом il dolce far niente» (*Батюшков К. Н.* Соч.: В 2 т. М., 1989. Т. 2. С. 145). Перенесение общеизвестного выражения в поэтический текст представляло смелое стилистическое новаторство.

LVI–LIX — Строфы декларируют два новых для *П* и весьма существенных художественных принципа: отказ от лирического слияния автора и героя и разрыв с романтической традицией, требовавшей создания вокруг поэмы атмосферы интимных лирических признаний автора и вовлечения мифологизированной биографии поэта в сложную игру отношений к поэтическим образам.

LVI, 11 — *Как Байрон, гордости поэт...* — Ср.: «Байрон бросил односторонний взгляд на мир и природу человечества, потом отвратился от них и погрузился в самого себя. Он представил нам призрак самого себя. Он создал себя вторично, то под чалмою ренегата, то в плаще корсара, то гяуром...» (XI, 51).

LVII, 8 — *И деву гор, мой идеал...* — Имеется в виду черкешенка, героиня «Кавказского пленника».

9 — *И пленниц берегов Салгира.* — Имеется в виду «Бахчисарайский фонтан». *Салгир* — река в Крыму.

LIX, 6–8 — *Перо, забывшись, не рисует...* — Рукописи *П* характеризуются обилием авторских зарисовок (см.: *Эфрос А.* Рисунки поэта. М., 1930; *Цявловская Т.* Рисунки Пушкина. М., 1970).

LX — Строфа, завершающая первую главу, декларирует важнейшие творческие принципы поэта: свободное движение плана действия (см.: *Бочаров С. Г.*

Поэтика Пушкина. М., 1974. С. 26–104) и принцип совмещения противоречий (см.: Роман в стихах Пушкина «Евгений Онегин» // *Лотман Ю. М.* Пушкин. С. 395–411).

## ГЛАВА ВТОРАЯ

*O rus!.. / Hor*[1].

*О Русь!* — Первая часть эпиграфа заимствована из Горация (Сатиры, кн. 2-я, сатира 6) и в русском переводе звучит так:

О, когда ж я увижу поля! И когда же смогу я
То над писаньями древних, то в сладкой дремоте
и в лени
Вновь наслаждаться блаженным забвением жизни
тревожной!

(*Квинт Гораций Флакк.* Оды, эподы, сатиры, послания / Пер. М. Дмитриева. М., 1970. С. 306)

Двойной эпиграф создает каламбурное противоречие между традицией условно-литературного образа деревни и представлением о реальной русской деревне. Ср. исключенный по цензурным условиям вариант беловой рукописи:

В глуши что делать в это время
Гулять? — Но голы все места
Как лысое Сатурна темя
Иль крепостная нищета (VI, 599).

Одновременно задается типичное для всех последующих глав отношение к литературной традиции: цитатой, реминисценцией или иным путем в сознании читателя оживляется некоторое ожидание, кото-

[1] О деревня!.. Гор⟨аций⟩ *(лат.)*.

рое в дальнейшем не реализуется, демонстративно сталкиваясь с внелитературными законами действительности.

Ср. каламбурное использование той же цитаты из Горация (независимо от пушкинского текста) в «Анри Брюларе» Стендаля — о событиях конца 1799 г.: «...в Гренобле ожидали русских. Аристократы и, кажется, мои родные говорили: O Rus, quando ago te aspiciam!» (гл. XXIV). *Гораций* Флакк (65–8 до н. э.) — римский поэт.

I — В строфе отразились черты знакомого *П* пейзажа Михайловского, однако деревня Онегина является не копией какой-либо реальной, известной *П* местности, а художественным образом.

14 — *Приют задумчивых Дриад.* — *Дриады* (др.-греч.) — лесные духи, им приписывался женский облик (нимфы деревьев).

II, 1 — *Почтенный за́мок был построен...* — Наименование помещичьего дома «за́мком», видимо, связано с ощутимой и для автора, и для читателей параллелью между приездом Мельмота, героя романа Метьюрина, в замок дяди и приездом в деревню Онегина, а также и реминисценциями из Байрона («британской музы небылицы» — *3, XII*, 5). Такая параллель, с одной стороны, имела иронический характер, а с другой — подсказывала ложное ожидание напряженно-авантюрного развития сюжета, которое традиционно должно было следовать после прибытия героя в «замок». Эффект «обманутого ожидания», на который рассчитывал *П*, блестяще удался: большинство современников, читателей второй главы, жаловались на отсутствие действия. Катенин писал *П* 14 марта 1826 г.: «Деревенский быт в ней так же хорошо выведен, как городской —

в первой; Ленский нарисован хорошо, а Татьяна много обещает. Замечу тебе однако (ибо ты меня посвятил в критики), что по сие время действие еще не началось; разнообразие картин и прелесть стихотворения, при первом чтении, скрадывают этот недостаток, но размышление обнаруживает его» (XIII, 269). Аналогичные упреки высказывались неоднократно.

6 — *В гостиной штофные обои...* — *Штоф* — тканая шелковая материя, употреблявшаяся для обивки стен. Стихи воспроизводят образ типичного интерьера русского дворянского дома середины XVIII в. (видимо, того времени, когда дядя Онегина, который «лет сорок с клюшницей бранился» *(2, III, 3)*, поселился в деревне). Штофные обои и пестрые изразцы типичны для XVIII в. Конец моды на штофные обои совпал с революционными событиями во Франции. «В области моды и вкуса ⟨...⟩ находится и домашнее убранство или меблировка. И по этой части законы предписывал нам Париж. Штофные обои в позолоченных рамах были изорваны, истреблены разъяренною чернью, да и мирным его мещанам были противны, ибо напоминали им отели ненавистной для них аристократии» (*Вигель.* Т. 1. С. 178–179). В начале XIX в. вошло в моду красить стены комнат, а в богатых домах — покрывать их росписями в античном духе. Ср. в «Романе в письмах»: «Ты не можешь вообразить, как странно читать в 1829 году роман писанный ⟨в⟩ 775-м. Кажется, будто вдруг из своей гостиной входим мы в старинную залу, обитую штофом...» (VIII, 49–50). Ср.: «У бабушки и в доме все было по-старинному, как было в ее молодости, за пятьдесят лет тому назад (счет идет от 1824 г. — *Ю. Л.*): где шпалеры штофные, а где и просто по холсту расписанные стены, печи ⟨...⟩ из пестрых изразцов» (Рассказы Бабушки. С. 380).

7 — *Царей портреты на стенах...* — В беловой рукописи помета: «Дл⟨я⟩ ценз⟨уры⟩: *Портреты дедов на стенах»* (VI, 557). В таком виде стих печатался в прижизненных изданиях.

III, 6 — *Два шкафа, стол, диван пуховый...* — обычный набор мебели в гостиной провинциального помещика (см. с. 79–80). Мебель эта, как правило, изготовлялась домашними мастерами.

Диван, набитый пухом, — известная степень комфорта, как и штофные обои, свидетельствующая, что в свое время (1770-е гг.) дом дяди Онегина был обставлен в соответствии с требованиями моды.

11 — *Кувшины с яблочной водой...* — См. с. 252.

12 — *И календарь осьмого года...* — Адрес-календарь — ежегодное справочное издание, содержащее общую роспись чинов Российской империи. «Календарь осьмого года» назывался «Месяцеслов с росписью чиновных особ, или Общий штат Российской империи на 1808 г.» и состоял из двух частей: «Власти и места центрального управления и ведомства» и «Власти и места управления губернского и проч.». Календарь был незаменимым справочником при подаче прошений и обращении к государственным инстанциям, а также позволял следить за служебным продвижением знакомых и родственников. Содержащиеся в той же книге астрономические календари часто использовались как записные книжки и семейные летописи.

13 — *Старик, имея много дел...* (ирон.) — См. с. 352–353.

IV–V — В сопоставлении с деревенскими соседями Онегин выглядит не только как просвещенный столичный житель, но и как либерал. Добровольная жизнь в деревне в 1820 г. связывалась с распространенным в кругах Союза благоденствия стремлением к улучшению быта крестьян. Ср.:

*Чацкий:* Кто путешествует, в деревне кто живет...

*Фамусов:* Да он властей не признает! (д. II, явл. 2)

«В 19-м году, поехав из Москвы повидаться со своими, я заехал в смоленское свое имение. Крестьяне, собравшись, стали просить меня, что так как я не служу и ничего не делаю, то мне бы приехать пожить с ними, и уверили, что я буду им уже тем полезен, что при мне будут менее притеснять их. Я убедился, что в словах их много правды, и переехал на житье в деревню. Соседи тотчас прислали поздравить с приездом, обещая каждый скоро посетить меня; но я через посланных их просил перед ними извинения, что теперь никого из них не могу принять. Меня оставили в покое, но, разумеется, смотрели на меня как на чудака. Первым моим распоряжением было уменьшить наполовину господскую запашку. Имение было на барщине, и крестьяне были далеко не в удовлетворительном положении; многие поборы, отяготительные для них и приносившие мало пользы помещику, были отменены» (*Якушкин И. Д.* Записки, статьи, письма. М., 1951. С. 25). Стремление облегчить участь крестьян, нежелание знакомиться с соседями и даже прозвище чудака создают в мемуарах Якушкина «онегинский комплекс».

Поскольку *П* был лично знаком с Якушкиным, возможно непосредственное влияние его рассказа.

IV, 5 — *В своей глуши мудрец пустынный...* — В первоначальных рукописях было: «Свободы [сеятель пустынный]» (VI, 265), что вновь связывало Онегина с поэтическим циклом элегий 1823 г. (II, 299–302).

6–7 — *Ярем он барщины старинной / Оброком легким заменил...* — В кругах Союза благоденствия оброк считался не только более легкой формой крепостной зависимости, но и путем к освобождению крестьян. Такое толкование *П* мог услышать от Н. И. Тургенева, с которым энергично общался в Петербурге. В специальной заметке «Нечто о барщине» Тургенев писал: «Рассмотрим состояние оброчного крестьянина. Здесь прежде всего я должен заметить к чести тех помещиков, которых крестьяне находятся на оброке, что мне весьма редко случалось находить крестьян, платящих оброк чрезмерный и для них изнурительный ⟨...⟩ Помещики почти никогда не живут в оброчных деревнях. Крестьяне оброчные управляют сами собою, посредством своих выборных, сотских, бурмистров» (Декабристы: Поэзия, драматургия... М.; Л., 1951. С. 447–448). Мнение это, высказанное Тургеневым в 1818 г., подтверждено было им и в 1819 г. в записке «Нечто о крепостном состоянии в России». Умеренный («легкий») оброк в 1819 г. колебался от 18 руб. 50 коп. до 25 руб. ассигнациями (см.: *Индова Е. И.* Крепостное хозяйство в начале XIX века по материалам вотчинного архива Воронцовых. М., 1955. С. 154). Декабрист Лунин получал в 1819 г. оброка 24 руб. ассигнациями с души (*Греков Б. Д.* Тамбовское имение М. С. Лунина // Изв. АН СССР. Серия VII. 1932. № 6. С. 509). Видимо, такой оброк и ввел Онегин в своих деревнях. Следует отметить, что Тургенев весьма идеализировал положение оброчного крестьянина. С более состоятельных крестьян (например, извозчиков) помещики брали по 40 и даже 60 руб. годовых (см.: *Тарасов Е. И.* Декабрист Н. И. Тургенев в александровскую эпоху. Самара, 1923. С. 294).

В воспоминаниях крепостного крестьянина Н. Шипова читаем: «...дошло до того, что на каждую ревизскую душу падало вместе с мирскими расходами свыше

110 руб. асс⟨игнаций⟩ оброка» (*Карпов В. Н.* Воспоминания; *Шипов Н.* История моей жизни. М.; Л., 1933. С. 390). Сумма оброчных денег в начале XIX в. быстро росла: в воронцовских имениях она увеличилась с 1801 г. в 3–5 раз. Таким образом, оптимизм Тургенева был необоснован: оброк не был путем к освобождению. Однако положение оброчных крестьян все же было более легким, и перевод на оброк воспринимался в начале 1820-х гг. как мера либеральная, а если оброк был «легким» — даже вольнодумная. Именно так взглянул на «реформу» Онегина «его расчетливый сосед». *П* было, конечно, известно, что в 1818 г. при переводе крестьян на оброк Тургеневу пришлось выдержать борьбу с матерью-крепостницей.

Переведение крестьян на оброк автоматически означало уничтожение «заводов» (крепостных мануфактур, обслуживавшихся барщинным трудом) — одной из наиболее тяжелых для крестьянина и доходных для помещика форм крепостной повинности. Онегин, который был «хозяин» «заводов» *(1, LIII, 10–11)*, переведя крестьян на оброк, таким образом, не только облегчил их труд, но и значительно уменьшил свои доходы. Так же поступил, как было известно *П*, Н. И. Тургенев в 1818 г.

V, 10–11 — *Он фармазон; он пьет одно / Стаканом красное вино... — Фармазон* — искаженное название члена масонской ложи (франкмасон) скоро сделалось ругательством со значением «вольнодумец». См. в «Горе от ума»:

*Графиня бабушка:* Что? к фармазонам в клоб?
Пошел он в пусурманы? (д. III, явл. 19)

Ср. обвинение Чацкому:

*Хлёстова:* Шампанское стаканами тянул.

*Наталья Дмитриевна:* Бутылками-с,
и пребольшими.

*Загорецкий (с жаром):* Нет-с, бочками сороковыми
(д. III, явл. 21).

Однако соседи обвиняют Онегина не в пьянстве, а в мотовстве: он пьет целыми стаканами дорогое импортное вино («вдовы Клико или Моэта Благословенное вино» — *4, XLV, 1–2*), соседи же употребляют напитки домашней фабрикации. «Наливок целый строй, / Кувшины с яблочной водой» *(2, III, 10–11)*, равно как и подаваемая в доме Лариных брусничная вода *(3, III, 7–8)*, — это ягодные алкогольные напитки слабой крепости. Автор известных в XVIII в. книг по домоводству С. В. Друковцев дает несколько рецептов изготовления брусничной и других ягодных вод, которые рекомендуется заквашивать дрожжами, хмелем, а после того как перебродят, разбавлять водкой «по вкусу» (см.: *Друковцев С. В.* Экономическое наставление дворянам, крестьянам, поварам и поварихам… СПб., 1781). Боязнь Онегина, чтобы брусничная вода ему «не наделала б вреда» *(3, IV, 14)*, объясняется привкусом дрожжей при неполном брожении.

13 — *Все да, да нет, не скажет да-с…* — Резкость обращения, демонстративный отказ от условностей светского этикета были характерны для людей круга Союза благоденствия (см.: *Лотман-1*). Противопоставляя Онегина соседям, *П*, однако, внес ноту скепсиса в значимость его общественной позиции («Чтоб только время проводить» — *2, IV, 2*).

VI–XII — Строфы вводят новое лицо — Ленского. По первоначальному замыслу он должен был стать центральным персонажем главы (в плане издания романа, который *П* набросал в 1830 г., вторая глава озаглавлена «Поэт» — VI, 532), основным антиподом Онегина. Противопоставление мыслилось как антитеза умного скептика и наивно-восторженного энтузиаста. Соответственно черты свободолюбия, сохранившиеся и в окончательном варианте образа Ленского, первоначально были значительно резче подчеркнуты. Оба образа (и Онегина, и Ленского) связаны с лирическим миром автора, но второй отнесен к тому эмоционально-идейному миру поэта до перелома 1823 г., который осознается теперь как сохраняющий обаяние чистоты, но наивный, а первый — как отмеченный печатью зрелого ума, но затронутый разъедающим скепсисом. Сопоставление этих образов подчеркивает и ущербность каждого в отдельности, и духовную ценность каждого из них. Сложная система стилистических переходов позволила *П* отделить авторское повествование и от позиции Ленского, и от позиции Онегина и одновременно уклониться от жесткой и однозначной их оценки.

VI — В черновом варианте строфы энтузиазм Ленского имел отчетливо политический и свободолюбивый характер:

По имени Владимир Ленской
Душою школьник Геттингенской
Красавец в полном цвете лет
Крикун, мятежник и поэт
Он из Германии свободной
[Привез] учености плоды
Вольнолюбивые мечты
Дух пылкий прямо благородный
Всегда восторженную речь
И кудри черные до плеч (VI, 267).

6 — *С душою прямо геттингенской...* — «Геттингенская душа» была для *П* вполне конкретным и далеким от политической нейтральности представлением. Геттингенский университет был одним из наиболее либеральных университетов не только Германии, но и Европы (расположенный на землях Ганноверской династии, он был подчинен английским законам). Выпускники Геттингенского университета, знакомцы *П*, принадлежали к числу русских либералов и свободолюбцев: один из лидеров декабристского движения, Н. И. Тургенев, и брат его, умеренный либерал А. И. Тургенев, учились в Геттингене, там же получил образование любимый лицейский учитель *П* известный либерал А. П. Куницын (1783–1840) и член Союза благоденствия гусар Каверин (см. с. 169–170). *П*, вероятно, слышал о друге Жуковского и А. И. Тургенева профессоре Дерптского университета А. С. Кайсарове (см. с. 155), погибшем в партизанском отряде в 1813 г.

8 — *Поклонник Канта и поэт.* — *Кант* Иммануил (1724–1804) — немецкий философ, автор «Критики чистого разума» и «Критики практического разума». *П* знал Канта не только по упоминаниям в «Письмах русского путешественника» и, вероятно, рассказам Карамзина, но и по лекциям кантианца и шеллингианца А. И. Галича (1783–1848). *П* было известно, что во время «дела профессоров» в 1821 г. Рунич говорил Галичу: «Вы явно предпочитаете язычество христианству, распутную философию девственной невесте христианской церкви, безбожного Канта самому Христу, а Шеллинга и Духу Святому» (*Сухомлинов М. И.* Исследования и статьи по русской литературе и просвещению. СПб., 1889. Т. 1. С. 328). Об осведомленности *П* свидетельствует стих в черновике «Второго послания к цензору»

(1824): «И Рунич — Галича креститель и пророк» (II, 915); характеристика Ленского как «поклонника Канта» не могла быть ни случайной, ни нейтрально звучащей.

9 — *Он из Германии туманной...* — В такой редакции стих связывал образ Германии с романтизмом. Эта связь установилась со времени выхода книги де Сталь «О Германии» (1810). Первоначальная формула «из Германии свободной» (VI, 267) выделяла другие ассоциации: брошюру А. С. Стурдзы (см. с. 22–23) о Германии для членов Аахенского конгресса, в которой автор обвинял германские (в частности, Геттингенский) университеты в распространении в Европе революционного духа (ср. эпиграмму *П* «Вкруг я Стурдзы хожу» — II, 94), и тираноборческий акт немецкого студента К. Занда, убившего А. Коцебу. Ср. слова *П* о Занде: «В твоей Германии ты вечной тенью стал» (II, 174).

14 — *И кудри черные до плеч.* — Короткой стрижке денди (см. с. 550) противопоставлялись длинные кудри вольнодумца. На проекте иллюстрации к первой главе, который *П* набросал на обороте письма к брату Льву, изобразив себя со спины, отчетливо видны длинные до плеч волосы поэта.

VIII, 5–6 — *Он верил, что друзья готовы / За честь его приять оковы...* — Имеется в виду баллада Шиллера «Порука», в которой один из героев представляет свою жизнь порукой за слово друга. Ю. Н. Тынянов связал поклонение Ленского Шиллеру (ср.: «При свечке, Шиллера открыл» — *6, XX, 4*) с чертами Кюхельбекера, которые, по его мнению, *П* ввел в образ Ленского (*Тынянов*. С. 233–294).

8 — *Разбить сосуд клеветника... — Сосуд* (церк.-сл.) здесь: оружие (ср.: Псалтирь, псалом 7, стих 14: «Уготова сосуды смертныя»), то есть Ленский верил, что друзья готовы разбить оружие клеветы. Соотношение дружбы и клеветы волновало *П.* Юношеской вере Ленского противостоят трагическое отождествление друга и клеветника в стихотворении *П* «Коварность» (1824) и иронические стихи в *ЕО (4, XIX, 4–9)*.

9–14 — *Что есть избранные судьбами...* — В первом печатном издании 1826 г. заменены точками. В данном случае пропуск явно имел не композиционный, а цензурный характер. Более того, *П*, видимо, счел необходимым дать читателю знать об этом. Показательно, что в первом и втором полных изданиях романа *П*, воспользовавшись притуплением бдительности цензуры, считавшей, что перед ней простая перепечатка уже цензурованного текста, дал не шесть, а пять строк точек, восстановив 9-й стих: «Что есть избранные судьбами...» Такой отрывочный текст не имел никакого иного смысла, кроме единственного — указать читателю на значительность для автора пропущенных стихов. Смысл стихов звучит сознательно зашифрованно, и предложенное для его расшифровки сопоставление со стихотворением Кюхельбекера «Поэты» (см.: *Тынянов*. С. 276–277; принято: *Бродский*. С. 135) мало что разъясняет. Прав Б. В. Томашевский, который, сблизив эти стихи с наброском:

Бывало в сладком ослепленье
Я верил избр⟨анным⟩ душам,
Я мнил — их тай⟨ное⟩ рожденье
Угодно [властным] небесам (II, 294),

органически связанным с посланием В. Ф. Раевскому (1823), увидал в них намек на тайное общество или, по крайней мере, на некоторый круг конспираторов (*Томашевский*. Кн. 1. С. 551). Это делает понятной и веру Ленского, что усилие «избранных судьбами» когда-нибудь «мир блаженством одарит», и автоцензуру данных строк.

IX–X — Строфы посвящены характеристике поэзии Ленского. *П* первоначально полагал дать их в значительно более развернутом виде, но остановился на сжатом варианте. В строфе IX нагнетаются устойчивые фразеологизмы романтической поэзии: «чистая любовь», «сладкое мученье», «с лирой странствовал на свете», «поэтический огонь», «возвышенные музы», «возвышенные чувства» и проч. Поскольку в пределах строфы им не дано стилистической антитезы, они воспринимаются как свойство авторской точки зрения (о понятии «точки зрения» см.: *Успенский Б. А.* Поэтика композиции. Структура художественного текста и типология композиционной формы. М., 1970). В строфе X романтические штампы контрастно сопоставлены в последнем стихе с иронически освещающей их авторской речью, а некоторые выделены курсивом, который в пушкинском романе обычно обозначает чужую речь (заменяя, в соответствии с традициями графики той поры, современные кавычки). В результате поток романтических выражений становится в X строфе не авторской точкой зрения, а объектом авторского наблюдения и изображения. Такое «скольжение» позиции повествователя позволяет *П* создать «объемный» текст.

Первоначальный вариант характеристики значительно более резко определял политическую направленность поэзии Ленского, сближая ее с теми установками, которые настойчиво стремились привить *П* его декабристские друзья в Петербурге и Кишиневе.

Тема поэзии Ленского развивалась также в строфах IXа, IXб, IXв и XVIIг (VI, 270–272, 282–283), дополнявших политическую характеристику его лирики. Ленский — поэт возвышенной любви, и стихи его противопоставляются эротической поэзии «певцов слепого упоенья»:

Не пел порочной он забавы
Не пел презрительных цирцей
Он оскорблять гнушался нравы
Прелестной ⟨?⟩ лирою своей
Поклонник истинного счастья
Не славил сети сладострастья (VI, 270).

Стихи эти написаны с позиции полного неприятия «нечистой» эротической поэзии. Однако для более глубокого осмысления их следует иметь в виду, что их пишет автор «Гавриилиады», отношение к которой, равно как и к пушкинской эротической лирике, со стороны друзей-декабристов было осудительным. Достаточно сравнить обличение «элегий живых» «певцов любви» в строфе IXб:

...Напрасно ветряная младость
[На ложе неги], на пирах
Хранит и в сердце и в устах
Стихов изнеженную сладость
И на ухо стыдливых дев —
Их шепчет робость одолев (VI, 271) —

с пушкинской автохарактеристикой в полемическом послании В. Ф. Раевскому:

...иногда
Мои коварные напевы
Смиряли в мыслях юной девы
Волненье страха ⟨и⟩ стыда (II, 260),

чтобы убедиться, что *П* создает обличительный монолог, полемически написанный с позиций его декабристских друзей и задевающий одну из сторон его собственной поэзии. В строфе IXв, с одной стороны, резкость осуждения эротической поэзии возрастает, приобретая пародийный характер, с другой — *П* намекает на то, что аскетизм декабристской поэзии сродни чопорности их литературных и политических антиподов — старших карамзинистов:

> Не вам («певцам любви». — *Ю. Л.*) чета был
> строгий Ленской
> Его [труды] конечно мать
> Велела б дочери читать (VI, 272).

Последние стихи намекают на больно задевшую *П* оскорбительную эпиграмму И. И. Дмитриева по поводу «Руслана и Людмилы»:

> Мать дочери велит на сказку эту плюнуть.

Эпиграмма, как и два последних стиха *П*, — вольная обработка известной эпиграммы Пирона.

Позиция *П* была сложной: вставая в ряде стихотворений на декабристскую позицию безусловного отказа от эротической лирики во имя «строгой» поэзии (ода «Вольность» и др.), он одновременно активно развивал и другую поэтическую концепцию. Страстная любовная поэзия с этой второй точки зрения не противопоставлялась свободолюбию, а входила в него (ср. стихотворение «Краев чужих неопытный любитель...» (1817), где рядом поставлены, как два равноценных идеала, «гражданин с душою благородной» и «женщина» «с пламенной, пленительной, живой» красотой — II, 43). Авторская позиция *П*, таким образом, включала в себя стилистическое многоголосие и тот полифонизм точек зрения, который уже современники называли «протеизмом», ср.:

Пушкин, Протей
Гибким твоим языком и волшебством твоих
песнопений!

(Из письма Н. И. Гнедича от 23 апреля 1832 г. — XV, 19; образ поэта-протея восходит к стихотворению Карамзина «Протей, или Несогласия стихотворца»)

В тех случаях, когда позиция автора *ЕО* заключалась в совмещении различных точек зрения, каждая из них, взятая изолированно, могла выступать в освещении авторской иронии. Такая ирония не равнялась отрицанию. С этой позиции ригоризм «строгого Ленского», особенно в контексте его юношеской влюбленности, окрашивался иронией. Однако, сведя позицию Ленского почти к пародийной, *П* тут же дал параллельный вариант, в котором та же тема получила диаметрально противоположное эмоционально-стилистическое решение: *П* говорил самые значимые слова, которые можно было бы сказать против него самого с позиции В. Ф. Раевского в защиту «строгой поэзии»:

Но добрый юноша готовый
Высокий подвиг совершить
Не будет в гордости суровой
Стихи нечистые твердить
Но праведник изнеможенный
К цепям неправдой присужденный
[В своей] *(нрзб)* в т⟨юрь⟩ме
С лампадой, дремлющей во тьме
Не склонит в тишине пустынной
На свиток ваш очей своих
И на стене ваш вольный стих
Не начертит рукой безвинной
Немой и горестный привет
Для узника [грядущих] лет (VI, 282–283).

Образ юноши, готового совершить «высокий подвиг» тираноубийства, был для *П* в определенной мере автобиографичен, а за фигурой узника, конечно, вставал В. Ф. Раевский. Осуждение с этих позиций «вольных» (здесь: развратных) стихов, конечно, было окончательным приговором. Диалогическое сопоставление двух литературных позиций, из которых каждая имеет свою глубокую правду, но одновременно нуждается в антитезе, вводит нас в самую сущность идейно-стилистической структуры *ЕО*. *П* в окончательном тексте второй главы снял эту сложную литературную полемику, поскольку к моменту окончания главы она утратила актуальность, но сохранил «строгий» характер поэзии Ленского.

IX, 1 — *Негодованье, сожаленье...* — Первое слово характеристики поэзии Ленского адресовало осведомленного читателя к стихотворению П. А. Вяземского «Негодованье» (1820):

> Мой Аполлон — негодованье!
> При пламени его с свободных уст моих
> Падет бесчестное молчанье
> И загорится смелый стих.
> Негодование! огонь животворящий!
>
> (*Вяземский-1*. С. 136)

2 — *Ко благу чистая любовь...* — Стихи представляют собой перефразировку отрывка из «Уныния» Вяземского (1819):

> Но слава не вотще мне голос подала!
> Она вдохнула мне свободную отвагу,
> Святую ненависть к бесчестному зажгла —
> И чистую любовь к изящному и благу.
>
> (*Вяземский-1*. С. 134)

Однако лексика этого рода была характерна для декабристской поэзии в целом. Ср., например:

Мой друг! Недаром в юноше горит
Любовь к общественному благу!

(*Рылеев К. Ф.* Полн. собр. стих. Л., 1971. С. 102)

6 — *Под небом Шиллера и Гёте...* — Истолкование Шиллера и Гёте как апостолов романтизма в значительной мере связано с книгой Ж. Сталь «О Германии» (ср. об Онегине в черновиках I главы: «Он знал немецкую словесность / По книге госпожи де Сталь» — VI, 219). Однако имелась и встречная русская традиция, например известный *П* культ Шиллера в семье Тургеневых, восходящий еще к старшему брату Андрею. Однако в первую очередь *П*, вероятно, припоминал своего лицейского друга В. Кюхельбекера, поклонника Шиллера, который, совершая «с лирой» поездку по Европе, посетил в 1820 г. Гёте. См.: *Жирмунский В.* Гёте в русской литературе. Л., 1937. С. 151–158; *Harder H.-B.* Schiller in Rußland. Materialien zu einer Werkungsgeschichte (1789–1814). Berlin; Zürich, 1969. Романтический культ «неба Шиллера и Гёте» язвительно высмеял в 1824 г. пушкинский приятель В. С. Филимонов в поэме «Дурацкий колпак»:

О, как Германия мила!
Она в дыму своем табачном,
В мечтаньи грозном, но не
страшном,
Нам мир воздушный создала,
С земли на небо указала;
Она *отчизна Идеала*,
Одушевленной красоты,
И *эстетической управы,*
И Шиллера и Гёте славы,
Она — приволие мечты.

(Поэты 1820–1830-х. С. 151)

«Дурацкий колпак» вызвал сочувственный отклик *П* (III, 99).

X — Строфа дает набор общих мест романтической поэзии. Не только фразеологизмы «дева простодушная», «сон младенца», «пустыни неба», «богиня тайн и вздохов нежных» были многократно повторяющимися штампами романтической поэзии, но и рифмы этой строфы: «послушный — простодушной», «ясна — луна», «безмятежных — нежных» подчеркнуто тривиальны. Словари рифмы *П*, Батюшкова и Баратынского неоспоримо в этом убеждают (см.: *Shaw J. T.* Baratynski. A Dictionary of the Rhymes. The University of Wisconsin Press, 1975; *Shaw J. T.* Batiushkov. A Dictionary of the Rhymes. The University of Wisconsin Press, 1975; *Shaw J. T.* Pushkin's Rhymes. A Dictionary. The University of Wisconsin Press, 1974).

Тематика поэзии Ленского также подчеркнуто повторяет общие места романтических элегий.

7 — *Он пел разлуку и печаль...* — Ср.:

Когда расстались мы, прелестный друг, с тобой,
Скажу ль? из глаз моих ток слезный не катился,
Но грудь оледенил мне холод гробовой,
Тоска стеснила дух и свет в очах затмился.

(*Олин В. Н.* Стансы к Элизе, 1822–1823 // Поэты 1820–1830-х. С. 129)

На жалобы мои, казалось отвечали
И камни дикие, и быстрых вод струи;
И преклонялся лес, исполненный печали,
На жалобы мои...

(*Крылов А. А.* Разлука ⟨1821⟩ // Там же. С. 241)

Не спрашивай, зачем я так уныл!
Ты знать должна вину моей печали.

(*Крылов А. А.* Недоверчивость ⟨1821⟩. Там же. С. 248)

Я слышу вновь обеты разлученья,
Прощальной речи томный звук...

(*Туманский В. И.* Элегия, 1823. Там же. С. 271)

8 — *И нечто, и туманну даль...* — выделены цитаты из статьи В. К. Кюхельбекера «О направлении нашей поэзии...»: «У нас все *мечта* и *призрак*, все *мнится* и *кажется* и *чудится*, все только *будто бы, как бы, нечто что-то* 〈...〉 В особенности же — *туман*» (*Кюхельбекер-1*. С. 456–457).

Кюхельбекер выделяет курсивом «чужую речь» романтических штампов, а *П* — двойную цитату из романтической поэзии и статьи Кюхельбекера. См. с. 295–296.

9 — *И романтические розы...* — мистический средневековый символ розы (см.: *Веселовский А. Н.* Из поэтики розы // Избр. статьи. Л., 1939. С. 132–139; *Bayard J.-P.* La symbolique de la Rose-Croix. Paris, 1975) получил исключительно широкий отклик в романтической литературе. Многочисленные примеры см.: *Алексеев*. С. 320–377.

10 — *Он пел те дальные страны...* — Смысл цепи романтических перифраз в том, что одной из тем поэзии Ленского была Германия («дальние страны»), где он среди мирных университетских занятий («лоно тишины») оплакивал разлуку с Ольгой («лились его живые слезы»). Германия часто фигурировала в русской романтической поэзии (Жуковский, Кюхельбекер и др.).

13–14 — *Он пел поблеклый жизни цвет, / Без малого в осьмнадцать лет.* — Тема преждевременной смерти или раннего душевного увядания после предсмертной элегии Жильбера и «Падения листьев» Мильвуа сделалась общим местом элегической поэзии. В сочетании с байроническим культом разочарования она отразилась и в лирике, и в южных поэмах *П*. Но в момент написания строфы тема эта уже звучала для *П* иронически; ср. в письме Дельвигу 2 марта 1827 г.: «Лев был здесь — малый проворный, да жаль, что пьет.

Он задолжал у вашего Andrieux 400 рублей и [себе] ублудил жену гарнизонного маиора. Он воображает, что имение его расстроено, и что истощил всю чашу жизни. Едет в Грузию, чтоб обновить увядшую душу. Уморительно» (XIII, 320). Andrieux — парикмахер.

XII, 5 — *За полурусского соседа...* — *Полурусского* выделено как чужая речь — слова соседей.

14 — *Приди в чертог ко мне златой!..* — Ср. примечание *П*: «Из первой части Днепровской русалки» (VI, 192). Имеется в виду ария русалки Лесты из оперы «Днепровская русалка» — переработки оперы «Das Donauweibchen» («Фея Дуная»), текст Генслера, музыка Ф. Кауера, русский текст Н. Краснопольского, музыкальные дополнения С. Давыдова. Премьера в Петербурге состоялась 26 октября 1803 г. Опера шла и в дальнейшем с неизменным успехом. Ария вошла в песенники и была популярна, особенно в провинции.

XIII–XVII — Видимо, по первоначальному замыслу споры энтузиаста Ленского и скептика Онегина должны были составить основное содержание главы. С этим связаны наброски:

От важных исходя предметов
Касался часто разговор
И русских иногда поэтов
Со вздохом и потупя взор
Владимир слушал как Евгений
[Венчанных наших сочинений]
[Парнасс] [достойных] [похвал]
[Немилосердно] поражал (VI, 279).

Передавая Онегину собственные критические оценки русского романтического Парнаса, автор предельно приблизил героя к своей позиции повествователя.

Это подчеркивалось тем, что, развивая тему в черновом варианте, *П*, возможно, собирался использовать стихи, которые в дальнейшем вошли в «Демона» и знаменовали «победу» Онегина над поэтом и конечное слияние их воззрений (см. VI, 279–280).

Если добавить, что черновой текст позволяет говорить и о сближении Онегина с образом Алеко, над которым *П* работал в это же время («Какие страсти не кипели / В его измученной груди...» — VI, 180), то станет очевидным, что в этот момент работы над второй главой центральный герой романа настолько приблизился к повествователю, что создалась угроза их слияния и как бы возрождения принципов романтической поэмы. Чтобы не произошло этого, *П* попытался прибегнуть к условному снижению образа повествователя. Когда Онегин стал воплощением высших возможностей личности автора, условное «я» носителя речи должно было обрисовать его низшего двойника. Если в «измученной груди» Онегина «кипели страсти», то и носитель авторской речи, сделавшийся вдруг объектом иронии и, следовательно, отчужденный от авторской точки зрения, не остался им чужд:

Что до меня, то мне на часть
Досталась пламенная страсть.

XVIIб

*Страсть к банку!* ни любовь свободы
Ни Феб, ни дружба, ни пиры
Не отвлекли б в минувши годы
Меня от карточной игры —
Задумчивый, всю ночь, до света
Бывал готов я в эти лета
Допрашивать судьбы завет,
Налево ль выпадет *валет*
Уж раздавался звон обеден
Среди разбросанных колод
Дремал усталый банкомет

А я [нахмурен] бодр и бледен
Надежды полн, закрыв глаза
Гнул угол третьего туза (VI, 280–281).

В связи с общим изменением плана второй главы описание споров двух друзей было резко сокращено, строфы, сближающие Онегина с «Демоном», выпали, отпала необходимость и в иронии в адрес повествователя. *Банк* — азартная карточная игра, в которой играет понтёр против банкомета. Понтёр ставит карту, банкомет мечет карты из другой колоды направо и налево. Если поставленная понтёром карта выпадает налево от банкомета, понтёр выигрывает. После каждой талии (прометки колоды для всех партнеров) старые колоды выбрасывают и распечатывают новые. Поэтому после длительной игры играющие бывают окружены разбросанными колодами. «Гнуть угол» на поставленной карте означает удваивать ставку.

XIV, 2 — *Все предрассудки истребя...* — Истребление предрассудков — один из основных лозунгов Просвещения XVIII в., поскольку затемнение разума народа считалось условием возникновения деспотизма. См. далее с. 233. В таком идеологическом контексте строка выступала в положительном эмоциональном ореоле. Однако в целом интонационном движении строфы она приобретает ироническое звучание, поскольку в результате победы Разума над Предрассудком торжествует не Свобода, а Эгоизм.

5 — *Мы все глядим в Наполеоны...* — Отношение *П* к Наполеону во время работы над второй главой было сложным. С одной стороны, в условиях реставрации и торжества реакционных монархий фигура свергнутого императора французов была окружена не только политическим, но и личным обаянием. Вяземский писал

в 1820 г.: «Наполеон приучил людей к исполинским явлениям, к решительным и всеразрешающим последствиям. „Все или ничего“ — вот девиз настоящего. Умеренность — не нашего поля ягода» (Остафьевский архив. СПб., 1899. Т. 2. С. 50).

Однако, с другой стороны, в свете критики романтизма, актуальным для *П* начиная с 1823 г. выступало другое обличье Наполеона: он становился символом и высшим проявлением всеевропейского эгоизма, в его деятельности подчеркивался политический аморализм и готовность всем пожертвовать личному честолюбию. А эти свойства были для *П* этическими соответствиями того, что в политике выступало как деспотизм. Наполеон в такой трактовке становился создателем новой тирании:

> Явился Муж судеб, рабы затихли вновь,
> Мечи да цепи зазвучали (II, 314).

Наполеон связывался с типом разочарованного эгоиста, которому «чувство дико и смешно», с теми «безумцами», которые «рекли»: «Нет свободы» (Там же).

«Мы», от лица которого написана строфа, вносит голос этого поколения романтических эгоистов. Из него исключены автор, отделенный от тех, кто почитает «всех нулями», ироническим тоном, и Онегин, который «вчуже чувство уважал» и был «сноснее многих». Это отличает строфу от, казалось бы, текстуально близкой к ней XLVI строфы главы первой. Там мысль:

> Кто жил и мыслил, тот не может
> В душе не презирать людей —

дается от имени некоторой общей позиции автора — Онегина. Здесь, несмотря на некоторое фиктивное «мы», автор и в определенной мере Онегин находятся вне очерченного в строфе мира эгоизма.

XVI, 3 — *Племен минувших договоры...* — Речь идет о трактате Ж.-Ж. Руссо «Об общественном договоре» (1762). Знание «Общественного договора» было исключительно широко распространено в русском обществе начала XIX в. Братья Муравьевы познакомились с ним еще в детстве, В. Ф. Раевский эту книгу «вытвердил как азбуку» (Лит. наследство. М., 1956. Т. 60. Кн. 1. С. 116). Однако отношение к ней не было единодушным. Наряду с восторженными оценками встречались и такие: «Теория договора есть настоящее буффонство» (см.: *Тургенев*. С. 319). Это определило направление споров.

4 — *Плоды наук, добро и зло...* — *Плоды наук* — имеется в виду трактат Руссо «Способствовало ли возрождение наук и искусств очищению нравов» (1750), положивший начало известности Руссо как философа и публициста. Высказанное Руссо убеждение в ложности направлений всей человеческой цивилизации продолжало волновать русских читателей 1820-х гг. Кюхельбекер, например, вспоминал слова Грибоедова о том, что «он в Москве и Петербурге часто тосковал по кочевьям в горах кавказских и равнинах Ирана, — где, посреди людей, более близких к природе, чуждых европейского жеманства, чувствовал себя счастливым» (*Кюхельбекер-1*. С. 118). *П* в период работы над «Цыганами», видимо, перечел трактаты Руссо. М. П. Алексеев объяснил эти слова иначе, указав, что Онегин и Ленский «могли спорить на тему о науке в более общем смысле — ее общественном значении и о результатах ее применения к практической жизни» (*Алексеев*. С. 7). Противоречия между этими высказываниями нет: обсуждение перспектив науки в 1820-х гг. неизбежно связывалось с вопросами о роли и путях цивилизации и историческом прогрессе.

5 — *И предрассудки вековые...* — Учение о предрассудках занимало большое место в социологической концепции философов-просветителей XVIII в. Считая человека добрым и разумным по природе, просветители объясняли зло порождением деспотизма и суеверия («Везде неправедная Власть / В сгущенной мгле предрассуждений / Воссела...» — II, 45–46). Напротив, романтизм с его уважением к традиции полемически по отношению к мысли XVIII в. отыскивал в предрассудках положительное содержание древней мудрости. См. с. 315.

11 — *Отрывки северных поэм...* — *Север* — обычное метонимическое название в поэзии для России. Ленский читал Онегину русские романтические поэмы. Мнение, согласно которому «северные поэмы» — это «Песни Оссиана», стилизованные Макферсоном, неубедительно. Переводы Оссиана на русский язык А. Дмитриева, Е. И. Кострова, С. Филатова в эпоху *ЕО* безнадежно устарели. Нет оснований полагать, что Ленский читал Онегину их или какие-либо другие русские переводы (см.: *Маслов В. И.* Оссиан в России (библиография). Л., 1928). Речь явно идет и не о французских переводах, чтение же подлинника, видимо, можно исключить. Подтверждение толкования «северных» как «русских» можно видеть в черновом варианте стиха: «Отрывки из своих баллад» (VI, 279).

XVIII, 11 — *Так точно старый инвалид...* — *Инвалид* в языке начала XIX в. равнялось по содержанию современному «ветеран».

XX–XXII — Строфы написаны в ключе романтической элегической поэзии и представляют собой пересказ бытовой ситуации (детство Ленского, его отъезд, дружба отцов-соседей и пр.) языком штампов русской романтико-идиллической поэзии 1810—1820-х гг. В середине XXII строфы образы типа «игры золотые», «густые рощи», «уединение», «тишина», которые от постоянных повторений превратились в клише-сигналы элегико-идиллического стиля, сменяются олицетворениями (графически выражается в заглавных буквах): «Ночь», «Звезды», «Луна». Комментарием к этим строфам может быть отрывок из указанной выше статьи Кюхельбекера (*Кюхельбекер-1.* С. 457). Ср.: «*И нечто, и туманну даль*» (*2, X, 8*).

XXII, 4 — *Его цевницы первый стон.* — Перифраз, означающий: «его первые стихотворения». *Цевница* — свирель, дудочка, символ идиллической поэзии.

9–14 — *Луну, небесную лампаду...* — Контрастное столкновение «поэтического» и демонстративно-прозаического образа луны раскрывает литературную условность стиля предшествующих строф.

XXIII, 8 — *Всё в Ольге... но любой роман...* — Имя Ольга встречалось в литературных произведениях с «древнерусским колоритом» (ср., например, «Роман и Ольга», повесть А. А. Бестужева, опубл. в «Полярной звезде» за 1823 г.). Внешность Ольги повторяет распространенный стереотип «белокурые волосы» (*Руссо Ж.-Ж.* Юлия, или Новая Элоиза // Избр. соч.: В 3 т. М., 1961. Т. 2. С. 15). «Светлые Лизины волосы» («Бедная Лиза» — *Карамзин-2.* Т. 1. С. 613). «Не так приятна полная луна, восходящая на небе между бесчисленными звездами, как приятна наша милая Царевна, гуляющая по зеленым лугам с подругами своими; не так прекрасно сияют лучи светлого месяца, посеребряя волнистые края седых облаков ночи, как сияют златые власы на плечах ее; ходит она как гордый лебедь, как любимая дочь Неба; лазурь эфирная, на которой блистает звезда любви, звезда вечерняя, есть образ несравненных глаз ее» (*Карамзин Н. М.* Прекрасная Царевна и щастливой карла // Соч. СПб., 1848. Т. 3. С. 27); ср. об Ольге: «Кругла, красна лицом она, / Как эта глупая луна...» *(3, V, 10–11)*; «...читатели — вдобавок к голубым глазам, к нежной улыбке, стройному стану и длинным волосам каштанового цвета — могут вообразить полное собрание всего, что нас пленяет в женщинах...» («Рыцарь нашего времени» — *Карамзин-2*. Т. 1. С. 777). В черновом варианте третьей главы имелся портрет Ольги:

Как в Раф⟨аэлевой⟩ М⟨адонне⟩
⟨Румянец да⟩ невинный ⟨взор⟩ (VI, 307).

XXIV, 1 — *Ее сестра звалась Татьяна...* — К этому стиху *П* сделал примечание: «Сладкозвучнейшие греческие имена, каковы, например: Агафон, Филат, Федора, Фекла и пр., употребляются у нас только между простолюдинами» (VI, 192). Подсчеты В. А. Никонова (к сожалению, проведенные на частичном материале) показывают резкое разделение женских имен XVIII — начала XIX в. на «дворянские» и «крестьянские». Агафья, Акулина, Ирина, Ксения, Марина и др. были в основном крестьянскими именами, а Александра, Елизавета, Ольга, Юлия — дворянскими. Имя Татьяна встречается у крестьянок от 18 до 30 (по различным уездам) раз на тысячу, а у дворянок — лишь 10 (*Никонов В. А.* Имя и общество. М., 1974. С. 54). Можно было бы установить и более тонкое различие (хотя отсутствие исчерпывающих данных побуждает относиться к выводам с осторожностью): в интересующую нас эпоху несомненно различие в именах петербургского (в особенности придворного) круга и провинциального дворянства. Первые тяготеют к именам, имеющим французские параллели, — ср. подчеркивание комической неестественности такой замены для имени Татьяна в стихах:

> И смело вместо belle Nina
> Поставил belle Tatiana *(5, XXVII, 13–14)*[1].

Вторые сближаются с «крестьянскими» (т. е. с основной массой имеющихся в православных святцах имен). Когда занимавший блестящее положение в петербургском свете молодой флигель-адъютант В. Д. Новосильцев сделал предложение провинциальной барышне Черновой, мать отговаривала его и «смеясь говорила: „Вспомни, что ты, а жена твоя будет Пахомовна“. Ибо отец ее был в СПб. полицмейстером Пахом Кондратьевич Чернов» (из записной книжки А. Сулакадзева, цит. по: *Лотман Ю.* Кто был автором стихотворения «На смерть К. П. Чернова» // Русская литература. 1961. № 3. С. 154). Родственник Черновых Рылеев был Кондратий Федорович.

Следует, однако, учитывать, что, кроме бытовых закономерностей в распределении имен, имелись и специфически литературные, поскольку в литературе начала XIX в. имена подчинялись стилистическим закономерностям. Элегиям подобали условные имена, образованные по античным образцам (типа «Хлоя», «Дафна»), в романсе или эротической поэзии допускались «французские» Эльвина, Лизета, Лилета. Роман допускал «русские», но «благородные» имена для положительных героев: Владимир, Леонид; «комические»

---

[1] При такой замене русское йотированное «а» («я») распадалось на две самостоятельные гласные фонемы «i» и «а», что делало звучание имени неестественным для русского, обнаруживая комическую неумелость стихов Трике.

для «характерных» персонажей: Пахом, Филат. Среди имен, даваемых отрицательным персонажам, было и Евгений. Имя Татьяна литературной традиции не имело.

XXVII, 1–4 — *Но куклы даже в эти годы...* Серьезное поведение в детстве, отказ от игр — характерные черты романтического героя. Ср. в мемуарах Завалишина: «Говорят, что я был всегда серьезным, никогда сам по себе не играл и даже не имел игрушек ⟨...⟩ я выходил летом нередко на балкон ночью и смотрел на небо, как бы стараясь отгадать что-то» (*Завалишин Д. И.* Записки декабриста. СПб., 1906. С. 10). Ср. в строфе XXVIII (1–4):

Она любила на балконе
Предупреждать зари восход.

6–7 — *...страшные рассказы / Зимою в темноте ночей...* — Обычай рассказывать страшные истории укоренился в литературной среде, связанной с романтическими тенденциями. Интересным примером записей «страшных рассказов», которыми обменивались посетители одного из петербургских литературных салонов в 1830-е гг., является кн.: ⟨*Селиванов И. В.*⟩. Воспоминания прошедшего. М., 1868. Вып. 1, 2, содержащая повести о загробном явлении Д⟨ельвига⟩, о танцующей мебели — вариант слуха, зафиксированного в дневнике *П*, — о любви Надеждина к Сухово-Кобылиной и проч. «Страшные рассказы» связывались со сказочной традицией, и романтический интерес к ним истолковывался как признак близости к народу. Традиция «страшных рассказов» имела общеромантический характер — к ней относился устный рассказ Байрона (см. с. 257–258), к ней же следует отнести и устную новеллу *П* «Уединенный домик на Васильевском» (см. с. 375).

XXIX, 3–4 — *Она влюблялася в обманы / И Ричардсона и Руссо. — Ричардсон* Самуил (1689–1761) — английский романист, автор романов «Памела, или Вознагражденная добродетель» (1740), «Кларисса Гарлоу» (1748) и «Грандиссон» (1754). Популярные в XVIII в., эти романы читались в русской провинции еще и в начале XIX столетия. Имелись русские переводы: «Английские письма, или История кавалера Грандиссона, творение г. Ричардсона сочинителя Памелы и Клариссы» (пер. с фр. А. Кондратовичем. СПб., 1793–1794); «Достопамятная жизнь девицы Клариссы Гарлов, истинная повесть, английское творение г. Рихардсона» ([пер. с фр. Н. П. Осипова и П. Кильдюшевского]. СПб., 1791–1792); «Памела, или Награжденная добродетель. Аглинская нравоучительная повесть, соч. г. Рихардсоном» (пер. с фр. [П. П. Чертковым]. СПб., 1787; другой перевод вышел в Смоленске в 1796 г.). Однако Татьяна, видимо, читала по французскому переводу. *П* прочел «Клариссу» в 1824 г. по-французски в переводе Прево по экземпляру, хранящемуся в библиотеке Тригорского. *Обманы… Руссо* — роман «Юлия, или Новая Элоиза», см. с. 253.

XXX, 3–4 — *Не потому, чтоб Грандисона / Она Ловласу предпочла…* — Примечание *П*: «Грандисон и Ловлас, герои двух славных романов» (VI, 192). Первый — герой безукоризненной добродетели, второй — коварного, но обаятельного зла. Имена их сделались нарицательными.

5 — *Но встарину княжна Алина…* — Имени Алина в православных святцах нет, следовательно оно не могло быть дано при крещении. Княжну, вероятно, звали Александрой. Алина — героиня баллады Жуковского «Алина и Альсим» (1814).

6 — *Ее московская кузина... — Московская кузина* — устойчивая сатирическая маска, соединение провинциального щегольства и манерности. *П* писал брату от 24 января 1822 г.: «...как тебе не стыдно, мой милый, писать полу-русское, полу-французское письмо, ты не московская кузина» (XIII, 35); в письме А. А. Бестужеву о «Горе от ума»: «Софья начертана не ясно: не то ⟨-----⟩, не то московская кузина» (XIII, 138).

14 — *Игрок и гвардии сержант.* — Ср. «О сержантах гвардии, этой особенной касте людей, которых давно уже нет, можно бы было многое сказать; но они так верно в своих семи жилетах изображены в „Лебедянской ярмарке", что об этом и говорить не хочется» (*Брусилов Н. П.* Воспоминания // Помещичья Россия... С. 18). В комедии А. Д. Копиева «Обращенный мизантроп, или Лебедянская ярмонка» (1794) среди действующих лиц — два гвардии сержанта: Затейкин и Простофилин, изъясняющиеся на смеси французского и русского языков.

«*Затейкин:* ⟨...⟩ Она жа, так сказать, и прекрасная, ды по нашему, по-питерски емабль! то уж емабль! ⟨...⟩ Ма пренсес, суете ву de apelcins?» (Русская комедия и комическая опера XVIII в. М.; Л., 1950. С. 516); «емабль» *(искаж. фр.)* — «мила»; «ма пренсес...» и т. д. *(искаж. фр.)* — «Княгиня, желаете ли?», каламбурно сочетаемые с русскими омонимами. Вводя на периферии повествования устойчивые сатирические маски московской кузины и гвардии сержанта, *П* намечает для *ЕО* принцип — включение в фон романа устойчивых традиционных образов или общеизвестных персонажей из других литературных произведений. «Гвардии сержант» как характерный тип русской жизни XVIII в. введен *П* в «Капитанскую дочку»: «Матушка была еще мною брюхата, как уже я был записан в Семеновский полк сержантом, по милости маиора гвардии князя Б., близкого нашего родственника» (VIII, 279). Коллизия: Прасковья Ларина — «Грандисон» — Дмитрий Ларин — имела ряд литературных параллелей. Ближайшей была ситуация «Рыцари нашего времени» Карамзина: «Отец Леонов был русской коренной дворянин, израненный отставной Капитан, человек лет в пятьдесят, ни богатой, ни убогий, и — что всего важнее — самой добрый человек 〈...〉 После Турецких и Шведских кампаний возвратившись на свою родину, он вздумал жениться — то есть, не совсем вовремя — и женился на двадцатилетней красавице, дочери самого ближнего соседа 〈...〉 должен, в изъяснение душевной ее любезности, открыть за тайну, что она знала *жестокую; жестокая* положила на нее печать свою — и мать героя нашего никогда не была бы супругою отца его, естьли бы *жестокий* в Апреле месяце сорвал первую фиялку на берегу Свияги!..» (*Карамзин-2*. Т. 1. С. 756). Соотношение этих эпизодов имеет двойной смысл: с одной стороны, пушкинский текст выглядит как реально-бытовое содержание условно-литературных описаний Карамзина: *П* как бы переводит литературу на язык действительности. С другой — поколение матери Татьяны, княжны Алины и «Грандисона» ведет себя в жизни, руководствуясь образцами предромантических романов. Архаическая литература для *П* — часть архаической действительности и в этом смысле сама обладает реальностью. Для понимания пушкинских героев необходимо чувствовать их соотношение с персонажами Карамзина. Сопоставление интересно и в другом отношении: *П* сохранил и возрастное соотношение между героями, и время их брака — начало 1790-х гг. Важно и то, что, говоря об отце Леона, Карамзин подчеркнул, что он не был «известным *дядею* Тристрама Шанди», а был русский барин, «добрый по-своему, и на русскую стать» (*Карамзин-2*. Т. 1. С. 757). Сопоставление отца Леона с Дмитрием Лариным бросает известный отсвет на стерниански-гамлетовскую характеристику последнего Ленским.

XXXI, 10 — *С супругом чуть не развелась...* — Современники улавливали в этом стихе романтическую гиперболу ученицы княжны Алины. О реальном разводе супругов в этой ситуации, конечно, не могло идти и речи. Для развода в те годы (брак родителей Татьяны падает на 1790-е гг.) требовалось решение консистории (духовной канцелярии), утвержденное епархиальным архиереем (с 1806 г. все дела этого рода решались только Синодом). Брак мог быть расторгнут лишь при наличии строго оговоренных условий (прелюбодеяние, доказанное свидетелями или собственным признанием, двоеженство или двоемужество, болезнь, делающая брак физически невозможным, безвестное отсутствие, ссылка и лишение прав состояния, покушение на жизнь супруга, монашество). Известны случаи, когда личное вмешательство царя или царицы решало бракоразводное дело в нарушение существующих законов. Однако очевидно, что все эти пути были для Прасковьи Лариной закрыты, равно как и многочисленные, но дорогостоящие способы обхода законов ценою взяток или вмешательства вельможных заступников. Единственное, что могла реально предпринять мать Татьяны для расторжения брака, — это уехать от мужа к родителям. Такое фактическое расторжение супружеских отношений было нередким. Длительная раздельная жизнь могла быть для консистории аргументом в пользу развода. См.: *Загоровский А.* О разводе по русскому праву. Харьков, 1884. С. 282–393.

13–14 — *Привычка свыше нам дана: / Замена счастию она.* — Заключительная сентенция представляет пересказ высказывания из романа Шатобриана «Рене» (1802): «Если бы я имел безрассудство верить еще в счастье, я бы искал его в привычке», которое сам автор дал во французском его оригинале в качестве примечания к этим стихам (VI, 192). Судя по черновым наброскам (VI, 346), *П* одно время думал вложить сентенцию Шатобриана в уста Онегина во время его объяснения в саду с Татьяной. Сопоставив сходные по содержанию, но резко противоположные по стилю высказывания свое и Шатобриана (контраст достигался тем, в частности, что романтической прозе французского писателя были соположены бытовые и обыденные по интонации стихи автора *ЕО*), *П* достигал эффекта стилистического диалога между текстом и примечаниями.

XXXII, 11 — *Вела расходы, брила лбы... — Брить лбы* — сдавать крестьян в рекруты. При приеме рекрута ему сбривали спереди волосы. По указам 1766 и 1779 гг. дворяне могли во всякое время года сдавать в любом угодном им количестве своих крестьян в солдаты, получая за лишних рекрутов квитанции, которые можно было предъявить в будущие наборы. Это превратило «бритье лбов», с одной стороны, в меру наказания: помещик мог в любое время оторвать неугодного ему крестьянина от семьи и сдать — практически навсегда — в солдаты. С другой — сдача рекрутов сделалась доходным, хотя и официально запрещенным промыслом: квитанции у помещика охотно покупали другие помещики, не желающие расставаться со своей рабочей силой, или даже богатые крестьяне (а иногда и «мир» в складчину), чтобы избавить своего парня от рекрутчины. Помещая «бритье лбов» в разряд хозяйственных мероприятий, *П* иронизирует по поводу способов хозяйствования обычного помещика. В черновом варианте крепостническая практика Прасковьи Лариной была подчеркнута резче:

Секала ⟨- - - - -⟩, брила лбы;
Служанок секла, брила лбы (VI, 295).

XXXIII, 3–*Звала Полиною Прасковью...* — См. с. 237–238. Ср. в «Капище моего сердца, или Словаре тех лиц, с коими я был в разных отношениях в течении моей жизни» И. М. Долгорукова о П. М. Безобразовой: «Прасковья Михайловна, урожденная Прокудина... Я очень любил ее и звал Полиною» (ЦГИАЛ. Ф. № 1337. Оп. 1. Ед. хр. 69. Л. 10 об.).

6 — *И русской Н как N французский...* — Читается: «И русский „наш“ как эн французский» — «*наш*» — церковнославянское название буквы «н». См.: *Лернер*. С. 65; *Алексеев*. С. 401–402; *Рейсер С. А.* К чтению 6-го стиха 33-й строфы 2-й главы «Евгения Онегина» // Науч. докл. высш. школы. Филол. науки. 1974. № 3. С. 73–74.

XXXV — Строфа написана по окончании главы (после даты, которую *П* поставил в черновике, считая, что глава закончена: 8 Декабря 1823 nuit[1] — VI, 299). Введение ее существенно меняло образы старших Лариных и атмосферу детства Татьяны. Первоначальный сатирический тон, близкий к описанию соседей Онегина, и картина превращения сентиментальной барышни в помещицу-крепостницу были смягчены образом патриархальной, с традиционными чертами быта, жизни. Резко подчеркнутыми оказались признаки народности в укладе жизни старших Лариных.

---

[1] Ночью *(фр.)*.

5 — *Два раза в год они говели... — Говеть* — поститься и посещать церковные службы, подготовляясь к исповеди и причастию в установленные сроки. Ср. описание говения Наташи Ростовой в «Войне и мире» (т. 3, ч. I, гл. 17–18). См. также описание пасхального говения в барском доме: «Наступила страстная неделя, в которую семейство наше всегда говело. В церковь мы ездили только к обедням; все же другие службы, заутрени и вечерни отправлялись на дому. Кстати замечу, что всеночные под все большие и двунадесятые праздники весь круглый год у нас всегда служились дома ⟨...⟩ В великую субботу с 8 часов утра занимались крашением яиц ⟨...⟩ В сумерки приносили из погреба пасху и выкладывали ее на блюдо, что производилось обыкновенно в девичьей. Вот кулич господский, вот кулич для народа; их тоже выкладывают на блюда и обкладывают кругом красными яичками. Все это повезется в церковь для освящения ⟨...⟩ Вот полночь — все оживает и в доме и на дворе. В доме все уже на ногах: все суетится, хлопочет одеваться ⟨...⟩ Вот и экипажи готовы и поданы к крыльцу. Несколько верховых крестьян и дворовых с фонарями в руках окружают их, готовые освещать путь. С шумными разговорами, то с бранью, то с хохотом рассаживаются девки и дворовые женщины, старики и старухи, по телегам, и весь поезд тихо съезжает со двора ⟨...⟩ По возвращению домой приступали к разговению за семейным столом. Разговлялись пасхою, куличом и яйцами с четверговою солью, шли пить чай ⟨...⟩ Четверговою она называлась потому, что приготовление ее совершалось в великий четверг» (*Селиванов*. С. 175–181).

6 — *Любили круглые качели...* — «...качели в виде вращающегося вала с продетыми сквозь него брусьями, на которых подвешены ящики с сиденьями» (Сло-

варь языка *П.* Т. 2. С. 309). Как любимое народное развлечение русских они описаны еще Олеарием. См.: *Олеарий А.* Описание путешествия в Московию... СПб., 1906. С. 218–219, который привел и их рисунок. Ср.: *Зеленин Д. К.* Восточнославянская этнография. М., 1991. С. 379.

7 — *Подблюдны песни, хоровод...* — См. с. 317.

10–11 — *Умильно на пучок зари / Они роняли слезки три... — Заря*, или *зоря*, — вид травы, которой в народной медицине приписывается целебное действие. «Во время троицкого молебна девушки, стоящие слева от алтаря, должны уронить несколько слезинок на пучок мелких березовых веток. Этот пучок тщательно сберегается после и считается залогом того, что в это лето не будет засухи» (*Зернова А. Б.* Материалы по сельскохозяйственной магии в Дмитровском крае // Советская этнография. 1932. № 3. С. 30). В других географических местностях березки заменяются иными видами растительности[1]. См.: *Толстой Н. И.* «Плакать на цветы» (Этнолингвистическая заметка) // Русская речь. 1976. № 4. С. 27–30; автор, в частности, сопоставляет стихи из *ЕО* и детали троицкого обряда со строкой С. А. Есенина: «Я пойду к обедне плакать на цветы» («Троицыно утро, утренний канон...»). «Плаканье на цветы» может быть связано не только с желанием отвратить засуху, но и с обрядом замаливания грехов. Количество веточек в пучке должно соответствовать числу замаливаемых грехов, на каждый следует уронить по слезинке. Ср.: «Пучок-от связать бы ему с банный веник, —

[1] Пользуюсь случаем поблагодарить Б. А. Успенского, любезно поделившегося со мной как этими, так и многими другими сведениями.

со смехом вмешалась Флёнушка. — Пусть бы его на каждый листок по слезинке положил.

— Прекрати, — строго сказала Манефа. — У Василья Борисыча не столь грехов, чтоб ему целый веник надо было оплакать». Следует примечание автора: «У старообрядцев, а также и в среде приволжского простонародья держится поверье, что во время троицкой вечерни надо столько плакать о грехах своих, чтобы на каждый листочек, на каждый лепесток цветов, что держат в руках, кануло хоть по одной слезинке. Эти слезы в скитах зовутся „росой благодати". Об этой-то „росе благодати", говорили там, и в троицкой псальме поется» (Мельников П. И. «В лесах», ч. II, гл. 13). *П* важно было окружить старших Лариных атмосферой обрядов и старого быта.

12 — *Им квас как воздух был потребен...* — *Квас* — принадлежность русской допетровской кухни — считался напитком национальным и простонародным. Казанова, вспоминая Россию, писал: «У них есть восхитительный напиток, название которого я позабыл. Но он намного превосходит константинопольский щербет. Слугам, несмотря на всю их многочисленность, отнюдь не дают пить воду, но этот легкий, приятный на вкус и питательный напиток, который к тому же весьма дешев, т. к. за один рубль его дают большую бочку» (Memoires de J. Cassanova de Seingalt. Paris, 1931. P. 118). Карамзин в письме к Дмитриеву, нарисовав «простонародную» картину, упомянул квас как ее обязательную деталь: «...является моим мыслям дебелый мужик, который чешется неблагопристойным образом или утирает рукавом мокрые усы свои, говоря: *„ай парень! что за квас!"*» (Письма Карамзина... С. 39). Вяземский передавал слова «одного почтенного старичка» о том,

что «в Париже порядочному человеку жить нельзя, потому что в нем нет ни кваса, ни калачей» (*Вяземский-2*. С. 133). Поваренные книги XVIII в. дают рецепты нескольких десятков квасов.

14 — *Носили блюда по чинам*. — Обычай, согласно которому слуги обносят гостей, предлагая им кушанья в соответствии с иерархией их чинов. При таком порядке малочиновные гости видели перед собой почти пустые блюда, а дорогими винами их вообще иногда обносили. В источниках той поры встречается анекдот, согласно которому нечиновный гость на милостивый вопрос хозяина, доволен ли он обедом, отвечал: «Благодарю, ваше сиятельство, все видел-с». «По чинам» обносили гостей и на обеде у Ростовых: «Гувернер-немец ⟨...⟩ весьма обижался тем, что дворецкий с завернутою в салфетку бутылкою обносил его» («Война и мир», т. 1, ч. I, гл. 15). В начале XIX в. в петербургском быту этот обычай воспринимался как архаический.

XXXVI, 13 — *Господний раб и бригадир...* — *Бригадир* — военный чин 5-го класса, промежуточный между армейским полковником и генерал-майором, был упразднен в конце XVIII в. После комедии Фонвизина «Бригадир» воспринимался как комическая маска — тип военного служаки.

XXXVII, 1 — *Своим пенатам возвращенный...* — Строфа возвращает нас к стилистике элегической поэзии. *Пенаты* (др.-рим.) — боги родного очага, переносно — родной дом. Наименование родного дома пенатами было широко принято в поэзии карамзинистов (в том числе и молодого *П*) после послания Батюшкова «Мои пенаты» (1811–1812).

6 — *«Poor Yorick!» молвил он уныло...* — К этому стиху *П* сделал примечание: «„Бедный Йорик!“ — восклицание Гамлета над черепом шута (см. Шекспира и Стерна)» — VI, 192. *П* дает двойную отсылку: цитируя слова Гамлета, держащего в руках череп шута Йорика, Ленский, что типично для романтика, осмысляет реальную ситуацию — свое посещение кладбища в родных местах — сквозь призму литературной коллизии: «Гамлет на кладбище». При этом он отождествляет себя с Гамлетом, а покойного соседа, бригадира в отставке, — с шекспировским шутом. Одновременно *П* отсылает читателей и к «Сентиментальному путешествию» Стерна, также существенному для самосознания Ленского. Ср.: *Шкловский В.* «Евгений Онегин» (Пушкин и Стерн) // Очерки по поэтике Пушкина. Берлин, 1923. С. 197–221. Стерн Лоренс (1713–1768) — английский писатель, его романы «Сентиментальное путешествие» (1768) и «Жизнь и мнения Тристрама Шенди» (1759–1767), а также другие сочинения оказали сильное воздействие на карамзинскую школу.

9 — *Его Очаковской медалью!* — *Очаковская медаль* — медаль за взятие турецкой крепости Очаков, имела форму креста с сильно закругленными концами (из золота) с надписями «За службу и храбрость» и «Очаков взят в декабре 1788». Медаль не была индивидуальной наградой, ее удостаивались все офицеры — участники штурма. Бригадир — генеральский чин, и *П* вполне мог бы дать герою этого ранга орден. Однако орден — индивидуальная награда — внес бы в облик старшего Ларина черты, выделяющие его из массы. Медаль же подчеркивала неиндивидуализированность героя — «как все» храброго при штурме крепости, «как все» домовитого в отставке.

14 — *Ему надгробный мадригал.* — *Мадригал* — «короткое стихотворение, содержащее восхваление кого-нибудь», здесь: «стихотворение в виде надгробной надписи — эпитафии» (Словарь языка *П.* Т. 2. С. 531).

XXXVIII — Строфа, видимо, содержит отклики на речь Боссюэ «О смерти». Бесспорным свидетельством того, что речь эта приходила *П* на память во время работы над второй главой *ЕО*, служит прямая цитата из нее в наброске строфы XIVa (ср.: «Чтож мы такое!.. боже мой!» — VI, 276). Боссюэ Жак-Бенинь (1627–1704) — французский проповедник и религиозный публицист, речи его считались образцами ораторской прозы.

XL, 3 — *Быть может, в Лете не потонет...* — *Лета* (др.-греч., миф.) — река забвения, разделяющая царства живых и мертвых. Строфа содержит намек на стихотворение Батюшкова «Видение на берегах Леты», в котором стихи бездарных поэтов тонут в Лете.

14 — *Потреплет лавры старика!* — выражение лицейского учителя *П* А. И. Галича, обозначающее чтение произведений классического поэта. Ср.: «Примусь опять за Гомера; пора, как говаривал Галич, потрепать старика» (*Кюхельбекер-1*. С. 94).

## ГЛАВА ТРЕТЬЯ

*Elle était fille, elle était amoureuse. Malfilâtre.* — «Она была девушка, она была влюблена». *Мальфилатр.* Эпиграф взят из поэмы «Нарцисс, или Остров Венеры» (опубл. 1768). *П*, вероятно, заимствовал его из известной ему с лицейских лет книги Лагарпа «Лицей, или Курс старой и новой литературы». *Мальфилатр*

Шарль Луи Кленшан (1733–1767) — французский поэт, не оцененный современниками, умерший в нищете. Однако опубликованная после его смерти поэма «Нарцисс» считалась в XVIII в. классической и вошла в учебные курсы. *П* привел стих из отрывка о нимфе Эхо. Далее шло: «Я ее извиняю — любовь ее сделала виновной. О, если бы судьба ее извинила также».

II, 5 — *...Опять эклога! — Эклога* — название идиллической поэзии пастушеского содержания.

9 — *Увидеть мне Филлиду эту... — Филлида* — условно-поэтическое имя, распространенное в идиллической поэзии. Ср. «Филлиде» (1790) Карамзина.

III, 7 — *На столик ставят вощаной...* — речь идет о вощаных (натертых воском) скатертях, которыми покрывались столики.

8 — *Кувшин с брусничною водой...* — «Как брусничную воду делать. Взять четверик брусники, из которого половину положить в горшок, поставить в печь на ночь, чтобы парилась, на другой день вынув из печи, протереть сквозь сито, положить в бочонок; а на другую половину четверика, которая не парена, налить три ведра воды, и дать стоять на погребу; из чего чрез двенадцать дней будет брусничная вода» (Новейшая и полная поваренная книга. М., 1790. Ч. 2. С. 127). Получившийся напиток можно разбавлять «французской водкой».

9–14 — В беловой рукописи вместо точек было:

С одною ложечкой для всех
Иных занятий и утех
В деревне нет после обеда
Поджавши руки у дверей
Сбежались девушки скорей

Взглянуть на нового соседа
И на дворе толпа людей
Критиковала их коней (VI, 574).

V, 3 — *И молчалива как Светлана.* — См. с. 310–311.

5 — «*Неужто ты влюблен в меньшую?*» — Ср. (с той же рифмой «другую — меньшую») в водевиле Н. И. Хмельницкого «Нерешительный» (1820): «Напрасно, кажется, не выбрал я меньшую» (*Хмельницкий Н. И.* Соч. СПб., 1849. Т. 1. С. 439). В письме Гнедичу от 13 мая 1823 г. *П* писал: «Помню, что Хмельницкий читал однажды мне своего „Нерешительного“» (XIII, 63). На премьере «Нерешительного» (26 июля 1820 г.) *П* уже не мог быть: он находился в ссылке. Однако отдельные стихи ему запомнились настолько, что он на память цитировал их в письме Гнедичу.

9 — *Точь в точь в Вандиковой Мадоне...* — В беловой рукописи было: «Как в Рафаелевой Мадоне» (VI, 575). Вероятно, *П* не имел в виду никакой конкретной картины Ван Дейка. Единственное полотно такого содержания, которое он мог видеть, — эрмитажная «Мадонна с куропатками» Ван Дейка, безусловно, не имеется в виду: ни фигура Мадонны — зрелой женщины, ни внешность ее на этой картине никаких ассоциаций с шестнадцатилетней Ольгой вызвать не могли. Вероятнее всего, *П* назвал Ван Дейка как представителя фламандской школы, ассоциировавшегося в его сознании с определенным типом живописи.

IX, 7 — *Любовник Юлии Вольмар...* — Герой романа Руссо «Юлия, или Новая Элоиза» Сен-Прё — учитель и любовник героини романа Юлии. Во второй части романа Юлия выходит замуж за Вольмара, и ее связь с Сен-Прё сменяется возвышенной дружбой.

8 — *Малек-Адель и де Линар...* — *Малек-Адель* — «герой посредственного романа M-me Cottin» (примечание *П* — VI, 193). *Коттен* Мария (1770–1807) — французская писательница, имеется в виду ее роман «Матильда, или Крестовые походы» (1805). Герой романа был идеалом романтических барышень XIX в. Ср. в комедии Хмельницкого «Воздушные замки» (1818) разговор двух барышень:

«*Аглаева:* ⟨...⟩ Лицом он Ловелас, душой Малек-Адель!

*Саша (в сторону):* Ну чтоб ему за нас да выдти на дуэль, / Так вот бы и роман...» (*Хмельницкий Н. И.* Соч. Т. 1. С. 347).

«Однажды я читал обеим сестрам только что вышедший роман „Матильда, или Крестовые походы". Когда мы дошли до того места, где враг всех христиан, враг отечества Матильды, неверный мусульманин Малек-Адель, умирает на руках ее, — добрая Оленька, обливаясь слезами, сказала: „Бедняжка! зачем она полюбила этого турка! Ведь он не мог быть ее мужем!" Но Полина не плакала, — нет, на лице ее сияла радость! Казалось, она завидовала жребию Матильды, разделяла вместе с ней эту злосчастную, бескорыстную любовь, в которой не было ничего земного» (*Загоскин М. Н.* Рославлев, или Русские в 1812 году. М., 1955. С. 59–60). *Де Линар* — «герой прелестной повести баронессы Крюднер» (примечание *П*). *Крюднер* Юлия (1764–1824) — автор французского романа «Валери, или Письма Гюстава де Линара к Эрнесту де-Г» (1803). Экземпляр романа с пометами *П* хранился в его библиотеке (*Модзалевский Б. Л.* Библиотека А. С. Пушкина // Пушкин и его современники. СПб., 1910. Вып. IX–X. С. 263). По предположению Б. В. Томашевского и Л. И. Вольперт, *П* в 1825 г. использовал строки из «Валери» для своеобразного любовного письма А. П. Керн (см.: *Вольперт Л. И.* Загадка одной книги из библиотеки Пушкина. Псков, 1973).

9 — *И Вертер, мученик мятежный...* — *Вертер* — герой романа Гёте «Страдания молодого Вертера» (1774). *П* знал «Вертера» по книге Сталь «О Германии» и, вероятно, по французским переводам. Однако в дальнейшем не исключено и прямое знакомство (см.: *Жирмунский В.* Гёте в русской литературе. Л., 1937. С. 136).

10 — *И бесподобный Грандисон...* — См. с. 240.

X, 3 — *Кларисой, Юлией, Дельфиной...* — *Клариса* — героиня романа Ричардсона «Кларисса Гарлоу» (1748; см. с. 240); *Юлия* — «Новой Элоизы» Руссо (1761), *Дельфина* — героиня романа Сталь «Дельфина» (1802). Д. М. Шарыпкин предположил, что здесь имеется в виду героиня повести Мармонтеля «Школа дружбы» в русском переводе Карамзина (см.: Новые Мармонтелевы повести. М., 1822. Ч. 2. С. 134–199; *Шарыпкин Д. М.* Пушкин и «Нравоучительные рассказы» Мармонтеля // Пушкин: Исследования и материалы. Л., 1978. Т. 8. С. 117–118). Однако утверждение это не представляется доказанным.

XI–XII. Строфы посвящены сопоставлению моралистических романов XVIII в., о которых Карамзин писал: «Напрасно думают, что романы могут быть вредны для сердца: все они представляют обыкновенно славу добродетели или нравоучительное следствие» (*Карамзин-2*. Т. 2. С. 179), — с романами эпохи романтизма.

XII, 5 — *Британской музы небылицы...* — Романтизм в значительной мере воспринимался как «английское» направление в европейской литературе.

8 — *...задумчивый Вампир...* — *П* снабдил упоминание Вампира примечанием: «Повесть, неправильно приписанная лорду Байрону» (VI, 193). Помета указывает

на следующий эпизод: в 1816 г. в Швейцарии, спасаясь от дурной погоды, Байрон, Шелли, его восемнадцатилетняя жена Мэри и врач Полидори договорились развлекать друг друга страшными новеллами. Условие выполнила только Мэри Шелли, сочинившая роман «Франкенштейн», сделавшийся классическим произведением «черной литературы» и доживший до экранизаций в XX в. Байрон сочинил фрагмент романа «Вампир». Позже (1819) появился в печати роман «Вампир» на тот же сюжет, написанный Полидори, использовавшим, видимо, устные импровизации Байрона. Роман был приписан Байрону и под его именем переведен в том же 1819 г. на французский язык: «Le Vampire, nouvelle traduite de l'anglais de Lord Byron». (*П*, видимо, пользовался этим изданием.) Байрон нервно реагировал на публикацию, потребовал, чтобы Полидори раскрыл в печати свое авторство, а сам опубликовал сохранившийся у него отрывок действительно им написанного «Вампира», чтобы читатели могли убедиться в отличии байроновского текста от опубликованного Полидори.

9 — *Или Мельмот, бродяга мрачный...* — Примечание *П*: «Мельмот, гениальное произведение Матюрина» (VI, 193). Матюрин (Метьюрин) Чарлз Роберт (1782–1824) — английский писатель, автор романа «Мельмот-скиталец», выдержанного в жанре «романа ужасов». Роман вышел в 1820 г. и на следующий год — во французском переводе, в котором его читал *П*. Книга произвела на *П* сильное впечатление. См.: *Алексеев М. П.* Чарлз Роберт Метьюрин и русская литература // От романтизма к реализму. Л., 1978.

10–11 — *Иль вечный жид, или Корсар, / Или таинственный Сбогар. — Вечный жид* — вероятно, имеется в виду роман Льюиса (1775–1818) «Амврозио, или

Монах», считавшийся в России принадлежащим перу А. Радклиф. Пространный рассказ Агасфера о своих странствиях *П* прочел в романе Я. Потоцкого «Рукопись, найденная в Сарагосе». Французский оригинал этого романа был известен *П* и настолько его заинтересовал, что в 1836 г. он начал стихотворное произведение на сюжет Потоцкого («Альфонс садится на коня...» — III, 436–437). Опубликованные между 1803 и 1814 гг. различные части этого огромного романа, видимо, явились толчком и для замысла поэмы Кюхельбекера «Агасвер». *Корсар* — герой одноименной поэмы Байрона. И Агасфер (Вечный жид), оттолкнувший Христа, который в середине своего крестного пути хотел отдохнуть у его дома, и за это, согласно легенде, наказанный бессмертием и обреченный на вечное скитание, и Корсар — герои романтического зла, таинственные, одинокие и исполненные страдания и тайн. *Сбогар* — герой романа Ш. Нодье «Жан Сбогар» (1818), вождь разбойничьей шайки, устанавливавшей имущественное равенство путем грабежа. Книга Нодье воспринималась в России как недозволенная и пользовалась успехом. А. И. Тургенев в 1818 г. заплатил 10 руб. за право получить экземпляр «для чтения» (Остафьевский архив. СПб., 1899. Т. 1. С. 137). В «Барышне-крестьянке» *П* дал имя Сбогар легавой собаке Алексея. См.: *Мотовилова М. Н.* Нодье в русской журналистике пушкинской эпохи // Язык и литература. Л., 1930. Т. 5. С. 185–212.

12–14 — *Лорд Байрон прихотью удачной / Облек в унылый романтизм / И безнадежный эгоизм.* — «Поэзия Байрона, воспитанная, как и поэзия молодого Пушкина, на идеологическом наследии французской буржуазной мысли XVIII в., на „вольнодумстве“ и критицизме идеологов буржуазной революции, создает романтический образ мятежного героя-индивидуалиста, пессимистического и разочарованного, героя-отщепенца, находившегося в конфликте с современным обществом, и преступника с точки зрения господствующей морали. Все творчество Байрона превращается в лирическую исповедь» (*Жирмунский В.* Пушкин и западные литературы // Временник. Т. 3. С. 73). Преодоление культа Байрона сделалось одним из аспектов перехода *П* к реализму. Байронический герой перестает сливаться с личностью автора и понимается как объективное явление времени, на которое *П* смотрит как на характерную черту эпохи. С этим связана ирония комментируемых строк. Выражение «*унылый романтизм*» — отзвук выпадов против байронизма, содержащихся в статье Кюхельбекера «О направлении нашей поэзии...»: «...чувство уныния поглотило все прочие ⟨...⟩ Если бы сия грусть не была просто реторическою фигурою, иной, судя по нашим Чайльд-Гарольдам, едва вышедшим из пелен, мог бы подумать, что у нас на Руси поэты уже рождаются стариками» (*Кюхельбекер-1*. С. 456). Пушкинская ирония сложно направлена и на байронизм, и на его критику Кюхельбекером.

XIII, 5 — *И, Фебовы презрев угрозы...* — *Феб* (Аполлон) (др.-греч.) — бог солнца, поэзии, водитель муз, воспринимался как символ искусства классицизма, враждебного романтическому литературному движению. Ср. в письме *П* к А. Родзянке: «Что твоя романтическая поэма *Чуп*? Злодей! не мешай мне в моем ремесле — пиши сатиры, хоть на меня; не перебивай мне мою романтическую лавочку. Кстати: Баратынский написал поэму (не прогневайся про *Чухонку*), и эта чухонка говорят чудо как мила. — А я про *Цыганку*; каков? подавай же нам скорее свою *Чупку* — ай да Парнасс!

ай да героини! ай да честная компания! Воображаю, Аполлон, смотря на них, закричит: зачем ведете не ту? А какую ж тебе надобно, проклятый Феб?» (XIII, 128–129). Задуманное *П* обращение к прозе в эстетических категориях классицизма должно было оцениваться как измена Аполлону (высокому искусству) ради низменных («смиренных») жанров.

6 — *Унижусь до смиренной прозы...* — Ср.: «В деревне я писал презренную прозу, а вдохновение не лезет» (письмо П. А. Вяземскому — XIII, 310); «унизился даже до презренной прозы» («⟨Письмо к издателю „Московского вестника"⟩» — XI, 67); «Презренной прозой говоря» («Граф Нулин» — V, 3). Ср. также: «смиренная демократка» (VIII, 49); «...в герои повести смиренной» (V, 103, 412); «смиренной девочки любовь» *(8, XLIII, 7)*. Сопоставление этих цитат раскрывает смысл определения прозы как смиренной: *П*, с одной стороны, иронически использует выражение поэтик XVIII в., считавших прозу низменным жанром, а с другой — отстаивает право литературы на изображение жизни в любых ее проявлениях, включая и наиболее обыденные. Анализ употребления слова «проза» у *П* см.: *Сидяков Л. С.* Наблюдения над словоупотреблением Пушкина («проза» и «поэзия») // Пушкин и его современники. Псков, 1970. В строфе намечен путь эволюции *П* к прозе, связанный с оживлением традиции «семейного романа» XVIII в.

Указание это имеет, однако, отнюдь не реально-биографический смысл: *П* в своей прозе тяготел не к идиллическим сюжетам в духе Гольдсмита, а к остроконфликтным и трагическим ситуациям. Строфы XIV–XV полемизируют с образной системой романтизма, утверждая, что в семейном романе XVIII в. было больше правды, чем в «небылицах» «британской музы».

Однако героев *ЕО* *П* не повел «под венец» к счастливому супружеству, а обрек их на разлуку, взаимное непонимание и одиночество.

Подсказанный *П* в XIV строфе возможный будущий путь сюжетного развития романа оказывается «ложным ходом», на фоне которого еще острее чувствуется противоречие между литературной идиллией и подлинной жизненной трагедией. Под венец пойдут не Ольга с Ленским и не Татьяна с Онегиным, как мог бы подумать читатель, поверивший обещаниям автора в этой строфе, а Ольга с неведомо откуда появившимся уланом, который быстро заменил в ее сердце убитого Ленского, и Татьяна со столь же чуждым основной сюжетной линии романа князем N. Все это бесконечно далеко от «романа на старый лад».

XV — Вступая в диалог со своей героиней и обращаясь к ней во втором лице, *П* как бы переходит в стилистическом отношении на язык Татьяны, соединяя галлицизмы «блаженство темное» (le bonheur obscure, т. е. «неизвестное счастье», ср.: *Сержан Л. С.*, *Ванников Ю. В.* Об изучении французского языка Пушкина // Временник. 1973. С. 73), штампы романтического языка: «волшебный яд желаний», «приюты счастливых свиданий», «искуситель роковой» — с «модным наречием» (языком щеголей), откуда заимствовано «тиран» в значении «возлюбленный». «Погибнешь, милая» — также представляет собой сюжетный прогноз с позиции Татьяны. Ср.:

> «Погибну», Таня говорит,
> «Но гибель от него любезна...» *(6, III, 11–12)*

XVII, 1 — «*Не спится, няня: здесь так душно!*» — Ср.: «Наталья подгорюнилась — чувствовала некоторую грусть, некоторую томность в душе своей; все казалось ей не так, все неловко; она встала и опять села — наконец, разбудив свою мамку, сказала ей, что сердце у нее тоскует. Старушка начала крестить милую свою барышню ⟨...⟩ Ах, добрая старушка! хотя ты и долго жила на свете, однакож многого не знала, не знала, что и как в некоторые лета начинается у нежных дочерей Боярских...» (*Карамзин-2*. Т. 1. С. 630). Под явным влиянием «Натальи, боярской дочери» аналогичная сцена появилась в «Романе и Ольге» (1823) А. А. Бестужева: «Любимая няня уже распустила ей русую косу, сняла с нее праздничные ферези, прочитала молитву вечернюю, спрыснула милую барышню крещенскою водою (ср.: «Дай окроплю святой водою» — *3, XIX, 9. — Ю. Л.*), осенила крестом постелю, нашептала над изголовьем и с наговорами благотворными ступила правою ногою за порог спальни. Добрая старушка! для чего нет у тебя отговоров от любви-чародейки? Ты бы вылечила ими свою барышню от кручины, от горести, от истомы сердечной. Или зачем сердце твое утратило память юности?» (*Бестужев-Марлинский А. А.* Соч.: В 2 т. М., 1958. Т. 1. С. 19).

В декабре 1824 г. *П* писал одесскому знакомцу Д. М. Шварцу: «...вечером слушаю сказки моей няни, оригинала няни Татьяны; вы кажется раз ее видели, она единственная моя подруга — и с нею только мне нескучно» (XIII, 129). Яковлева Арина Родионовна (1758–1828) — няня *П*. См. о ней в воспоминаниях О. С. Павлищевой, сестры поэта: «Арина Родионовна была родом из с. Кобрина, лежащего верстах в шестидесяти от Петербурга. Кобрино принадлежало деду Александра Сергеевича по матери Осипу Абрамовичу Ганнибалу». Далее О. С. Павлищева сообщает, что Арина Родионовна получила «вольную» от бабушки

*П*, но не захотела покинуть семью своих господ. «Была она настоящею представительницею русских нянь; мастерски говорила сказки, знала народные поверья и сыпала пословицами, поговорками. Александр Сергеевич, любивший ее с детства, оценил ее вполне в то время, как жил в ссылке, в Михайловском. Умерла она у нас в доме, в 1828 году, лет семидесяти слишком от роду, после кратковременной болезни» (Пушкин в воспоминаниях современников. Т. 1. С. 43, 44).

Филиппьевна (няня Татьяны) и Арина Родионовна не были исключениями. Ср., например: «Авдотья Назаровна была крепостная девушка моей бабушки Есиповой, товарищ детства моей матери, которой она была дана в приданое. ⟨...⟩ Нянька моя была женщина очень неглупая, но, прежде всего, добрая и любящая, честная и совершенно бескорыстная. Она ходила за мной шесть лет, а потом нянчила еще брата и четырех сестер. Кротость и терпенье ее были невероятны ⟨...⟩ Впоследствии она сделалась почти членом нашего семейства. Мать дала ей отпускную, но она и не думала оставлять нас...» (Воспоминания Григория Ивановича Филипсона. М., 1885. С. 4–5).

XVIII, 1–8 — *И, полно, Таня! В эти лета...* — Романтически настроенная барышня, какой рисуется Татьяна в третьей главе, и няня — немолодая крепостная женщина — говорят на разных языках и, употребляя одни и те же слова, вкладывают в них принципиально различное содержание. Употребляя слово «любовь» («Была ты влюблена тогда?» — *XVII, 14*), Татьяна имеет в виду романтическое чувство девушки к ее избраннику. Няня же, как и большинство крестьянских девушек той поры, вышедшая замуж в 13 лет по приказу, конечно, ни о какой любви до брака не думала. Любовь для нее — это запретное чувство молодой женщины к другому мужчине (как в «Тихоне и Маланье» Л. Н. Толстого; этим объясняется выражение:

Мы не слыхали про любовь;
А то бы согнала со света
Меня покойница свекровь).

Беседовать же о том, что составляет тему женских разговоров, с девушкой (тем более с барышней) неприлично, и няня обрывает разговор («И, полно, Таня!»). Ситуацию социального и языкового конфликта в данном случае *П* остро ощущал и подчеркнул его в другом тексте: «Спрашивали однажды у старой крестьянки, по страсти ли вышла она замуж? „По страсти, — отвечала старуха, — я было заупрямилась, да староста грозился меня высечь". — Таковы страсти обыкновенны» (XI, 255–256; ср. также: VI, 536). Каламбурное использование двух значений слова «страсть» проясняет аналогичную, хотя и значительно более тонкую, игру с семантикой слова «любовь» в различных социальных диалектах. *П* использует здесь известный анекдот того времени. Ср.: «Не решился женить людей по страсти. Прошу моих читателей прочесть в одной маленькой комедии гр. Соллогуба (имеется в виду водевиль Соллогуба «Сотрудники, или Чужим добром не наживешься». — *Ю. Л.*) ответ одного старосты сентиментальной помещице. Молодая элегантная дама, воспитанная в Смольном или Екатерининском институте и только что вышедшая замуж по страсти, жила то в Петербурге, то за границей и приехала в первый раз в свое собственное оброчное имение ⟨...⟩ и расспрашивала с любопытством молодых, любят ли они нежно своих мужей; те, разумеется, захихикали и стыдливо закрывали лица руками; ответа от них она не добилась. „Не правда ли, — обратилась она тогда к старосте, — они выходят все по любви?“ — „То есть как это по любви?“ — „Ну, коли ты не понимаешь, разумеется, по страсти“. — „Вестимо дело, сударыня, по страсти: иную коли не пристрастишь, ни за что не пойдет, хоть кол на голове теши, охота ли ей будет выходить за вдового“» (*Свербеев Д. Н.* Записки. М., 1899. Т. 2. С. 40–41).

В водевиле В. А. Соллогуба на вопрос романтической помещицы, «по страсти» ли выходят замуж ее крестьянки, староста отвечает: «Да вы, сударыня, сумлеваться не извольте. Вот хоша моя хозяйка, тоже шла за меня по страсти. Отец приневолил, высечь хотел» (*Соллогуб В. А.* Соч. СПб., 1855. С. 433). Таким образом, *П* опирается на весьма распространенный анекдот той эпохи.

8 — *А было мне тринадцать лет.* — «Законное положение для крестьян весьма порядочно сделано — женщине тринадцать лет, а мужчине пятнадцать к бракосочетанию положено, чрез что они по молодым своим летам, ввыкнув, во-первых, друг ко другу, а во-вторых, к своим родителям, будут иметь прямую любовь со страхом и послушанием» (*Друковцев С. В.* Экономический календарь... 1780. С. 125).

Для понимания этических оттенков разговора Татьяны с няней необходимо учитывать принципиальное различие в структуре крестьянской и дворянской женской морали той поры. В дворянском быту «падение» девушки до свадьбы равносильно гибели, а адюльтер замужней дамы — явление практически легализованное; крестьянская этика позволяла относительную свободу поведения девушки до свадьбы, но измену замужней женщины рассматривала как тягчайший грех[1]. Каждая из собеседниц говорит о запретной и «погибельной» любви, понимая ее совершенно различно.

Упоминание того, что «Ваня моложе был» (6–7) своей невесты, указывает на одно из злоупотреблений крепостничества. Ср. в «Истории села Горюхина»: «Мужчины женивались обыкновенно на 13-м году на девицах 20-летних. Жены били своих мужей в течение 4 или 5 лет. После чего мужья уже начинали бить жен» (VIII, 136).

13 — *Мне с плачем косу расплели...* — Девушка носила одну косу. Перед венчанием — до того как отправляться в церковь или в самой церкви — подружки переплетают ей волосы в две косы, которые замужние женщины на улице или при незнакомых людях носят всегда покрытыми. «По приезде в церковь сватья на паперти расплетает косу невесты, а чтобы волосы не рассыпались по плечам, у самого затылка связывают их

---

[1] Исследователь брачных отношений А. Загоровский, отмечая резкое различие между церковными и народными нормами отношения к добрачному поведению девушки, делал вывод: «Очевидно, что при подобном воззрении на половую связь, добрачная потеря невинности не может быть не только поводом к разводу, но даже и предметом укора для девушки». Цитируя «Стоглав», послание игумена Памфила Псковского и др. средневековые источники, он устанавливает свободу поведения девушек при осуществлении ряда архаических ритуалов. «Любопытно, — продолжает он, — что и в теперешней России (т. е. во второй половине XIX столетия. — *Ю. Л.*) есть местности и племена, среди которых невинность девушки совсем не ценится. В Мезенском уезде потере девушкой невинности до брака не придается значения, напротив, родившая девушка скорее выходит замуж, чем сохранившая девственность. В Пинежском уезде, Арх. губ. и в Уссурийских казачьих станицах (т. е. в районах старообрядческого населения, сохранившего наиболее архаические черты народного быта. — *Ю. Л.*) на вечеринках имеет место полная свобода половых сношений» (*Загоровский А.* О разводе по русскому праву. С. 106–107).

лентою» (*Зеленин Д. К.* Описание рукописей ученого архива имп. Русского географического общества. Пг., 1914. Вып. 1. С. 26).

XIX, 9 — *Дай окроплю святой водою...* — *Святая вода* (агиасма) «называется вода, по чину церковному освященная, а особливо в день Богоявления Господня, то есть 6-го Генваря» (*Алексеев П.* Церковный словарь. СПб., 1817. Ч. 1. С. 5). Святой воде в народной медицине приписывается целительная сила от различных болезней и от «сглаза». При всей культурно-исторической разнице народное представление о любви как дьявольском наваждении и «британской музы небылицы», видящие в ней проявление инфернальных сил, типологически родственны. Это позволит фольклорному и романтическому началам слиться во сне Татьяны.

XXII, 10 — *Оставь надежду навсегда.* — Примечание *П*: «Lasciate ogni speranza voi ch'entrate. Скромный автор наш перевел только первую половину славного стиха» (VI, 193). 9-й стих третьей песни «Ада» Данте Алигьери: «Оставь надежду всяк сюда входящий». «Скромный автор» — см. с. 165. «Славный» — здесь: известный. *П* много читал по-итальянски и знал поэму Данте в подлиннике (см.: *Розанов М. Н.* Пушкин и Данте // Пушкин и его современники. Л., 1928. Вып. 37; *Берков П. Н.* Пушкин и итальянская культура // Annali, sezione slava. Napoli, 1970. T. 13). Однако процитированный им стих — «надпись ада» — он, конечно, знал еще прежде как крылатое («славное») выражение. Например, Вяземский писал С. И. Тургеневу в 1820 г.: «И до сей поры адская надпись Данта блестит еще в полном сиянии на заставе петербургской»

(Остафьевский архив. СПб., 1899. Т. 2. С. 40). Ср. афоризм Шамфора: «Терпеть не могу женщин непогрешимых, чуждых людским слабостям, — говорил М. — Мне все время мерещится, что у них на лбу, как на вратах дантова ада, начертан девиз проклятых душ: Lasciate ogni speranza, voi ch'entrate» (*Шамфор*. Максимы и мысли. Характеры и анекдоты. М.; Л., 1966. С. 217). Ср. в *ЕО (3, XXII, 1–10)*.

XXV, 1–14 — Строфа содержит отзвуки знакомства *П* со стихотворением «Рука» Э. Парни. В стихотворении Парни противопоставляются кокетка и искренняя возлюбленная, которая

Не говорит: «Сопротивленье
Желания воспламенит,
Восторг мгновенный утомит,
Итак — отложим наслажденье».

В душе кокетки записной
Так пламень лживый рассуждает,
Но нежная любовь пылает
И отдается всей душой...

XXVI, 5 — *Она по-русски плохо знала...* — Татьяна, конечно, владела бытовой русской речью, а также, с детства заучив молитвы и посещая церковь, имела определенный навык понимания торжественных церковных текстов. Она не владела письменным стилем и не могла свободно выражать в письме те оттенки чувств, для которых по-французски находила готовые, устоявшиеся формы. Любовное письмо требовало слога более книжного, чем устная речь («Доныне дамская любовь / Не изъяснялася по-русски» — *XXVI, 11–12*), и менее книжного, более сниженного, чем язык церковных текстов («Доныне гордый наш язык / К почтовой прозе не привык» — *XXVI, 13–14*). Ср.: «Истинных писателей было у нас еще так мало, что они ⟨...⟩ не успели обогатить слов тонкими идеями; не показали, как надобно выражать приятно некоторые, даже обыкновенные мысли. Русский *кандидат авторства*, недовольный книгами, должен закрыть их и слушать вокруг себя разговоры, чтобы совершеннее узнать язык. Тут новая беда: в лучших домах говорят у нас более по-французски! Милые женщины, которых надлежало бы только подслушивать, чтобы украсить роман или комедию любезными, счастливыми выражениями, пленяют нас нерусскими фразами» (*Карамзин-2*. Т. 2. С. 185). С диаметрально противоположных языковых позиций А. С. Кайсаров в начале 1810-х гг. также отмечал наличие в русском языке вакуума между просторечием и высокой церковной речью, заполняемого употреблением иностранных языков: «Мы рассуждаем по-немецки, мы шутим по-французски, а по-русски только молимся Богу или ругаем наших служителей» (Чтения в имп. Обществе истории и древностей российских... М., 1858. Кн. 3. Ч. V. С. 143). Ср. высказывание *П*, хронологически совпадающее со временем работы над третьей главой: «...проза наша так еще мало обработана, что даже в простой переписке мы принуждены *создавать* обороты слов для изъяснения понятий самых обыкновенных; и леность наша охотнее выражается на языке чужом, коего механические формы уже давно готовы и всем известны» (XI, 21). Развивающееся здесь и далее противопоставление наивной, «неученой» (и потому пишущей по-французски) героини «ученым» дамам, изъясняющимся по-русски (звучащее в настоящее время парадоксально), может быть объяснено сопоставлением с известной, конечно, *П* комедией А. Д. Копиева «Обращенный мизантроп, или

Лебедянская ярмонка», где появляется наивная до дикости, но искренняя и чистая душой героиня, которая пересыпает свою речь французскими выражениями, но любит Русь больше, чем ученые и правильно говорящие по-русски светские дамы. «Узнав ее, долго испытывал я, не от природного ли недостатка в уме происходили странности, которые я в обращении ее находил; увидел, наконец, к беспримерному удовольствию моему, что ежели она худо говорила по-русски, то от редкого общения с теми, кто хорошо по-русски говорят, а не от ненависти к своему языку, чем заражены по большей части такие, кто русской язык знают хорошо; ежели она не умеет скрыть ни радости ни печали, это происходило от того, что она скрывать чувств своих не училась», «я нашел в ней чувствительность, чистосердечие, благородную душу» (Русская комедия и комическая опера XVIII в. М.; Л., 1950. С. 503, 523).

В дальнейшем *П* уточнил формулу «по-русски плохо знала» именно как указание на невладение письменной формой речи и книжной традицией. Ср. характеристику Полины и полемическое рассуждение в «Рославлеве»: «Полина чрезвычайно много читала, и без всякого разбора. Ключ от библиотеки отца ее был у ней. Библиотека большею частию состояла из сочинений писателей XVIII века. Французская словесность, от Монтескьё до романов Кребильйона, была ей знакома, Руссо знала она наизусть. В библиотеке не было ни одной русской книги, кроме сочинений Сумарокова, которых Полина никогда не раскрывала. Она сказывала мне, что с трудом разбирала русскую печать, и вероятно ничего по-русски не читала, не исключая и стишков, поднесенных ей Московскими стихотворцами.

Здесь позволю себе маленькое отступление. Вот уже, слава богу, лет тридцать как бранят нас бедных за то, что мы по-русски не читаем, и не умеем (будто бы) изъясняться на отечественном языке ⟨...⟩ Дело в том, что мы и рады бы читать по-русски; но словесность наша, кажется, не старее Ломоносова и чрезвычайно еще ограничена. Она, конечно, представляет нам несколько отличных поэтов, но нельзя же ото всех читателей требовать исключительной охоты к стихам. В прозе имеем мы только „Историю Карамзина"; первые два или три романа появились два или три года назад: между тем как во Франции, Англии и Германии книги одна другой замечательнее следуют одна за другой. Мы не видим даже и переводов; а если и видим, то воля ваша, я все-таки предпочитаю оригиналы. Журналы наши занимательны для наших литераторов. Мы принуждены всё, известия и понятия, черпать из книг иностранных; таким образом и мыслим мы на языке иностранном (по крайней мере, все те, которые мыслят и следуют за мыслями человеческого рода). В этом признавались мне самые известные наши литераторы» (VIII, 150). Текст написан от лица девушки — героини романа. Ср. в «Былом и думах» Герцена: «...политические новости мой отец читал во французском тексте, находя русский неясным» (ч. I, гл. V).

Однако в дальнейшем творчестве *П* возможно было и другое раскрытие женского персонажа, связанного с Татьяной, — образа романтической провинциальной барышни. Она могла превратиться в заинтересованную участницу литературных споров, читательницу журналов. Ср. в «Романе в письмах»: «Маша хорошо знает русскую литературу — вообще здесь более занимаются словесностию, чем в Петербурге. Здесь получают журналы, принимают живое участие в их перебранке, попеременно верят обеим стор⟨онам⟩, сердятся за любимого писателя, если он раскритикован. Теперь я понимаю, за что В⟨яземский⟩ и П⟨ушкин⟩ так любят уездных барышень. Они их истинная публика» (VIII, 50).

Полина из «Рославлева» и Маша из «Романа в письмах» раскрывают две возможные тенденции, потенциально скрытые в характеристике Татьяны.

XXVII, 4 — *С Благонамеренным в руках...* — Примечание *П*: «Журнал, некогда издаваемый покойным А. Измайловым довольно неисправно. Издатель однажды печатно извинялся перед публикою тем, что он на праздниках *гулял*» (VI, 193). Специфическое употребление *П* слова «благонамеренный» см. XIV, 26. Измайлов Александр Ефимьевич (1779–1831) — поэт-сатирик и журналист. Отношение *П* к нему было ироническим, издававшийся им с 1818 по 1826 г. журнал «Благонамеренный» был мишенью насмешек Пушкина, Дельвига, Баратынского и Вяземского.

XXVIII, 2 — *Иль при разъезде на крыльце...* — По свидетельству Вяземского, в одной из редакций было: «Иль у Шишкова́ на крыльце» (Русский архив. 1887. № 12. С. 577). Если эти сведения достоверны, то, возможно, имеется в виду поэтесса Анна Петровна Бунина (1774–1828), почетный член «Беседы любителей русского слова». Приверженность ее принципам и личности Шишкова неоднократно осмеивалась арзамасцами.

3–4 — *С семинаристом в желтой шале...* — *«Семинарист в желтой шале»* и *«академик в чепце»* — ученые женщины.

XXIX, 1–2 — *Неправильный, небрежный лепет...* — «Язык щеголей» — светский, и в особенности дамский, жаргон — отличался особой артикуляцией, небрежной и нечеткой. Ср. портрет «модной девицы»: «С приятностию умеющая махаться веером и помощию оного знающая искусно развевать и разбрасывать волосы, *по моде несколько картавящая и пришептывающая язычком* (курсив мой. — *Ю. Л.*), прищуривающая томные свои глазки и имеющая привлекательную улыбку» (Сатирический вестник... М., 1795. Ч. 4. С. 102).

6 — *Мне галлицизмы будут милы...* — Стих имеет эпатирующий характер: апология галлицизмов звучала в печати в достаточной мере вызывающе. Показательно, что, хотя галлицизмы, в особенности в качестве модели для образования фразеологизмов русского языка, активно воздействовали на русские языковые процессы, и шишковисты, и карамзинисты предпочитали обвинять друг друга в их употреблении. Характерны слова П. И. Макарова: «Антагонисты новой школы, которые без *дондеже* и *бяху* не могут жить, как рыба без воды, охотно позволяют галлицизмы...» (Московский Меркурий. М., 1803. С. 123). Одновременно для *П* исключительно важно противопоставить воспроизведение в искусстве живых «неправильностей» разговорного языка литературе, ориентирующейся на условную правильность письменных норм речи.

8 — *Как Богдановича стихи.* — *Богданович* Ипполит Федорович (1743–1803) — поэт, автор стихотворной сказки «Душенька», основанной на мифе об Амуре и Психее. Пропаганда Богдановича, в котором видели основоположника русской «легкой поэзии», имела для карамзинистов принципиальный характер. «Богданович *первый* на русском языке играл воображением в легких стихах», — писал Карамзин в 1803 г. (*Карамзин-2*. Т. 2. С. 222); «Стихотворная повесть Богданови-

ча, первый и прелестный цветок легкой Поэзии на языке нашем, ознаменованный истинным и великим талантом...» (*Батюшков К. Н.* Соч. Л., 1934. С. 364). В духе статьи Карамзина и восторженные оценки «Душеньки» Богдановича в лицейском стихотворении *П* «Городок» (1815). Однако внимательное рассмотрение стиха позволяет видеть в нем не только продолжение карамзинской традиции, но и скрытую полемику с ней: карамзинисты прославляли Богдановича как создателя нормы легкой поэтической речи, возводя его стих в образец правильности, — *П* ценит в нем его ошибки против языка, которые, вопреки намерениям самого Богдановича, вносили в его поэзию непосредственное обаяние устной речи. Стихи Богдановича для *П* — документ эпохи, а не художественный образец.

13–14 — *Я знаю: нежного Парни / Перо не в моде в наши дни.* — Намек на слова Кюхельбекера в статье «О направлении нашей поэзии...»: «Батюшков взял себе в образец двух пигмеев французской словесности — Парни и Мильвуа» (*Кюхельбекер-1.* С. 455). Отклик написан по горячим следам: том «Мнемозины», в котором была опубликована статья Кюхельбекера (1824, ч. II), вышел в свет 9 июня. *П* имел его в руках уже по крайней мере в первых числах декабря (см. XIII, 126), когда заканчивал третью главу. *Парни* Эварист — см. с. 153. *П* здесь имеет в виду элегии Парни.

XXX, 1 — *Певец Пиров и грусти томной...* — Баратынский Евгений Абрамович (1800–1844), один из наиболее выдающихся поэтов пушкинской эпохи. В период создания третьей главы поэтическая карьера Баратынского еще только начиналась и он воспринимался как поэт-элегик, а также как автор двух поэм: шутливой

«Пиры» и романтико-психологической «Эда», в которой он показал себя тонким мастером психологического анализа.

10 — *Но посреди печальных скал...* — Реминисценция из стихотворения Баратынского «Финляндия»:

> Громады вечных скал, гранитные пустыни,
> Вы дали страннику убежище и кров!
>
> (*Баратынский.* Т. 2. С. 105)

12 — *Один, под финским небосклоном...* — Намек на то, что Баратынский вынужден был в это время служить унтер-офицером в Нейшлотском пехотном полку в Финляндии. Находясь в Пажеском корпусе, Баратынский совершил непростительную шалость, за которую был сурово наказан: ему была запрещена всякая военная служба, кроме как в чине рядового. Жуковский и литературные друзья Баратынского стремились возбудить общественное сочувствие к опальному поэту. Такой же смысл имел и намек в *ЕО*.

XXXI — Назвав два «ложных адреса» для характеристики образцов стиля письма Татьяны к Онегину (Парни и Баратынский), *П* предлагает читателю третью версию: письмо Татьяны характеризуется теперь как подлинный документ, вмонтированный в роман. По авторитетному свидетельству Вяземского, подтверждение которому можно видеть в черновом прозаическом наброске текста письма, поэт вначале стремился к столь далеко идущей имитации «человеческого документа», что предполагал «написать письмо прозою, думал даже написать его по-французски» (*Вяземский П. А.* Полн. собр. соч. СПб., 1879. Т. 2. С. 23). Но и включив письмо Татьяны в своем «пересказе», *П* дал его текст вне обычной строфической структуры романа, выделив тем самым его инородность на общем фоне повествования.

13 — *Или разыгранный Фрейшиц... — Фрейшиц* — «Фрейшютц» («Вольный стрелок») (1820) — опера К. Вебера (1786–1826), в период создания главы была популярной новинкой.

*Письмо Татьяны к Онегину.* — Прямое указание *П* на французский оригинал вызывало разноречивые суждения исследователей. В. В. Виноградов склонен был видеть в этом утверждении мистификацию *П*: «Ведь язык письма Татьяны, вопреки предварительным извинениям автора, — русский, непереводной. Он не предполагает стоящего за ним французского текста» (*Виноградов В. В.* Язык Пушкина. М.; Л., 1935. С. 222). Близок к такому пониманию и С. Г. Бочаров, предлагающий такое понимание: «Пушкинское письмо Татьяны — „мифический перевод“ с „чудесного подлинника“ — сердца Татьяны» (*Бочаров С. Г.* Поэтика Пушкина: Очерки. М., 1974. С. 78–79). Однако подобная постановка вопроса не отменяет того, что текст письма Татьяны представляет собой цепь реминисценций в первую очередь из текстов французской литературы. Параллели эти очевидны и много раз указывались (*Сиповский В. В.* Татьяна, Онегин, Ленский // Русская старина. 1899. № 5; *Сержан Л. С.* Элегия М. Деборд-Вальмор — один из источников письма Татьяны к Онегину // Изв. АН СССР. Серия лит. и яз. М., 1974. Т. 33. № 6). Целый ряд фразеологических клише восходит к «Новой Элоизе» Руссо: «То воля неба; я твоя» — «un éternel arrêt du ciel nous destina l'un pour l'autre» (part I, lettre XXVI).

Сопоставление это тем более убедительно, что, как отметил В. В. Набоков, именно в этом месте и в письме

Татьяны, и в письме Сен-Прё происходит смена «вы» на «ты» (правда, стилистический эффект такой смены в русском и французском текстах неадекватен). Целый ряд фразеологических параллелей можно найти и в других письмах романа Руссо. Л. С. Сержан высказал предположение, что основным источником письма Татьяны является элегия Марселины Деборд-Вальмор (1786–1859) — второстепенной французской поэтессы, сборник стихотворений которой вышел в 1819 г. и потом несколько раз переиздавался (эту же параллель, но в значительно более сдержанной форме и не делая столь далеко идущих выводов, указал Набоков). Причину обращения *П* к элегии французской поэтессы исследователь видит в том, что «в этих стихах наш поэт нашел, очевидно, то, что он так ценил в творчестве А. Шенье ⟨...⟩ изумительную, неподдельную *искренность*» (*Сержан Л. С.* Указ. соч. С. 545). Текст элегии Деборд-Вальмор действительно имеет ряд точек соприкосновения с письмом Татьяны, позволяющих утверждать, что он был известен *П* и был у него на памяти во время работы над «письмом». Однако выводы Л. С. Сержана представляются весьма преувеличенными. Элегия Деборд-Вальмор — своеобразный набор штампов (что, конечно, не отменяет субъективной искренности поэтессы, которую акцентирует исследователь, рассказывая о ее трагической биографии, а лишь вытекает из размера ее дарования), и ряд сходных поэтических формул мог восходить у *П* и к другим источникам. Приведем пример: одно из наиболее разительных, по мнению Сержана, сопоставлений — конец второй строфы элегии и стихи в *ЕО*.

Au fond de ce régard ton nom se révéla,
Et sans le démander j'avais dis: «Le voila».

«Почти одинаково словесно и „сценически" дано описание первой встречи („Ты чуть вошел..." и т. д.):

узнавание, смятение и, наконец, одно и то же восклицание — „Вот он!“» (*Сержан Л. С.* Указ. соч. С. 543). Ср. стихи 9–16. Эти слова невольно приводят на память знакомые строки: «И дождалась… Открылись очи; Она сказала: *это он!*» Ср., однако, параллель в тексте Карамзина, написанном более чем за четверть века до публикации элегии: «Наталья в одну секунду вся закраснелась, и сердце ее, затрепетав сильно, сказало ей: *вот он!*» (*Карамзин-2*. Т. 1. С. 632). *П* потому и обратился к элегии Деборд-Вальмор, что это были: 1) женские стихи, 2) стихи, в достаточной мере лишенные индивидуальности, могущие служить прообразом письма деревенской «мечтательницы нежной», напитанной фразами из бесчисленных романов. Однако преувеличивать значение этого источника нет оснований.

Обилие литературных общих мест в письме Татьяны не бросает тени на ее искренность, подобно тому как то, что она, «воображаясь героиней своих возлюбленных творцов», присваивает себе «чужой восторг, чужую грусть» и строит свою любовь по литературным образцам «Кларисы, Юлии, Дельфины», не делает ее чувство менее искренним и непосредственным. Для романтического сознания реальностью становились лишь те чувства, которые можно было сопоставить с литературными образцами. Это не мешало романтикам искренне любить, страдать и погибать, «воображаясь» Вертерами или Брутами.

58–59 — *Кто ты, мой ангел ли хранитель…* — Перенося в жизнь привычную для нее поэтику романов, Татьяна предполагает лишь две возможные разгадки характера Онегина: ангел-хранитель — Грандисон — или коварный искуситель — Ловелас. В первом случае, как ей кажется, сюжет ее жизни должен развертываться идиллически, во втором — ее ждет, по поэтике романов, неизбежная гибель («Погибну», Таня говорит, / «Но гибель от него любезна...» — *6, III, 11–12*). Этим определяется и подчеркнуто книжное понимание ею поведения героя: «Блистая взорами, Евгений / Стоит подобно грозной тени...» *(3, XLI, 5–6)*. Характерно, что и романтик Ленский будет воспринимать поведение людей сквозь призму того же сценария — «хранитель — искуситель»:

Он мыслит: «Буду ей спаситель.
Не потерплю, чтоб развратитель
Огнем и вздохов и похвал
Младое сердце искушал...» *(6, XV, XVI, XVII, 5–8)*

Автор чужд такому осмыслению своего героя: Онегин не оказывается соблазнителем — степень его демонической опасности Татьяной преувеличена:

Вы согласитесь, мой читатель,
Что очень мило поступил
С печальной Таней наш приятель;
Не в первый раз он тут явил
Души прямое благородство... *(4, XVIII, 1–5)*

Но он и не положительный герой романов XVIII в.:

Но наш герой, кто б ни был он,
Уж верно был не Грандисон *(3, X, 13–14)*.

Посылая письмо Онегину, Татьяна ведет себя по нормам поведения героини романа, однако реальные бытовые нормы поведения русской дворянской барышни начала XIX в. делали такой поступок немыслимым: и то, что она вступает без ведома матери в переписку с почти неизвестным ей человеком, и то, что она первая признается ему в любви, делало ее поступок находящимся по ту сторону всех норм приличия. Если бы Онегин разгласил тайну получения им письма, репутация Татьяны пострадала бы неисправимо. Но если по отношению к высокой прозе жизни взгляд сквозь призму романов кажется наивным и вызывает иронию, то в сопоставлении с системой светских приличий он обнаруживает связь со «своенравием страстей» и получает оправдание со стороны автора. Это определяет сочетание иронии и симпатии в тоне авторского повествования.

Бытовое неприличие поступка Татьяны заставляет скептически отнестись к предположению о том, что образцом для письма явилось реальное письмо, якобы полученное *П* от девочки Марии Раевской (см.: Рукою Пушкина. С. 299; *Сержан Л. С.* Указ. соч. С. 536). Ввиду отсутствия сколь-либо серьезных доказательств, мнение это не нуждается в опровержении.

XXXII, 3 — *Облатка розовая сохнет... — Облатка* — кружок из клейкой массы или проклеенной бумаги, которым запечатывали конверты (ср.: И на письмо не напирает / Своей печати вырезной — *3, XXXIII, 3–4*). Письма запечатывались кольцом или специальной печаткой с гравированным («вырезным») камнем.

XXXVI, 3 — *Бледна как тень, с утра одета...* — Обычным было одевать утром «дезабилье» («утренний убор»), в котором выходили к завтраку, виделись с домашними или близкими друзьями. Утренний туалет для женщины заключался в платьях особого покроя. Дезабилье столичных модниц могло состоять из дорогих парижских туалетов нарочито небрежного вида. Утренний убор провинциальной барышни состоял из простенького платья домашнего покроя, широких «покойных кофт» и проч. В утреннем уборе дама считалась неодетой. К обеду полагалось «одеваться», то есть менять туалет. Вечером в городе при выезде в театр или на бал, в деревне в праздник надевались вечерние туалеты. «С утра одета» — психологическая деталь, раскрывающая напряженность ожидания Татьяной приезда Онегина. См. об этом: *Маймин Е. А.* Опыты литературного анализа. М., 1972. С. 15.

12 — *Да, видно, почта задержала.* — Почтовая корреспонденция отправлялась два раза в неделю, в так называемые почтовые дни, когда, как правило, писали письма. Тогда же приходила корреспонденция.

13–14 — *Татьяна потупила взор...* — В разговоре о том, что Онегин задержался из-за почты, Татьяна увидала намек на свое письмо.

*Песня девушек.* — Введенная в текст нестрофическая «Песня девушек» представляет второй, после письма Татьяны, «человеческий документ», вмонтированный в роман. Песня также говорит о любви (в первом варианте — трагической, однако в дальнейшем для большего контраста *П* заменил его сюжетом счастливой любви), но вносит при этом совершенно новую, фольклорную точку зрения, что являлось антитезой не только письму Татьяны, но и словам няни («Мы не слыхали про любовь» — *3, XVIII, 2*). В первоначальном замысле *П* полагал дать такой текст песни:

Вышла Дуня на дорогу
Помолившись богу —
Дуня плачет, завывает
Друга провожает
Друг поехал на чужбину
Дальнюю сторонку
Ох уж эта мне чужбина
Горькая кручина!

На чужбине молодицы,
Красные девицы,
Осталась я молодая
Горькою вдовицей —
Вспомяни меня младую
Аль я приревную
Вспомяни меня заочно
Хоть и не нарочно *(VI, 329–330).*

Оба текста «Песни девушек» являются творчеством *П,* хотя и навеяны фольклорными впечатлениями Михайловского. Однако для автора существенно уверить читателя в их подлинности.

Сменив первый вариант «Песни девушек» вторым, *П* отдал предпочтение образцу свадебной лирики, что тесно связано со смыслом фольклорной символики в последующих главах. «Песня девушек» ориентирована, видимо, на известные *П* свадебные песни с символикой жениха — «вишенья» — и невесты — «ягоды».

Из саду в сад путь-дороженька лежит,
Из зелена́ тут и прото́рена.
Кто эту дорожку прошел-проторил?
Проторил дорожку Иванович Алексей.
— Ягода Марья, куда пошла?
— Вишенье Алексей, в лес по ягоды.
— Ягода Марья, во что будешь брать?
— Вишенье Алексей, в твою шапоцку.
— Ягода Марья, кому поднесешь?
— Вишенье Алексей, твоему батюшку.
— Ягода Марья, поклонишься ли?
— Вишенье Алексей — до́ пояску.

(*Колпакова Н.* Свадебный обряд на р. Пинеге // Крестьянское искусство СССР. Л., 1928. Т. 2. С. 158)

Включение песни в текст *ЕО* имеет двойную мотивировку. Упоминание ягод связывает ее с бытовой ситуацией — сбором крепостными девушками ягод в помещичьем саду, символическое же значение мотива связывает эпизод с переживаниями героини.

XLI, 5–6 — *Блистая взорами, Евгений / Стоит подобно грозной тени...* — Сгущенно-романтическая стилистика этих стихов вводит в текст «точку зрения» Татьяны. Следующий далее резкий стилистический слом — переход к демонстративно-фамильярной авторской речи — подчеркивает этот эффект, заставляя предполагать существование третьей позиции, возвышающейся над обоими стилями.

13–14 — *И погулять и отдохнуть: / Докончу после как-нибудь.* — Реминисценция заключительных стихов 4-й песни «Орлеанской девственницы» Вольтера:

> Но мне пора, читатель, отдохнуть;
> Мне предстоит еще немалый путь.

(*Вольтер.* Орлеанская девственница / Пер. под ред. М. Л. Лозинского. М., 1971. С. 81)

Нарисовав картину, полную бытового и психологического правдоподобия, *П* не только «подсветил» ее двумя противоположными точками зрения: фольклорной в песне девушек и романтической, принадлежащей героине («блистая взорами», «подобен грозной тени»), но и завершил главу резким стилистическим переходом к условной манере шутливого повествования в духе иронической поэзии эпохи барокко (концовка Вольтера, вероятно, восходит к заключительным стихам III песни «Неистового Роланда» Ариосто). Источники эти были хорошо известны читателю пушкинской эпохи и, бесспорно, им ощущались. Это делает «я» повествователя в заключительных стихах неадекватным автору.

## ГЛАВА ЧЕТВЕРТАЯ

*La morale est dans la nature des choses. / Necker.* — «Нравственность (мораль) — в природе вещей». Неккер *(фр.). Неккер* Жак (1732–1804) — политический деятель и финансист, в начале Французской революции XVIII в. был министром Людовика XVI, отец Ж. де Сталь. Эпиграф взят *П* из книги Ж. Сталь «Размышление о французской революции» (1818), где эти слова включены в следующий контекст: «Вы слишком умны, сказал однажды Неккер Мирабо, чтобы рано или поздно не заметить, что нравственность в природе вещей» (см.: *Томашевский Б. В.* Французская литература в письмах Пушкина к Е. М. Хитрово // Письма Пушкина к Е. М. Хитрово, 1827–1832. Л., 1927. С. 254–255).

В сопоставлении с содержанием главы эпиграф получает ироническое звучание. Неккер говорит о том, что нравственность — основа поведения человека и общества. Однако в русском контексте слово «мораль» могло звучать и как нравоучение, проповедь нравственности (ср.: Словарь языка *П.* С. 622; «Не докучал моралью строгой» *(1, III, 12)* и более позднее: «Мне граф ⟨Орлов⟩ мораль читал» — Н. А. Некрасов, «Суд»). Показательна ошибка Бродского, который перевел эпиграф: «Нравоучение в природе вещей» (*Бродский.* С. 206). Возможность двусмысленности, при которой нравственность, управляющая миром, путается с нравоучением, которое читает в саду молодой героине «сверкающий взорами» герой, создавала ситуацию скрытого комизма.

Строфы I–VI в тексте романа опущены и заменены точками, хотя I–IV из них были уже известны читателю по публикации 1827 г. в № 20 «Московского вестника» (С. 365–367). См.: VI, 646–648). То, что автор исключил уже известные читателям четыре строфы, прибавив к ним номера еще двух, видимо вообще не написанных, одновременно напоминает о существовании исключенного текста и мистифицирует относительно несуществующего с помощью «пустых» номеров. Это как бы выводило роман за пределы собственного его текста, показывая, что известный читателю ряд строф и у́же и шире романа, подобно тому как всякий рассказ о событии у́же и шире самого этого происшествия. Ср. с отступлением, данным в скобках в гл. LII «Красного и черного» Стендаля: «Здесь автор хотел поместить страницу многоточий. Это будет иметь плохой вид, сказал издатель, а для такого легкого произведения плохой вид — смерть...» Далее Стендаль поместил пространное рассуждение автора и издателя о том, как следует сочетать в романе политику и искусство. Демонстративное введение внетекстовых элементов в текст романа было порождено новаторскими поисками в области реалистической структуры.

VII, 1–10 — *Чем меньше женщину мы любим...* — Рассуждение, данное в романе как принадлежащее Онегину («Так точно думал мой Евгений» — *4, IX, 1*), — переложение в стихах отрывка из письма *П* к брату: «То, что я могу сказать тебе о женщинах, было бы совершенно бесполезно. Замечу только, что чем меньше любим мы женщину, тем вернее можем овладеть ею. Однако забава эта достойна старой обезьяны XVIII столетия» (XIII, 50 и 524).

13–14 — *Со славой красных каблуков / И величавых париков.* — Высокие красные каблуки были в моде при дворе Людовика XV. «Красные каблуки» сделалось прозванием предреволюционной аристократии. Большие парики были модны в первую половину XVIII в. На рубеже XVIII и XIX вв. они уменьшились, а затем вышли из моды и сохранялись лишь в быту у стариков, а также в особо церемониальных случаях (например, как часть дипломатической одежды, на торжественных придворных приемах, в одежде лакеев и пр.).

X, 9 — *На вист вечерний приезжает...* — *Вист* — карточная игра для четырех партнеров. Считалась игрой «степенных», солидных людей (⟨*Страхов Н.*⟩ Переписка моды... М., 1791. С. 31). Вист — коммерческая, а не азартная игра, носила спокойный характер.

XI, 7 — *И в сладостный, безгрешный сон...* — «Сон» у *П* часто употребляется как синоним «мечты». Такая синонимия, с одной стороны, поддерживалась специфической семантикой слова «мечта» в церковнославянском языке («призрак», «сновидение»; ср.: «сонное мечтание» — *Алексеев П.* Церковный словарь... СПб., 1819. С. 135), а с другой — наличием единого адеквата во французском языке — «le rève».

XII–XVI — Проповедь Онегина противопоставлена письму Татьяны совершенным отсутствием в ней литературных клише и реминисценций. Комментаторы иногда сопоставляли стихи 9–14 строфы XIV с «Оберманом» Сенанкура. Сближение это представляется искусственным. Смысл речи Онегина именно в том, что он неожиданно для Татьяны повел себя не как литературный герой («спаситель» или «соблазнитель»), а просто как хорошо воспитанный светский и к тому же вполне порядочный человек, который «очень мило поступил / С печальной Таней». Онегин повел себя не по законам литературы, а по нормам и правилам, которыми руководствовался достойный человек пушкинского круга в жизни. Этим он обескуражил романтическую героиню, которая была готова и к «счастливым свиданьям», и к «гибели», но не к переключению своих чувств в плоскость приличного светского поведения, а *П* продемонстрировал ложность всех штампованных сюжетных схем, намеки на которые были так щедро разбросаны в предшествующем тексте. Светская отповедь Онегина отсекала возможность и идиллического, и трагического литературного романного трафарета. Им противопоставлялись законы лежащей вне литературы жизни. Не случайно во всех последующих строфах главы доминирующей делается тема литературной полемики, разоблачения литературных штампов и противопоставления им действительности, истины и прозы. Однако при наивной книжности у начитавшейся романов героини есть непосредственность и способность к чувству, отсутствующие в душе «трезвого» героя.

XVII, 6 — *(Как говорится, машинально)*... — *Машинально* выделено курсивом, поскольку воспринималось как шокирующая в поэтическом тексте цитата из разговорного языка. В 1820-е гг. это слово встречалось в бытовом употреблении. 27 ноября 1820 г. Жуковский писал А. И. Тургеневу: «Тебе надобно ⟨...⟩ любить добро (к которому ты до сих пор был привязан машинально, без наслаждения)» (Письма В. А. Жуковского к А. И. Тургеневу. М., 1895. С. 193). Однако в поэтическом контексте оно воспринималось как резкий диссонанс, цитата из бытовой речи.

XVIII–XXII — Строфы представляют собой полемическое сопоставление литературного культа любви и дружбы и бытовой реальности светской жизни. И идиллическое прославление дружбы и любви, и романтическое в них разочарование как явления «литературы» сопоставлены с бытовой реальностью с целью разоблачения их условного, нежизненного характера. Противопоставляемая культу пламенных чувств проповедь эгоизма («любите самого себя» — *XXII, 11*) также имеет характер не философского обобщения, а практического рецепта относительно того, как себя следует вести в свете (ср. совет брату: «Будь холоден со всеми; фамильярность всегда вредит» — XIII, 49 и 524), чтобы сохранить независимость и личное достоинство. Бросая иронический свет на романтические штампы, голос здравого рассудка сам делается объектом авторской иронии, раскрывающей относительность его истины.

XIX, 1–2 — *А что? Да так. Я усыпляю / Пустые, черные мечты...* — Строфа, как и следующая XX, начинается имитацией непосредственного и доверительного разговора с читателем. Подражание устной речи достигается введением слов, значение которых целиком определяется интонацией («А что? Да так», «Гм! гм!»). Это подчеркивается торжественностью интонации последующей фразы, звучащей как ироническая цитата из какой-то посторонней официальной речи. *Мечты* — здесь: в исконном церковнославянском значении — ложные мнения, обманные призраки. Оценка авторских горьких наблюдений над эгоизмом окружающего света как «пустых, черных» мечтаний и торжественный глагол «усыплять» в значении «опровергать», «отбрасывать» составляют очевидное стилистически инородное включение в строфу.

3 — *Я только в скобках замечаю...* — Вводя в текст романа рассуждения о принципах его построения («метапостроения»), *П* создавал исключительно своеобразный интонационный рисунок.

5 — *На чердаке вралем рожденной...* — Смысл стихов раскрывается сопоставлением с письмом П. А. Вяземскому 1 сентября 1822 г.: «...мое намерение было ⟨не⟩ заводить остроумную литературную войну, но резкой обидой отплатить за тайные обиды человека, с которым расстался я приятелем и которого с жаром защищал всякий раз, как представлялся тому случай. Ему по⟨ка⟩за⟨лось⟩ ⟨за⟩бавно сделать из меня неприятеля и смешить на мой счет письмами чердак к⟨нязя⟩ Шаховского, я узнал обо всем, будучи уже сослан, и, почитая мщение одной из первых христианских добродетелей — в бессилии своего бешенства закидал издали Толстого журнальной грязью» (XIII, 43). Возможно, с этими стихами связан оставшийся нереализованным замысел включения в четвертую главу памфлетной характеристики Ф. И. Толстого («Толстой явится у меня во всем блеске в 4-й песне *Онег*⟨ина⟩» — XIII, 163). Толстой Федор Иванович (Американец) (1782–1846) — отставной гвардейский офицер, бретер, картежник, одна из наиболее ярких личностей XIX в. Его имел в виду Грибоедов, когда писал о «ночном разбойнике, дуэлисте» (д. IV, явл. 4).

Л. Н. Толстой, называвший Толстого-Американца «необыкновенным, преступным и привлекательным человеком», использовал его черты в образе старшего Турбина («Два гусара») и Долохова («Война и мир»). *П* узнал об участии Толстого-Американца в распространении позорящих его слухов и ответил эпиграммой («В жизни мрачной и презренной...») и резкими стихами в послании «К Чаадаеву». *П* долгое время собирался драться с Толстым на дуэли (см.: *Толстой С. Л.* Федор Толстой Американец. М., 1926). *Чердак* — литературно-театральный салон А. А. Шаховского. «Чердак» помещался в доме Шаховского в Петербурге на Малой Морской, на углу Исаакиевской площади. Постоянными посетителями его были представители театральной богемы и литераторы, близкие к архаистам: Катенин, Грибоедов, Крылов, Жихарев и др. «Долго я жил уединен от всех, вдруг тоска выехала на белый свет, куда, как не к Шаховскому? Там по крайней мере можно гулять смелою рукою по лебяжьему пуху милых грудей etc.» (*Грибоедов А. С.* Соч. М., 1956. С. 578). О сплетнях, распространяемых Толстым на «чердаке», *П* узнал от Катенина.

XX, 5 — *Что значат имянно р о д н ы е. — Родные* выделено курсивом как слово, интонационно выпадающее из общего контекста. Здесь оно является элементом бытовой разговорной дворянской речи, отражая исключительное значение родственных связей в быту пушкинской эпохи. Всякое знакомство начиналось с того, чтобы «счесться родными», выяснить, если возможно, степень родства. Это же влияло и на все виды карьерных и должностных продвижений. Ср. реплику Фамусова: «Ну как не порадеть родному человечку!..» (д. II, явл. 5).

Ср. воспоминания Н. П. Брусилова о Е. А. Архаровой: «Бывало приедет из захолустья помещик и прямо к ней. — Я к вам, матушка Катерина Александровна, с просьбой. — Чем, батюшка, могу служить? Мы с тобой нечужие. Твой дед был внучатым моему покойному Ивану Петровичу по первой его жене. Стало быть свои. ⟨...⟩ — Родня, точно родня, близкая родня, — шептала между тем бабушка» (Помещичья Россия... С. 110).

10 — *О рождестве их навещать...* — Сочельник Рождества (обращает внимание подчеркнуто разговорная формула *о рождестве*) был временем обязательных официальных визитов (ср.: «Меня в сочельник навестил» — *7, XLI, 13*).

XXIII, 13–14 — *Так одевает бури тень / Едва рождающийся день.* — Реминисценция из поэмы Баратынского «Эда»:

> Что ж изменить ее могло?
> Что ж это утро облекло
> И так внезапно в сумрак ночь?
>
> (*Баратынский.* Т. 2. С. 150)

«Эда» была опубликована в 1826 г. отдельным изданием, вместе с «Пирами», а до этого ряд отрывков в 1825 г. появился в «Мнемозине», «Полярной звезде», «Московском телеграфе». Однако можно предположить, что рукописные тексты, если не всей поэмы, то каких-то ее отрывков, *П* получил еще в конце 1824 г. По крайней мере, в письмах к брату с конца ноября 1824 г. до конца декабря постоянно звучат настойчивые требования присылки поэмы («Торопи Дельвига, присылай мне чухонку Баратынского, не то прокляну тебя», «Пришли же мне Эду Баратынскую», «Пришли мне *Цветов* да *Эду*» — XIII, 123, 127, 131). Затем эти требования исчезают, а в письме, видимо, от конца января 1825 г. *П* уже уверенно выражает надежду на то, что в судьбе Баратынского «*Эда* все поправит» (XIII, 143). В стихотворении «К ⟨Керн»⟩ (между 16 и 19 июля 1825 г.) уже встречается реминисценция, бесспорно свидетельствующая об определенном знакомстве с текстом «Эды». Ср.:

> В томленьях грусти безнадежной (II, 406);
>
> В молчаньи грусти безнадежной.
>
> (*Баратынский.* Т. 2. С. 161)

Под строфой XXIII в черновой рукописи стоит помета: «1 Генв⟨аря⟩ 1825», «31 дек⟨абря⟩ 1824» (VI, 356).

Текстуальная близость стихов 13–14 к «Эде» по существу полемична: у Баратынского они характеризуют состояние «падшей» героини, соблазненной «злодеем» («Ему, злодею, в эту ночь / Досталась полная победа...» — *Баратынский*. Т. 2. С. 141). Такой ситуации, повторенной в бесчисленном ряду литературных текстов, но составляющей в реальном быту пушкинской эпохи событие аномальное, эксцесс, *П* противопоставляет каждодневное бытовое течение вещей («не-событие», по литературным нормам), являющееся одновременно совершенно уникальным в литературе той поры. Эда «увядает» в результате победы «лукавого соблазнителя» (*Баратынский*. Т. 2. С. 161), Татьяна «увядает», хотя ни ее романтическое письмо, ни «роковое» свидание ни в чем не изменило ее судьбы, а Онегин решительно отказался от роли литературного соблазнителя.

XXIV, 7 — *Пора, пора бы замуж ей!..* — Татьяне во время действия четвертой главы 17 лет. См. с. 21.

XXVI, 3–4 — *...автор знает боле / Природу, чем Шатобриан... — Шатобриан* Рене (1768–1848) — французский писатель и политический деятель. Природа здесь: «nature» — сущность вещей и человека. В комментарии Бродского ошибочно — как «картины природы» (*Бродский*. С. 215). Литературные вкусы Ленского тяготеют к предромантизму, а не к романтизму: он окружен воспоминаниями о Шиллере, Гёте (конечно, как авторе «Вертера»), Стерне, о нравоучительном романе XVIII в. К Шатобриану он относится отрицательно, романтические бунтари и пессимисты XIX в., в первую очередь Байрон, из его мира исключены. Энтузиазм и чувствительность, оптимизм и вера в свободу предромантической литературы противопоставлялись эгоизму, разочарованности и скепсису романтизма. Это следует подчеркнуть, поскольку в исследовательской литературе имеется тенденция трактовать Ленского как воплощение романтизма как такового.

XXVII–XXX — Альбом был важным фактом «массовой культуры» второй половины XVIII — первой половины XIX в., являясь своеобразным рукописным альманахом. Аккумулируя наиболее популярные произведения печатной литературы, альбом одновременно отражал большую роль семейной, родовой и кружковой традиций как организующих культуру факторов. Соединяя текст и его оформление — рисунок, альбом определенным образом был связан с традицией рукописной книги; одновременно он испытывал — по составу и в композиционном отношении — воздействие печатной книги-альманаха и в свою очередь влиял на нее. Характеризуя отмеченное *П* превращение альбома из факта низовой «семейной» культуры в великосветскую моду, П. Л. Яковлев в «Записках москвича» писал: «Все на свете стремится к совершенству, — альбом красноречиво доказывает эту великую истину. Что был альбом 20 лет назад? Книжка в алом сафьяне в 32-ю долю листа. Что находили в таких книжках? Песни Хованского, Николева, конфектные билетцы (бумажка, в которую завернута конфета, с напечатанным на ней стихотворением. — *Ю. Л.*) и любовные объяснения. Теперь, о! Теперь не то! Переплетчики истощили все свое искусство на украшение этих книжек. 〈...〉 Теперь редко найдете в них выписки из печатного или дурные рисунки цветков и домиков. В нынешних альбомах хотят иметь рисунки лучших артистов, почерк известных литераторов. Есть альбомы, которые через 50 лет будут дороже целой русской библиотеки». Характеризуя разные типы альбомов, Яковлев так описывает альбом девиц: «В 8-ку. Переплет обернут веленевою бумажкою.

На первом листке советы от матери, — стихи французские, английские, итальянские; выписки из Жуковского, много рисунков карандашом. Травки и сушеные цветы между листами» (⟨*Яковлев П. Л.*⟩ Записки москвича. М., 1828. Кн. 1. С. 122–126), ср. описание альбома самого Яковлева: *Медведева И.* Павел Лукьянович Яковлев и его альбом // Звенья. М.; Л., 1936. Вып. 6. С. 79–94.

XXVII, 4 — *Прилежно украшает ей...* — Альбомы начала XIX в. включали не только стихи, но и рисунки. Часто в них вклеивались вырезанные из книг офорты и гравюры. Обучение живописи было весьма распространено в домашнем дворянском воспитании и входило в обязательную программу военных корпусов и ряда гражданских училищ. Многие дилетанты-любители (Жуковский, декабристы А. М. Муравьев, А. П. Юшневский, В. П. Ивашев и др.), не говоря уж о профессионально владевших кистью и карандашом Бестужеве, М. Ю. Лермонтове, превосходно рисовали.

6 — *Надгробный камень, храм Киприды...* — аллегорический рисунок: «Любовь до гроба». *Киприда* — Афродита — по имени посвященного ей храма на Кипре.

7 — *Или на лире голубка... — Лира* — символ поэзии, *голубок* — птица богини любви Венеры. Аллегорический рисунок означает: «Поэзия служит любви».

10 — *Пониже подписи других...* — Хотя альбомы заполнялись в хронологической последовательности, место, на котором делалась запись, имело значение: первые страницы отводились родителям и старшим, затем шли подруги и друзья. Для выражения более нежных чувств предназначался конец альбома — особенно

значимыми считались подписи на последнем листе (см. *4, XXVIII, 13–14*). Самый первый лист часто оставался незаполненным, поскольку существовало поверье, что с открывшим первую страницу альбома случится несчастье.

XXVIII–XXIX — Выделенные курсивом стихи — включения «чужой речи»: в строфе XXVIII — стереотипные альбомные стишки, в строфе XXIX — столь же стереотипные поэтические клише, бытующие в провинциальной среде.

XXX, 6 — *Толстого кистью чудотворной... — Толстой* Федор Петрович (1783–1873) — художник, иллюстратор, медальер и скульптор, вице-президент Академии художеств (1828–1859), член Союза благоденствия, встречался с *П* в 1817–1820 и в 1830-е гг. См.: *Ковалевская Н. Н.* Художник-декабрист Ф. П. Толстой // Очерки из истории движения декабристов. М., 1954. С. 516–560; *Никулина Н. И.* Силуэты Ф. П. Толстого в собрании Эрмитажа. Л., 1961.

14 — *А мадригалы им пиши! — Мадригал* здесь: комплимент в стихах, лирический жанр «салонной и альбомной поэзии» (*Квятковский А.* Поэтический словарь. М., 1966. С. 149).

XXXI — В четвертой главе в поэзии Ленского усилены элегические, мечтательно-романтические черты.

7–14 — *И полны истины живой... — П* отмечает ту особенность романтической лирики, о которой Г. А. Гуковский писал: «...творчество Жуковского, создавшее характер, сливается в некое единство, где отдельные произведения служат элементами, частями, восполняющими друг друга, а все они вместе предстают как некий роман души; это был первый очерк первого психологического романа в русской литературе, без опыта которого не мог бы быть построен потом и реалистический роман» (*Гуковский Г. А.* Пушкин и русские романтики. С. 139).

9 — *Так ты, Языков вдохновенный...* — *Языков* Николай Михайлович (1803–1847) — поэт-романтик. Языков познакомился с *П* летом 1826 г., когда он, студент Дерптского (ныне Тартуского) университета и приятель А. Н. Вульфа, приехал погостить в Тригорское к Осиповым. Однако еще в 1824 г. *П* обратился к Языкову с дружеским посланием («Издревле сладостный союз...» — II, 322–323). Характеристика творчества Языкова в 9–14 стихах строфы XXXI исключительно точно оценивает эстетическую природу лирики романтизма. Упоминание элегий Языкова вносит усложняющий оттенок в диалог с Кюхельбекером в строфах XXXII–XXXIII.

XXXII, 1 — *Но тише! Слышишь? Критик строгой...* — *Критик строгой* — В. К. Кюхельбекер. Строфы XXXII–XXXIII представляют собой ответ *П* на статью Кюхельбекера «О направлении нашей поэзии...». Осуждая элегию, Кюхельбекер противопоставлял ей высокие жанры поэзии, в особенности оду. «Ода, увлекаясь предметами высокими, передавая векам подвиги героев и славу Отечества, воспаряя к престолу неизреченного и пророчествуя перед благоговеющим народом, парит, гремит, блещет, порабощает слух и душу читателя. Сверх того, в оде поэт бескорыстен: он не ничтожным событиям собственной жизни радуется, не об них сетует; он вещает правду и суд промысла, торжествует о величии родимого края, мещет перуны в супостатов, блажит праведника, клянет изверга. В элегии — новейшей и древней — стихотворец говорит об самом себе, о *своих* скорбях и наслаждениях. Элегия ⟨...⟩ только тогда занимательна, когда, подобно нищему, ей удается (сколь жалкое предназначение!) вымолить, выплакать участие» (*Кюхельбекер-1*. С. 454).

7 — *Жалеть о прежнем, о былом...* — *П* выделил курсивом часть этого стиха как цитату из статьи Кюхельбекера. Имеются в виду слова: «Все мы взапуски тоскуем о своей погибшей молодости; до бесконечности жуем и пережевываем эту тоску и наперерыв щеголяем своим малодушием в периодических изданиях» (*Кюхельбекер-1*. С. 456). *П* остро реагировал на статью Кюхельбекера. В предисловии к печатному тексту первой главы *ЕО* он иронически писал: «*Станут осуждать ⟨...⟩ некоторые строфы, писанные в утомительном роде новейших элегий, в коих* чувство уныния поглотило все прочие» (VI, 638). Выделенные *П* слова — цитата из той же статьи Кюхельбекера (см. с. 140). В дальнейшем *П* начал критическую статью, посвященную обсуждению тезисов Кюхельбекера, а также написал по поводу его статьи пародийную «Оду его сият. гр. Дм. И. Хвостову» (II, 387–389). См.: *Тынянов*. С. 105–115.

Отношение *П* к статье Кюхельбекера было сложным: признавая ее выдающимся явлением в истории русской критики и солидаризируясь с критической стороной позиции Кюхельбекера, *П* не мог согласиться с архаизаторским пафосом программы критика.

10 — *Трубу, личину и кинжал...* — *П* перечисляет символические атрибуты Мельпомены — музы трагической поэзии. Закончивший 7 ноября 1825 г. «Бориса

Годунова», *П* полагал, что именно трагедия окажется генеральным путем русской литературы.

XXXIII, 5 — *Припомни, что сказал сатирик!* — *Сатирик* здесь: Дмитриев Иван Иванович (1760–1837) — поэт, соратник Карамзина.

6–8 — *Чужого толка хитрый лирик...* — В сатире «Чужой толк» (1795) И. И. Дмитриев осмеял одическое «парение», обвинив творцов торжественных од в неискренности и продажности и изобразив ловкого автора:

Лишь пушек гром подаст приятну весть народу,
Что Рымникский Алкид поляков разгромил
Иль Ферзен их вождя Костюшку полонил,
Он тотчас за перо и разом вывел: ода!
Потом в один присест: *такого дня и года!*
«Тут как?.. *Пою!..* Иль нет, уж это старина!
Не лучше ль. *Даждь мне Феб!..* Иль так: *Не ты одна*
*Попала под пяту, о чалмоносна Порта!*
Но что же мне прибрать к ней в рифму, кроме черта?

(*Дмитриев-1*. С. 115–116)

XXXIV, 9 — *И впрямь, блажен любовник скромный...* — *Любовник* здесь: «влюбленный», «возлюбленный». Пушкинская эпоха знает два употребления слов «любовник» и «любовница». Одно имеет значение «влюбленный в кого-нибудь, возлюбленный, любимый» (Словарь языка *П*. Т. 2. С. 521); второе означает «мужчину, с которым женщина находится во внебрачной связи»), или соответственно женщину (Там же. С. 522–523). Количество употреблений в том или ином значении в творчестве *П* неодинаково: в первом «любовник» — 58, «любовница» — 30; во втором — соответственно 11 и 10. «Любовник» в значении «возлюбленный» был функциональным галлицизмом (amant, -e) и воспринимался как поэтизм, второе значение звучало прозаически.

XXXV, 6–8 — *Ко мне забредшего соседа...* — Работая в 1824–1825 гг. над «Борисом Годуновым», *П* читал его А. Н. Вульфу (ср. в дневнике Вульфа: «...в глазах моих написал он и „Бориса Годунова“» — цит. по: Пушкин в воспоминаниях современников. Т. 1. С. 421). Вульф Алексей Николаевич (1805–1881) — сын соседки и приятельницы *П*, тригорской помещицы П. А. Осиповой, в период Михайловской ссылки *П* — дерптский студент. Во время посещения Тригорского Вульф приятельски сошелся с *П* и познакомил его в 1826 г. с Языковым. Вульф оставил дневник, богатый сведениями о *П* (см.: *Вульф А. Н.* Дневник. М., 1929).

Строфа XXXV, рассчитанная на то, чтобы вызвать у читателей иллюзию полного и непосредственного автобиографизма, на самом деле подчинена художественным законам литературной полемики и в этом отношении определенным образом стилизует реальный пушкинский быт. Позже Б. Федоров, как писал *П*, «выговаривал» ему за то, что он «барышен благородных и вероятно чиновных назвал *девчонками* (что, конечно, неучтиво), между тем как простую деревенскую девку назвал *девою*:

В избушке распевая, дева
Прядет...» (XI, 149)

В комментируемой строфе проявляется та же стилистическая тенденция: простонародный быт трактуется как поэтический, а дворянский дается средствами фамильярно-сниженной стилистики. Соответственно сдвигаются характеристики няни и соседа. Слово «подруга» в поэтической традиции тех лет окрашено было в тона литературности, лиризма и звучало возвышенно:

И дева юная во мгле тебя искала
И именем своим подругам называла (II, 157);

Ей нет соперниц, нет подруг (III, 287);

Подруга возраста златого,
Подруга красных детских лет... (I, 171)

Слово «подруга» обычно у *П* в метафорическом употреблении как поэтический адекват выражения «постоянная спутница»: «Задумчивость ее подруга», «подруга думы праздной», «на праздность вольную, подругу размышлений». Наконец, это определение музы:

А я гордился меж друзей
Подругой ветреной моей *(8, III, 13–14)*.

Применение слова «подруга» к старушке-няне, крестьянской женщине, звучало как смелый поэтизм, утверждение права поэта самому определять эстетические ценности в окружающем его мире (тот же стилистический эффект в стихотворении «Подруга дней моих суровых» — III, 33). Одновременно *П* демонстративно снизил образ «соседа»: в бытовой реальности Михайловской ссылки поэт мог читать «Бориса Годунова» лишь людям типа Вульфа или Языкова, слушателям, напряженно заинтересованным (один был философски и эстетически образованным человеком, другой — поэтом, влюбленным в русскую старину) и мало напоминающим случайно забредшего увальня-соседа. В авторском «я» этой строфы выступают черты литературного стереотипа писателя-графомана, который ловит слушателей и «душит» их своими декламациями. Тема эта получила развитие в следовавшей за ней в первом отдельном издании следующей, XXXVI строфе, которая в печатном тексте издания 1833 г. оказалась опущенной, в результате чего строфа XXXVII получила сдвоенный номер.

Уж их далече взор мой ищет,
А лесом кравшийся стрелок
Поэзию клянет и свищет,
Спуская бережно курок.

У всякого своя охота,
Своя любимая забота:
Кто целит в уток из ружья,
Кто бредит рифмами, как я,
Кто бьет хлопушкой мух нахальных,
Кто правит в замыслах толпой,
Кто забавляется войной,
Кто в чувствах нежится печальных,
Кто занимается вином:
И благо смешано со злом (VI, 648–649).

XXXVI. XXXVII, 5 — *Онегин жил анахоретом...* — *Анахорет* — отшельник. В описании жизни Онегина в строфах XXXVI–XXXIX отразились черты реального быта автора в Михайловском.

7–8 — *И отправлялся налегке / К бегущей под горой реке.* — Купание в Сороти было обычным началом пушкинского дня в Михайловском.

Туда, туда, друзья мои!
На скат горы, на брег зеленый,
Где дремлют Сороти студеной
Гостеприимные струи;
Где под кустарником тенистым
Дугою выдалась она
По глади вогнутого дна,
Песком усыпанной сребристым.
Одежду прочь! Перед челом
Протянем руки удалые
И бух! — блистательным дождем
Взлетают брызги водяные.
Какая сильная волна!
Какая свежесть и прохлада!
Как сладострастна, как нежна
Меня обнявшая Наяда.

(*Языков Н. М.* Собр. стихотворений.
Л., 1948. С. 115)

9 — *Певцу Гюльнары подражая... — Певец Гюльнары* — Байрон, *Гюльнара* — героиня поэмы «Корсар». Ср. в письме к А. П. Керн: «Байрон получил в моих глазах новую прелесть ⟨...⟩ Вас буду видеть я в образах и Гюльнары и Лейлы» (XIII, 249 и 550).

10 — *Сей Геллеспонт переплывал... — Геллеспонт* — древнегреческое название Дарданелльского пролива. Байрон переплыл Дарданеллы 3 июля 1810 г.

14 — *И одевался...* — В беловой рукописи следовало:

И одевался — только вряд
Вы носите ль такой наряд

XXXVI

Носил он русскую рубашку,
Платок шелковый кушаком,
Армяк татарской нараспашку
И шляпу с кровлею как дом
Подвижный — Сим убором чудным
*Безнравственным* и *безрассудным*
Была весьма огорчена
Псковская дама Дурина
А с ней Мизинчиков — Евгений
Быть может толки презирал,
А вероятно их не знал,
Но все ж своих обыкновений
Не изменил в угоду им
За что был ближним нестерпим (VI, 598).

В печати строфа XXXVIII была опущена, а следующая получила сдвоенный номер. Ср. рассказ П. Парфенова: «...ходил эдак чудно: красная рубашка на нем, кушаком подвязана, штаны, широкие, белая шляпа на голове». С другой стороны, см. противоположное свидетельство А. Н. Вульфа: «...мне кто-то говорил или я где-то читал, будто Пушкин, живя в деревне, ходил все в русском платье. Совершеннейший вздор: Пушкин не изменял обыкновенному светскому костюму. Всего только раз, заметьте себе — раз, во все пребывание в деревне, и именно в девятую пятницу после пасхи (т. е. перед Троицей. — *Ю. Л.*), Пушкин вышел на святогорскую ярмарку в русской красной рубахе, подпоясанный ремнем, с палкой и в корневой шляпе, привезенной им еще из Одессы» (Пушкин в воспоминаниях современников. Т. 1. С. 413). В письме Вяземскому 27 мая 1826 г. *П*, видимо имея в виду строфы XXXV–XXXIX, писал: «В 4-ой песне Онегина я изобразил свою жизнь» (XIII, 280).

С пропуском этой строфы оказалось снятым единственное в тексте романа прямое указание на то, что действие его развертывается в Псковской губернии. Другое упоминание (тоже в окончательный текст не попавшее):

Но ты — губерния Псковская
Теплица юных дней моих... (VI, 351) —

включено в лирическое отступление и лишь косвенно соотносится с сюжетным действием *ЕО*. Автор, видимо, сознательно обобщил место действия, удалив излишнюю его конкретизацию. Однако то, что Ларины въезжают в Москву через Тверскую заставу (по Петербургской дороге) и, передвигаясь «на своих» (см. с. 127–130), находятся в пути семь суток, позволяет читателю сделать вывод, что «деревенская» часть романа развивается в северо-западном конце России, вероятнее всего в Псковской губернии.

XXXVIII. XXXIX, 3 — *Порой белянки черноокой...* — Стихи эти, которые часто использовались для характеристики внешности Ольги Калашниковой («крепостной любви» *П*) и социологических заключений не только об Онегине, но и об авторе, — дословный перевод из стихотворения Андре Шенье «Кавалеру де Панжу»: «Le baiser jeune et frais d'une blanche aux jeus noirs».

XLI, 7 — *Несется в гору во весь дух...* — Ср. из заграничных писем Хмельницкого (из Австрии): «Здешняя почтовая езда совершенно противуположна русской. У нас обыкновенно летят в гору и спускаются шагом; у австрийцев тянутся на верх и, подтормозив колеса, летят к низу» (*Хмельницкий Н. И.* Соч. СПб., 1849. Т. 1. С. 449). Здесь: путник *несется в гору*, опасаясь волков. Популярный в романтической литературе «северный» мотив — преследование путника волками (ср.: «Мазепа» Байрона) — дается здесь в прозаических интонациях обычного дорожного происшествия.

XLII, 3 — *Читатель ждет уж рифмы р о з ы...* — Ср. в статье «Путешествие из Москвы в Петербург»: «Рифм в русском языке слишком мало. Одна вызывает другую. *Пламень* неминуемо тащит за собою *камень*. Изза *чувства* выглядывает непременно *искусство*. Кому не надоели *любовь* и *кровь, трудной* и *чудной, верной* и *лицемерной*, и проч.» (XI, 263).

Спор о будущем русской рифмы и жалобы на ограниченность ее возможностей, впервые высказанные в конце XVIII в. Радищевым и Бобровым, снова оживились в 1810-е гг. в связи с проблемой русского гекзаметра. В 1819 г. в послании «К В. А. Жуковскому» Вяземский писал:

Как с рифмой совладеть, подай ты мне совет ⟨...⟩
Умел бы, как другой, паря на небеса,
Я в пляску здесь пустить и горы и леса
И, в самый летний зной в лугах срывая розы,
Насильственно пригнать с Уральских гор морозы.
При помощи таких союзников, как встарь,
Из од своих бы мог составить рифм словарь...

(*Вяземский-1*. С. 124–125)

Однако Вяземский не был изобретателем пародийного использования рифмы «розы — морозы». Он лишь использовал «Оды вздорные» Сумарокова. Сам *П* только однажды использовал, кроме *ЕО*, рифму «мороза — роза» («Есть роза дивная: она...» — III, 52).

Данная рифма в *ЕО* имеет совсем не банальный характер, поскольку является составной и почти каламбурной: морозы — рифмы розы (мърозы — мырозы). Небанальность рифмы состоит и в другом. Рифмующиеся слова принципиально неравноценны: выражение «трещат морозы» характеризует некоторый реальный пейзаж, а «ждет уж рифмы розы» — набор рифм, то есть некоторый метатекст, трактующий вопросы поэтической техники. Такое построение характерно для всей литературно-полемической части данной главы: сталкиваются действительность и литература, причем первая характеризуется как истинная, а вторая — как подчеркнуто условная и ложная. Литературная фразеология, литературные ситуации и литературные характеры обесцениваются путем сопоставления с реальностью.

XLII, 7–8 — *Мальчишек радостный народ / Коньками звучно режет лед...* — В издании 1833 г. *П* поместил к этим стихам и стиху 12 строфы XLI два полемических примечания. Одно из них было посвящено употреблению слов «дева» и «девчонки» (см. с. 298), в другом *П* писал: «„Это значит“, замечает один из наших критиков: „что мальчишки катаются на коньках“. Справедливо» (VI, 193). Критик — М. А. Дмитриев, который в «Атенее» (1828. Ч. I. № 4) писал:

«В *избушке* распевая, *дева*
Прядет.

Как кому угодно, а *дева в избушке* то же, что и *дева на скале*.

...зимних друг ночей
Трещит лучинка перед ней.

*Лучинка, друг* ночей зимних, *трещит* перед *девою, прядущею в избушке!..* Скажи это кто-нибудь другой, а не Пушкин, досталось бы ему от наших должностных Аристархов.

*Мальчишек радостный народ*
*Коньками звучно режет лед.*

В извлечении для смысла: ребятишки катаются по льду».

Протест Дмитриева был направлен против употребления поэтизмов при описании «непоэтической» реальности. Для *П* это, однако, было принципиально важно. В следующей, XLIII строфе он дал стилистически и эмоционально контрастный образ деревни. Показательно, что именно помещичий быт, как и в строфе XXXV (см. с. 298–300), дан подчеркнуто сниженно в контрасте с поэтическим изображением деревни.

XLIII, 10 — *Читай: вот Прадт, вот W. Scott. — Прадт* Доминик (1759–1837) — французский публицист, придворный священник Наполеона. В период Реставрации склонялся к либерализму. О Прадте упоминал Вяземский в письме *П* и А. И. Тургеневу от 20 февраля 1820 г. (XIII, 13), а *П* — в письмах П. А. Вяземскому (XIII, 44) и брату (XIII, 143). «Парижский памфлетер» Прадт воспринимался как имя, обозначающее предельно злободневное чтение (ср.: «ежемесячная слава Прадтов» в письме *П* Вяземскому).

Предложение заниматься в зимние вечера в псковской деревенской глуши чтением Прадта или вином и проверкой доходов подчеркивало разницу между Онегиным и его соседями.

*W. Scott* — инициал «W» следует читать как «Вальтер», хотя в других случаях у *П* подразумевается произнесение названия буквы. См. «русский наш» — с. 245 или в альбоме Онегина, где «Сказала нам вечор В. К.» (VI, 432) рифмуется с «паука», то есть должно произноситься по названиям букв в латинском алфавите: «бэ ка» (если воспринимать эти буквы как принадлежащие к русскому алфавиту, то *П* произносил бы их «веди како» и рифма с «паука» была бы невозможна). *Скотт* Вальтер (1771–1832) — английский писатель-романист и поэт. *П* читал его романы во французских переводах, которые имелись в библиотеке Тригорского. *П* из Михайловского неоднократно просил брата присылать ему В. Скотта, называя его «пищей души» (XIII, 121).

XLIV, 3–7 — *Со сна садится в ванну со льдом...* — Стихи автобиографичны. В воспоминаниях П. Парфенова: «Он и зимою тоже купался в бане: завсегда ему была вода в ванне приготовлена. Утром встанет, пойдет в баню, прошибет кулаком лед в ванне, сядет, окатится, да и назад». По свидетельству И. И. Пущина, в зале Михайловского дома «был бильярд» (Пушкин в воспоминаниях современников. Т. 1. С. 110, 432).

XLV, 1 — *Вдовы Клико или Моэта...* — марки шампанских вин. См. с. 308.

5–8 — *Оно сверкает Ипокреной.* — *Ипокрена* (др.-греч., миф.) — источник поэтического вдохновения. *П* снабдил эти стихи поясняющим отрывком из послания к брату Льву. Несколько иной вариант см.: II, 361. Образ этот встречался и у других поэтов:

Дар благодатный, дар волшебный
Благословенного *Аи*
Кипит, бьет искрами и пеной! —
Так жизнь кипит в младые дни!

(*Вяземский-1.* С. 65)

Как пылкий ум, не терпит плена,
Рвет пробку резвою волной,
И брызжет радостная пена,
Подобье жизни молодой.

(*Баратынский.* Т. 2. С. 27)

Таким образом, пушкинское «подобие того-сего» могло восприниматься как ироническая отсылка к литературному штампу «шампанское — молодость». Однако намек имел и другой, более скрытый смысл: в начале 1826 г. уже прошедшая цензуру книга Баратынского «Эда и Пиры» была подвергнута повторному рассмотрению, и напуганный последекабрьской атмосферой цензор запретил сравнение Аи и «гордого ума». Цензурный вердикт с горячностью обсуждался в кругу Баратынского — Дельвига — Вяземского — Пушкина. Вяземский с горечью писал Жуковскому: «Что говорить мне о новых надеждах, когда цензура глупее старого, когда Баратынскому не разрешают сравнивать шампанского с *пылким умом, не терпящим плена*» (Остафьевский архив. СПб., 1913. Т. 2. Вып. 2. С. 160). В этих условиях пушкинское «подобие того-сего» делалось для посвященных дерзкой заменой запрещенного цензурой сравнения. Ср. ироническое недоумение в «Отрывках из Путешествия Онегина», не запретят ли сравнивать шампанское с музыкой:

Как зашипевшего Аи
Струя и брызги золотые...
Но, господа, позволено ль
С вином равнять do-re-mi-sol? (VI, 204)

Берем на себя смелость процитировать превосходный этюд М. А. Цявловского: «В произведениях Пушкина упоминаются обычные в быту 20-х — 30-х годов вина. *Бордо* — легкое красное французское вино. Вина типа *бордо* — красное бургонское, кло д'вужо и лафит. В 1820 г. особенно славилось вино кло д'вужо, названное по местности в Бургони, составленное из смеси темного и зеленого винограда; существовало также белое вино этой марки. *Лафит* — красное вино — мягче и слаще бургонского. К бордоским винам относится также белое вино — *сотерн*. *„Горское“* вино — кавказское. *Мадера* (по имени острова, где произрастает виноград, из которого это вино выделывается) — сладкое вино. *Мозель* — немецкое белое вино, бледно-зеленого цвета, вырабатываемое в бассейне реки Мозель. *Молдавское вино* — местное бессарабское вино плохого качества. *Цимлянское вино* — ароматное, густое красное вино, выделываемое в станице того же названия в Области войска Донского. *Донское игристое* — выделываемое там же. *Шабли* — лучшее французское белое вино, называемое по городу, где оно вырабатывается. Вино это отличается прозрачностью, крепостью и свойством быстрого и легкого опьянения. *Шампанское* — французское игристое вино, выделываемое в Шампани. Четыре наиболее славящихся марки шампанского воспеты Пушкиным: Аи — названное по городу в Шампани, Клико, Моэт и St-Péré, Сен-Пере» (*Пушкин А. С.* Полн. собр. соч.: В 6 т. М.; Л., 1931. Т. 6. С. 79).

9 — *Последний бедный лепт, бывало... — Лепт* — грош. Иронический намек на стих из послания Жуковского «Императору Александру»:

> Когда и Нищета под кровлею забвенья
> Последний бедный лепт за лик твой отдает.
>
> (*Жуковский*. Т. 1. С. 210)

Реминисценция имела не только иронический, но и дерзкий характер: «последний лепт» отдается у Жуковского за царский портрет, а у *П* — за шампанское.

Выражение *«бедный лепт»* восходит к евангельской притче (Марк, 12: 41; Лука, 21: 2).

11 — *Его волшебная струя...* — В альбоме П. Л. Яковлева сохранилась в записях Баратынского словесная игра в салоне С. Д. Пономаревой — шутливые уподобления шампанского. Например: «Пена шампанского напоминает иллюзию ⟨...⟩ шампанское похоже на хвастуна, в нем часто более пены, чем вина» (*Медведева И.* Павел Лукьянович Яковлев и его альбом. С. 121).

XLVII, 5–6 — *Дым из трубок / В трубу уходит.* — Трубка была предметом угощения. Ее в раскуренном виде (на длинном чубуке) слуга, который ее предварительно раскуривал, подавал после обеда гостям. Ср.: «Мы провели очень веселый вечер, я угощал этих господ пуншем и табаком...» (*Миркович.* С. 80).

12 — *Пора меж волка и собаки...* — Галлицизм (entre chien et loup) — сумерки.

XLIX, 12 — *...соседке приношенье...* — За здоровье соседки.

L, 6 — *Гимена хлопоты, печали...* — *Гимен* (Гименей) (др.-греч.) — бог брака.

12 — *Роман во вкусе Лафонтена...* — Примечание *П*: «Август Лафонтен, автор множества семейственных романов» (VI, 193). *Лафонтен* Август (1759–1831) — немецкий романист, пользовавшийся в конце XVIII в. успехом; пропагандировался карамзинистами.

LI, 7–8 — *Или, нежней, как мотылек...* — Образ, связанный с любовью Ленского к Ольге, возвращает нас к строфе XXI (11–14) второй главы:

В глазах родителей, она
Цвела как ландыш потаенный,
Незнаемый в траве глухой
Ни мотыльками, ни пчелой.

Одновременно в этой же финальной строфе четвертой главы звучит противопоставление скептика (того, «кто все предвидит, / Чья не кружится голова» — *9–10*) и энтузиаста, который «покоится в сердечной неге» *(5)*, что, конечно, ассоциируется с антитезой Онегин — Ленский. Наконец, эта же финальная строфа содержит основное для всей главы стилистическое противопоставление условной литературности («как мотылек») и грубой реальности, подчеркиваемое стилистическим диссонансом: «покоится в сердечной неге» (демонстративный «поэтизм») и «как пьяный путник на ночлеге» (прозаизм). Сводя эти лейтмотивы воедино, *П* всем ходом повествования подготовил конечное торжество скепсиса над иллюзией и прозы над поэзией. Тем более резко неожиданными являются заключительные *(9–14)* стихи строфы, сменяющие подготовленные оценки диаметрально противоположными: авторская точка зрения неожиданно сдвигается в сторону поэтических иллюзий и «сердца», а холодный «опыт» объявляется «жалким». Неожиданная концовка демонстрирует многоплановый характер пушкинского повествования в *ЕО*.

## ГЛАВА ПЯТАЯ

*О, не знай сих страшных снов / Ты, моя Светлана! / Жуковский.* — Эпиграф из заключительных стихов баллады Жуковского «Светлана» (1812). «Светлана» —

вольная обработка сюжета баллады Бюргера «Ленора» (1773), которую Жуковский также перевел под названием «Людмила». «Светлана» считалась образцом романтического фольклоризма. Даже архаист Кюхельбекер, писавший, что, кроме нескольких отрывков в «Руслане и Людмиле» и нескольких стихотворений Катенина, русская литература вообще лишена народности, признавал, что «печатью народности» ознаменованы стихи в «Светлане» (*Кюхельбекер-1*. С. 457). Рифма «Татьяна — Светлана» (см.: *3, V, 1, 3* и *5, X, 5, 6*) звучала для уха читателей тех лет шокирующе, поскольку «Светлана» не бытовое имя (оно отсутствует в святцах), а поэтическое, фольклорно-древнерусский адекват поэтических имен типа «Хлоя» или «Лила». Именно как поэтический двойник бытового имени оно сделалось прозванием известной в литературных кругах Александры Андреевны Протасовой-Воейковой (*П*, конечно, об этом знал, будучи тесно связан с ее другом Жуковским, а также с влюбленным в «Светлану» — Воейкову А. И. Тургеневым и сойдясь в 1826 г. с Языковым, который именно в это время, как дерптский студент, считал своим долгом пылать к ней страстью). А. А. Воейкова, Саша в быту, в поэтизированном мире дружбы, любви, литературы была Светлана. Имя же героини *ЕО* было подчеркнуто бытовым и простонародным, звучащим «антипоэтически», а не просто нейтрально. Соответственно и заданное эпиграфом «двойничество» Светланы Жуковского и Татьяны Лариной раскрывало не только параллелизм их народности, но и глубокое отличие в трактовке образов: одного, ориентированного на романтическую фантастику и игру, другого — на бытовую и психологическую реальность.

I, 4 — *Снег выпал только в январе...* — Реальная погода осенью 1820 — зимой 1821 г. не совпадала с пушкинским описанием: снег выпал исключительно рано,

28 сентября 1820 г. Карамзин писал Дмитриеву из Царского Села: «Выпал снег» (Письма Карамзина... С. 294). Правда, снег лежал недолго; 14 октября 1820 г. Н. И. Тургенев сообщал брату Сергею в Константинополь из Петербурга: «Мы живем между дождем и грязью, в физическом и нравственном смысле» (*Тургенев*. С. 316). Данное обстоятельство имеет значение, поскольку слова *П* в примечании к тексту *ЕО*: «Смеем уверить, что в нашем романе время расчислено по календарю» (VI, 193) — толкуются иногда излишне прямолинейно: любые реалии, входя в текст романа, получают значение художественных деталей.

II, 1 — *Зима!.. Крестьянин торжествуя...* — Стих вызвал возражения критики, основанные на тех же соображениях, что и выпады Б. Федорова и М. Дмитриева. Столкновение церковнославянского «торжествовать» и «крестьянин» побудило критиков сделать автору замечание: «В первый раз, я думаю, дровни в завидном соседстве с *торжеством. Крестьянин торжествуя* выражение неверное» (Атеней. 1828. Ч. I. № 4).

5–6 — *Бразды пушистые взрывая...* — Ср. «Первый снег» П. А. Вяземского.

10 — *В салазки* ж у ч к у *посадив...* — *Жучка* здесь: не имя собственное (строчная буква!), а цитата из детской речи — обозначение беспородной крестьянской собаки. При нехудожественном пересказе выделение было бы передано выражением: «как они называют».

III, 6–7 — *Другой поэт роскошным слогом / Живописал нам первый снег...* — *Другой поэт* — П. А. Вяземский. К стихам 5–6 *П* сделал примечание: «Смотри: *Первый снег*, стихотворение князя Вяземского» (VI, 193).

14 — *Певец Финляндки молодой!* — *П* (VI, 193) отсылает читателей к следующим поэтическим картинкам:

Сегодня новый вид окрестность приняла,
Как быстрым манием чудесного жезла;
Лазурью светлою горят небес вершины;
Блестящей скатертью подернулись долины,
И ярким бисером усеяны поля.
На празднике зимы красуется земля
И нас приветствует живительной улыбкой.
Здесь снег, как легкий пух, повис на ели гибкой;
Там, темный изумруд посыпав серебром,
На мрачной со́сне он разрисовал узоры.
Рассеялись пары и засверкали горы,
И солнца шар вспылал на своде голубом.
Волшебницей зимой весь мир преобразован;
Цепями льдистыми покорный пруд окован
И синим зеркалом сравнялся в берегах.
Забавы ожили; пренебрегая страх,
Сбежались смельчаки с брегов толпой игривой
И, празднуя зимы ожиданный возврат,
По льду свистящему кружатся и скользят.

(*Вяземский-1*. С. 130)

Сковал потоки зимний хлад,
И над стремнинами своими
С гранитных гор уже висят
Они горами ледяными.
Из-под одежды снеговой
Кой-где вставая головами,
Скалы чернеют за скалами.
Во мгле волнистой и седой
Исчезло небо. Зашумели,
Завыли зимние мятели.

(*Баратынский*. Т. 2. С. 160–161)

Несмотря на комплиментарный контекст, начало пятой главы имеет полемический характер по отношению к традиции элегического изображения русской зимы и картин северной природы. *П* очень любил стихотворение Вяземского «Первый снег», сознательные и бессознательные цитаты из которого в изобилии встречаются в его сочинениях (см.: *Розанов И. Н.* Князь Вяземский и Пушкин. (К вопросу о литературных влияниях) // Беседы. М., 1915. Т. 1. С. 57–76; *Бицилли П. М.* Пушкин и Вяземский // Годишник на Софийския университет. 1939. Вып. 35). Известна также исключительно высокая оценка *П* поэтического дара Баратынского. Тем более знаменательно, что для утверждения права поэта на картины «низкой природы» он избрал полемическое сопоставление именно с наиболее высокими достижениями «роскошного слога».

IV–XXIV — Строфы, погружая героиню романа в атмосферу фольклорности, решительно изменили характеристику ее духовного облика. *П* не сгладил этого противоречия, противопоставив демонстративному заявлению в третьей главе «она по-русски плохо знала» *(XXVI, 5)* также явно программное «Татьяна (русская душою)...» *(5, IV, 1)*. *П* привлек внимание читателей к противоречивости образа героини:

Так нас природа сотворила,
К противуречию склонна *(5, VII, 3–4)*.

Пушкинский принцип противоречия как построения сложного целого тонко почувствовал И. В. Киреевский, писавший: «*...только разногласие связует два различные созвучия*» (*Киреевский И. В.* Нечто о характере поэзии Пушкина // Киреевский И. В. Критика и эстетика. М., 1979. С. 52). О принципе противоречия в *ЕО* см.: *Лотман Ю. М.* Пушкин. С. 395–410.

IV, 14 — *Мужьев военных и поход.* — В отдельном печатном издании главы было: «мужей», но в издании 1833 г. *П* изменил форму на простонародную, введя тем самым в текст точку зрения гадающих служанок.

V, 5–14 — *Ее тревожили приметы...* — «Заяц пересечет дорогу — несчастье», «поп попадет навстречу — путь несчастлив», «кот умывается — к гостям» (*Зеленин Д.* Из быта и поэзии крестьян Новгородской губернии // Живая старина. СПб., 1905. Вып. I–II. С. 12–13). П. А. Вяземский к этому месту текста сделал примечание: «Пушкин сам был суеверен» (Русский архив. 1887. № 12. С. 577). Рационалисты XVIII столетия относились к народным поверьям, приметам и обычаям отрицательно, видя в них результат непросвещенности и предрассудков, которые использует деспотизм, а в суеверии народа — условие похищения у него с помощью обмана и мнимых чудес исконного суверенитета. Эпоха романтизма, поставив вопрос о специфике народного сознания, усматривая в традиции вековой опыт и отражение национального склада мысли, реабилитировала народные «суеверия», увидев в них поэзию и выражение народной души.

Предрассудок! он обломок
Древней правды. Храм упал;
А руин его потомок
Языка не разгадал.
(*Баратынский.* Т. 1. С. 204)

Вера в приметы становится знаком близости к народному сознанию (см.: *Баратынский*. Т. 1. С. 206).

Начав в Михайловском статью, полемически направленную против трактовки народности В. К. Кюхельбекером и А. А. Бестужевым, *П* писал: «Есть образ мыслей и чувствований, есть тьма обычаев, поверий и привычек, принадлежащих исключительно какому-нибудь народу» (XI, 40). Отсюда напряженный интерес к приметам, обрядам, гаданиям, которые для *П*, наряду с народной поэзией, характеризуют склад народной души. Поэтическая вера в приметы Татьяны отличается от суеверия Германна из «Пиковой дамы», который, «имея мало истинной веры ⟨...⟩, имел множество предрассудков» (VIII, 246). Такое соединение, вызвавшее недоумение Н. Л. Бродского (см.: «Пушкин не пытался объяснять странного соединения в своем мировоззрении элементов материализма с темными суевериями». — *Бродский*. С. 232), было, однако, характерно для вольнодумцев XVIII в.: именно отказ от идеи Божественного промысла выдвигал на первый план значение Случая, а приметы воспринимались как результат вековых наблюдений над протеканием случайных процессов. Возможность повторения случайных сцеплений событий, «странных сближений» весьма занимала *П*, верившего в народные приметы и пытавшегося одновременно с помощью математической теории вероятности разгадать секреты случайного выпадения карты в штоссе.

Вера *П* в приметы соприкасалась, с одной стороны, с убеждением в том, что случайные события повторяются, а с другой — с сознательным стремлением усвоить черты народной психологии. Еще в 1821 г. он под впечатлением «Примет» Шенье написал стихотворение под тем же названием, где приметы связываются с поэзией народных наблюдений над природой:

Старайся наблюдать различные приметы:
Пастух и земледел в младенческие леты,
Взглянув на небеса, на западную тень,
Умеют уж предречь и ветр, и ясный день... (II, 222)

VII, 5 — *Настали святки. То-то радость! — Святки* зимние — 25 декабря — 6 января. Зимние Святки представляют собой праздник, в ходе которого совершается ряд обрядов магического свойства, имеющих целью повлиять на будущий урожай и плодородие. Последнее связывается с обилием детей и семейным счастьем.

Поэтому Святки — время выяснения суженых и первых шагов к заключению будущих браков. «Никогда русская жизнь не является в таком раздолье, как на Святках: в эти дни все русские веселятся. Всматриваясь в святочные обычаи, мы всюду видим, что наши Святки созданы для русских дев. В посиделках, гаданиях, играх, песнях все направлено к одной цели — к сближению суженых ⟨...⟩ Только в Святочные дни юноши и девы сидят запросто рука об руку; суженые явно гадают при своих суженых, старики весело рассказывают про старину и с молодыми сами молодеют; старушки грустно вспоминают о житье девичьем и с радостью подсказывают девушкам песни и загадки. Наша старая Русь воскресает только на Святках» (⟨*Снегирев И.*⟩ Песни русского народа. СПб., 1838. Ч. I. С. 3–4).

«В крестьянском быту Святки считаются самым большим, шумным и веселым праздником. ⟨...⟩ Святки считаются праздником молодежи по преимуществу...» (*Максимов С. В.* Собр. соч. СПб., 1912. Т. 17. С. 3). *«По старине торжествовали / В их доме эти вечера» (5, IV, 9–10)*, то есть святочные обряды выполнялись в доме Лариных во всей их полноте. Святочный цикл, в частности, включал посещение дома ряжеными, явные гадания девушек «на блюде», тайные гадания, связанные с вызыванием суженого и загадыванием сна. Знание деталей и эмоциональной атмосферы этого цикла исключительно важно для понимания текста строф VIII–XXXIV.

Посещение дома ряжеными в пушкинском романе опущено, но следует отметить, что традиционной центральной фигурой святочного маскарада является медведь, что, возможно, оказало воздействие на характер сна Татьяны. Однако пропуск этой красочной детали святочного обряда (ср. описание ряженых в «Войне и мире» Л. Н. Толстого — т. 2, ч. IV, гл. 10–11), вероятно, связан с тем, что во всем цикле он выделяется наименее ясной выраженностью свадебных мотивов. *П* целенаправленно отобрал те обряды, которые были наиболее тесно связаны с душевными переживаниями влюбленной героини.

VIII, 1–14 — *Татьяна любопытным взором...* — «После всех увеселений вносили стол и ставили посреди комнаты ⟨...⟩ Являлась почетная сваха со скатертью и накрывала стол. Старшая нянюшка приносила блюдо с водою и ставила на стол. Красные девицы, молодушки, старушки, суженые снимали с себя кольца, перстни, серьги и клали на стол, загадывая над ними „свою судьбу". Хозяйка приносила скатерть-столечник, а сваха накрывала ею блюдо. Гости усаживались. В середине садилась сваха прямо против блюда. Нянюшки клали на столечник маленькие кусочки хлеба, соль и три уголька. Сваха запевала первую песню: „хлеба да соли". Все сидящие гости пели под ее голос. С окончанием первой песни сваха поднимала столечник и опускала в блюдо хлеб, соль, угольки, а гости клали туда же вещи. Блюдо снова закрывалось. За этим начинали петь святочные подблюдные песни. Во время пения сваха разводила в блюде, а с окончанием песни трясла блюдом. Каждая песня имела свое значение; но все эти значения были не везде одинаковы. Так, во многих местах одно и то же значение прилагалось к разным песням, смотря по местному обычаю. Эти значения: к скорому замужеству; к свиданию; замужество с ровнею; замужество с чиновным; к сватанию; к бедности; к сытой жизни; к свадьбе; к богатству; исполнение желания; веселая жизнь; девушкам к замужеству, молодцам к женитьбе; счастливая доля; дорога; замужество с милым; прибыль; замужество во двор; несчастье;

к смерти; к болезни; к радости» (⟨*Снегирев И.*⟩ Указ. соч. С. 44–46). Гадали также на растопленный воск или свинец.

Во время Святок различали «святые вечера» (25–31 декабря) и «страшные вечера» (1–6 января). Гадания Татьяны проходили именно в страшные вечера, в то же время, когда Ленский сообщил Онегину, что тот «на той неделе» зван на именины (*IV, XLVIII*). Подблюдные песни, названные *П*, известны в ряде записей:

Кот кошурку
Звал спать в печурку:
«У печурке спать
Тепло, хорошо».

Диво улѝ ляду!
Кому спели,
Тому добро!

(цит. по: Поэзия крестьянских праздников. Л., 1970. С. 175; известны записи Шейна, Снегирева и др.). Песня предвещает замужество.

У Спаса в Чигасах за Яузою,
Слава!
Живут мужики богатые,
Слава!
Гребут золото лопатами,
Слава!
Чисто серебро лукошками.
Слава!

(⟨*Снегирев И.*⟩ Указ. соч. С. 71)

Песня предвещает смерть.

IX — Строфа посвящена следующему, более важному этапу святочных гаданий. «Девушки после гостей начинали кликать суженого и ворожить разными способами под руководством опытных нянюшек». Все гадания на Васильев вечер «почитались важными и сбыточными» (⟨*Снегирев И.*⟩ Указ. соч. С. 51, 57).

13–14 — *Как ваше имя? Смотрит он...* — Иронический тон повествования создается за счет столкновения романтических переживаний героини и простонародного имени, решительно несовместимого с ее ожиданиями. *П* сначала избрал имя Мирон (VI, 385), утвержденное литературной традицией XVIII в. как одно из комических и простонародных (см.: «Щепетильник» В. И. Лукина, «Анюта» М. И. Попова и др.), потом, поколебавшись между «Харитон» и «Агафон» (VI, 385), избрал последнее, недвусмысленно отнесенное к крестьянскому социальному ареалу и одновременно первое из тех, которые он в примечании 13 отнес к «сладкозвучнейшим греческим именам».

XI–XXI — Сон Татьяны имеет в тексте пушкинского романа двойной смысл. Являясь центральным для психологической характеристики «русской душою» героини романа, он также выполняет композиционную роль, связывая содержание предшествующих глав с драматическими событиями шестой главы. Сон прежде всего мотивируется психологически: он объяснен напряженными переживаниями Татьяны после «странного», не укладывающегося ни в какие романные стереотипы поведения Онегина во время объяснения в саду и специфической атмосферой Святок — времени, когда девушки, согласно фольклорным представлениям, в попытках узнать свою судьбу вступают в рискованную и опасную игру с нечистой силой. С. В. Максимов писал: «Почти на протяжении всех Святок девушки живут напряженной, нервной жизнью. Воображение рисует им всевозможные ужасы, в каждом темном углу им чудится присутствие неведомой, страшной силы, в каждой пустой избе слышится топот и возня чертей, которые до самого Крещения свободно расхаживают по земле и пугают православный люд...» (*Максимов С. В.* Собр. соч. СПб., 1912. Т. 17. С. 4). В связи с этим следует подчеркнуть, что сон Татьяны имеет глубоко реалистическую мотивировку, и это заставляет сразу же решительно отбросить все попытки искать в его образах политическую тайнопись, намеки на казненных декабристов и все проч., совершенно несовместимое с психологической правдой характера провинциальной романтической барышни. См. попытку увидеть в «кровавых языках» намек на казненных декабристов, а усы чудовищ связать с жандармами (почему непременно с жандармами? — усы носили все офицеры легких кавалерийских полков) в статье Н. Н. Фатова «О „Евгении Онегине“ А. С. Пушкина» (Уч. зап. Черновицкого гос. ун-та. Сер. филол. наук. 1955. Т. 14. Вып. II. С. 99–100).

Однако сон характеризует и другую сторону сознания Татьяны — ее связь с народной жизнью, фольклором. Подобно тому как в третьей главе внутренний мир героини романа определен был тем, что она «воображалась» «героиней своих возлюбленных творцов» *(3, X, 1–2)* — авторов романов XVIII — начала XIX в., теперь ключом к ее сознанию делается народная поэзия. Сон Татьяны — органический сплав сказочных и песенных образов с представлениями, проникшими из святочного и свадебного обрядов.

Прежде всего следует отметить, что гадание «на сон» представляет собой обычное для святочных гаданий опасное действие, в ходе которого гадающий вступает в общение с нечистой силой. Приступая к такому гаданию, девушки снимают с себя кресты, пояса (пояс —

древний языческий символ защитительного круга — сохраняет значение оберега и в русских этнографических материалах). Формула информантов, описывающих святочное гадание: «Сняли с себя кресты, немытика помянули» (*Максимов С. В.* Указ. соч. С. 6), — указывает на призывание черта[1]. *П*, видимо, был осведомлен в этой («черной») стороне святочных гаданий. Не случайно он подчеркнул, что Татьяна «поясок шелковый сняла» *(5, X, 9–10)*, — упомянуть о снимании креста, конечно, не было возможности. Вспомним, что выражение «на этом глупом небосклоне» *(3, V, 12)* печатно было объявлено кощунственным («Едва смеешь верить глазам своим!» — восклицал критик альманаха «Северная звезда» за 1829 г. М. А. Бестужев-Рюмин), ср. также цензурные трудности с публикацией баллады Жуковского «Иванов вечер». См.: *Сухомлинов М. И.* Исследования и статьи по русской литературе и просвещению. СПб., 1889. Т. 1. С. 444–447.

Указание на то, что «Татьяна поясок шелковый сняла» — не простое описание раздевания девушки, готовящейся ко сну, а магический акт, равнозначный снятию креста. Это доказывается особой функцией пояса, зафиксированной в ряде этнографических описаний русских поверий: «Существуют и особые средства борьбы с чарами колдуна. Это прежде всего меры профилактические — обереги. Таковым является постоянное

---

[1] В отрывке Брюсова «Рассказы Маши...» так описывается святочное гадание — «слушанье на перекрестке»: «Вечером пойдут девицы на беседу. Потом которая-нибудь скажет: „Пойдемте слушать". Сейчас они кресты снимут, на гвоздь повесят. Такие там, в избах, где беседы, ⟨гвозди⟩ вбиты по стенам. Сядут, кто на кочергу, кто на ухват, кто на сковородник, и поедут на перекресток. Там сделают дорогу: три полосы по снегу проведут. Встанут и начнут всех нехороших призывать: „Черти, дьяволы, лешие, водяные, русалки, домовые, баечники, перебаечники — приходите и покажитесь нам"» (Лит. наследство. М., 1976. Т. 85. С. 88).

ношение пояса. Великоруссы носят пояс на голом теле и не снимают его даже в бане» (*Никитина Н. А.* К вопросу о русских колдунах // Сб. Музея антропологии и этнографии. Л., 1928. Вып. VII. С. 319–320).

Для характеристики атмосферы, которой окружены святочные гадания, показателен следующий рассказ: «Вот я стала ложиться спать, положила гребенку под головашки и сказала: „Суженый-ряженый, приди ко мне мою косу расчесать“. — Сказавши так-то, взяла я и легла спать, как водится, не крестясь, не помолившись Богу». Ночью пришел черт и вырвал гадающей полкосы. Девушка подняла крик, проснулись родители, отец взял кнут, «лупцует да приговаривает: „Не загадывай, каких не надо, загадок, не призывай чертей“» (*Максимов С. В.* Указ. соч. С. 5).

Таким образом, гадание на сон проходит в обстановке страха, характеризующего всякое ритуальное общение с нечистой силой. Мир нечистой силы — мир, по отношению к обыденному, перевернутый, а поскольку свадебный обряд во многом копирует в зеркально перевернутом виде обряд похоронный, то в колдовском гадании жених часто оказывается подмененным мертвецом или чертом. Такое переплетение фольклорных образов в фигуре святочного «суженого» оказывалось в сознании Татьяны созвучным «демоническому» образу Онегина-вампира и Мельмота, который создался под воздействием романтических «небылиц» «британской музы».

Однако выделение в образе «суженого» инфернальных черт активизировало определенные представления из мира народной сказки: герой начинал ассоциироваться с силами, живущими «в лесу», «за рекой». Сюжеты этого рода подсказывали «лесному жениху» других двойников (в зависимости от жанра — медведя или разбойника). Лесная свадьба, которая могла быть истолкована и как смерть, похищение нечистой силой, получала дополнительное сюжетное решение: разбойник и красна девица. Следует иметь в виду, что образ разбойника также был окружен ореолом романтики в литературной традиции. С этой стороны фольклорные и романтические представления также соприкасались.

X, 1 — *Татьяна, по совету няни...* — То, что девушкой во время святочного гадания должна руководить опытная старуха, зафиксировано в ряде источников.

6 — *И я — при мысли о Светлане...* — Героине баллады Жуковского Светлане, гадавшей на суженого, сидя за столом, накрытом на два прибора, в полночь явился мертвый жених:

Вот в светлице стол накрыт
Белой пеленою;
И на том столе стоит
Зеркало с свечою;
Два прибора на столе.

(*Жуковский*. Т. 2. С. 19)

В балладе Жуковского святочный сон фигурирует, однако, в функции, противоположной фольклору: вся святочная фантастика привиделась героине во сне и объявляется несуществующей перед лицом веры в Провиденье. «Вещая», предсказывающая роль сна снята. Пушкинская трактовка более бытовая — ничего вне обыденной реальности в сюжет не вводится — и фольклорно более точная: гадание «на зеркало» у *П* происходит в бане, а не в светлице, как оно и должно быть (реальное гадание «на жениха» всегда производится в бане — в помещении, где нет иконы). По этой же причине оно невозможно в избе; святочный сон, с точки зрения психологии героини, не теряет своего значения от того, что он «привиделся», а не произошел наяву.

7–8 — *Мне стало страшно — так и быть... / С Татьяной нам не ворожить.* — Стихи допускают двойное истолкование: с одной стороны, автор может быть представлен здесь как создатель текста, который, «испугавшись» за любимую героиню, способен своей волей изменить весь ход рассказа. С другой — этот же текст позволяет увидеть в авторе непосредственного участника событий. Во время святочных гаданий роль девушек и парней различна: девушки, являющиеся главными действующими лицами, гадают серьезно, стремясь получить сведения о будущих женихах. Парням же отведена ритуальная роль насмешников, вносящих в гадание игру. Они подстерегают гадающих, пугают их, забравшись в баню или овин, подают оттуда голоса, когда девушки приходят «слушать», выдают себя за нечистую силу, попутно — и это тоже входит в ритуал — заигрывая с девушками. Именно в такой роли выступил Николай Ростов, когда он побежал целоваться к Соне, которая пошла «слушать» к амбару (см.: «Война и мир», т. 2, ч. IV, гл. 11). Стихи допускают предположение, что автор собирался выступить в этой утвержденной обрядом роли «парня» и отправиться в баню пугать гадающую о суженом героиню, однако, подобно ей, сам испугался, и гадание не состоялось. В этом случае автор вступает в непосредственные контакты с героиней, подобно тому как он общался с Онегиным в конце первой главы. Возможность для автора одновременно выступать в роли человека, «выдумывающего» историю героини, и в роли ее реального знакомого, разделяющего милые деревенские досуги Татьяны, обостряет игру между «романом» и «жизнью» в *ЕО*, создавая емкое пространство «поэзии действительности».

11 — *Легла. Над нею вьется Лель...* — *Лель* — искусственное божество, введенное на русский олимп писателями XVIII в. на основании припевов-выкриков,

в основном в свадебной поэзии: «Люли, лель, лелё». Припевы эти воспринимались как призывание, звательные формы собственного имени. Из этого делался вывод, что Лель — славянский Амур, божество любви.

13 — *Девичье зеркало лежит.* — Во время святочного гадания «на сон» под подушку кладут различные магические предметы. Среди них зеркало занимает первое место. Все же предметы, связанные с крестной силой, удаляют.

XI–XII. — Переправа через реку — устойчивый символ женитьбы в свадебной поэзии. Ср. также образ моста из жердочек, переброшенного через реку, в описании А. А. Потебней гадания «на жениха»: «Делают из прутиков мостик и кладут его под подушку во время сна, загадывая: „Кто мой суженый, кто мой ряженый, тот переведет меня через мост“». Потебня заключает: «Татьяна Пушкина — „русская душой“, и ей снится русский сон ⟨...⟩ Этот сон предвещает выход замуж, хоть и не за милого» (*Потебня А.* Переправа через реку как представление брака // Потебня А. А. Слово и миф. М., 1989. С. 564). Однако в сказках и народной мифологии переход через реку является также символом смерти. Это объясняет двойную природу образов сна Татьяны: как представления, почерпнутые из романтической литературы, так и фольклорная основа сознания героини заставляют ее сближать влекущее и ужасное, любовь и гибель.

XII, 7 — *Большой, взъерошенный медведь...* — Ср.: «Медведя видеть во сне предвещает женитьбу или замужество» (*Балов А.* Сон и сновидения в народных верованиях: (Из этнографических материалов, собранных в Ярославской губернии) // Живая старина. 1891. Вып. IV. С. 210). Связь образа медведя с символикой сватовства, брака в обрядовой поэзии отмечалась исследователями. Ср. подблюдную песню «к свадьбе»:

Медведь пыхтун,
Слава!
По реке плывет;
Слава!
Кому пыхнет во двор,
Слава!
Тому зять в терем,
Слава!

(⟨*Снегирев И.*⟩ Указ. соч. С. 84)

Ср. весьма распространенный обычай, связывающий медвежью шкуру, а также любой густой мех (ср.: «взъерошенный», «косматый лакей») со свадебной символикой плодородия и богатства: молодых на свадьбе сажают на медвежий или другой густой мех и проч. «Убитую медведицу признают за невесту или сваху, превращенную на свадьбе в оборотня» (*Зеленин Д. К.* Описание рукописей ученого архива имп. Русского географического общества. Пг., 1914. Вып. 1. С. 259).

Исследователи отмечают двойную природу медведя в фольклоре: в свадебных обрядах в основном раскрывается добрая, «своя», человекообразная природа персонажа, в сказочных — представляющая его хозяином леса, силой, враждебной людям, связанной с водой (в полном соответствии с этой стороной представлений, медведь во сне Татьяны — «кум» хозяина «лесного дома», полудемона-полуразбойника Онегина, он же помогает героине перебраться через водяную преграду, разделяющую мир людей и лес) (*Иванов Вяч. Вс., Топоров В. Н.* Славянские языковые моделирующие семиотические системы. М., 1965. С. 160–165). В этой второй функции медведь оказывается двойником лешего, «лесного черта», и роль его как проводника в «шалаш убогой» вполне оправдана всем комплексом народных верований.

XVI–XVII — Содержание строф определено сочетанием свадебных образов с представлением об изнаночном, вывернутом дьявольском мире, в котором находится Татьяна во сне. Во-первых, свадьба эта — одновременно и похороны: «За дверью крик и звон стакана, / Как на больших похоронах» *(5, XVI, 3–4)*. Во-вторых, это дьявольская свадьба, и поэтому весь обряд совершается «навыворот». В обычной свадьбе приезжает жених, он входит в горницу вслед за дружкой. В горнице вдоль по скамейкам сидят гости. Вошедший (как правило, это дружка) обращается к сидящим:

Здравствуйте, гости милосердые,
Прикажите сказать слово легкосердое,
Кто в доме нача́л?

Гости отвечают: Мать Пресвятая Богородица! Дружка молится, потом спрашивает:

Здравствуйте, гости милосердые,
Прикажите сказать слово легкосердое,
Кто в доме хозяин?

Гости отвечают: Леонтий Павлович! (см.: *Смирнов А.* Песни крестьян Владимирской и Костромской губерний. М., 1847. С. 129–130, 179–180).

Во сне Татьяны все происходит противоположным образом: прибывает в дом невеста (дом этот не обычный, а «лесной», то есть «антидом», противоположность дому), войдя, она также застает сидящих вдоль стен на лавках, но это не «гости милосердые», а лесная нечисть. Возглавляющий их Хозяин оказывается предметом любви героини. Описание нечистой силы («шайки домовых») подчинено распространенному в культуре и иконографии Средних веков и в романтической литературе изображению нечистой силы как соединению несоединимых деталей и предметов. Ср. в вариантах «Вия» Гоголя: «Он увидел вдруг такое множество отвратительных крыл, ног и членов, каких не в силах бы был разобрать обхваченный ужасом наблюдатель! Выше всех возвышалось странное существо в виде правильной пирамиды, покрытое слизью. Вместо ног у него было внизу с одной стороны половина челюсти, с другой — другая; вверху, на самой верхушке этой пирамиды, высовывался беспрестанно длинный язык и беспрерывно ломался на все стороны. На противоположном крылосе уселось белое, широкое, с какими-то отвисшими до полу белыми мешками, вместо ног; вместо рук, ушей, глаз висели такие же белые мешки. Немного далее возвышалось какое-то черное, все покрытое чешуею, со множеством тонких рук, сложенных на груди, и вместо головы вверху у него была синяя человеческая рука. Огромный, величиною почти с слона, таракан остановился у дверей и просунул свои усы» (*Гоголь Н. В.* Полн. собр. соч.: В 14 т. М.; Л., 1937. Т. 2. С. 574). О сходстве пушкинской «шайки домовых» с образами русской лубочной картинки «Бесы искушают св. Антония» и картины Иеронима Босха на ту же тему см.: *Боцяновский В. Ф.* Незамеченное у Пушкина // Вестник литературы. 1921. № 6–7. Интересно указание, что копия с картины Мурильо на тот же сюжет находилась в Михайловском (*Бродский*. С. 236). *П*, бесспорно, известно было описание нечистой силы у Чулкова: «Вся комната наполнилась дьяволами различного вида. Иные имели рост исполинский, и потолок трещал, когда они умещались в комнате; другие были так малы, как воробьи и жуки с крыльями, без крыльев, с рогами, комолые, многоголовые, безголовые» (цит. по: *Сиповский В. В.* Пушкин, жизнь и творчество. СПб., 1907. С. 470). В повести Ж. Казота «Влюбленный дьявол» бес является в образе отвратительного верблюда, во второй части книги Ж. Сталь «О Германии» (в пересказе «Фауста») *П* мог встретить в описании Вальпургиевой ночи «полуобезьяну-полукошку». В поэме Г. Каменева «Громвал» читаем:

Духи, скелеты, руками схватясь,
Гаркают, воют, рыкают, свистят...

(Поэты 1790–1810-х. С. 604)

*П* уже знал в это время романтический сон Софьи из «Горя от ума»:

Какие-то не люди и не звери
Нас врозь — и мучили сидевшего со мной 〈...〉
Нас провожают стон, рев, хохот, свист чудовищ!

(д. I, явл. 4)

Б. В. Томашевский опубликовал замечания и поправки *П* на чистых листах, вплетенных в подготавливавшийся им для отдельного издания экземпляр первой части романа (главы первая—шестая). Здесь встречаем рисунок к строфе XVII пятой главы — скачущая мельница, череп на гусиной шее и проч. (см.: Временник, 2, вклейка между с. 8 и 9). Можно отметить, что такое изображение нечистой силы имеет западноевропейское происхождение и не поддерживается русской иконографией и фольклорными русскими текстами.

XVIII, 5 — *Он там хозяин, это ясно...* — Сцена связана, с одной стороны, с балладой *П* «Жених»:

«Мне снилось, — говорит она, —
Зашла я в лес дремучий,
И было поздно; чуть луна
Светила из-за тучи 〈...〉
И вдруг, как будто наяву,
Изба передо мною 〈...〉
Вдруг слышу крик и конский топ... 〈...〉
Крик, хохот, песни, шум и звон... (II, 412–413)

Разбойники «за стол садятся, не молясь / И шапок не снимая» (Там же). Старший разбойник убивает на пиру девицу-красавицу (см. подробное сопоставление «Жениха» со сном Татьяны в статье: *Кукулевич А. М., Лотман Л. М.* Из творческой истории баллады Пушкина «Жених» // Временник. Т. 6. С. 72–91). С другой стороны, текстуальная зависимость связывает это место «сна» с «Песнями о Стеньке Разине» (1826):

> На корме сидит сам хозяин,
> Сам хозяин, грозен Стенька Разин (III, 23).

В третьей из песен стих «Что не конский топ, не людская молвь» (III, 24) перекликается с «людская молвь и конский топ» строфы XVII. Сюжет о герое-разбойнике подразумевал сцену убийства. Стенька Разин

> В волны бросил красную девицу,
> Волге-матушке ею поклонился (III, 23).

Такая возможность потенциально присутствует и в сне Татьяны, которая находила «тайну прелесть» «и в самом ужасе» *(5, VII, 1–2)*. Однако *П*, видимо, была известна и другая сюжетная возможность: жених (или похититель)-разбойник убивает *брата* своей невесты.

> Захотелось красной девке за разбойничка замуж.
> Как со вечера разбойник он сряжался под разбой;
> На белой заре разбойник он двенадцать коней вел;
> На тринадцатом конечке сам разбойничек сидит;
> Подъезжает же разбойник ко широкому свому двору;
> Он ударил же разбойник копьем новым ворота:
> «Отворяй, жена, ворота, пущай молодца на двор;
> Принимай, жена, рубашки, не развертывай — *примай*!»
> Не стерпела, поглядела, чуть опомнилась млада:
> «Ты, разбестия-разбойник, погубитель, супостат,
> Ты на что убил, зарезал брата роднова мово?»

(*Смирнов А.* Песни крестьян Владимирской и Костромской губерний. С. 71–72)

В свете такого сюжетного стереотипа становится понятным и убийство Онегиным Ленского во сне.

Ср.: в главе седьмой Татьяна прямо называет Ленского братом («Она должна в нем [Онегине] ненавидеть / Убийцу брата своего...» — *7, XIV, 6–7*). Атмосфера фольклорности, в которую погружает *П* Татьяну, основана на конкретной и разнообразной осведомленности поэта в обрядовой, сказочной и песенной народной поэзии и на точном знании деталей святочных и свадебных обрядов.

XXI, 11 — *Авроры северной алей... — Аврора* (др.-рим., миф.) — богиня утренней зари.

XXII, 8 — *Но ни Виргилий, ни Расин... — Виргилий* — см. с. 157. *Расин* Жан (1639–1699) — французский драматург, корифей французского классического театра. Несмотря на ряд критических отзывов, *П* чрезвычайно высоко ставил поэтический дар Расина (см.: *Томашевский Б. В.* Пушкин и Франция. Л., 1960). Расин (разумеется, в подлиннике) входил в начале XIX в. в круг чтения среднего образованного русского дворянина. Ср. данные дневника Ф. Я. Мирковича — молодого офицера, раненного на Бородинском поле и находившегося на излечении в Рязани: «Целый день читал Расина», «Вечером пригласил к себе Пущина и Смиттена, мы вместе читали трагедию „Федра“» (Пущин и Смиттен — также раненые офицеры, у одного из них ампутирована нога. — *Ю. Л.*). «Все утро читал „Митридата“. Что за красноречие, что за прелесть слога, какая грация и чистота стихов, какое искусство и простота!» И рядом: «Моей ране стало лучше» (*Миркович*. С. 80–81). Миркович был рядовым читателем, обычным офицером, однако вкусы его интересны, поскольку с 1802 по 1805 г. его учителем французского языка и словесности был де Будри (см. с. 48).

9 — *Ни Скотт, ни Байрон, ни Сенека... — Сенека* (ок. 4 до н. э. — 65 н. э.) — римский философ-стоик и драматург.

10 — *Ни даже Дамских Мод Журнал...* — Н. Л. Бродский полагает, что речь идет о «Дамском журнале» П. И. Шаликова (*Бродский*. С. 238). Принять это предположение невозможно: журнал Шаликова не был журналом мод, а представлял собой литературно-критическое издание. Публикация «модных картинок», после «Московского Меркурия» П. И. Макарова, производилась многими журналами, что, однако, не давало оснований называть их «журналами мод». Так, истинно провинциальная барыня — Наталья Павловна из «Графа Нулина» — узнавала последние моды из «Московского телеграфа»:

> Позвольте видеть ваш убор...
> Так: рюши, банты... здесь узор...
> Все это к моде очень близко. —
> «Мы получаем Телеграф» (V, 7).

Однако о Татьяне *П* сказал прямо: «Журналов наших не читала» *(3, XXVI, 6)*, а, перерабатывая для отдельного издания первых шести глав текст, заменил:

> Я знаю: дам хотят заставить
> Читать по-русски. Право, страх!

на:

> Читать журналы. Право, страх.
> (Временник. Т. 2. С. 9)

Представить Татьяну читающей имевший полуанекдотический характер журнал Шаликова значило бы приравнять ее к провинциальной посредственности псковских барышень, о которых *П* писал в набросках строфы XVIIa четвертой главы (см. с. 67). Специального журнала дамских мод в России в начале XIX в.

не было; здесь имеется в виду европейски известное французское периодическое издание «Journal des dames et des modes», выпускавшееся в ту пору гравером Ламесанжером. Журнал этот выходил с 1797 по 1838 г. (всего за 42 года издания вышло 3600 номеров) и считался общеевропейским законодателем мод.

12 — *То был, друзья, Мартын Задека...* — Примечание *П*: «Гадательные книги издаются у нас под фирмою Мартына Задеки, почтенного человека, не писавшего никогда гадательных книг, как замечает Б. М. Федоров» (VI, 194). Примечание представляет собой полемический ответ на нападки литератора Б. Федорова в его журнале «Санктпетербургский зритель» (кн. I, 1828). *Мартын* (Мартин) *Задека* — вымышленное лицо, якобы жившее в XI в. и являвшееся после смерти с загробными пророчествами (см.: *Набоков*. Т. 2. С. 514–516). Приписываемая ему книга — видимо, перевод с немецкого: «Древний и новый всегдашний гадательный оракул, найденный после смерти одного стошестилетнего старца Мартина Задека, по которому узнавал он судьбу каждого чрез круги счастия и несчастия человеческого, с присовокуплением Волшебного зеркала или толкования слов; также правил Физиогномии и Хиромантии, или Наук как узнавать по сложению тела и расположению руки или чертам свойства и участь мужеского и женского пола с приложением его же Задека предсказания любопытнейших в Европе происшествий, событием оправданное, с прибавлением Фокус-Покус и забавных загадок с отгадками» (М., 1814). В 1821 г. вышло уже третье издание. 16 сентября 1827 г. А. Н. Вульф, посетив *П* в Михайловском, отметил в дневнике, что видел у него на столе «изъяснение снов, скрывшееся в полдюжине альманахов» (Пушкин в воспоминаниях современников. Т. 2. С. 415). *П*, видимо, пользовался этой книгой и после написания пятой гла-

вы *ЕО*. Сочинения Мартына Задеки воспринимались в кругу образованных современников *П* как курьез, однако были известны. В 1824 г. декабрист Батеньков в письме А. А. Елагину в свойственной ему шутливой манере извещал, что в 1825 г. непременно решил жениться «паче всего потому, что Мартын Задека, великий Альберт и г. Брюс предрешают единогласно рождение в 1826 году необыкновенного отрока...» (Письма Г. С. Батенькова, И. И. Пущина и Э. Г. Толля. М., 1936. С. 147).

XXIII, 5 — *Его с разрозненной Мальвиной...* — *«Мальвина»* — роман в шести частях М. Коттен, см. с. 254.

9–10 — *Грамматику, две Петриады, / Да Мармонтеля третий том. — Две Петриады* — так *П* иронически именует произведения: «Петриада. Поэма эпическая, сочинения Александра Грузинцова» (СПб., 1812; второе, «перетворенное» издание вышло в 1817 г.) и одну из двух поэм: «Петр Великий, лирическое песнопение в осьми песнях, сочинил кн. Сергий Шихматов» (СПб., 1810) или «Петр Великий, героическая поэма в шести песнях стихами сочиненная» Р. Сладковского (СПб., 1803). О *Мармонтеле* см. с. 255; в библиотеке *П* имелось полн. собр. соч. Мармонтеля в 18 т. (1818–1819); см.: *Модзалевский Б. Л.* Библиотека А. С. Пушкина // Пушкин и его современники. СПб., 1910. Вып. IX–X. С. 282. Третий том включал в себя «Нравственные повести» («Contes moraux»), которые в 1794–1798 гг. перевел Карамзин (2-е изд. — 1815).

XXV, 1 — *Но вот багряною рукою...* — Утверждение *П* в примечании об этих стихах как пародии на Ломоносова было спровоцировано укоризненно-доносительным замечанием о них в рецензии М. Дмитриева: «Шутка над Ломоносовым ⟨...⟩ Так, кажется, старик начинает Оду свою на день восшествия на *Престол Императрицы Елизаветы*» (Атеней. 1828. Ч. I. № 4. С. 438). Однако пародия эта имеет более сложный характер: в стихотворении И. И. Дмитриева «Чужой толк» перечисляются штампы одических описаний торжеств:

> На праздник иль на что подобное тому:
> Тут найдешь то, чего б нехитрому уму
> Не выдумать и ввек: зари багряны персты,
> И райский крин, и Феб, и небеса отверсты!
>
> (*Дмитриев*. С. 114)

«Чужой толк» вспомнился *П* в связи с полемикой вокруг статьи Кюхельбекера (см. с. 295–296). В строфе XXXIII четвертой главы *П* спрашивал Кюхельбекера, неужели же тот предпочитает поэта из «чужого толка» современным элегикам. Вопрос этот вызвал у *П* желание начать в этом ключе описание именин Татьяны, подобно тому как в «Оде его сият. гр. Дм. Ив. Хвостову» он, как это показал Ю. Н. Тынянов (см. с. 296), демонстрировал, как бы выглядело на практике осуществление призыва соединить политическую тематику и одическую поэтику. Объектом полемики в этих стихах был не Ломоносов, а Кюхельбекер.

5 — *С утра дом Лариных гостями...* — Ср.: «За ужином Елизавета Сергеевна объявила нам, что на другой день мы поедем на именины к ее соседям Требинским. Именины в деревне — магические слова» (*Смирнова-Россет*. С. 44).

XXVI — *П* создает особый тип литературного фона: в него включены общеизвестные герои произведений, ставшие к этому времени литературными масками, одно упоминание которых оживляет в сознании читателей целый художественный мир.

3–4 — *Гвоздин, хозяин превосходный, / Владелец нищих мужиков...* — Это, конечно, несколько трансформированный капитан Гвоздилов из «Бригадира» Фонвизина, о котором Бригадирша говорит, что «...бывало, он рассерчает за что-нибудь, а больше хмельной: так, веришь ли богу, мать моя, что гвоздит он, гвоздит ее (свою жену. — *Ю. Л.*), бывало, в чем душа останется, а ни дай ни вынеси за что» (д. IV, явл. 2). Знание этой цитаты раскрывает методы хозяйствования Гвоздина (см. с. 43). В традиции комедии XVIII в. даны и имена других гостей, что создает специфическую комическую театрализацию фона всей сцены.

5–6 — *Скотинины, чета седая, / С детьми всех возрастов, считая / От тридцати до двух годов...* — Это родители Простаковой и Скотинина из «Недоросля» Фонвизина: «*Г-жа Простакова:* ⟨...⟩ Вить и я по отце Скотининых. Покойник батюшка женился на покойнице матушке. Она была по прозванию Приплодиных. Нас, детей, было с них восемнадцать человек» (д. III, явл. 5). Появление на балу у Лариных 12 января 1821 г. персонажей, жизнь которых приурочена к середине XVIII в., не смущало автора: он вывел их именно как литературные типы, сохраняющие актуальность для русской провинции и в его эпоху. Цитированный монолог Простаковой привлекал внимание *П* — из него он извлек эпиграф для гл. III «Капитанской дочки»: «Старинные люди, мой батюшка. *Недоросль*» (VIII, 294).

9–11 — *Мой брат двоюродный, Буянов...* — Введение в круг гостей героя поэмы В. Л. Пушкина «Опасный сосед» Буянова интересно не только как расширение литературного фона. *П* называет Буянова своим двоюродным братом (ср. дальше: «Буянов, братец мой задорный» — *5, XLIII, XLIV, 1*), имея в виду, что дядя автора *ЕО*, В. Л. Пушкин, «произвел на свет» Буянова, а С. Л. Пушкин — самого автора романа в стихах. Такое шокирующее уравнение реального и литературного отцовства приводит к тому, что в *ЕО* реально существовавшие и вымышленные герои соседствуют на равных правах, встречаются и влияют на судьбу друг друга. Это, с одной стороны, резко обостряет чувство условности текста (подобно тому, как если бы актер время от времени сходил со сцены в зал, а зрители прохаживались по сцене). Однако, с другой, это же способствует обострению читательского восприятия действия как реально имевших место событий (аналогично эффекту, производимому врезкой в игровой фильм кусков хроникальной ленты). Можно отметить, что ироническая игра, основанная на смешении реального и литературного родства, у *П*, как правило, связывалась с образом его дяди В. Л. Пушкина. Ср. «Дяде, назвавшему сочинителя братом»:

> ...Нет, нет — вы мне совсем не брат;
> Вы дядя мне и на Парнасе (I, 204).

Из письма к Вяземскому:

> Писатель нежный, тонкий, острый,
> Мой дядюшка — не дядя твой,
> Но, милый, — музы наши сестры,
> Итак, ты все же братец мой (II, 419).

XXVII, 2 — *Приехал и мосье Трике...* — Фамилия Трике образована по типу комедийных фамилий французов в русских пьесах XVIII — начала XIX в. Ср.: «Трише» (trichet), то есть «обманщик», в комедии И. А. Крылова «Модная лавка». *Трике* — triqué *(фр., фамильярн.)* означает «битый палкой»; бить палкой кого-либо означало нанесение унизительного оскорбления человеку, недостойному быть вызванным на дуэль и, следовательно, исключенному из круга порядочных людей. Так можно было расправиться с мошенником или мелким шулером.

8 — *Réveillez vous, belle endormie.* — Проснись, прекрасная *(фр.)* — «Упоминаемая здесь песенка — одно из популярнейших произведений Dufresny (1648–1724), драматурга и автора нескольких известных в свое время романсов и куплетов» (*Томашевский Б.* Заметки о Пушкине // Пушкин и его современники. Пг., 1917. Вып. XXVIII. С. 67–70). Тот же автор отмечает, что текст с belle Nina неизвестен, но ряд поздравительных песен на этот мотив зафиксирован.

13–14 — *И смело вместо belle Nina...* — См. с. 237–238.

XXVIII, 13–14 — *Мужчины против: и крестясь, / Толпа жужжит за стол садясь.* — Места дам и мужчин за столом регулировались рядом правил, в частности расположением хозяев. Так, на именинах Наташи в «Войне и мире» хозяин и хозяйка сидели на двух концах длинного стола, и соответственно гости распределились по «дамскому» и «мужскому» концам друг против друга (т. 1, ч. I, гл. 15). На именинах Татьяны дамы и мужчины сидели с двух сторон стола. Почетное место именинницы находилось в центре. Естественно, место для почетного гостя должно было быть против нее с мужской стороны. На это место посадили Онегина (см.: *XXX, 1*). Татьяна смутилась, поскольку в том, что Онегина усадили на почетном месте против нее, все должны были усмотреть подтверждение возможности его сватовства. *Крестясь* — знак крестного знамения означал начало трапезы. Креститься полагалось, когда гость садился на пододвинутый ему слугой стул (см.: *Набоков*. Т. 2. С. 531).

XXXI, 1 — *Траги-нервических явлений...* — Обморок был одной из форм «любовного поведения» щеголих XVIII в., когда он составлял модную новинку. «Обмороки в это время вошли в большую моду, и последние существовали различных названий: так, были обмороки Дидо́ны, капризы Медеи, спазмы Нины, вапёры Омфалы, „обморок кстати“, обморок коловратности и проч. Нервы стали известны чуть ли не в двадцатых годах нынешнего [XIX] столетия» (*Пыляев М. И.* Старое житье: Очерки и рассказы. СПб., 1892. С. 82). Искренность и простота героини проявились в том, что она не упала в обморок, однако сама возможность такой скандальной и провинциальной сцены взбесила Онегина.

По рассказам Нащокина, *П* «уверял, что при необходимости можно удержаться от обморока» (*Цявловский М.* Рассказы о Пушкине, записанные со слов его друзей П. И. Бартеневым. М.; Л., 1925. С. 36–37, 98–101). Совпадение эпизода в *ЕО*, написанного во время михайловской ссылки, со словами, сказанными Нащокину, проливает свет на смысл загадочного текста, который одни исследователи называют «устной новеллой Пушкина» (см.: *Гроссман Л. П.* Этюды о Пушкине. М.; Пг., 1923. С. 111), а другие считают биографическим эпизодом из истории отношений *П* и Д. Фикельмон (свод данных см.: *Раевский Н.* Портреты заговорили. Алма-Ата, 1974. С. 278–287, 393–396). Если даже в основе «устной новеллы» лежал реальный эпизод, то он должен был произойти значительно раньше — уже в 1825 г. *П* было известно, что усилием воли женщина может удержаться от обморока. То обстоятельство, что место действия «устной новеллы» напоминает дом австрийского посла в Петербурге (см.: *Раевский Н.* Указ. соч. С. 279), с одной стороны, может объясняться типовым характером планировки барского особняка XVIII в. (*П* просто описывал обычное расположение комнат), а с другой — обычной для творческого воображения контаминацией разновременных событий и пространств.

XXXII, 7 — *Между жарким и блан-манже... — Блан-манже* — сладкое блюдо, желе из миндального молока.

8 — *Цимлянское несут уже... — Цимлянское* — донское шипучее вино, по наименованию станицы Цимлянской. См. с. 308. В доме Онегина в обычные дни подают дорогое французское шампанское (в Петербурге Онегин пил шампанское высшей марки — «вино кометы» — *1, XVI, 8*), у Лариных на именинах — более дешевое цимлянское.

11 — *Зизи, кристалл души моей... — Зизи* — детское и домашнее имя Евпраксии Николаевны Вульф (1810–1883), в замужестве Вревской, дочери от первого брака тригорской помещицы П. А. Осиповой, соседки и приятельницы *П.* Длительная дружеская связь Е. Н. Вульф с *П* стала особенно тесной в 1826 г., когда в Тригорском собирались *П*, Языков и А. Н. Вульф. См. в воспоминаниях последнего: «Сестра моя Euphrosine, бывало, заваривает всем нам после обеда жженку (горячий напиток, приготовлявшийся из коньяка или рома, сахара, лимона и пряностей; жженку поджигали и тушили вином. — *Ю. Л.*): сестра прекрасно ее варила, да и Пушкин, ее всегдашний и пламенный обожатель, любил,

чтобы она заваривала жженку... и вот мы из этих самых звонких бокалов, о которых вы найдете немало упоминаний в посланиях ко мне Языкова, — сидим, беседуем да распиваем пунш» (Пушкин в воспоминаниях современников. Т. 1. С. 413–414).

Пророк изящного! забуду ль ⟨...⟩
Когда могущественный ром
С плодами сладостной Мессины,
С немного сахара, с вином,
Переработанный огнем,
Лился в стаканы-исполины?
Как мы, бывало, пьем да пьем,
Творим обеты нашей Гебе,
Зовем свободу в нашу Русь.

(*Языков Н. М.* А. С. Пушкину //
Собр. стихотворений. М., 1948. С. 107)

Языков именует Е. Н. Вульф в стихах Гебой (др.-греч.) — богиней, разливающей вино богам, а *П* вносит в текст *ЕО* ее домашнее прозвище, неизвестное, как и обстоятельства дружеских попоек, на которые намекает *П*, большинству читателей. Этим он придал тексту атмосферу интимности и стилистического многоголосия, создавая переход от сатирических интонаций предшествующих строф к лирической тайнописи.

XXXV, 9 — *Столы зеленые раскрыты...* — Столы для карточной игры оклеивались или покрывались зеленым сукном, на котором мелом записывались взятки.

11–12 — *Бостон и ломбер стариков...* — *Бостон, ломбер*, вист — коммерческие игры, популярные начиная с XVIII в. Еще в 1791 г. Н. Страхов называл ломбер и вист «играми, подавшими просьбы о помещении их в службу степенных и солидных людей» (Переписка моды… М., 1791. С. 31). Азартные игры, которым молодежь могла посвящать ночи в холостой компании, в светском собрании или на семейном балу терпимы быть не могли. Вист — см. с. 285.

XXXVI, 1–3 — *Уж восемь робертов сыграли… — Роберт* (роббер) — «три сыгранных партии в вист, составляющие один круг игры, после которого производится денежный расчет» (Словарь языка *П.* Т. 3. С. 1024). После завершения роббера игроки пересаживаются. *Восемь робертов* — 24 партии.

13 — *Как ты, божественный Омир… — Омир* (Гомер), см. с. 158–159.

XXXVII. XXXVIII. XXXIX — В отдельной публикации главы эти строфы были приведены полностью, а в издании 1833 г. — опущены. В них дается ироническое сопоставление содержания *ЕО* и «Илиады».

XL, 3 — *Хотелось в роде мне Альбана… — Альбан* (Альбани) Франческо (1578–1660) — итальянский художник, эпигон академического направления. Это имя встречается уже в лицейских стихах *П* и, видимо, почерпнуто из литературных источников.

XLI–XLIV — О танцах см. с. 92–107.

XLIII — Строфа в первом (отдельном) печатном издании была опубликована с пропуском первых четырех стихов, что можно рассматривать как акт автоцензуры, а в издании 1833 г. опущена совсем и заменена сдвоенным номером следующей строфы.

Как гонит бич в песку манежном
По корде резвых кобылиц
Мужчины в округе мятежном
Погнали, дернули девиц —
Подковы, шпоры Петушкова,
(Канцеляриста отставного)
Стучат; Буянова каблук
Так и ломает пол вокруг
Треск, топот, грохот — по порядку
Чем дальше в лес, тем больше дров —
Теперь пошло на молодцов —
Пустились — только не в присядку —
Ах! легче, легче! каблуки
Отдавят дамские носки (VI, 610).

Описание танца в строфе XLIII композиционно завершает описание начала именин: «Шум, хохот, давка у порога» *(5, XXV, 12)* — «треск, топот, грохот», связывая всю эту картину с дьявольским шабашем сна Татьяны, что в целом бросает совершенно новый отсвет на, казалось бы, идиллический быт провинциального мира. Связь сна и бала была отмечена еще современной *П* критикой: «Из мира карикатур мечтательных Поэт переносит нас в мир карикатур существенных», — писал критик «Сына Отечества» (1828. Ч. 118. № 7). Инфернальный облик каждодневного поместного быта, подготовляя возможность трагической развязки, не снимал вместе с тем возможности с другой точки зрения осмыслять эту же жизнь как идиллию. Однако он раскрывал возможность того, что в недрах этого быта, между куплетами Трике и мазуркой Буянова, созревает убийство Ленского и обстоятельства, разбившие жизнь Татьяны.

Строфа XLIII имела и другой смысл: она, видимо, была тесно связана с параллелью между *ЕО* и «Илиадой». Откровенно грубое сравнение девушки с кобылицей восходило к оде Анакреона «К африканской кобылице», подражание которой *П* написал в 1826 г. («Кобылица молодая...» — III, 107). Образ манежного корда и мазурочного круга также находит параллель:

В мерный круг твой бег направлю... (III, 107)

Полемическое по отношению к классицизму восприятие античной поэзии как простонародной имело, однако, и другой смысл: Кюхельбекер в уже неоднократно цитировавшейся статье писал, что характер разочарованного человека, «отжившего для всего брюзги», размножившегося в литературе в образах, «которые слабы и недорисованы в „Пленнике“ и в элегиях Пушкина», «далеко не стоят Ахилла Гомерова, ниже́ Ариостова Роланда» (*Кюхельбекер-1*. С. 457). Полемическое окончание картины бала в стиле Гомера имело тот же смысл, что и начало в духе Ломоносова.

XLIII. XLIV, 7 — *Какой-то пошлый мадригал...* — *Пошлый* здесь: «обыкновенный, ничем не примечательный, заурядный» (Словарь языка *П*. Т. 3. С. 626); *мадригал* — см. с. 294, здесь: комплимент.

## ГЛАВА ШЕСТАЯ

*La sotto i giorni nubilosi e brevi / Nasce una gente a cui l'morir non dole. / Petr.* — Эпиграф взят из книги Петрарки «На жизнь мадонны Лауры» (канцона XXVIII), см.: *Розанов М. Н.* Пушкин и Данте // Пушкин и его современники. Л., 1928. Вып. XXXVII. С. 16.

В четвертой станце канцоны содержатся стихи:

La sotto i giorni nubilosi e brevi,
Nemica naturalmente dl pace,
Nasce una gente, a cui l'morir non dole.

*П*, цитируя, опустил средний стих, отчего смысл цитаты изменился. У Петрарки: «Там, где дни туманны и кратки — прирожденный враг мира — родится народ, которому не больно умирать». Причина отсутствия страха смерти — во врожденной свирепости этого племени. С пропуском среднего стиха возникла возможность истолковать причину небоязни смерти иначе, как следствие разочарованности и «преждевременной старости души».

I, 11–12 — *Ночлег отводят от сеней / До самой девичьи...* — Ср.: «После ужина все помещения в доме: и гостиная, и зала, не говоря о внутренних комнатах, устилались перинами, и гости ложились вповалку» (*Селиванов*. С. 127).

II, 5 — *И Флянов, не совсем здоровый...* — То есть пьяный. *П* вводит выражение «не совсем здоровый» как элемент «чужой речи», выражающей точку зрения «затра⟨пезного⟩ этикета» (VI, 351) провинциальных дам, по язвительному определению *П*. Ср. у Гоголя: «Дамы города N отличались, подобно многим дамам петербургским, необыкновенною осторожностью и приличием в словах и выражениях. Никогда не говорили они: „я высморкалась, я вспотела, я плюнула", а говорили: „я облегчила себе нос, я обошлась посредством платка". Ни в каком случае нельзя было сказать: „этот стакан или эта тарелка воняет" ⟨...⟩ а говорили вместо того: „этот стакан нехорошо ведет себя..."» («Мертвые души», т. 1, гл. VIII). Ср.: «Как зюзя пьяный» *(6, V, 9)*.

III, 6–9 — *...тревожит / Ее ревнивая тоска, / Как будто хладная рука / Ей сердце жмет...* — Ср.: VI, 611 и в пушкинском переводе «Из Ариостова „Orlando furioso“» (1826) во время, близкое к работе над шестой главой *ЕО*:

И нестерпимая тоска,
Как бы холодная рука,
Сжимает сердце в нем ужасно (III, 17).

Возможно, именно интерес к психологии ревности определил выбор этого текста для перевода. С этим же связано и сближение с текстом *ЕО*: Татьяна смущена «странным с Ольгой поведеньем» *(6, III, 3)* Онегина; как и Ленский, она испытывает ревность. Этим объясняется неожиданное, казалось бы, совпадение текстов *ЕО* и перевода из Ариосто.

11–14 — *«Погибну», Таня говорит, «...Не может он мне счастья дать».* — Романтико-фольклорное сознание героини подсказывает ей жесткие стереотипы для осмысления загадки Онегина: «хранитель» или «искуситель», Грандисон или Ловелас, суженый или разбойник (показательно, что так же мыслит и Ленский — *6, XVII, 1–14*). Однако влияние романтической литературы, делавшей образ носителя зла обаятельным, фольклорные образы жениха-разбойника, соблазнителя сестры и убийцы брата, с одной стороны, и очевидность того, что Онегин «уж верно был не Грандисон», с другой, заставляют Татьяну видеть в нем именно «погубителя». Литературное воображение героини рисует ей и возможное развитие будущих событий: сладостную гибель девушки, влюбленной в злодея, в духе сюжета «Мельмота» Матюрина («но гибель от него любезна...» — *6, III, 12*). Ожидания Татьяны во многом совпадали с литературными представлениями читателя онегинской поры, воспитанного на тех же книгах. Именно на их фоне поведение героев по законам обыденной жизни приобретало характер художественной неожиданности.

IV — Высказывалось мнение, что в основе образа Зарецкого лежит реальное лицо — Ф. И. Толстой-Американец (см. с. 288). Даже если это так, *П* подверг черты реального прототипа существенной переработке.

8 — *Картежной шайки атаман...* — Азартные игры хотя и были формально запрещены, но фактически являлись общераспространенным времяпровождением. Известия о крупных проигрышах и выигрышах составляли обычную тему разговоров в обществе.

Хотя обвинение в нечестной игре считалось тягчайшим оскорблением, в обществе были известны люди, чья безупречность в этом отношении находилась под сильным и вполне оправданным подозрением, что не мешало им быть людьми, принятыми в порядочном обществе. К таким людям принадлежал и Ф. И. Толстой-Американец. Ср. в рассказах А. Н. Вульфа: «Где-то в Москве Пушкин встретился с Толстым за карточным столом. Была игра. Толстой передернул. Пушкин заметил ему это. „Да, я сам это знаю, — отвечал ему Толстой, — но не люблю, чтобы мне это замечали“» (Пушкин в воспоминаниях современников. Т 1. С. 413). Составление опытными и не всегда честными игроками «шайки» не низводило их в глазах общества на степень профессиональных шулеров. Ср. в «Пиковой даме»: «В Москве составилось общество богатых игроков, под председательством славного Чекалинского, проведшего весь век за картами и нажившего некогда миллионы, выигрывая векселя и проигрывая чистые деньги» (VIII, 249).

11 — *Отец семейства холостой...* — Несмотря на иронический характер, это выражение являлось почти термином для обозначения владельца крепостного

гарема и могло употребляться в нейтральном контексте. Ср.: «Алексей Степанович Лихарев 〈…〉 был холостяк, отец многочисленного семейства, состоявшего из двух матерей и целой толпы мальчиков и девочек, наполнявших дом. Он был очень честный и хороший человек…» (*Селиванов*. С. 109). Ср. об Иване Ивановиче в «Повести о том, как поссорились Иван Иванович с Иваном Никифоровичем» Н. В. Гоголя: «Детей у него не было. У Гапки есть дети и бегают часто по двору. Иван Иванович всегда дает каждому из них или по бублику, или по кусочку дыни, или грушу».

13 — *И даже честный человек…* — Цитата из «Кандида» Вольтера («et même devint honnête homme»). См.: *Лернер*. С. 77–78.

14 — *Так исправляется наш век!* — Цитата из начала IV песни поэмы Вольтера «Гражданская война в Женеве» («…combien le siècle se perfectionne»).

V, 2 — *В нем злую храбрость выхвалял…* — Бретер и дуэлянт Толстой-Американец гордился и военными заслугами: в 1812 г. он самовольно оставил калужскую деревню, «в которую сослан он был на житье», и явился на Бородинское поле: «Тут надел он солдатскую шинель, ходил с рядовыми на бой с неприятелем, отличился и получил Георгиевский крест 4-й степени». Ср. в сохраненной Вяземским застольной песне (*Вяземский-2*. С. 71).

4 — *В пяти саженях попадал…* — *Сажень* — три аршина, или 2,134 метра. Расстояние это — приблизительно около десяти шагов — было обычным для дуэлей (см. раздел «Дуэль», с. 114).

6 — *Раз в настоящем упоеньи...* — Игра слов: «упоенье битвы» — распространенный в литературе тех лет поэтизм (ср.: «Есть упоение в бою»... — «Пир во время чумы», VII, 180); здесь означает, что Зарецкий был пьян. Противоречие между выражением и содержанием порождает иронию.

8 — *С коня калмыцкого свалясь...* — Эти детали не имеют отношения к реальной биографии Толстого-Американца, который являлся преображенским (т. е. гвардейским пехотным) офицером и никогда в плену не бывал.

9 — *Как зюзя пьяный...* — Выражение из «гусарского языка». Специфически «гвардейский язык», имевший, впрочем, характерные подразделения по родам войск и даже полкам, отличался особым синонимическим богатством в описании состояния и стадий опьянения. Так, П. А. Вяземский вспоминает о некоем Раевском, командире Конногвардейского полка (не родственнике героя 1812 г.), который «был в некотором отношении лингвист, по крайней мере, обогатил гвардейский язык многими новыми словами и выражениями, которые долго были в ходу и в общем употреблении, например: „пропустить за галстук", „немного под шефе" (chauffé — разогретый), „фрамбуаз" (framboise — малиновый) и пр. Все это, по словотолкованию его, значило, что человек лишнее выпил, подгулял» (*Вяземский-2*. С. 110). Выражение «как зюзя» в поэзию ввел Д. В. Давыдов:

А завтра — черт возьми! — как зюзя натянуся,
На тройке ухарской стрелою полечу;
Проспавшись до Твери, в Твери опять напьюся,
И пьяный в Петербург на пьянство прискачу!

(*Давыдов*. С. 104)

11 — *Новейший Регул, чести бог...* — *Регул* — римский полководец III в. до н. э. Имеется в виду легенда о том, что Регул, взятый карфагенянами в плен и отправленный ими с предложениями мира в Рим, советовал сенату продолжать войну, после чего добровольно вернулся в Карфаген, откуда был отпущен под честное слово и где его ожидала мучительная смерть.

13 — *Чтоб каждым утром у Вери...* — Примечание *П*: «Парижский ресторатор» (VI, 194).

VI, 14 — *И на барьер поставить их.* — См. с. 114.

VII, 9 — *Под сень черемух и акаций...* — ироническая реминисценция из стихотворения Батюшкова «Беседа муз»:

Пускай и в techo сединах, но с бодрою душой,
Беспечен, как дитя всегда беспечных Граций,
Он некогда придет вздохнуть в сени густой
Своих черемух и акаций.

(*Батюшков К. П.* Соч. Л., 1934. С. 169)

12 — *Капусту садит, как Гораций...* — *Гораций* (см. с. 211), удалившись после участия в гражданской войне в подаренное ему Меценатом имение, воспевал в стихах сельскую простоту жизни. «Сажать капусту» — фр. поговорка, означающая «вести сельскую жизнь». Ср.: «Отправившись „сажать капусту“, по выражению первого герцога де Бирона, старый кирасир ⟨...⟩ хотел забыть о своем падении» (*Бальзак О. де.* Крестьяне // Собр. соч.: В 15 т. М., 1954. Т. 12. С. 316); «первый герцог де Бирон» — Шарль де Бирон (1562–1602) — маршал Франции.

VIII, 1–4 — *Он был не глуп...* — Создание образа умного, но безнравственного героя невозможно было бы с позиций, которыми руководствовался автор в первой главе. Под воздействием Союза благоденствия *П* считал тогда, что ум и образование гарантируют и общественную прогрессивность, и высокую нравственность. Когда нравственность стала ассоциироваться с народностью, простотой и наивностью, сочетание ума и безнравственности сделалось художественно возможным, что изменило ценностные характеристики героев романа.

Показательно, что когда, публикуя в «Сыне Отечества» послание «К Ч⟨аадаеву⟩», Н. И. Греч изменил строку, посвященную Ф. И. Толстому, «или философа, который в прежни лета Развратом изумил четыре части света» на «глупца философа», *П* протестовал: «Там напечатано *глупца философа*; зачем глупца? стихи относятся к Американцу Толстому, который вовсе не глупец» (XIII, 32). О восприятии сочетания ума и безнравственности как парадоксального ср. в записках К. А. Полевого о странном человеке, шеллингианце Шелихове: во время беседы «Шелихов вдруг воскликнул: „NN! ведь я знаю, что ты каналья, но я люблю тебя за то, что ты умен“» (в кн.: *Полевой Н.* Материалы по истории русской литературы и журналистики тридцатых годов. Л., ⟨1934⟩. С. 196).

11 — *Онегину, осклабя взор...* — То есть улыбнувшись (в высоком стиле, употребленном здесь иронически).

IX, 2 — *Короткий вызов иль картель...* — См. с. 113.

8 — *Сказал, что он всегда готов.* — Последние слова выделены *П* как условная формула принятия вызова (см. с. 113).

11 — *Имея дома много дел...* — Условная формула отказа от продолжения разговора. Ср.: «Сожалея чрез-

вычайно, что многосложные занятия отнимают у меня возможность беспрерывно вникать в журнал, вами издаваемый...» (из письма Бенкендорфа к Н. А. Полевому в 1832 г. — Русский архив. 1866. С. 1753); «*Варравин (кланяясь и резко)*: Имея по должности моей многосложные занятия, прошу извинить. *(Уходит в кабинет)*» (А. Сухово-Кобылин. «Дело», д. II, явл. 6).

XI, 12 — *И вот общественное мненье!* — Примечание *П*: «Стих Грибоедова» (VI, 194); цитата из монолога Чацкого:

Поверили глупцы, другим передают,
Старухи вмиг тревогу бьют,
И вот общественное мненье! (д. IV, явл. 10)

*П* отметил цитатную природу стиха, но не выделил его курсивом. Наличие или отсутствие указания на цитатность (курсива) образуют градацию выделенности чужой речи в общем контексте романа. Курсив обычно означает (кроме общей для типографской техники тех лет адекватности кавычкам) наличие в тексте не нейтральной — «чужой» — интонации, несущей некую выделенную точку зрения. В данном случае текст «от Онегина», взятый в кавычки, сменяется текстом «от автора». Грибоедовская цитата входит в последний, интонационно и идеологически в нем растворяясь: *П* как бы солидаризуется с Грибоедовым, опираясь на его авторитет. Поэтому он отмечает самый факт цитаты, но не выделяет ее графически.

XII, 3 — *И вот сосед велеречивый...* — Цитата из поэмы В. Л. Пушкина «Опасный сосед»:

«Ни с места, — продолжал
Сосед велеречивый...»
(Поэты 1790–1810-х. С. 670)

Цитата не отмечена и не выделена курсивом, однако, ввиду специфической славы «Опасного соседа», конечно, фиксировалась определенным кругом читателей. Интересно, что «сосед велеречивый» в поэме В. Л. Пушкина — это Буянов. Но этот персонаж уже фигурировал в пятой главе *ЕО* под собственным именем. Здесь автор предпочел лишь намекнуть на возможность отождествления с ним Зарецкого.

14 — *И метить в ляжку иль в висок.* — Технические выражения дуэлянтов. Выходя к барьеру, дуэлянт не может точно следовать заранее разработанной программе действий, поскольку ему еще предстоит разгадать планы противника в те считаные минуты, которые отделяют начало дуэли от первого выстрела. *Висок* здесь: точная фиксация позы дуэлянта, который, ожидая выстрела, отвернул голову и закрылся пистолетом. Прицел в ноги означал желание покончить дуэль легкой раной и совершить дело чести, не покушаясь на жизнь противника. Прицел в голову означал не просто желание выполнить дуэльный ритуал, а наличие мстительного чувства и жажду смерти противника. В этом случае и другой участник дуэли вынужден был менять тактику. Так, в дуэли Грибоедова с Якубовичем прослеживаются следующие побуждения участников: Грибоедов заметил, что Якубович метит ему в ноги, и ответил на миролюбивый жест аналогичным — после выстрела противника, которого он своей тактикой принудил стрелять с дальнего расстояния, он не подошел к барьеру, а выстрелил с того же места. Но в промежутке между этим решением и выстрелом он взглянул на свою изуродованную руку и под влиянием вспыхнувшего гнева стал целить в голову.

Противник, метивший в ноги, особенно с дальнего расстояния, то есть поступавший как Онегин, часто попадал в грудь. Даже исключительно опытный дуэлянт

Якубович, «метя в ляжку», попал в руку. Вспомним, как направление дула пистолета Грушницкого повлияло на настроение и решение Печорина. Печорин на место дуэли «приехал в довольно миролюбивом расположении духа». Желая заставить Грушницкого публично извиниться, он предложил дуэльные условия, неизбежно подразумевавшие смертельный исход; при этом он придрался к тому, что его враги, желая его испугать и надеясь, что дело кончится розыгрышем, в лучшем случае, или безопасным для Грушницкого убийством противника — в худшем, сами назначили смертельную дистанцию — шесть шагов. Своим условием Печорин отрезал возможность для Грушницкого «проучить» его, нанеся легкую рану в ногу. «Стреляясь при обыкновенных условиях, он мог целить мне в ногу, легко меня ранить и удовлетворить таким образом свою месть, не отягощая слишком своей совести; но теперь он должен был выстрелить на воздух или сделаться убийцей, или, наконец, оставить свой подлый замысел и подвергнуться одинаковой со мною опасности. В эту минуту я не желал бы быть на его месте». Но в дальнейшем Грушницкий обнаружил явное желание убить безоружного Печорина: «Он целил мне прямо в лоб. Неизъяснимое бешенство закипело в груди моей». И хотя Грушницкий не смог осуществить своего замысла, опустил пистолет (при этом произошел, видимо, случайный выстрел — пуля задела колено Печорина), однако намерение его обнаружилось недвусмысленно. Это резко изменило настроение Печорина и побудило его совершить роковой выстрел.

XV. XVI. XVII — Между строфами XIV и XVII в рукописи шли две строфы, посвященные теме ревности. Автографы шестой главы дошли до нас лишь в незначительной степени. Видимо, они были уничтожены автором в связи с опасениями за свою судьбу в 1826 г.

Строфы известны по публикации Я. К. Грота (по копии В. Ф. Одоевского) «Пушкин, его лицейские товарищи и наставники» (СПб., 1887. С. 211–212).

XV

Да, да, ведь ревности припадки —
Болезнь, так точно как чума,
Как черный сплин, как лихорадка,
Как повреждение ума.
Она горячкой пламенеет,
Она свой жар, свой бред имеет,
Сны злые, призраки свои.
Помилуй бог, друзья мои!
Мучительней нет в мире казни
Ее терзаний роковых.
Поверьте мне: кто вынес их,
Тот уж конечно без боязни
Взойдет на пламенный костер,
Иль шею склонит под топор.

XVI

Я не хочу пустой укорой
Могилы возмущать покой;
Тебя уж нет, о ты, которой
Я в бурях жизни молодой
Обязан опытом ужасным
И рая мигом сладострастным
Как учат слабое дитя,
Ты душу нежную, мутя,
Учила горести глубокой.
Ты негой волновала кровь,
Ты воспаляла в ней любовь
И пламя ревности жестокой;
Но он прошел, сей тяжкий день:
Почий, мучительная тень! (VI, 611)

Строфы, исключенные, видимо, из-за чрезвычайной интимности их содержания, предположительно относились к А. Ризнич (см.: *Щеголев П. Е.* Из жизни и творчества Пушкина. М.; Л., 1931. С. 271–272). Ризнич Амалия (ок. 1803–1825) — жена одесского негоцианта и директора театра. *П* испытал к ней непродолжительное, но сильное чувство. Возможно, однако, что стихи адресованы и какому-то иному, неизвестному нам лицу: в зачеркнутом в рукописи продолжении стихотворения «Воспоминание» (1828) *П* говорит о двух уже почивших предметах своей страстной любви. Имя одной из этих женщин неизвестно.

Строфа XVII (получившая дополнительно номера двух пропущенных строф) построена на обнаженном стилистическом контрасте между цепью литературных штампов «от лица» Ленского («он мыслит...» — *5*) и прозаическим авторским («все это значило» — *13*).

XX, 4 — *При свечке, Шиллера открыл...* — Увлечение творчеством Шиллера особенно ярко проявилось в начале XIX в. (см.: *Harder H.-B.* Schiller in Rußland... Berlin; Zürich, 1969) и в среде молодых романтиков в начале 1830-х гг. В момент работы *П* над шестой главой влияние Шиллера более всего ощущалось в кругах романтиков школы Жуковского. Резкий выпад Кюхельбекера против Шиллера в многократно упоминавшейся статье Тынянова свидетельствует, что сопоставление Ленского с Кюхельбекером должно проводиться с большой осторожностью.

14 — *Как Дельвиг пьяный на пиру.* — *Дельвиг* Антон Антонович (1798–1831) — лицейский друг *П*, который до самой своей кончины оставался ближайшим к нему литератором и человеком. Спокойный и уравновешенный, Дельвиг на дружеских пирушках выступал с поэтическими импровизациями. Однако такой Дельвиг был известен лишь очень тесному кружку ближайших к нему друзей-литераторов. Даже Вяземский, редко бывавший в Петербурге и мало с Дельвигом общавшийся, несмотря на близость в литературной расстановке

сил, запомнил совсем другого Дельвига: «...был он мало разговорчив: речь его никогда не пенилась и не искрилась вместе с шампанским вином, которое у всех нас развязывало язык» (*Вяземский-2*. С. 255). Таким образом, этот стих был дважды закодирован: поскольку вместо имени Дельвига в прижизненных изданиях напечатано было «Д.», только определенный круг читателей, имевший не только печатный текст, но и внутрикружковую информацию, мог знать, о ком идет речь; но и для этих, осведомленных, читателей стих был странен и неожидан, и только самый узкий круг, который *видел* и помнил Дельвига-лицеиста, Дельвига-импровизатора, понимал текст полностью. Этим создавался эффект глубочайшей интимности. Подобные включения выполняли важную стилистическую функцию: автор все время разнообразит меру близости текста к читателю, то создавая отрывки, рассчитанные на самое широкое понимание *любым* читателем, то требуя от читателя интимнейшей включенности в текст.

Произведение рассказывается как бы несколькими перебивающими друг друга голосами, из которых одни находятся вне событий, на дальнем расстоянии, как историки и летописцы, другие интимно знакомы с участниками, третьи сами непосредственно включены в текст. А поскольку все эти голоса объединены в авторском голосе, составляя гамму его разнообразных проявлений, возникает то сложное богатство авторской личности, которое характеризует роман. О проблеме автора в *ЕО* см.: *Тынянов Ю. Н.* О композиции «Евгения Онегина» // Тынянов Ю. Н. Поэтика. История литературы. Кино. М., 1977; *Семенко И. М.* О роли образа «автора» в «Евгении Онегине» // Труды Ленингр. библ. ин-та им. Крупской. Л., 1957. Т. 2; *Бочаров С.* Форма плана // Вопросы литературы. 1967. № 12; *Лотман Ю. М.* «Роман в стихах Пушкина «Евгений Онегин». Спецкурс // Лотман Ю. М. Пушкин.

XXI–XXII — Строфы представляют собой вставной текст — предсмертную элегию Ленского. Обращает внимание, что, в отличие от писем Татьяны и Онегина и песни девушек, элегия Ленского включена в общий строфический строй романа. Совершенно чуждая элегиям 1820-х гг., строфика накладывала на текст Ленского пласт пушкинской интонации. Поскольку элегия имеет насквозь цитатный характер, распадаясь на знакомые читателю штампы и обороты, без связующей стихии пушкинской интонации (образуемой не только строфикой) она представляла бы собой пародию в чистом виде, что, удовлетворяя целям литературной полемики, не соответствовало бы ее композиционному месту в общей структуре романа. В настоящем же виде текст Ленского, который одновременно все же и текст *П*, допускает ряд интерпретаций — от иронической и пародийной до лирической и трагической.

XXI, 2 — *Я их имею; вот они...* — Характерно стремление *П* имитировать документальность повествования. Ср.: «Письмо Татьяны предо мною» *(3, XXXI, 1)*.

3–4 — «*Куда, куда вы удалились, / Весны моей златые дни?..* — Ср. стихотворение «К реке М...», приписываемое И. А. Крылову:

> Куда же дни златые скрылись?
> Невинные, блаженны дни!
>
> (*Крылов И. А.* Соч.: В 3 т. М., 1946.
> Т. 3. С. 325),

а также анонимное (Перевозчикова?) «Утро»:

> Дни первые любви! Дни сладостных мечтаний ⟨...⟩
> Куда, куда вы удалились?
>
> (Цветник. 1809. № 8. С. 180)

См.: *Гиппиус В. В.* К вопросу о пушкинских «плагиатах» // Пушкин и его современники. Л., 1930. Вып. XXXVIII–XXXIX. С. 44. У М. В. Милонова в элегии «Падение листьев»:

> Как призрак легкий, улетели
> Златые дни весны моей!
>
> (Поэты 1790–1810-х. С. 539)

У Жуковского в стихотворении «Мечты, песня [из Шиллера]»:

> О дней моих весна златая.
>
> (*Жуковский.* Т. 1. С. 146)

В оригинале Шиллера («Die Ideale»): «O! meines Lebens goldne Zeit...»

«Падение листьев» Милонова подсказывает не только фразеологические, но и сюжетно-ситуационные параллели к судьбе Ленского: умирающий юноша-поэт мечтает о том, как его возлюбленная будет проливать слезы на его могиле, но после его смерти невеста не появляется. «Близ дуба юноши могила» покинута, около нее сидит лишь деревенский пастух — судьба романтика развертывается в соответствии с романтическими штампами.

5 — *Что день грядущий мне готовит?* — Ср. в стихотворении Кюхельбекера «Пробуждение»:

> Что несешь мне, день грядущий?
>
> (*Кюхельбекер-2.* Т. 1. С. 125)

Включение в элегию Ленского стиха из ранней элегии Кюхельбекера представляло тонкий полемический ход. Оно было ответом *П* на войну, объявленную Кюхельбекером элегиям. См. в том же стихотворении «Пробуждение»:

Так лети ж, мечта златая,
Увядай, моя весна!

Ср.:

...счастья дни златые,
Как быстрый вихрь, промчались вы!

(*Пушкин В. Л.* К жителям Нижнего Новгорода // Поэты 1790–1810-х. С. 673)

9 — *Паду ли я, стрелой пронзенный... — Стрела* здесь не поэтизм, означающий «пуля», а утвержденный Карамзиным эвфемизм — замена слова «смерть». Ср.: «Счастливые швейцары! ⟨...⟩ Вся жизнь ваша есть, конечно, приятное сновидение, и самая роковая стрела должна кротко влетать в грудь вашу, не возмущаемую тиранскими страстями!» К этому месту Карамзин дал примечание: «Читатель, может быть, вспомнит о стрелах Аполлоновых, которые *кротко умерщвляли* смертных».

XXII, 1 — *Блеснет заутра луч денницы...* — Ср. аналогичный элегический мотив: приходит новый день, но влюбленного поэта уже нет в живых — в «Письме Вертера к Шарлоте» (Мерзлякова?) (не путать с одноименным посланием Туманского!):

Когда проснешься ты, увидишь солнца свет,
Узнаешь, что его в сем мире больше нет.

(*Мерзляков А. Ф.* Стихотворения. Л., 1958. С. 226)

7 — *Забудет мир меня; но ты...* — Ср.:

Забудет мир меня, и я его забуду.

(Там же)

8 — *Придешь ли, дева красоты...* — Ср. в «Эде» Баратынского:

Недолго, дева красоты,
Предателя чуждалась ты...

(*Баратынский.* Т. 2. С. 157),

в послании «Вертер к Шарлотте» (1819) В. И. Туманского:

Когда луна дрожащими лучами
Мой памятник простой озолотит,
Приди мечтать о мне и горести слезами
Ту урну окропи, где друга прах сокрыт.

(*Туманский В. И.* Стихотворения и письма. СПб., 1912. С. 63)

12 — *Рассвет печальный жизни бурной!..* — Ср. «Бедный поэт, вольный перевод из Жильберта» Милонова:

Восход моей зари ты скорбью омрачила,
И скрылась от меня,
Как кроется от глаз, предвестник бурна дня,
В туманных облаках померкшее светило!

(*Милонов М.* Сатиры, послания и другие мелкие стихотворения. СПб., 1819. С. 105)

Ср.:

Так одевает бури тень
Едва рождающийся день *(4, XXIII, 13–14).*

В том же стихотворении Милонова ср. другие совпадения с элегией Ленского:

О дней моих весна! куда сокрылась ты? ⟨...⟩
Кто знает, что судьба в грядущем нам готовит?

(*Милонов М.* Указ. соч. С. 105)

Ср.:

...бурных дней моих на пасмурном закате.

(*Пушкин В. Л.* К*** // Поэты 1790–1810-х. С. 682)

13–14 — *Сердечный друг, желанный друг...* — Рифма «друг — супруг» встречается в «Письме Вертера к Шарлоте» (Мерзлякова?). Об отношении элегии Ленского к западноевропейской поэтической традиции см.: *Сав-*

*ченко С.* Элегия Ленского и французская элегия // Пушкин в мировой литературе. ⟨Л.⟩, 1926. С. 64–98; *Томашевский Б.* Пушкин — читатель французских поэтов // Пушкинский сборник памяти С. А. Венгерова. М.; Пг., 1923. С. 210–228.

XXIII, 1 — *Так он писал темно и вяло...* — Намек на оценку элегической поэзии Кюхельбекером: «Сила? — Где найдем ее в большей части своих мутных, ничего не определяющих, изнеженных, бесцветных произведений?» Ко времени работы над шестой главой *П* уже, видимо, знал и вторую статью Кюхельбекера: «Разбор фон-дер-Борговых переводов русских стихотворений», где элегическая школа называлась «*вялой* описательной лже-поэзией» (*Кюхельбекер-1*. С. 493). Выделив слова «темно» и «вяло», *П* отделил их как чужую речь от остального текста. Это позволило ему создать двусторонний иронический эффект: и в адрес поэзии Ленского, и в адрес строгой оценки элегий Кюхельбекером.

2–4 — *Что романтизмом мы зовем...* — Ср. в статье Кюхельбекера «О направлении нашей поэзии...»: «Жуковский и Батюшков на *время* стали корифеями наших стихотворцев и особенно той школы, которую ныне выдают нам за романтическую. Но что такое поэзия романтическая?» (*Кюхельбекер-1*. С. 455). Однако в этом случае голоса *П* и Кюхельбекера сливаются (этому, в частности, способствует отсутствие курсива), и оценка воспринимается как авторская. Диспут по вопросам романтизма, развернувшийся в русской критике в 1824 г., весьма занимал *П*, который в связи с ним начал работу над теоретической статьей о народности. См.: *Томашевский*. Кн. 2. С. 106–153; *Мордовченко Н. И.* Русская критика первой четверти XIX века. М.; Л., 1959. С. 196–236, 376–420.

7 — *На модном слове идеал...* — Слова «идеал», «идеальный» в эпоху романтизма приобрели специфический оттенок, связанный с романтическим противопоставлением низменно-земного и возвышенно-прекрасного, мечтательного. Нападая на романтизм Жуковского, Грибоедов писал о героине баллады Катенина «Ольга»: «Что же ей? предаться тощим мечтаниям любви идеальной? — Бог с ними, с мечтаниями; ныне в какую книжку ни заглянешь, что ни прочтешь, песнь или послание, везде мечтания, а натуры ни на волос» (*Грибоедов А. С.* Соч. М., 1956. С. 392–393). Слово «идеал» быстро проникло в бытовую любовную лексику. В поэзии еще в 1810-х гг. оно было малоупотребительно. Так, из пяти русских переводов стихотворения Шиллера «Die Ideale» на русский язык, которые были осуществлены между 1800 и 1813 гг., ни одно не сохранило немецкого названия (два различных перевода Милонова назывались «К юности» и «Спутник жизни», Жуковского — «Мечты»; более ранний фрагмент перевода получил название «Отрывок», Шапошникова — «Мечтанья»).

В *ЕО* слово «идеал» встречается и в бытовом употреблении как часть «любовного словаря»:

Нашед мой прежний идеал,
Я верно б вас одну избрал
В подруги дней моих печальных *(4, XIII, 10–12).*

Здесь литературная лексика, проникшая в быт, включается в текст уже как черта реального употребления, характеристика этого быта. При иной стилистической окраске и ином быте такой же принцип в употреблении см.:

Тебя зову на томной лире,
[Но] где найду мой идеал? (III, 465)

Принципиально иной смысл имеет употребление слова «идеал» в стихах:

И моря шум, и груды скал,
И гордой девы идеал (VI, 200).

Трансформацией этого романтического употребления является полемика с романтизмом — оксюморонное соединение слова «идеал» с понятиями земного, реального, а не идеального мира. Выражения типа «Татьяны милый идеал» *(8, LI, 7)* имели полемический оттенок, более резко обнаженный в «Путешествии Онегина» в сочетании «Мой идеал теперь — хозяйка» (VI, 201). Совершенно особый случай употребления:

На модном слове *идеал*
Тихонько Ленский задремал.

«Идеал» здесь: обозначение слова, на котором уснул Ленский. *П* описывает стихи Ленского, создавая «стихи о стихах». Не случайно слово «идеал» дано курсивом. Это романтическое вкрапление в авторскую речь.

Иронический образ романтического поэта, засыпающего над собственными стихами, повлиял на дальнейшую литературу. Ср.:

«...На алтаре ее осиротелом
Давно другой кумир воздвигнул я,
Молюсь ему... но...

— И сам уснул! Молись, милый, не ленись! — сказал вслух Петр Иваныч. — Свои же стихи, да как уходили тебя! Зачем другого приговора? сам изрек себе» (И. А. Гончаров. «Обыкновенная история», ч. II, гл. 2).

XXIV, 4 — *И встречен Веспер петухом... — Веспер* — здесь: утренняя звезда, Венера. Поскольку опоздание противника на дуэль могло быть достаточной причиной для ее отмены (чего Зарецкий не сделал, см. с. 116), Пушкин весьма тщательно фиксирует время описываемых им событий. Венера бывает утренней или вечерней, в зависимости от положения ее на орбите относительно Солнца и Земли. В день дуэли (14 января 1821 г. по ст. стилю) она была утренней (поэт называет ее неточно Веспером — это название было дано античностью только вечерней Венере, утренняя именовалась Люцифером). Однако время появления ее на небосклоне запомнилось Пушкину исключительно точно. По данным для Тартуской (Дерптской) обсерватории, что соответствует также Михайловскому и вероятному месту действия романа (см. с. 302), восход Венеры в этот день приходился на 6 ч. 45 мин. утра, что точно соответствует словам Зарецкого: «Пора вставать: седьмой уж час» *(6, XXIII, 13)*. Противники должны были встретиться «до рассвета» *(6, XII, 12)*. Солнце в этот день появилось над горизонтом в 8 ч. 20 мин. Около этого времени и была назначена встреча. Подготовка к поединку могла отнять около получаса, и сама дуэль должна была иметь место около 9 ч. утра. Время определялось, с одной стороны, необходимостью достаточной видимости, а с другой — стремлением к предельно раннему сроку, который бы сделал наименее вероятным появление случайных нежелательных свидетелей. Однако Онегин «постель еще ⟨...⟩ не покинул», когда «солнце катилось высоко» *(6, XXIV, 6–9)*, то есть около десяти. Следовательно, с учетом дороги, Онегин прибыл на назначенное место около одиннадцати часов, опоздав на два часа. Противники его давно уже могли удалиться, сочтя дуэль несостоявшейся.

Опоздание Онегина — не только небрежность денди, сродни жесту графа Б*** из «Выстрела», который спокойно ел черешни, стоя у барьера, но и свидетельство того, что он не придавал дуэли серьезного значения и совершенно был лишен кровожадных намерений.

На месте встречи секунданты должны были сделать последнюю попытку примирения, на что Онегин, видимо, легко бы пошел. Инициатива могла исходить только от Зарецкого (Гильо никакой активной роли, очевидно, играть не мог, возможности высказать мирные намерения от собственного лица Онегин был лишен — это было бы сочтено трусостью). Слова Онегина, обращенные к Ленскому: «Что ж, начинать?» *(6, XXVII, 9)* — следует понимать как сказанные после паузы, во время которой Онегин напрасно ожидал примирительных шагов со стороны Зарецкого. Показательно, что с этими словами он, вопреки всем правилам (противники на поле боя не вступают ни в какие непосредственные сношения!), обратился прямо к Ленскому, демонстративно игнорируя Зарецкого. Пушкин показывает, как Онегин, не уважая Зарецкого и всеми средствами демонстрируя свое к нему презрение, в противоречии с самим собой действует по навязанному ему Зарецким сценарию.

XXV, 12 — *Лепажа стволы роковые...* — Пистолеты марки парижского оружейника Лепажа считались в ту пору лучшим дуэльным оружием. Дуэльные пистолеты продавались парой в ящике, включавшем также набор приспособлений для литья пуль и заряжения оружия. Такие пистолеты хранились дома на случай дуэли — пользоваться ими не разрешалось. На место дуэли каждый из противников приносил свои пистолеты. Секунданты честным словом свидетельствовали, что оружие ни разу не пристреливалось, затем по жребию выбирались те или иные пистолеты. В случае необходимости повторного обмена выстрелами оружие менялось.

XXVII, 5–6 — *Хоть человек он неизвестный / Но уж конечно малый честный.* — Онегин оскорбляет Зарецкого не только тем, что приводит в качестве своего секунданта наемного лакея, но и этим обращением. *Известный* — здесь: имеет ироническую окраску, близкую к той, которую придавал Гоголь слову «исторический» применительно к Ноздреву. Упоминание о том, что Гильо «малый честный», было прямым оскорблением Зарецкому, поскольку подразумевало противопоставление в этом отношении одного секунданта другому. Именно поэтому «Зарецкий гу́бу закусил» *(6, XXVII, 7)*.

XXIX, 2–8 — *Гремит о шомпол молоток…* — Стволы лепажевских пистолетов снаружи имели вид шестигранников. Внутри оружие было гладкоствольным. В ствол через дуло насыпали порох, заколачивая его пыжом. После этого при помощи молотка и шомпола забивалась пуля. Пистолет был кремневым: кремень, удерживаемый специальным винтом, взводился, на полку — стальной выступ около отверстия в казенной части — насыпался мелкий порох, воспламенявшийся при ударе и зажигавший заряд пороха внутри ствола, что и было причиной выстрела. Заряжал пистолеты один из секундантов под наблюдением другого. Детальность операций по заряжанию и тщательность их описания в строфе XXIX соответствуют отстраненной автоматизированности взгляда наблюдающего Онегина.

4 — *Щелкнул в первый раз курок…* — При заряжании пистолета курок взводился (при этом раздавался щелчок), но оставался все еще на предохранительном взводе, не допуская случайного выстрела. Перевод на боевой взвод, сопровождавшийся вторым щелчком, производился при выходе на боевой рубеж.

6–7 — *Зубчатый, / Надежно ввинченный кремень...* — Имеется в виду кремень, по форме похожий на зуб.

XXXI, 10–14 — *Младой певец / Нашел безвременный конец! / Дохнула буря, цвет прекрасный / Увял на утренней заре, / Потух огонь на алтаре!..*

Стихи представляют собой демонстративное сгущение элегических штампов.

12–13 — *...цвет прекрасный / Увял на утренней заре.* — «Для обозначения умирания в поэзии рассматриваемого периода широко употребляются глаголы *вянуть — увянуть — увядать*. Содержанием этих глаголов-метафор является уподобление смерти человека увяданию растения, цветка. В поэтической практике конца XVIII и особенно начала XIX в. оказались теснейшим образом переплетены при употреблении этих метафор две различные образные и генетические стихии. С одной стороны, генетически восходящая к французскому источнику традиция уподобления молодости, как лучшей поры жизни человека, цвету, цветению и расставания с молодостью — увяданию цвета молодости, цвета жизни. Ср. такие употребления, как, например, у Батюшкова: С *утром вянет жизни цвет* („Привидение“); *Цвет юности моей увял* („Элегия“); у Жуковского: Тебе, *увядшей на заре* прелестной, тебе посвящает она первый звук своей лиры („Вадим Новгородский“); у Вяземского: Иль суждено законом провиденья Прекрасному всех раньше *увядать*? („На смерть А. А. Иванова“); у Кюхельбекера: *Цвет* моей *жизни, не вянь* („Элегия“); у Баратынского: Простите! *вяну в утро дней* („Прощание“) и т. п. ⟨...⟩ С другой стороны, в своей русской книжной традиции увяданию уподоблялось одряхление» (Поэтическая фразеология Пушкина. М., 1969. С. 339–340).

14 — *Потух огонь на алтаре!..* — «Изображение состояния смерти, умирания с помощью образа угасающего огня или гаснущего светильника опиралось, в частности, на традицию живописного изображения смерти, кончины через эмблему погашенного факела, светильника 〈...〉 Впрочем, в поэзии конца XVIII — начала XIX в. употребления такого типа обычны, ср., например, у Державина: Оттоль я собрал черны тени, Где в подвиге *погас твой век* („На смерть Бибикова"); у Капниста: Давно горю любовью *я*: Когда один горесть я стану, *Погаснет* скоро *жизнь моя* („Камелек")» (Там же. С. 343–344).

XXXII — Подчеркнуто предметное и точное описание смерти в этой строфе противопоставлено литературной картине смерти, выдержанной в стилистике Ленского, в предшествующей строфе.

XXXVI, 11 — *И страх порока и стыда...* — См. с. 107—109.

XXXVIII — Строфа (неполная, 12 стихов) известна по публикации Я. К. Грота (с копии В. Ф. Одоевского).

Исполня жизнь свою отравой,
Не сделав многого добра,
Увы, он мог бессмертной славой
Газет наполнить нумера.
Уча людей, мороча братий
При громе плесков иль проклятий,
Он совершить мог грозный путь,
Дабы последний раз дохнуть
В виду торжественных трофеев,
Как наш Кутузов иль Нельсон,
Иль в ссылке, как Наполеон,
Иль быть повешен, как Рылеев (VI, 612).

*Последний раз дохнуть / В виду торжественных трофеев* — умереть победив. Упоминание Рылеева сделало строфу нецензурной, и *П* выбросил ее, сдвоив номер следующей строфы. Шестая глава писалась в 1826 г., во время следствия по делу декабристов, и окончена была после приговора и казни. Тяжелая атмосфера этих месяцев отразилась на общем мрачном и трагическом ее тоне. Вопрос о сущности и будущем романтизма перешел из сферы литературной полемики в сферу размышлений об исторической, политической и нравственной сущности этого явления.

Вывод шестой главы в определенном отношении равнозначен известным словам в письме Дельвигу, которыми *П* подвел итог периоду политического романтизма 1820-х гг.: «Не будем ни суеверны, ни односторонни — как фр.⟨анцузские⟩ трагики; но взглянем на трагедию взглядом Шекспира» (XIII, 259).

На фоне «шекспировского», «исторического» взгляда, который, в частности, определил безжалостный тон полностью свободной от сентиментальности картины будущей сельской жизни, ждавшей Ленского, если бы он не погиб на дуэли, особенно резким контрастом выступает черновой вариант XXXIV строфы, утверждающей приоритет человеческого над историческим.

В сраженьи [смелым] быть похвально
Но кто не смел в наш храбрый век —
Все дерзко бьется, лжет нахально
Герой, будь прежде человек —
Чувствительность бывала в моде
И в нашей северной природе.
Когда горящая картечь
Главу сорвет у друга с плеч —
Плачь, воин, не стыдись, плачь вольно
И Кесарь слезы проливал —
[Когда он] друга [смерть узнал]
И сам был ранен очень больно
(Не помню где, не помню как)
Он был конечно ⟨не⟩ дурак (VI, 411).

Мысль о том, что человечность — мерило исторического прогресса («Герой, будь прежде человек»), осталась в черновых набросках и не отразилась в тексте, известном читателю. Однако она исключительно важна для понимания той борьбы, которая совершалась в сознании поэта в 1826 г. и определила последующее движение его мысли к формуле: «Оставь герою сердце! Что же / Он будет без него? Тиран...» (III, 253) — и конфликту «Медного всадника». Призыв к человечности оказался связанным с возвратом к определенным сторонам идейного наследства XVIII в., в частности к сентиментализму. Этим объясняется неожиданный, казалось бы, возврат к чувствительности:

Чувствительность бывала в моде
И в нашей северной природе...

Ср.:

Поэзия — цветник чувствительных сердец.

(*Карамзин-1*. С. 251)

*И Кесарь слезы проливал...* — Имеется в виду рассказ Плутарха: Цезарь «отвернулся как от убийцы от того, кто принес ему голову Помпея, и, взяв кольцо Помпея, заплакал» (*Плутарх*. Сравнительные жизнеописания: В 3 т. М., 1963. Т. 2. С. 390).

XXXVII–XXXIX — Строфы дают два варианта возможной судьбы Ленского — поэтико-героический и прозаический. Для *П* важна мысль о том, что жизнь человека — лишь одна из возможностей реализации его внутренних данных и что подлинная основа характера раскрывается только в совокупности реализованных и нереализованных возможностей. Это заставляло *П* многократно возвращаться к одним и тем же художественным типам, варьируя обстоятельства их жизни, или мысленно переносить исторических деятелей в другие условия. Так, посылая Д. В. Давыдову «Историю Пугачева», он, уступая привычному ходу мысли, сразу же стал себе рисовать, как выглядел бы Пугачев в партизанском отряде в 1812 г.:

В передовом твоем отряде
Урядник был бы он лихой (III, 415).

Такая специфика построения характера пушкинских героев снимает вопрос о том, какая из двух несостоявшихся судеб Ленского вероятнее, ибо в момент смерти в нем были скрыты обе возможности. Что бы ни осуществилось, вторая возможность осталась бы нереализованной, раскрывая в романтическом герое возможную обыденную пошлость или в рутинном помещике — скрытого героя. Справедливо пишет С. Г. Бочаров: «Два варианта возможной судьбы Ленского 〈...〉 взаимно уравновешены. По смыслу построения этих строф, VI, 37 и 39 (при пропущенной 38) нельзя предпочесть один из этих двух вариантов другому как „более возможный", „более реальный". Любопытно, что совершая такое предпочтение, Белинский и Герцен выбрали разные варианты» (*Бочаров С. Г.* Поэтика Пушкина. М., 1974. С. 96). Высказывания по этому вопросу Белинского и Герцена см.: *Белинский В. Г.* Полн. собр. соч. М., 1955. Т. 7. С. 472; *Герцен А. И.* Собр. соч.: В 30 т. М., 1956. Т. 7. С. 205–206. Мысль о невозможности без ущерба для понимания характера Ленского предпочесть один из двух путей и отбросить другой впервые была высказана Л. Я. Гинзбург (*Гинзбург Л. Я.* О старом и новом. Л., 1982. С. 103–104).

XLIII–XLVI — Традиционная элегическая тема прощания с молодостью («все мы взапуски тоскуем о своей погибшей молодости» — *Кюхельбекер-1*. С. 456) получает здесь реально-биографическое и жизненное, а не связанное с литературной традицией решение. Это достигается сопоставлением литературных штампов: «Мечты, мечты! где ваша сладость?» (*XLIV, 5*) — точная автоцитата первых строк лицейского стихотворения «Пробуждение»:

Мечты, мечты,
Где ваша сладость?
Где ты, где ты,
Ночная радость? (I, 234)

(включенная в текст *ЕО* с трансформацией двустопного ямба в четырехстопный) и «Весна моих промчалась дней» *(XLIV, 11)* с разговором о реальном возрасте поэта.

XLV, 11 — *Я насладился... и вполне* — Ср. в «Лалла-Рук» Жуковского:

Я тобою насладился
На минуту, но вполне...
(*Жуковский*. Т. 1. С. 359)

XLVI, 13–14 — *В сем омуте, где с вами я / Купаюсь, милые друзья!* — В примечании *П* приводит две строфы, которыми оканчивалась шестая глава.

Стих 12 строфы XLVII неясен: в отдельном конволюте шести первых глав, подготовленном автором для перепечатки, к стиху «Расчетов, дум и разговоров» приписано «душъ» (см.: *Томашевский Б.* Поправки Пушкина к тексту «Евгения Онегина» // Временник. Т. 2. С. 11). На основании этого в разделе «Печатные варианты» шестого тома большого академического издания напечатан стих:

Расчетов, душ и разговоров —

с примечанием, указывающим, что во всех прижизненных пушкинских публикациях «опечатка — „дум“» (VI, 651). Н. Л. Бродский не согласился с таким, действительно странным, чтением и предложил убрать запятую:

Расчетов душ и разговоров,

считая, что речь идет о том, что участники разговоров «вели *расчеты крепостных* душ» (*Бродский*. С. 251). С этим трудно согласиться. Осторожнее признать, что смысл поправки нам неясен или же что она не доведена до конца. По крайней мере, традиционное чтение обладает ясностью: речь идет о досадной пустоте слов и мыслей — «расчетов, дум и разговоров». Если же принять поправку Бродского, то остается неясным, почему «расчеты душ» обладают «досадной пустотой» (выражение заставляет полагать, что автор ждал от них какого-то глубокомыслия), «разговоры» же вообще остаются вне сопоставимого ряда.

Отмечавшаяся уже параллель, которую автор *ЕО* проводит между миром потусторонней нечисти во сне Татьяны и сборищем гостей как в доме Лариных, так и в Москве, заставляет в этой связи вспомнить сцену из повести «Уединенный домик на Васильевском», в которой герой попадает в дом, где странные гости, отличавшиеся «высокими париками, шароварами огромной ширины» и не снимавшие перчаток весь вечер, играют в карты. Один из гостей жалуется: «Я даром проигрываю несколько сот душ...» (цит. по: «Уединенный домик на Васильевском», рассказ А. С. Пушкина по записи В. П. Титова, с послесловием П. Е. Щеголева и Ф. Сологуба. СПб., 1913. С. 18, 27). Каламбурный эффект: светские гости проигрывают в карты крепостные души и черти ведут игру на человеческие души, — очевидно, принадлежит не Титову, а *П.*

## ГЛАВА СЕДЬМАЯ

*Москва, России дочь любима,*
*Где равную тебе сыскать?*

Дмитриев

*Как не любить родной Москвы?*

Баратынский

*Гоненье на Москву! что значит видеть свет!*
*Где ж лучше?*
*Где нас нет.*

Грибоедов

В подлинниках приведенные *П* в качестве эпиграфа строки даны в следующих контекстах:

1) В каком ты блеске ныне зрима,
Княжений знаменитых мать!
Москва, России дочь любима,
Где равную тебе сыскать?
Венец твой перлами украшен;
Алмазный скиптр в твоих руках;
Верхи твоих огромных башен
Сияют в злате, как в лучах;
От Норда, Юга и Востока —
Отвсюду быстротой потока
К тебе сокровища текут;
Сыны твои, любимцы славы,
Красивы, храбры, величавы,
А девы — розами цветут!
(*Дмитриев И. И.* Освобождение Москвы // *Дмитриев-1.* С. 83)

2) Как не любить родной Москвы?
Но в ней не град первопрестольный,
Не позлащенные главы,
Не гул потехи колокольной,
Не сплетни вестницы молвы
Мой ум пленили своевольной:

Я в ней люблю весельчаков,
Люблю роскошное довольство
Их продолжительных пиров,
Богатой знати хлебосольство
И дарованья поваров.

(*Баратынский Е. А.* Пиры //
*Баратынский*. Т. 2. С. 25)

3) Чацкий: Помилуйте, не вам, чему же удивляться?
Что нового покажет мне Москва?
Вчера был бал, а завтра будут два.
Тот сватался — успел, а тот дал промах.
Все тот же толк, и те ж стихи в альбомах.

София: Гоненье на Москву. Что значит видеть свет!
Где ж лучше?

Чацкий: Где нас нет (д. I, явл. 7).

Смысл тройного эпиграфа в противоречивости его составных частей: одический стиль панегирика, легкая ирония и резкая сатира; изображение историко-символической роли Москвы для России, бытовая зарисовка Москвы как центра частной, внеслужебной русской культуры XIX в. и очерк московской жизни как средоточия всех отрицательных сторон русской действительности. Существен также и диапазон от образца официальной поэзии до цензурно запрещенной комедии (процитированный в эпиграфе отрывок был опубликован в альманахе «Русская талия» за 1825 г. (с. 259–260), но это лишь подчеркивало, что пьеса как таковая дозволена к печати не была.

II, 13 — *На душу мертвую давно...* — Обращение к теме «преждевременной старости души» звучит неожиданно после того, как проблема эта, поставленная в пушкинских элегиях 1820-х гг. и «Кавказском пленнике», была иронически пересмотрена в первой главе *ЕО*, а впоследствии обсуждалась *П* в ходе полемики с Кюхельбекером. Особенность антиромантической позиции *П* состояла в том, что он не отказывался от разработки тем, волновавших романтиков, а давал им новые решения. Так называемые лирические отступления в центральных главах *ЕО* явились своеобразной лабораторией, в которой вырабатывались принципы новой лирики — жанра, традиционно наиболее связанного с поэтикой романтизма.

Подавленность *П* весной и творческий подъем осенью были реальным фактом психофизической индивидуальности и засвидетельствованы рядом источников. Отказ от жанровой маски, скрывающей реальную индивидуальность автора, в сочетании с исключительно тонкой семантико-стилистической игрой, создающей эффект внутреннего многоголосия, позволяли *П* по-новому разрабатывать традиционные темы романтизма.

IV, 4 — *Вы, школы Левшина птенцы...* — *Левшин* (Лёвшин) Василий Алексеевич (1746–1826) — исключительно плодовитый писатель и фольклорист, экономист, масон, сотрудник Новикова. Левшин опубликовал около 90 томов различных сочинений, среди них: «Всеобщее и полное домоводство...» (М., 1795. Т. 1–12); «Словарь поваренный, приспешничий, кандиторский и дистиллаторский...» (М., 1795–1797. Т. 1–6); «Совершенный егер, или Знание о всех принадлежностях к ружейной и прочей полевой охоте...» (СПб., 1779; 2-е изд. — 1791. В 2 т.) и др. *Школы Левшина птенцы* — поместные дворяне, сельские хозяева.

13–14 — *На долгих иль на почтовых...* — См. с. 126–130.

V, 2 — *В своей коляске выписной...* — То есть в коляске, выписанной из-за границы, а не изготовленной собственными крепостными или отечественными мастерами.

VIII. IX. X — В черновых рукописях (беловые рукописи этой главы сохранились лишь в незначительной степени) вместо пропущенных строф имелся текст:

VIII

[Но] раз вечернею порою
Одна из дев сюда пришла
Казалось — тяжкою тоскою
Она встревожена была —
Как бы волнуемая страхом
Она в слезах пред милым прахом
Стояла, голову склонив —
И руки с трепетом сложив
Но тут поспешными шагами
Ее настиг младой улан
Затянут — статен и румян
Красуясь черными усами
Нагнув широкие плеча
И гордо шпорами звуча.

IX

Она на воина взглянула,
Горел досадой взор его,
И побледнела ⟨и⟩ вздохнула
Но не сказала ничего —
И молча Ленского невеста
От сиротеющего места
С ним удалилась — и с тех пор
Уж не являлась из-за гор
Так равнодушное забвенье
За гробом настигает нас,

Врагов, друзей, любовниц глас
Умолкнет — об одно⟨м⟩ именье
Наследник⟨ов⟩ ревнивый хор
Заводит непристойный спор *(VI, 419–421).*

8 — *Улан умел ее пленить... — Улан* — кавалерист, служащий в уланском полку (один из видов легкой кавалерии). В сознании *П* улан представлялся естественной парой уездной барышни. Ср. в письме П. В. Нащокину 24 ноября 1833 г.: «Жена была на бале, я за нею поехал — и увез к себе, как улан уездную барышню с именин городничихи» (XV, 96). Ср.: «Уланы, ах! такие хваты...» (М. Ю. Лермонтов. «Тамбовская казначейша»).

XIX, 12 — *И столбик с куклою чугунной...* — Статуэтка Наполеона.

XXI, 5 — *И в молчаливом кабинете...* — Выражение «молчаливый кабинет» встречается в *ЕО* дважды. Ср.:

И в молчаливом кабинете
Ему припомнилась пора,
Когда жестокая хандра
За ним гналася в шумном свете *(8, XXXIV, 9–12).*

Выражение это, запомнившееся *П*, впервые употребил Воейков в «Послании к жене и друзьям». Внимание поэта на него, видимо, было обращено рецензией Семена Осетрова (псевдоним Ореста Сомова) в «Вестнике Европы», в которой в резком тоне анализировалась очень задевшая *П* статья Воейкова о «Руслане и Людмиле» и параллельно делался ряд язвительных замечаний о собственных стихах Воейкова:

«...*Одинокий*
*И молчаливый* кабинет,
От спальни столь далекий.

В разборе поэмы г-на Пушкина сказано было по поводу выражения *дикий пламень*, что мы скоро станем писать: ручной пламень, ласковый, вежливый пламень ⟨...⟩ если можно сказать: *одинокий и молчаливый кабинет*, то почему же не написать: *сам-друг, сам-третей кабинет: шумливый, бранчливый кабинет*?..» (Вестник Европы. 1821. № 4. С. 298).

XXII — Время работы *П* над серединой седьмой главы (апрель 1828 г., подробнее см. в разделе «Хронология работы Пушкина над „Евгением Онегиным"») совпадало со сложными процессами в творчестве *П*. В сознании поэта боролись две — в этот период противоположные и не находившие синтеза — тенденции. Первая из них — стремление к историзму, которое толкало *П* к принятию объективного хода исторических событий в том виде, в каком они даны в реальной действительности. С этих позиций требования, предъявляемые отдельной личностью к истории, третировались как «романтизм» и «эгоизм». Не лишенные оттенка «примирения с действительностью», такие настроения давали, однако, мощный толчок реалистическому и историческому сознанию и определили целый ряд антиромантических выступлений в творчестве *П* этих лет (от «Полтавы» и «Стансов» до заметки о драмах Байрона). Однако пока еще подспудно, в черновиках и глубинах сознания зрела мысль о непреходящей ценности человеческой личности и о необходимости мерить исторический прогресс счастьем и правами отдельного человека. «Герой, будь прежде человек» (1826) (VI, 411). «И нас они (домашние божества. — *Ю. Л.*) науке первой учат — / *Чтить самого себя*» (1829) (III, 193), «Оставь герою сердце! Что же / Он будет без него? Тиран...» (1830) (III, 253) — такова цепь высказываний, которая закономерно приведет к «Медному всаднику» и «Капитанской дочке».

На скрещении двух тенденций образ Онегина получал неоднозначное толкование. Очевидно, был момент, когда *П* собирался полностью оправдать героя. Такой подход требовал показа Онегина в противоречии со средой и веком, что подразумевало введение ряда существенных эпизодов. Видимо, так и планировал автор, когда в конце отдельной публикации шестой главы (1828) поставил: «Конец первой части» — и, переплетя первые шесть глав в единый конволют, приступил к подготовке их издания отдельной книгой (см.: *Томашевский Б.* Поправки Пушкина к тексту «Евгения Онегина» // Временник. Т. 2. С. 8–11). К этому моменту размышлений *П*, видимо, относится работа над «Альбомом Онегина», который должен был начинаться после XXII строфы, и над первым вариантом описания онегинской библиотеки. И альбом, и состав библиотеки должны были раскрыть перед Татьяной неожиданный, особенно после убийства Ленского, образ героя как доброго человека, который сам не догадывается о том, что он добр:

И знали ль вы до сей поры,
Что просто — очень вы добры? (VI, 615)

Одновременно перед ней должна была раскрыться пропасть между Онегиным и окружающим его обществом. (Ср.: *Макогоненко Г.* «Евгений Онегин» А. С. Пушкина. М., 1971. С. 174.) Вполне вероятно (хронологически это подтверждается), что к этому моменту относились и сюжетные замыслы, которыми *П* поделился на Кавказе с друзьями летом 1829 г. М. В. Юзефович вспоминал: «...он объяснял нам довольно подробно все, что входило в первоначальный замысел, по которому, между прочим, Онегин должен был или погибнуть на Кавказе, или попасть в число декабристов»

(Пушкин в воспоминаниях современников. Т. 2. С. 107). Следует отметить, что воспоминания Юзефовича отличаются большой точностью и осведомленностью. Так, он задолго до пушкинистов отверг версию Анненкова о так называемых стихах Ленского — произвольной попытке связать с текстом *ЕО* некоторые пушкинские элегии (см.: *Оксман Ю. Г.* Легенда о стихах Ленского. (Из разысканий в области пушкинского печатного текста) // Пушкин и его современники. Л., 1928. Вып. XXXVII. С. 42–67). Юзефович говорит о «декабристском» варианте сюжета как об уже отвергнутом к лету 1829 г. В окончательном тексте седьмой главы победил другой вариант трактовки образа героя — острокритический, разоблачительный, раскрывающий его связь, а не конфликт со средой и эпохой и поверхностный эгоизм.

Тексты альбома Онегина (V, 614–617) близки к ряду непосредственных высказываний *П* и имеют лирический характер. Ср.: «...и не спорь с глупцом» — «И не оспоривай глупца» («Я памятник себе воздвиг нерукотворный...» — III, 424); «Цветок полей, листок дубрав...» и далее:

Свою печать утратил резвый нрав,
  Душа час от часу немеет;
В ней чувств уж нет. Так легкой лист дубрав
  В ключах кавказских каменеет (II, 266);

«Мороз и солнце! чудный день...» — «Мороз и солнце; день чудесный!..» (III, 183).

Отказавшись от включения альбома в роман, *П* переработал XXII строфу.

Первый вариант:

Хотя мы знаем что Евгений
Издавна чтенье разлюбил
Однако ж несколько творений
С собо⟨й⟩ в дорогу он возил

В сих избранных то́мах —
Пожалуй ⟨?⟩ Вам знакомых
Весьма не много [Вы б] нашли
Юм, Робертсон, Руссо, Мабли
Бар⟨он⟩ д’Ольбах, Вольтер, Гельвеций
Лок, Фонтенель, Дидрот, Ламот
Гораций, Кикерон, Лукреций (VI, 438).

В дальнейшем характер библиотеки был коренным образом изменен.

Второй вариант:

[Хотя] мы знаем что Евгений
Издавна чтенье разлюбил
Лю⟨бимых⟩ несколько творений
Он по привычке лишь возил —
Мельмот, Рене, Адольф Констана
Да с ним еще два три романа
В которых отразился век
[И] современный человек
Изображен довольно верно
С своей безнравственной душой
[Често]любивый и [сухой]
Мечтанью преданной безмерно
С мятежным сумрачным умом —
Лиющий ⟨?⟩ хладный яд кругом (VI, 438–439).

5–6-й стихи имели варианты:

Творца негодного Жуана ⟨вариант: «глубокого Жуана»⟩
Весь Скот, да два иль три романа (VI, 439).

Первоначальный вариант библиотеки Онегина подчеркивал широту его интересов и резко противоречил характеристике интеллектуального кругозора героя в первой главе. Обращает на себя внимание и то, что библиотека, которую Онегин возил «в дорогу», имела философский и исторический характер. *Юм Дэвид* (1711–1776) — английский философ и историк. Онегин, вероятно, читал его исследование «История Англии от завоевания Юлия Цезаря до революции 1688 г.»; *Робертсон Вильям* (1721–1793) — английский историк, в библиотеке *П* имелся французский перевод его труда «История царствования императора Карла V» (1769), который, видимо, он и имел в виду в данном случае, хотя возможно, что Онегин читал французский перевод «Истории Шотландии» Робертсона. Интерес к истории Англии и Шотландии мог быть вызван у него Вальтером Скоттом. Труды Робертсона были широко популярны в декабристских кругах. А. А. Бестужев опубликовал перевод отрывка «Характеры Марии Стюарт и Елизаветы (из Робертсона)» (Соревнователь просвещения и благотворения. 1824. Ч. 26. С. 222–229). Споры по вопросам, поднятым в основных философско-публицистических трактатах Руссо (см. с. 234), Онегин, как это видно из второй главы, вел еще с Ленским. *Мабли Габриэль-Бонно* (1709–1785) — французский философ, утопический коммунист, автор полемических сочинений против физиократов. Возможно, именно эта сторона воззрений Мабли заинтересовала Онегина, читавшего Адама Смита (см. первую главу) и пользовавшегося физиократическим термином «простой продукт». Мабли был также автором ряда исторических трудов. Его книгу «Размышление о греческой истории» перевел Радищев (1773). *Д'Ольбах* — Гольбах Поль (1723–1789) — философ-материалист, автор трактата «Система природы» (1770), *П* считал его типичным мыслителем XVIII в.:

> Барон д'Ольбах, Морле, Гальяни, Дидерот,
> Энциклопедии скептической причет (III, 219).

*Вольтер Франсуа Аруэ* (1694–1778) — французский писатель, драматург, философ и публицист. Был автором ряда исторических трудов. «Историей Карла XII»

(1731) Вольтера *П* пользовался в то же время, когда работал над седьмой главой (в связи с сочинением «Полтавы»). *П* назвал Вольтера «наперсник государей, идол Европы, первый писатель своего века, предводитель умов и современного мнения». *Гельвеций Клод Адриан* (1715–1772) — французский философ-материалист, автор трактатов «О человеке» (1773), «Об уме» (1758) и др. *П* называл Гельвеция «холодным и сухим» (XII, 31). *Локк Джон* (1632–1704) — английский философ, один из основоположников сенсуализма. *Фонтенель Бернар Бовье* (1657–1757) — французский философ-скептик, автор «Разговоров о множестве миров» (1686), русский перевод которых (А. Кантемира) в XVIII в. был запрещен синодальной цензурой. *Дидрот* (вернее, Дидро) *Дени* (1713–1784) — французский философ, руководитель «Энциклопедии». *П* исключительно точно охарактеризовал эволюцию философских воззрений Дидро в послании «К вельможе»: «То чтитель промысла, то скептик, то безбожник» (III, 218). *Ламот* — вероятно, Ламотт Гудар Антуан (1672–1731) — французский литератор, появление его имени в этом ряду труднообъяснимо. *Гораций* — см. с. 211. *Кикерон* — Цицерон Марк Туллий (106–43 до н. э.) — римский оратор и политический деятель. У *П* встречается в *ЕО* и написание Цицерон *(8, I, 4)*. Приведенная в седьмой главе транскрипция имени — возможно, указание на чтение Цицерона в подлиннике, а не во французском переводе. Если учесть, что в первой главе автор крайне уничижительно отозвался о латинских знаниях Онегина, то это делается особенно интересным. *Лукреций Кар* (98–55 до н. э.) — римский философ-материалист и поэт.

Смысл составленного *П* перечня знаменателен прежде всего обширностью, а также ориентацией на философскую, историческую и публицистическую литературу и почти полным отсутствием художественных произведений. Бросается в глаза архаичность состава: в списке нет ни одного писателя XIX в., современника *П* и Онегина, нет таких естественных, казалось бы, имен, как Б. Констан, Гизо, Прадт (Гизо, Вальтер Скотт, Беранже, а в черновиках — Прадт будут даже в дорожной библиотеке графа Нулина). Онегин предстает как любитель скептической и атеистической философии, погруженный в XVIII в., — характеристика неожиданная и интересная, особенно если учесть, что в другом варианте *П* подчеркнул связь героя с XIX столетием.

Следующий вариант библиотеки дал Онегину полное собрание новейших и чисто литературных произведений: поэмы Дж. Байрона, «Мельмот-скиталец» (см. с. 256), «Рене» Ф. Р. де Шатобриана, «Адольф» Б. Констана, «весь Вальтер Скотт» (среди зачеркнутого есть и «Коринна» Ж. Сталь) (VI, 439) — почти исчерпывающий список вершинных явлений европейского романтизма первой четверти XIX в.

В окончательном тексте XXII строфы все перечисление было заменено ссылкой на Байрона («Певец Гяура и Жуана») и обезличенным указанием на «двa-три романа, в которых отразился век». Эта последняя характеристика исключала «Мельмота-скитальца» и романы Вальтера Скотта, заставляя полагать, что в кабинете Онегина Татьяна читала «Рене» Шатобриана и «Адольфа» Констана.

Библиотека Онегина должна была раскрыть перед Татьяной его душевный мир. Колебание *П* между «библиотекой XVIII в.» и современными книгами, возможно, объясняется строками из «Романа в письмах»: «Чтение Ричардс⟨она⟩ дало мне повод к размышлениям.

Какая ужасная разница между идеалами бабушек и внучек. Что есть общего между Ловласом и Адольфом?» (VIII, 47–48). Ту же мысль высказал Вяземский в предисловии к своему переводу «Адольфа» (сам Вяземский, посвятив этот перевод *П*, свидетельствовал о многочисленных своих беседах с автором *ЕО* об «Адольфе»; возможно, что совпадение мыслей — их результат): «Адольф в прошлом столетии был бы просто безумец, которому никто бы не сочувствовал».

Значение «Адольфа» для характера Онегина не только в том, что современный человек показан в романе Констана эгоистом, но и в разоблачении его слабости, душевной подчиненности гнетущему бремени века. Титанические образы привлекательного романтического зла, которые «тревожат сон отроковицы» *(3, XII, 6)*, сменились обыденным обликом светского эгоизма и нравственного подчинения ничтожному веку. О значении «Адольфа» для творчества *П* см.: *Ахматова А.* «Адольф» Бенжамена Констана в творчестве Пушкина // Ахматова А. А. О Пушкине. М., 1989. С. 51–89.

XXIV, 11–12 — *Москвич в Гарольдовом плаще, / Чужих причуд истолкованье...* — В черновых вариантах осуждение Онегина было высказано в еще более резкой форме: «Москаль в Гарольдовом плаще», «Шут в Чильд-Гарольдовом плаще», «Он тень, карманный лексикон» (VI, 441). Взгляд на Онегина как на явление подражательное, не имеющее корней в русской почве, высказанный в XXIV строфе, в резкой форме утверждался И. В. Киреевским в статье «Нечто о характере поэзии Пушкина»: «Вот Чильд Гарольд в нашем отечестве, и честь поэту, что он представил нам не настоящего; ибо, как мы уже сказали, это время еще не пришло для России, и дай Бог, чтобы никогда не приходило.

Сам Пушкин, кажется, чувствовал пустоту своего героя и потому нигде не старался коротко познакомить с ним своих читателей. Он не дал ему определенной физиономии, и не одного человека, но целый класс людей представил он в его портрете: тысяче различных характеров может принадлежать описание Онегина» (*Киреевский И. В.* Критика и эстетика. М., 1979. С. 53).

XXV, 2 — *Ужели слово найдено?* — *Слово* здесь означает разгадку шарады, что в таком употреблении является галлицизмом: le mot de l'énigme.

XXVI, 10 — *В Москву, на ярманку невест!* — В «Путешествии из Москвы в Петербург» (1834) *П* писал: «...Москва была сборным местом для всего русского дворянства, которое изо всех провинций съезжалось в нее на зиму. Блестящая гвардейская молодежь налетала туда ж из Петербурга. Во всех концах древней столицы гремела музыка, и везде была толпа. В зале Благородного собрания два раза в неделю было до пяти тысяч народу. Тут молодые люди знакомились между собою; улаживались свадьбы. Москва славилась невестами, как Вязьма пряниками» (XI, 246).

11 — *Там, слышно, много праздных мест.* — *Праздных* здесь: вакантных. Выражение «праздное место» — канцеляризм, употреблявшийся при заполнении вакансий, поэтому здесь звучит иронически.

XXVII, 11 — *Московских франтов и цирцей...* — *Цирцея* — волшебница, персонаж «Одиссеи» Гомера; здесь: кокетка.

XXVIII, 5 — *«Простите, мирные долины...»* — Прощание Татьяны с родными местами сознательно ориентировано *П* на прощание Иоанны из драмы Шиллера

«Орлеанская дева» в переводе Жуковского (1821, опубл. 1824):

Простите вы, холмы, поля родные;
Приютно-мирный, ясный дол, прости;
С Иоанной вам уж боле не видаться,
Навек она вам говорит: прости.

(*Жуковский*. Т. 3. С. 19)

XXXII, 1 — *В возок боярский их впрягают... — Возок боярский* — экипаж, составленный из кузова кареты, поставленного на сани.

6 — *Сидит форейтор бородатый*. — Свидетельство патриархального уклонения Лариных от требований моды: форейтор должен был быть мальчиком, модно было, чтобы он был крошечного роста (см. с. 169).

XXXIII, 4 — *Философических таблиц...* — Поясняя этот стих, Б. В. Томашевский писал: «Судя по рукописям, Пушкин имел в виду книгу французского статистика Шарля Дюпена „Производительные и торговые силы Франции“ (1827), где даны сравнительные статистические таблицы, показывающие экономику европейских государств, в том числе и России» (*Пушкин А. С.* Полн. собр. соч.: В 10 т. М.; Л., 1949. Т. 5. С. 600–601). *Дюпен Шарль* (1784–1873) — математик, экономист и инженер. Книга Дюпена вызвала отклик в иронических стихах П. А. Вяземского, которые, видимо, послужили *П* первым источником сведений о ней. В дальнейшем она энергично пропагандировалась Н. А. Полевым и обсуждалась в русской журналистике (обширный материал, комментирующий отклик *П* в *ЕО* на книгу Дюпена, см.: *Алексеев*. С. 119–126). Здесь, в частности, содержится характеристика строфы XXXIII: «Несомненно, что „расчисления философских таблиц“, на которые намекал Пушкин, и в его понимании относились не столько к „улучшению шоссейных дорог“, как предполагал Н. Л. Бродский, сколько к тому времени, когда у нас наконец будут „раздвинуты“ границы „благого просвещенья“. Пессимистические прогнозы и горькие расчеты Пушкина относятся не к перспективе русского технического процветания, — картину будущего он рисует бодро и уверенно, — а к его ожиданиям более широких прав, которые когда-нибудь, со временем получит у нас „просвещение“» (*Алексеев*. С. 122). Тот же автор показывает, что стихи «Мосты чугунные чрез воды / Повиснут звонкою дугой» (VI, 446) и «...под водой / Пророем дерзостные своды» имеют реальное основание: «В первом номере „Московского телеграфа“ за 1825 г. сообщалось: „Висячие мосты входят в общее употребление. В Петербурге сделан такой мост через Мойку. В Англии остров Англезей соединен с твердою землею таким мостом“ ⟨...⟩ В Англии, сообщал тот же „Московский телеграф“, ревностно „принялись ⟨...⟩ за подземную дорогу, которая будет прокопана *под Темзою*“» (*Алексеев*. С. 126). Несмотря на ироническое начало и концовку, строфа, бесспорно, связана с размышлениями *П* о роли технического прогресса в будущем России и представляет своеобразную утопию-миниатюру.

XXXIV, 1 — *Теперь у нас дороги плохи...* — Тема дорог занимала в русской литературе еще с «Путешествия из Петербурга в Москву» Радищева особое место. Дороги были предметом постоянных забот администрации, на них в первую очередь обращали внимание во время ревизий и высокопоставленных посещений. Однако именно в их состоянии с предельной наглядностью обнаруживался принцип бюрократического управления: забота о внешнем, которое может привлечь внимание начальства, и полное равнодушие к сущности дела. Несмотря на огромные финансовые затраты и жертвы (при непрерывно разъезжавшем по России Александре I дорожная повинность превратилась в настоящее бедствие, причину разорения тысяч крестьян), дороги приводились в порядок «для начальства» и были в другое время в ужасном состоянии. Ср.: «Поехавши из Петербурга я воображал себе, что дорога была наилучшая. Таковою ее почитали все те, которые ездили по ней вслед Государя. Такова она была действительно, но на малое время» (А. Н. Радищев. «Тосна»).

XXXIV строфа в стилистическом отношении построена на эффекте столкновения резко ощущаемых как контрастные лексических групп: европеизмов — «аппетит», «прейскурант» (показательно, что в черновом варианте «аппетит» выделен подчеркиванием как чужое слово) и антипоэтической бытовой лексики — «клопы», «блохи», «колеи», «изба» и проч. Лексика второго рода вызвала протесты Ф. В. Булгарина в известной рецензии-доносе на седьмую главу. «Мы никогда не думали, чтоб сии предметы могли составлять прелесть поэзии», — писал Булгарин о «картине горшков и кастрюль et cetera» из XXXI строфы. И тут же: «Поэт уведомляет читателя, что:

На станциях клопы да блохи
Заснуть минуты не дают»

(Северная пчела. 1830. № 35)

XXXV, 1–4 — *За то зимы порой холодной... Дорога зимняя гладка*. — См. с. 129–130.

5 — *Автомедоны наши бойки...* — *Автомедон* — возница Ахиллеса из «Илиады» Гомера, здесь (ирон.): извозчик, кучер.

8 — *В глазах мелькают как забор.* — Примечание *П*: «Сравнение, заимствованное у К**, столь известного игривостию изображения. К** рассказывал, что будучи однажды послан курьером от князя Потемкина к императрице, он ехал так скоро, что шпага его, высунувшись концом из тележки, стучала по верстам, как по частоколу» (VI, 195). *П*, видимо, имеет в виду рассказы известного автора комедий и фантастических вымыслов А. Д. Копиева, хотя подобные же рассказы приписывались и другому известному «поэту лжи», князю Д. Е. Цицианову. О Цицианове его родственница А. О. Смирнова-Россет писала, что он «сделался известен» «привычкой лгать в роде Мюнхаузена» (*Смирнова-Россет*. С. 27). Вяземский, вспоминая невероятные рассказы Цицианова, упоминает и о поездке его курьером от Екатерины к Потемкину (*Вяземский-2*. С. 112). Рассказы эти, видимо, были известны и *П*. См. комментарий Б. Л. Модзалевского в кн.: Дневник Пушкина (1833–1835 гг.). М.; Пг., 1923. С. 291.

14 — *Семь суток ехали оне.* — См. с. 125–126.

XXXVI, 5 — *Ах, братцы! как я был доволен...* — *П* выехал из Михайловского в Псков в сопровождении фельдъегеря утром 5 сентября 1826 г. и 8 сентября прибыл в Москву.

6–8 — *Когда церквей и колоколен... Открылся предо мною вдруг!* — Подъезжающему к Москве в пушкинскую эпоху прежде всего бросались в глаза многочисленные церковные главы, придававшие городу неповторимый облик. В начале 1820-х гг. в Москве считалось 5 соборных церквей, приходских, кладбищенских и других православных — около 270 (в 1784 г. их было 325, но пожар 1812 г. привел к сокращению числа), иноверческих — 6. Кроме того, в черте города было расположено 22 монастыря, в каждом было по нескольку церквей (в таких, как Вознесенский, Симонов, Донской, Новодевичий — 6–8; см.: Альманах на 1826 для приезжающих в Москву... М., 1825. С. 19–20). Столь же характерной чертой было обилие зелени.

XXXVII, 2 — *Петровский замок...* — Петровский дворец, выстроенный Казаковым в 1776 г. (нынешний вид — результат перестройки 1840 г.), находился в 3 верстах от Тверской заставы на Петербургском тракте (Альманах на 1826 для приезжающих в Москву... С. 33) и был местом остановки императора и его свиты при приезде из Петербурга. После отдыха следовал церемониальный въезд в Москву. «Дубрава», упомянутая в первом стихе, — роща вокруг дворца, оставшаяся со времен Петровского монастыря, на земле которого был выстроен дворец.

Ларины въезжали в Москву по Петербургскому тракту.

4–14 — *Напрасно ждал Наполеон... Глядел на грозный пламень он.* — Войска Наполеона вошли в Москву через Дорогомиловскую заставу. У Камер-коллежского вала Наполеон тщетно ожидал депутации с ключами города. После того как пожар охватил весь город и пребывание в Кремле сделалось невозможным, Наполеон перенес свою резиденцию в Петровский дворец.

XXXVIII, 1 — *Прощай, свидетель падшей славы...* — *П* называет Петровский дворец свидетелем падшей славы Наполеона. Ф. В. Булгарин придрался к этому стиху и обвинил *П* в недостатке патриотизма: «Читатель ожидает восторга при воззрении на Кремль, на древние главы храмов Божиих; думает, что ему укажут славные памятники сего Славянского Рима — не тут-то было. Вот в каком виде представляется Москва воображению нашего поэта:

Прощай, свидетель *падшей* (?) славы (????)»

(Северная пчела. 1830. № 39). Вопросительными знаками Булгарин заставлял предположить, что выражение «падшая слава» относится к России. По условиям журнальной полемики 1830 г. *П* не мог отвести в печати этого обвинения, высказанного к тому же не прямо, а в форме ядовитого намека. В защиту *П* энергично выступала его приятельница Е. М. Хитрово, слово которой, как родной дочери фельдмаршала М. И. Кутузова, имело в этом щекотливом вопросе особый вес. В письме (видимо, к редактору «Русского инвалида» А. Ф. Воейкову) она писала: «...размышления автора о Петровском замке были оценены [читателями] как имеющие величайшее значение. И в самом деле, у какого русского не забьется сердце при чтении этих строк:

Но не пошла Москва моя
К нему с повинной головою»

(*Лотман Ю. М.* Пушкин. С. 466–467).

Маршрут движения Лариных по Москве — см. с. 78–79.

3–4 — *...Уже столпы заставы / Белеют...* — При въезде в город проезжающие должны были задержаться у заставы, состоявшей из шлагбаума и будки часового, где записывались их имена и надобность, по которой они приехали. Ларины въезжали через Тверскую заставу (на Петербургской дороге), которая находилась в районе нынешнего Белорусского вокзала. Во время их приезда в Москву на этом месте уже строилась Триумфальная арка (в память прибытия победоносной гвардии; гвардия прибыла из Франции в Петербург морем, а позже — триумфальным шествием в Москву), далеко еще не законченная. *Столпы заставы* — видимо, колонны Триумфальной арки. В настоящее время Триумфальная арка перенесена на Кутузовский (быв. Дорогомиловский) проспект.

6 — *Мелькают мимо будки...* — В полосатых деревянных будках находились нижние чины полиции, будочники.

7 — *Мальчишки, лавки, фонари...* — Тверская была одной из наиболее оживленных торговых улиц тогдашней Москвы. *Мальчишки* — рассыльные из магазинов. *Фонари* — улицы освещались масляными фонарями, которые устанавливались на полосатых столбах; с наступлением темноты зажигались, а утром гасились специальными служителями. Фонари давали весьма тусклый свет.

8–10 — *Дворцы, сады, монастыри, / Бухарцы, сани, огороды, / Купцы, лачужки, мужики...* — *Дворцы* — Тверская принадлежала к аристократическим улицам Москвы. Ларины проехали, в частности, мимо дворца Разумовского. *Монастыри* — следуя по Тверской, Ларины проехали мимо Страстного женского монастыря, расположенного в глубине нынешней Пушкинской площади. Построенный в 1614 г., монастырь был окружен кирпичной стеной. Остальную часть нынешней Пушкинской площади занимали монастырские земли: сады, огороды. *Бухарцы* — так называли в Москве продавцов восточных товаров, привозимых из Средней Азии. В 1820-е гг. были в моде восточные дамские шали, покупаемые у бухарцев. *Мужики* — здесь: уличные торговцы, разносчики уличных товаров.

11 — *Бульвары, башни, казаки...* — Во второй половине XVIII в. по приказу Екатерины II были снесены стены Белого города и на их месте образовано кольцо бульваров. *Башни* — устремленные вверх заостренные башни составляли характерную черту городского профиля Москвы, отличая ее от Петербурга. Уже ансамбль кремлевских башен задавал определенный тип московского городского пейзажа. Но и в других частях города организующими центрами застройки были церкви с пиками колоколен. *Казаки* — здесь: конные рассыльные.

12 — *Аптеки, магазины моды...* — Аптеки выделялись двуглавыми позолоченными орлами, составлявшими их вывески. Магазины моды располагались на Кузнецком Мосту (см. с. 79).

13 — *Балконы, львы на воротах...* — *Львы на воротах* — геральдические животные, поддерживающие герб владельца дома. (См.: *Лукомский В. К.*, *Типольт Н. А.* Русская геральдика, руководство к составлению и описанию гербов. Пг., 1915. С. 3). Такие «львы» имели условно-геральдический вид, нередко очень далекий от внешности обыкновенных львов, и окрашивались в цвета гербов. «Львов на воротах» не следует смешивать с мраморными львами, которые ставились на крыльцах особняков (на одном из таких львов сидел во время петербургского наводнения 1824 г. Евгений из «Медного всадника»). В «Словаре Пушкина» такое смешение произведено. Львы на крыльце не имели геральдического значения и изображали натуральных, а не условных животных.

14 — *И стаи галок на крестах.* — Ср.: «...услышал я также забавный анекдот о том, как Филарет (московский митрополит. — *Ю. Л.*) жаловался Бенкендорфу на один стих Пушкина в „Онегине", там, где он, описывая Москву, говорит: „и стая галок на крестах". Здесь Филарет нашел оскорбление святыни. Цензор, которого призвали к ответу по этому поводу, сказал, что „галки, сколько ему известно, действительно садятся на крестах московских церквей, но что, по его мнению, виноват здесь более всего московский полицмейстер, допускающий это, а не поэт и цензор". Бенкендорф отвечал учтиво Филарету, что это дело не стоит того, чтобы в него вмешивалась такая почтенная духовная особа» (*Никитенко А. В.* Дневник: В 3 т. М., 1955. Т. 1. С. 139–140).

Московский пейзаж описан в *ЕО* значительно подробнее, чем петербургский, на фоне «однообразной красивости» (V, 137) которого подчеркивается пестрота московских видов. Последнее достигается целью контрастных соседств: «дворцы» — «лачужки», «монастыри» — «магазины моды», «будки» — «огороды», «львы на воротах» — «стаи галок на крестах». Отстраненность повествователя в изображении московского пейзажа объясняется тем, что он лежит и вне «петербургского» мира Онегина, и вне «деревенского» мира Татьяны.

XXXIX. XL — Сдвоенный номер строфы не означает реального пропуска каких-либо стихов — он создает некое временно́е пространство, поскольку между временем действия данной строфы и предшествующей прошел «час-другой» *(2)*.

3 — *У Харитонья в переулке...* — Московские адреса обозначались по церковным приходам. С. А. Рейсер в кн. «Революционные демократы в Петербурге» (Л., 1957)

приводит образцы петербургского адреса («А спросить об них у Аничкова мосту, подле гауптвахты, в доме Зимина, входя из Садовой улицы во двор на правой руке во втором жилье первый из подъезда ход» — указание на церковный приход отсутствует); ср. московское («На Арбате, в Трубниковом переулке, в приходе Спаса на Песках, дом Богословского» или: «Близ Поварской в Трубниковском переулке, во приходе Рождества, что в Кудрине, в доме Евреинова» — Там же. С. 137). Дома в приходе церкви Св. Харитония были знакомы *П* по детским воспоминаниям. Переехав осенью 1800 г. в Москву (из Петербурга), Пушкины «поселяются в доме Волкова» (ныне д. № 7 по Чистопрудному бульвару и № 2 по Большому Харитоньевскому пер.). В 1801 г. семья переехала «на квартиру в доме кн. Н. Б. Юсупова» (флигель, ныне не существующий, при д. № 17 по Большому Харитоньевскому пер.). В 1803 г. они переехали «в дом гр. П. Л. Санти», ныне не существующий, находившийся на месте домов № 8 по Большому Харитоньевскому пер. и № 2 по Мыльникову пер. (Летопись жизни и творчества А. С. Пушкина / Сост. М. А. Цявловский. М., 1991. С. 20–21).

10 — *С чулком в руке, седой калмык.* — Мода иметь в доме слугой мальчика-калмыка относится к XVIII в. Ко времени приезда Лариных в Москву мода эта устарела, состарился и слуга-калмык. *С чулком в руке...* — лишь в немногих богатых домах имелся специальный швейцар. Обычно его функцию выполнял кто-либо из дворовых слуг, занимавшийся в то время каким-либо домашним рукоделием.

13 — *Старушки с плачем обнялись...* — Ср.: «Все родственные как встречи, так и проводы из далека приехавших или далеко отъезжавших родных в те времена

сопровождались слезами, что ныне повывелось за редкими исключениями. Были ли тогда чувствительнее, любили ли родных больше — трудно решить. Всего вернее, что эту восторженность при свидании и грусть при прощании поддерживала затруднительность сообщений и потому неуверенность когда-либо свидеться» (*Селиванов*. С. 163).

XLI, 1 — *Княжна, mon ange! — «Pachette!» — Алина!* — Комический эффект возникает из-за смешения «французского с нижегородским»; к сугубо русскому уменьшительному имени Паша прибавился французский уменьшительный же суффикс -ett. Ср.: «Сашипст» в «Войне и мире» (т. 2, ч. IV, гл. 11). Интересный пример проникновения таких выражений в язык француза: Жозеф де Местр, говоря о Прасковье Головиной, именует ее «la comtesse Pache Golovine» (Religion et moeurs des Russes, anecdotes recucillés par le comt Josephe de Maistre et le P. Grivel, S. J. Mises en ordre et annotées par le P. Gagarin, S. J. Paris, 1879. P. 126). Де Местр воспроизводит форму имени, услышанную им в петербургских салонах.

Строфа построена как перебивы жеманной речи «московской кузины» («Ей богу сцена из романа», «Кузина, помнишь Грандисона?») и нарочито бытовых интонаций старшей Лариной.

12 — *В Москве, живет у Симеона...* — Видимо, в приходе Симеона Столпника на Поварской ул.

13 — *Меня в сочельник навестил... — Сочельник* — день накануне праздников Рождества или Крещения. Разговор Лариной и княжны Алины происходит в конце января — феврале 1822 г. Следовательно, «Грандисон» посетил княжну относительно недавно — в конце декабря 1821 г. или в начале января 1822 г.

XLIII, 7 — *И ранний звон колоколов...* — К заутрене звонят в 4 часа утра. Петербург будит барабан, Москву — колокол (см. с. 197).

XLIV, 11 — *А я так за уши драла!* — Отсылка к «Горю от ума»: «Я за уши его дирала, только мало» (д. III, явл. 10).

XLV, 11 — *И тот же шпиц, и тот же муж...* — Мода на маленьких комнатных собачек восходит ко второй половине XVIII в. Особенно ценились собачки возможно более миниатюрные — шпицы и болонки. Дамы держали их в гостиных на коленях. Существовали специальные «постельные собачки», которых клали в кровать. Молчалин, желая польстить старухе Хлестовой, подчеркивает малый рост ее собачки: «Ваш шпиц, прелестный шпиц; не более наперстка» (д. III, явл. 12). Крылов в басне «Две собаки» изобразил «Жужу, кудрявую болонку», которая лежит на мягкой пуховой подушке. Мода эта была в России утверждена примером Екатерины II: «...входила государыня; за нею иногда калмычек и одна или две английские собачки» (*Брусилов Н. П.* Воспоминания // Помещичья Россия... С. 14; ср. «белую собачку английской породы» в «Капитанской дочке» — VIII, 371). В начале XIX в. эта мода держалась еще в провинции и в кругах, тянущихся за уходящей модой («постельный» шпиц упомянут в «Графе Нулине» — именно он разбудил служанку). В столицах и в высшем свете этой моды придерживались лишь старухи. *П* вводит упоминание шпица как признак неподвижности застывшего быта московского общества.

12 — *А он, все клуба член исправный...* — Член Английского клуба, привилегированного закрытого заведения, основанного в 1770 г. Доступ в клуб был затруднен, и членство являлось знаком принадлежности

к коренной барской элите. Несмотря на высокую плату («Избранные вновь в члены платят 100 руб., а потом уже в следующие годы 50» — Альманах на 1826 для приезжающих в Москву... 1825. С. 48), добиться избрания было вопросом не денег, а признания в мире дворянской Москвы.

XLV–XLIX — Несмотря на очевидную ориентацию *П* на изображение Москвы в комедии «Горе от ума», тон седьмой главы существенно отличается от тона комедии. Формально («по календарю») действие происходит в 1822 г., но время описания сказалось на облике изображаемого мира: это Москва после 14 декабря 1825 г., опустевшая и утратившая блестящих представителей умственной жизни. Не случайно в XLIX строфе упомянуты Вяземский и любомудры — деятели культуры, уцелевшие после декабрьского разгрома.

Показателен новый подход *П* к интеллектуальному уровню Татьяны: в пятой главе подчеркивались ее наивность, приверженность к «простонародной старине»; интеллектуальной элитарности Онегина противопоставлялись нравственная чистота и народность этических принципов героини. Умственный приоритет оставался за Евгением, нравственный — за Татьяной. В седьмой главе автор сливает интеллектуальные позиции — свою и Татьяны. Общий разговор в гостиной для нее «бессвязный пошлый вздор». Чтобы «занять душу» Татьяны, необходима беседа Вяземского — одного из умнейших людей эпохи и, в данном случае, авторского двойника (см. с. 404–405).

XLVI, 2 — *Младые грации Москвы*. Выражение «грации Москвы» — понятное читателям тех лет ироническое прозвание, смысл которого раскрывается следующим образом: Елизавета Ивановна Нарышкина «была пожалована фрейлиной в 1818 г. с Марьей Аполлоновной Волковой и Александрой Ивановной Пашковой. Все три имели двойной шифр: Е⟨лизавета⟩ М⟨ария⟩ (т. е. были фрейлинами и двора жены Александра I, и двора его матери. — *Ю. Л.*); все они были далеко не красивы, но очень горды и не находили себе достойных женихов. Их прозвали les trois Grace de Moscou [три Грации Москвы; *фр.*], а злые языки называли les trois Parques [три Парки; *фр.*]» (Парки — зловещие старухи, которые, по греческой мифологии, прядут и обрывают нить человеческой жизни) — см.: Рассказы Бабушки. Из воспоминаний пяти поколений, зап. и собр. ее внуком Д. Благово. СПб., 1885. С. 305–306. Рассказчица этих воспоминаний Е. П. Янькова, урожденная Римская-Корсакова, принадлежала к той части московского общества, с которой Пушкин в период работы над седьмой главой особенно тесно общался. Прозвища, которые приводит Янькова, были ему, конечно, известны. Вместе со стихом «У ночи много звезд прелестных» *(7, LII, 1)*, посвященным А. А. Римской-Корсаковой, эти строки включались в пласт московских реалий, составлявших фон седьмой главы. Одна из названных «трех Граций», М. А. Волкова, — замечательная женщина, чей образ, возможно, повлиял на героический женский характер в «Рославлеве» (см. ее письма 1812 г. в кн.: Двенадцатый год в воспоминаниях и переписке современников / Сост. В. В. Каллаш. М., 1912).

XLIX, 1 — *Архивны юноши толпою... — Архивны юноши* — выражение С. И. Соболевского для обозначения кружка московских литераторов-шеллингианцев (большинство из них служило в Архиве министерства иностранных дел), составивших общество любомудров. Незадолго до выхода седьмой главы появился роман

Ф. В. Булгарина со злобной характеристикой этого круга молодежи: «Чиновники, неслужащие в службе или матушкины сынки, т. е. задняя шеренга фаланги, покровительствуемой слепою фортуною. Из этих счастливцев большая часть не умеет прочесть Псалтыри, напечатанной славянскими буквами, хотя все они причислены в причт русских антиквариев. Их называют архивным юношеством. Это наши петиметры, фашьонебли[1], женихи всех невест, влюбленные во всех женщин, у которых только нос не на затылке и которые умеют произносить: oui и non. Они-то дают тон московской молодежи на гульбищах, в театре и гостиных. Этот разряд также доставляет Москве философов последнего покроя, у которых всего полно через край, кроме здравого смысла, низателей рифм и отчаянных судей словесности и наук» (Ф. Булгарин. «Иван Выжигин», гл. XVI). На основании этого Булгарин прозрачно намекнул в «Северной пчеле» (1830. № 35), что пушкинские стихи об архивных юношах — плагиат. Однако стихи эти появились в черновиках задолго до опубликования «Выжигина».

Отношение *П* к любомудрам не было отрицательным — в определенные моменты между ними даже намечалось сближение (см.: *Аронсон М. И.* «Конрад Валленрод» и «Полтава» // Временник. Т. 2. С. 43–56; *Канунова Ф. З.* Пушкин и «Московский вестник» // Учен. зап. Томского ун-та. 1951. Вып. 16. С. 91–114; *Тойбин И. М.* Пушкин и Погодин // Учен. зап. Курского гос. пед. ин-та. 1956. Вып. 5. С. 70–122). Однако бытовой тип «архивного юноши» вызывал у него ироническое отношение.

10 — *К ней как-то Вяземский подсел* (в печатном тексте — «В» — VI, 652)... — П. А. Вяземский писал по этому

---

[1] Fashionable *(англ.)* — франт.

поводу: «Эта шутка Пушкина очень меня порадовала. Помню, что я очень гордился этими двумя стихами» (Русский архив. 1887. № 12. С. 577).

14 — *Осведомляется старик...* — Комментарий П. А. Вяземского: «Пушкин, вероятно, имел в виду И. И. Дмитриева» (Там же).

L — Строфа противопоставлена «театральным» строфам первой главы: вместо апофеоза русской драмы и театра в ней дана картина упадка.

1–2 — *...Мельпомены бурной / Протяжный раздается вой...* — Отрицательное отношение *П* к русским трагедиям и трагическому театру его поры, выраженное в этих стихах, связано с его размышлениями в период создания «Бориса Годунова». В 1830 г. *П* писал: «...я твердо уверен, что нашему театру приличны народные законы драмы Шекспировой — а не придворный обычай трагедий Расина ⟨...⟩ Дух века требует важных перемен и на сцене драматической» (XI, 141).

5 — *...Талия тихонько дремлет...* — *Талия* — муза комедии. Цензурный запрет, наложенный на «Горе от ума», и общий застой русской комедии в середине 1820-х гг. определили скептическое отношение *П* к комическому театру тех лет.

LI, 1 — *Ее привозят и в Собранье.* — Имеется в виду Благородное собрание, помещавшееся на Большой Дмитровке. Московское Благородное собрание — здание, в котором, в соответствии с Жалованной дворянству грамотой (1785), производились дворянские выборы. Здесь же давались балы и спектакли.

LII, 5–8 — *Но та, которую не смею...* — Комментарий П. А. Вяземского: «Вероятно Александрина Корсакова, дочь Марии Ивановны, после княгиня Вяземская» (Русский архив. 1887. № 12. С. 578). *П* был увлечен А. А. Корсаковой. О драматической истории ее отношений с *П* см.: *Гершензон М.* Грибоедовская Москва. М., 1916; *Измайлов Н. В.* Очерки творчества Пушкина. Л., 1975. С. 197–202).

LV, 6–14 — Помещенное в конце седьмой главы «вступление», выдержанное в условных формулах классицизма (ср.: в «Чужом толке» И. И. Дмитриева: «Тут как?.. *Пою!..* Иль нет, уж это старина!»), представляет собой пародию.

## ГЛАВА ВОСЬМАЯ

*Fare thee well, and if for ever / Still for ever fare thee well. / Byron.* — Эпиграф — начало стихотворения Байрона «Fare thee well» из цикла «Poems of separations» («Стихи о разводе»), 1816. («Прощай, и если навсегда, то навсегда прощай».)

Толкование эпиграфа вызвало полемику. Н. Л. Бродский писал: «Эпиграф может быть понят трояко. Поэт говорит „прости“ Онегину и Татьяне (см. L строфу); Татьяна посылает прощальный привет Онегину (продолжение в стихотворении Байрона: „Даже если ты не простишь меня, мое сердце никогда не будет восставать против тебя“). Онегин этими словами шлет последний привет любимой» (*Бродский.* С. 276). Однако еще в рецензии на первое издание книги Бродского А. Иваненко, указав на допущенные тогда ошибки в переводе эпиграфа, заключал: «Смысл эпиграфа, конечно, только один; слова о *прощаньи навсегда* даны

„от автора“, но могут относиться только к прощанью героев друг с другом, а не к авторскому прощанью с ними» (Временник. Т. 6. С. 526). Вопрос в трактовке Бродского представляется излишне усложненным. Он решается непосредственным обращением к тексту XLIX строфы, где автор прощается с читателем своего романа:

...я хочу с тобой
Расстаться нынче как приятель.
Прости... *(8, XLIX, 2–4),* —

и к строфе L, где дано прощание автора с героями и романом в целом.

Ср. стихотворение «Труд»:

Миг вожделенный настал: окончен
мой труд многолетний... (III, 230)

Смысл эпиграфа проясняется и текстологически: он появился лишь в беловой рукописи, когда *П* решил, что восьмая глава будет последней.

I, 1–2 — *В те дни, когда в садах Лицея / Я безмятежно расцветал...* — Автореминисценция из стихотворения «Демон»:

В те дни, когда мне были новы
Все впечатленья бытия (II, 299).

Отсылка эта была понятна читателям пушкинской поры: «Демон», одно из наиболее популярных стихотворений *П* (опубликованное под названием «Мой демон» в «Мнемозине». 1824. Ч. III), было через два месяца перепечатано в «Северных цветах на 1825 г.» А. А. Дельвига, затем вошло в книгу «Стихотворения Александра Пушкина» (СПб., 1826), а через неполных три года — в новое издание «Стихотворения Александра Пушкина» (СПб., 1829). В. Ф. Одоевский посвятил ему специальное рассуждение в статье «Новый демон» (Мнемозина. 1824. Ч. 1). Статья эта, а также, быть может, устные споры вокруг стихотворения, по мнению Ю. Г. Оксмана, вызвали пушкинский набросок статьи ⟨О стихотворении «Демон»⟩ (См.: *Пушкин А. С.* Собр. соч.: В 10 т. М., 1976. Т. 6. С. 453). Отсылка к «Демону» имела глубокий смысл: стихотворение, написанное в момент творческого перелома, создало первую у *П* концепцию его собственного духовного развития. Сам *П* резюмировал ее так: «В лучшее время жизни сердце, еще не охлажденное опытом, доступно для прекрасного. Оно легковерно и нежно. Мало-помалу вечные противуречия существенности рождают в нем сомнения, чувство [мучительное, но] непродолжительное. Оно исчезает, уничтожив навсегда лучшие надежды и поэтические предрассудки души» (XI, 30). Таким образом, история души автора рисовалась как смена первоначальной наивной ясности периодом острых сомнений, за которым последует спокойное, но глубокое охлаждение. В творчестве *П* имелась и другая, хотя и близкая, концепция его эволюции. Уже в 1819 г. *П* написал стихотворение под выразительным названием «Возрождение», где намечена триада: «первоначальные, чистые дни» — «заблужденья» — «возрождение». Мысль о возврате к чистому истоку душевного развития:

Душе настало пробужденье (II, 406) —

по-разному, но настойчиво варьируется в самообъяснениях 1820-х гг. Начало главы в этом отношении приносит принципиально и осознанно новую концепцию, исторический подход переносится и на оценку поэтом своего собственного пути: вместо чисто психологической триады — история своей Музы, смена периодов творчества, читательской аудитории, жизненных обстоятельств, образующие единую эволюцию. Вместо «падения» и «возрождения» — единая логика развития. Рассматривая свой творческий путь, *П* устанавливает место в нем *ЕО*, определяет отношение романа к южным поэмам и «Цыганам». При этом восьмая глава оказывается не только сюжетным завершением романа, но и органическим итогом и высшим моментом всего творчества. Вводные строфы исключительно сильно подчеркивали особое значение восьмой главы, что резко повышало ее вес в общей структуре романа.

3 — *Читал охотно Апулея... — Апулей* Луций (ок. 125 — ок. 180) — римский писатель. Изобилующий фантастическими и эротическими эпизодами роман Апулея «Золотой осел» был популярен в XVIII в. *П* читал его по-французски. В беловой рукописи: «Читал охотно Елисея» (VI, 619) — имеется в виду поэма В. И. Майкова «Елисей, или Раздраженный Вакх» (1771). Травестийная «ирои-комическая» поэма Майкова, содержащая ряд весьма откровенных сцен, описанных в соответствии с эпической поэтикой классицизма, пользовалась устойчивыми симпатиями *П*. В 1823 г. он писал А. А. Бестужеву: «Елисей истинно смешон. Ничего не знаю забавнее обращения поэта к порткам:

Я мню и о тебе, исподняя одежда,
Что и тебе спастись худа была надежда!

А любовница Елисея, которая сожигает его штаны в печи,

Когда для пирогов она у ней топилась;
И тем подобною Дидоне учинилась.

А разговор Зевеса с Меркурием, а герой, который упал в песок

> И весь седалища в нем образ напечатал.
> И сказывали те, что ходят в тот кабак,
> Что виден и поднесь в песке сей самый знак —

все это уморительно» (XIII, 64). То, что «Золотой осел» и «Елисей» противопоставлены чтению Цицерона как равнозначные, обнаруживает и природу их истолкования.

6 — *Весной, при кликах лебединых...* — реминисценция стиха Державина: «При гласе лебедей» («Прогулка в Царском Селе». — *Державин Г. Р.* Стихотворения. Л., 1957. С. 172). Современный *П* читатель легко улавливал эту отсылку. Пейзаж Царского Села был для *П* связан с образами XVIII в., и это делало естественными державинские ассоциации. Однако для читателя последующих эпох, утратившего связь с воспоминаниями поэзии Державина, стихи эти стали восприниматься как типично пушкинские и определили цепь отсылок и реминисценций в последующей русской поэзии (И. Ф. Анненский, А. А. Ахматова и др.). См.: *Лихачев Д. С.* Сады Лицея // Пушкин. Исследования и материалы. Л., 1979. Т. 9.

9 — *Моя студенческая келья...* — *Студенческая келья* — сознательная отсылка к лицейской лирике, в которой образ «кельи» исключительно устойчив. Ср. картину посещения «кельи» Музой:

> На слабом утре дней златых
> Певца ты осенила,
> Венком из миртов молодых
> Чело его покрыла,
> И, горним светом озарясь,
> Влетала в скромну келью... (I, 124–125)

12–14 — *Воспела детские веселья, / И славу нашей старины, / И сердца трепетные сны.* — Стихи дают перечисление основных жанров лицейской лирики: дружеские послания («Пирующие студенты» — I, 59–62 и др.), гражданская поэзия, историческая элегия («Воспоминания в Царском Селе» — I, 78–83 и др.) и любовная лирика.

В беловой рукописи восьмая (девятая, по первоначальному счету) глава содержала развернутую концепцию поэтической эволюции *П*:

В те дни — во мгле дубравных сводов
Близ вод текущих в тишине
В углах Лицейских переходов
Являться Муза стала мне
Моя студенческая келья
Доселе чуждая веселья
Вдруг озарилась — Муза в ней
Открыла пир своих затей;
Простите хладные Науки!
Простите игры первых лет!
Я изменился, я поэт
В душе моей едины звуки
Переливаются, живут
В размеры сладкие бегут.

IV

Везде со мной, неутомима
Мне Муза пела, пела вновь
*(Amorem canat aetas prima)*
Все про любовь да про любовь
Я вторил ей — младые други,
В освобожденные досуги,
Любили слушать голос мой —
Они пристрастною душой
Ревнуя к братскому союзу
Мне первый поднесли венец
Чтоб им украсил их певец
Свою застенчивую Музу.

О торжество невинных дней!
Твой сладок сон души моей.

V

И свет ее с улыбкой встретил
Успех нас первый окрылил
Старик Державин нас заметил
И в гроб сходя благословил
И Дмитрев не был наш хулитель
И быта русского хранитель
Скрижаль оставя, нам внимал
И Музу робкую ласкал —
И ты, глубоко вдохновенный
Всего прекрасного певец,
Ты, идол девственных сердец,
Не ты ль, пристрастьем увлеченный
Не ты ль мне руку подавал
И к славе чистой призывал (VI, 620–621).

Первоначальный вариант имел отчетливо полемический смысл: развиваясь на фоне обострившейся в критике 1829–1830 гг. дискуссии о литературной аристократии и резких нападок Полевого на карамзинскую традицию, концепция *П* тенденциозно акцентировала близость его к карамзинизму. Литературными учителями и крестными отцами музы были названы не только Державин, но и Карамзин («быта русского хранитель»), Жуковский («идол девственных сердец») и даже Дмитриев. *П* сознательно преподносил читателю стилизованную и тенденциозную картину. Он прекрасно помнил, что отношение к его литературному дебюту со стороны признанных авторитетов карамзинизма было далеким от безусловного признания. Еще познакомясь лишь с журнальными (неполными) публикациями «Руслана и Людмилы», Дмитриев прислал Карамзину резкий отзыв о поэме, содержание которого нам известно из пересказа в письме последнего. Карамзин отвечал Дмитриеву:

«Ты, по моему мнению, не отдаешь справедливости таланту или *поэмке* молодого Пушкина, сравнивая ее с Энеидою Осипова: в ней есть живость, легкость, остроумие, вкус; только нет искусного расположения частей, нет или мало интереса; все сметано на живую нитку» (Письма Карамзина... С. 290). По первым впечатлениям Дмитриев ставил «Руслана и Людмилу» не только вровень с «Вергилиевой Энеидой, вывороченной наизнанку» Н. П. Осипова, но даже ниже поэзии В. Л. Пушкина, отношение к которой в кругах карамзинистов было снисходительно-ироническим: «Дядя восхищается, но я думаю оттого, что племянник этими отрывками еще не раздавил его» (*Дмитриев-2*. Т. 2. С. 262). Между тем до А. И. Тургенева и П. А. Вяземского дошли слухи, что Дмитриев в Москве в литературных салонах поносит поэму *П*. Тургенев на основании этого отказался посылать Дмитриеву экземпляр «Руслана и Людмилы» (см.: Русский архив. 1867. № 4. Стб. 656). Дмитриев доказывал Тургеневу, что эти слухи преувеличены. Прочитав наконец поэму полностью, Дмитриев писал: «Что скажете вы о нашем „Руслане", о котором так много кричали? Мне кажется, что это недоносок пригожего отца и прекрасной матери (музы). Я нахожу в нем очень много блестящей поэзии, легкости в рассказе: но жаль, что часто впадает в бюрлеск, и еще больше жаль, что не поставил в эпиграф известного стиха с легкою переменою: La mère en défendra la lecture à sa fille[1]. Без этой предосторожности поэма с четвертой страницы выпадает из рук добрыя матери» (Русский архив. 1864. № 4. Стб. 269). Между тем

[1] Мать запретит читать это своей дочери *(фр.)*. Измененный стих из комедии Пирона «Метромания».

в № 34–37 «Сына Отечества» появилась обширная статья Воейкова, содержавшая весьма недоброжелательный разбор «Руслана и Людмилы». Для подкрепления своей позиции, вызвавшей возражения журнальной критики, Воейков в дальнейшем ссылался на мнение авторитета: «Увенчанный, первоклассный отечественный писатель, прочитав „Руслана и Людмилу", сказал: „Я тут не вижу ни мыслей, ни чувств: вижу одну чувственность"» (Сын Отечества. 1820. № 43). Принято считать, что «увенчанный, первоклассный отечественный писатель» — Дмитриев. Такое мнение установилось и в литературоведческой традиции (см.: *Томашевский*. Кн. 1. С. 353; *Благой Д.* Литература и действительность. Вопросы теории и истории литературы. М., 1959. С. 215). Г. П. Макогоненко в статье «Пушкин и Дмитриев» (Русская литература. 1966. № 4) оспорил это утверждение, но, не назвав никакой иной кандидатуры, предположил, что Воейков выдумал «увенчанного» писателя. Сомнительно, что Воейков в обстановке журнальной полемики прибег к явной лжи, в которой его было так просто уличить. Бесспорно, однако, что Дмитриев отнесся к статье Воейкова положительно, хотя она была с большим осуждением встречена молодыми карамзинистами П. А. Вяземским, А. И. Тургеневым и др. 6 октября 1820 г. Тургенев писал Вяземскому о статье Воейкова: «...нелепая и отлично глупая критика, а Дмитриев хвалит ее, хотя Пушкина уже и не хулит» (Остафьевский архив, II. СПб., 1899. С. 82). Из этого следует, что Дмитриев до октября 1820 г. «хулил» пушкинскую поэму. Дмитриев считал даже, что Воейков «расхвалил молодого Пушкина» и «умел выставить удачнее самого автора лучшие стихи из его поэмы» (*Дмитриев-2*. С. 269). Однако важнее другое: *П* считал, что «увенчанный» писатель — Дмитриев.

Это совершенно очевидно из письма его Гнедичу от 27 июня 1822 г. (XIII, 39–40). И хотя к началу 1830-х гг. конфликт *П* с Дмитриевым начал сглаживаться, формула «И Дмитрев не был наш хулитель» (см. выше текстуальное противоречие ей в письме А. И. Тургенева) явно стилизует реальную картину, видимо под влиянием тактики в журнальной борьбе 1830 г. Отношение Карамзина к начальному периоду творчества *П*, более благожелательное, все же было прохладным, что весьма больно задевало поэта. Введенная под впечатлением полемики с Полевым ссылка на покровительство Карамзина и Дмитриева в дальнейшем была снята.

Amorem canat aetas prima. — Пусть юность воспевает любовь *(лат.)*. Цитата многозначительна. Она представляет собой несколько искаженный стих из «Элегии» римского поэта Секста Проперция (ок. 50 до н. э. — ок. 15 н. э.) — кн. II, элегия X, стих 7: Aetas prima canat veneris, extrema tumultus —

> Пусть молодежь воспевает любовь, пожилые —
> сраженья
> Прежде я милую пел, войны теперь воспеваю
>
> (Перевод Л. Е. Остроумова)

В издании «Стихотворения Александра Пушкина» (СПб., 1826) поэт поставит этот стих (в его втором, неискаженном варианте) эпиграфом. Издание 1826 г. было задумано как итог всего сделанного *П* в поэзии — издатели в предисловии предлагали читателям исторически взглянуть на творчество поэта: «Любопытно, даже поучительно будет для занимающихся словесностью, сравнить четырнадцатилетнего Пушкина с автором Руслана и Людмилы и других поэм. Мы желаем, чтобы на собрание наше смотрели, как на историю поэтических его досугов в первое десятилетие авторской жизни» (С. XI). Таким образом, включение этого стиха в обзор поэтического пути в начале восьмой главы возвращало к моменту творческого рубежа, отмеченного первым сборником.

Однако цитата имела для *П* и другой смысл: выход издания 1826 г. совпал с первыми неделями после 14 декабря — декларация поэта о переходе от воспевания любви к поэзии битв неожиданно получила новый смысл. Карамзин, прочитав эпиграф, пришел в ужас и воскликнул: «Что вы это сделали? Зачем губит себя молодой человек!» (свидетельство Бартенева со слов Плетнева, бывшего свидетелем разговора, — Русский архив. 1870. № 7. Стб. 1366). У Карамзина не вызвало никаких сомнений, что «tumultus» относится к событиям 14 декабря. Очевидно, так восприняли и читатели. Это было существенно для *П*, который в комментируемом отрывке настойчиво намекал на связь своей Музы с атмосферой политической конспирации 1820-х гг. Не случайно Вяземский, читая восьмую главу (стих: «Грозы полуночных дозоров»), высказал предположение: «Вероятно, у Пушкина было: *полночных заговоров*» (Русский архив. 1887. № 12. С. 577). Предположение Вяземского не подтверждается наличными рукописями, но вполне соответствует духу третьей строфы.

Итак, этапы эволюции рисуются в следующем виде: Лицей — поэзия любви; Петербург — поэзия «буйных споров» и «безумных пиров». Естественным был переход в следующей строфе к ссылке.

IV, 1–2 — *Но я отстал от их союза / И вдаль бежал...* — Слово «союз» могло читаться двузначно: и как дружеское сообщество («Друзья мои, прекрасен наш союз!» — «19 Октября», II, 425), и как политическое общество (Союз благоденствия). В беловой рукописи намек на ссылку был более очевиден:

Но Рок мне бросил взоры гнева
И вдаль занес... (VI, 622)

Однако формула *И вдаль бежал...* была понятна читателю, знакомому с поэтической символикой предшествующего творчества *П*: в южный период, пропуская реальную биографию сквозь призму романтических представлений, *П* неизменно шифровал слово «ссылка» словом и образом побега. Это имело, конечно, смысл более глубокий, чем приспособление к цензурным условиям: побег, скитания входили в штамп романтической биографии. Но читатель прекрасно умел реконструировать на основании поэтических образов реальные обстоятельства. Ср. образы бегства в поэзии южного периода:

Я вас бежал, отечески края;
Я вас бежал, питомцы наслаждений (II, 147);

Отступник света, друг природы,
Покинул он родной предел (IV, 95);

Скажи, мой друг: ты не жалеешь
О том, что бросил навсегда? (IV, 185)

В данной поэтике добровольное бегство и политическое изгнание не противоречат друг другу, а являются синонимами: Алеко сам «бросил» мир «городов» (IV, 185), но одновременно он и изгнанник: «Его преследует закон» (IV, 180). То же вычитывается и в судьбе героя «Кавказского пленника», который «с верой, пламенной мольбою» (IV, 95) «обнимал» «гордый идол» свободы и «с волнением» «внимал одушевленные» ею песни. В поэтике зрелого *П* «вдаль бежал» — уже цензурный заменитель указания на ссылку. Но замена произведена в ключе романтического стиля и расшифровывается с его помощью.

6 — *Как часто по скалам Кавказа... — Скалы Кавказа.* — Поэтическая символика Кавказа прочно связалась для читателей с именем автора «Кавказского пленника». В. Ф. Раевский называл *П* «певцом Кавказа».

7 — *Она Ленорой, при луне...* — Намек на балладу Г. А. Бюргера «Ленора». С полемики вокруг русских переводов ее («Людмила» Жуковского, 1808; «Ольга» Катенина, 1816) начались споры о романтизме и народности.

Назвав непосредственно немецкий оригинал («Ленора»), а не какую-либо одну из русских версий («Людмила», «Ольга»), *П* дал обобщенную романтическую формулу и уклонился от того, чтобы присоединиться к конкретным интерпретациям ее в русской поэзии.

9 — *Как часто по брегам Тавриды...* — Образ Тавриды ассоциировался у читателей тех лет с «Бахчисарайским фонтаном» и циклом элегий так же, как стих «В глуши Молдавии печальной» *(8, V, 3)* вызывал представление о «Цыганах», послании «К Овидию» и др. Таким образом, каждый из этих символов одновременно обозначал некоторый период творчества *П*, памятный по литературным спорам, вызываемым появлением тех или иных произведений *П*, определенный хронологический период реальной биографии поэта и некоторый момент в романтическом мифе, создаваемом при участии самого *П* вокруг его имени и соединяющем и окрашивающем первых два момента.

12 — *Немолчный шопот Нереиды... — Нереида (др.-греч.)* — нимфа, дочь бога моря Нерея, здесь: море. Образ из крымских элегий *П* (см. II, 156).

V, 10 — *Вдруг изменилось все кругом...* — В беловой рукописи:

Но дунул ветер, грянул гром (VI, 167) —

намек на ссылку в Михайловское. Н. Л. Бродский комментирует это место так: «*Ветер, гром* — это слова из того семантического ряда, которым Пушкин нередко сигнализировал о вольнолюбивом порыве, о восстании, мятеже, революционном движении, вообще о катастрофе, выходящей за пределы личного интимного крушения ⟨...⟩. „Грянул гром" — разразилось 14 декабря» (*Бродский*. С. 290). Толкование это следует считать ошибочным. В тексте *П*:

В глуши Молдавии печальной
Она смиренные шатры
Племен бродящих посещала,
И между ими одичала,
И позабыла речь богов
Для скудных, странных языков,
Для песен степи ей любезной...
Но дунул ветер, грянул гром[1]:
И вот она в саду моем
Явилась барышней уездной,
С печальной думою в очах,
С французской книжкою в руках *(8, V, 3–14)*.

Если принять толкование Бродского, то получим такую последовательность событий: пушкинская Муза скитается в степях южной ссылки — происходят события 14 декабря — пушкинская Муза появляется в Михайловском «с французской книжкою в руках». Это противоречит и содержанию V строфы, и пушкинской биографии, и здравому смыслу. Что же касается утверждений, что «ветер, гром» в творчестве *П*

[1] Приводим этот стих по варианту беловой рукописи.

«нередко» означали восстание, мятеж, революционные движения и противостояли семантике «личного интимного крушения», то они или «сигнализируют» о неосведомленности автора, или свидетельствуют о его расчете на неосведомленность читателя. В поэзии *П* нет ни одного случая употребления слова «ветер» («ветр») в таком значении (см.: Словарь языка *П*. Т. 1. С. 255). Слово же «гром» употребляется и в прямом значении, и в переносном, обозначая во втором случае как общественные движения (войны, социальные катаклизмы), так и личные катастрофы. Ср. стихотворение «Туча» (III, 381) или строки из «Цыган» об Алеко:

Над одинокой головою
И гром нередко грохотал;
Но он беспечно под грозою
И в ведро ясное дремал (IV, 184).

Означает ли это, что Алеко принимал участие в революции?

У *П* выделены такие этапы: Кавказ — место действия «Кавказского пленника», Крым, связанный с «Бахчисарайским фонтаном», Молдавия — мир «Цыган», среднерусская провинция — место действия центральных глав *ЕО*, петербургский свет — завершение романа. Однако речь идет не о простом географическом перемещении Музы: из вымышленного романтического пространства она переходит в реальное. Это и означает, что «изменилось все кругом» — изменился весь мир пушкинской поэзии, вокруг поэта и в его поэтическом сознании.

VII, 1–4 — *Ей нравится порядок стройный... И эта смесь чинов и лет.* — Положительная оценка света в этих стихах звучит неожиданно после резко сатирических картин в предшествующих строфах, в том числе близких по времени создания (*VII*, *XLVIII* и *LIII*). Ближайшие тактические причины этого связаны с полемикой вокруг проблемы «литературной аристократии», заставившей *П* противопоставить духовные ценности, накопленные дворянской культурой, «*идеализированному лакейству*» (XII, 9). С этим можно было бы сопоставить попытку трактовать гостиную Татьяны как «светскую и свободную» и «истинно дворянскую»:

XXVI

В гостиной истинно дворянской
Чуждались щегольства речей
И щекотливости мещанской
Журнальных чопорных судей
[В гостиной светской и свободной
Был принят слог простонародный
И не пугал ничьих ушей
Живою странностью своей:
(Чему наверно удивится
Готовя свой разборный лист
Иной глубокий журналист;
Но в свете мало ль что творится
О чем у нас не помышлял,
Быть может, ни один Журнал)]

XXVII

[Никто насмешкою холодной
Встречать не думал старика
Заметя воротник немодный
Под бантом шейного платка.]
И новичка-провинциала
Хозяйка [спесью] не смущала
Равно для всех она была
Непринужденна и мила (VI, 626–627).

Однако вопрос этот не может быть сведен к тактике литературной борьбы. *П*, сохраняя сатирическое отношение к свету, видит теперь и другую его сторону: быт образованного и духовно-утонченного общества обладает ценностью как часть национальной культуры. Он проникнут столь недостающим русскому обществу, особенно после 14 декабря 1825 г., уважением человека к себе («холод гордости спокойной»). Более того, *П* видит в нем больше истинного демократизма, чем в неуклюжем этикете или псевдонародной грубости образованного мещанства, говорящего со страниц русских журналов от имени демократии. Люди света проще и потому ближе к народу.

Во время работы над восьмой главой (сентябрь 1830 г.) *П* уже знал роман Бульвер-Литтона «Пелэм, или Приключения джентльмена». Произведение это столь заинтересовало *П*, что он задумал под его влиянием писать «Русский Пелам». Здесь он, вероятно, хотел показать джентльмена и денди, по существу, онегинского типа в русских условиях. В романе Бульвер-Литтона *П* мог обратить внимание на такое определение «светского тона»: «...меня чрезвычайно позабавила недавно вышедшая книга, автор которой воображает, что он дал верную картину светского общества ⟨...⟩ Я часто спрашивала себя, что думают о нас люди, не принадлежащие к обществу, поскольку в своих повестях они всегда стараются изобразить нас совершенно иными, нежели они сами. Я сильно опасаюсь, что мы во всем совершенно похожи на них, с той лишь разницей, что мы держимся проще и естественнее. Ведь чем выше положение человека, тем он менее претенциозен, потому, что претенциозность тут ни к чему. Вот основная причина того, что у нас манеры лучше, чем у этих людей; у нас — они более естественны, потому что мы никому не подражаем; у них — искусственны, потому что они силятся подражать нам; а все то, что явно заимствовано, становится *вульгарным*». В другом месте романа говорится о том, что «притязать на аристократизм — в этом есть ужасающая вульгарность» (*Бульвер-Литтон*. С. 165, 194). Очевидна текстуальная близость ряда высказываний *П* к этим цитатам.

Оценка света в седьмой строфе резко противостояла романтической традиции и закономерно вызвала возражения романтически настроенного Кюхельбекера: «Перечел 8-ю главу „Онегина“: напрасно сестра говорит, что она слабее прочих, — напротив, она мне кажется, если не лучшею, то, по крайней мере, из лучших. История знакомства Поэта с Музой прелестна — особенно 4-я строфа; но лжет Пушкин, чтобы Музе нравился:

> Порядок стройный
> Олигархических бесед
> И холод гордости спокойной»
>
> (*Кюхельбекер-1*. С. 101)

Однако для автора VII строфа имела принципиальный характер: в общественном отношении она затрагивала вопрос о вкладе дворянства в национальную культуру (ср. заметку о соотношении дворянства и нации на материале французской истории: «Бессмысленно не рассматривать эти 200 000 человек как часть 24 миллионов» — XII, 196, 482), в литературном — речь шла о смене сатирического изображения света психологическим. См.: *Сидяков Л. С.* Художественная проза А. С. Пушкина. Рига, 1973. С. 11–31. Таким подходом *П* отгораживал себя от романтической критики света Н. А. Полевым и от мещанско-нравоучительной, с оттенком доносительства, сатиры Ф. В. Булгарина. Образ света получал двойное освещение: с одной стороны, мир бездушный и механистический, он оставался объектом осуждения, с другой — как сфера, в которой развивается русская культура, жизнь одухотворяется игрой интеллектуальных и духовных сил, поэзией, гордостью, как мир Карамзина и декабристов, Жуковского и самого автора *ЕО*, он сохраняет безусловную ценность. Спор шел вокруг глубинного вопроса. Для Надеждина и Полевого дворянская культура была прежде всего дворянской, и это ее обесценивало. Для *П* она была в первую очередь культурой национальной (но не вопреки тому, а потому, что она дворянская). Это придавало ей высокую ценность, что, конечно, не касалось сторон дворянского быта, не имевшего отношения к духовным завоеваниям нации. С этих позиций само понятие народности трансформировалось. В пятой главе оно захватывало лишь один, наивный и архаический, чуждый «европеизма» пласт народной культуры. Теперь оно мыслилось как понятие культурно всеобъемлющее, охватывающее и высшие духовные достижения, в том числе и духовные ценности вершин дворянской культуры. Поэтому Татьяна, сделавшись светской дамой и интеллектуально возвысившись до уровня автора, могла остаться для него героиней народной по типу сознания.

VIII — Строфа, представляя собой резкое осуждение Онегина, повторяет обвинения, выдвинутые в седьмой главе от имени автора и близкие к высказываниям И. В. Киреевского (см. с. 382). Резкое осуждение Онегина отнюдь не выражает окончательного суда автора. В восьмой главе *П* отказался от использованного им в предшествующей главе метода прямых характеристик героя и представляет его читателю в столкновении различных, взаимопротиворечащих точек зрения, из которых ни одна в отдельности не может быть отождествлена с авторской.

IX — Строфа диалогически противопоставлена предшествующей. Мнение, высказанное в строфе VIII, приписывается «самолюбивой ничтожности», что знаменует резкий перелом в отношении автора к Онегину.

8 — *Что ум, любя простор, теснит...* — В. В. Виноградов, поясняя этот стих, писал: «Этот стих — ходячая, хотя и несколько видоизмененная цитата. Ее исторические корни раскрываются у И. С. Аксакова: „Говорить снова о перевороте Петра, нарушившем правильность нашего органического развития, было бы излишним повторением. Мы могли бы кстати, говоря об уме, припомнить слово, приписываемое Кикину и хорошо характеризующее наше умственное развитие. Предание рассказывает, что Кикин на вопрос Петра, отчего Кикин его не любит, отвечал: — Русский ум любит простор, а от тебя ему тесно“» (*Виноградов В. В.* Историко-этимологические заметки // Труды Отдела древнерусской литературы ИРЛИ. Л., 1969. Т. 24. С. 326). Указание В. В. Виноградова нуждается в дальнейшем комментарии. Мы располагаем несколькими близкими версиями этого устного предания. Согласно одной, Петр I якобы спросил Кикина в застенке: «Как ты, умный человек, мог пойти против меня?» — и получил ответ: «Какой я умный! Ум любит простор, а у тебя ему тесно». Современный исследователь, комментируя этот эпизод, отметил, что в нем «государственному абсолютизму, воплотившемуся в лице Петра, был противопоставлен принцип свободы личности» (*Заозерский А. И.* Фельдмаршал Шереметев и правительственная среда петровского времени // Россия в период реформ Петра I. М., 1973. С. 193). Раскрытие источника цитаты объясняет ход мысли *П*: судьбы русских Онегиных связываются для автора с размышлениями над итогами реформы Петра I. Одновременно можно отметить резкий

сдвиг в решении этих проблем, происшедший между седьмой и восьмой главами: сочувственная цитация слов Кикина — заметный шаг на пути от концепции «Полтавы» к «Медному всаднику». *Кикин* Александр Васильевич — крупный политический деятель эпохи Петра I, участник «заговора» царевича Алексея. Колесован в 1718 г.

X — Структура авторского монолога в этой строфе отличается большой сложностью. Отказываясь от романтического культа исключительности, *П* неоднократно высказывался в 1830-е гг. в пользу прозаического взгляда на жизнь и права человека на обыденное, простое счастье. Слова Шатобриана: «Нет счастья вне проторенных дорог» — *П* вложил в «Рославлеве» в уста Полины («Правду сказал мой любимый писатель: Il n'est de bonheur que dans les voies communes» — VIII, 154) и 10 февраля 1831 г. от своего имени повторил в письме к Н. И. Кривцову: «Молодость моя прошла шумно и бесплодно. До сих пор я жил иначе как обыкновенно живут. Счастья мне не было. Il n'est de bonheur que dans les voies communes. Мне за 30 лет. В тридцать лет люди обыкновенно женятся — я поступаю как люди, и вероятно не буду в том раскаиваться» (XIV, 150–151). Цитата эта интересна противопоставлением оставленного пути романтической молодости («жил иначе как обыкновенно живут») новой жизненной дороге («поступаю как люди»). При всей откровенной и подчеркнутой однозначности этой декларации, находящей опору в целом ряде высказываний *П* тех лет, она содержит лишь одну сторону истины и поэтому, взятая изолированно, приводит к искажению пушкинской позиции. Прежде всего письмо к Кривцову, другу юности, — явная стилизация, которая может быть понята до конца лишь в контексте переписки *П* этих месяцев в целом (24 февраля 1831 г. он писал Плетневу: «Я женат — и счастлив; одно желание мое, чтоб ничего в жизни моей не изменилось — лучшего не дождусь. Это состояние для меня так ново, что кажется я переродился» — XIV, 154–155). Тем более очевидно, что смысл X строфы раскрывается из соотношения ее с контекстом IX–XII строф, ее окружающих. Строфа IX утверждает превосходство «пылких душ» над «самолюбивой ничтожностью», строфа X — спасительность общих путей в жизни, XI — невозможность идти этими «общими путями» «вслед за чинною толпою», а XII — право на разрыв с обществом. Облик «общих путей» как бы двоится, колеблясь между здоровой прозой жизни и пошлой рутиной, а бунт против них соответственно то приобретает черты романтического эгоизма, то выступает как естественная потребность человека в свободе.

XII, 4 — *Прослыть притворным чудаком...* — Ср.: «Уж не пародия ли он?» *(7, XXIV, 14)*. Мысль, которую Татьяна считала «разгадкой» Онегина, в восьмой главе приписана «благоразумным» людям.

XIII, 14 — *Как Чацкий, с корабля на бал.* — Сопоставление Онегина с Чацким характерно для тенденции восьмой главы к «реабилитации» героя.

XIV, 13 — *Du comme il faut... (Шишков, прости...)* — В печатном тексте вместо фамилии Шишкова значились три звездочки (VI, 652), в рукописи — Ш*... (VI, 623). Кюхельбекер склонен был видеть в звездочках намек на себя и читал «Вильгельм, прости...» («Очень узнаю себя самого под этим гиероглифом». — *Кюхельбекер-1*. С. 101). Ю. Н. Тынянов считал, что «расшифровка „Шишков“, принятая до сих пор, довольно сомнительна» (Лит. наследство. Т. 16–18. С. 372). Мнение Тынянова, однако, опровергается наличием буквы «Ш» в рукописях и не встретило поддержки у текстологов. Оборот, примененный в этом стихе, заимствован из эпистолярной практики карамзинистов. Ср.: «Знаю твою нежность (сказал бы *деликатность*, да боюсь Шишкова)» (Письма Карамзина... С. 183). Выражение «comme il faut» (порядочный, приличный; буквально: «как должно» — *фр.*) употреблено здесь не в ироническом, а в положительном контексте. Ср.: «...ты знаешь, как я не люблю все, что пахнет московской барышнею, все, что не comme il faut, все, что vulgar... Если при моем возвращении я найду, что твой милый, простой, аристократический тон изменился; разведусь, вот те Христос, и пойду в солдаты с горя» (XV, 89).

*Шишков* Александр Семенович (1754–1841) — литературный деятель, адмирал, президент Российской академии и идейный руководитель «Беседы любителей русского слова», автор «Рассуждения о старом и новом слоге» и ряда резких выпадов против Карамзина. Несмотря на обилие в творчестве *П* полемических ударов против Шишкова, определенные стороны его языковой позиции учитывались поэтом. См.: *Виноградов В. В.* Очерки по истории русского литературного языка XVII–XIX вв. М., 1938. С. 227–268.

XV, 14 — *Зовется vulgar. (Не могу...* — Выражение *vulgar*, как и указание на «высокий лондонский круг», вероятно, восходит к «Пелэму» Бульвер-Литтона.

XVI, 9 — С *блестящей Ниной Воронскою...* — Вопрос о прототипе Нины Воронской вызвал разногласия у комментаторов. В. В. Вересаев высказал предположение, что *П* имел в виду Аграфену Федоровну Закревскую (1800–1879) — жену финляндского генерал-губернатора, с 1828 г. — министра внутренних дел, а после 1848 г. — московского военного генерал-губернатора А. А. Закревского (1786–1865). Экстравагантная красавица, известная скандальными связями, А. Ф. Закревская неоднократно привлекала внимание поэтов. *П* писал о ней:

С своей пылающей душой,
С своими бурными страстями,
О жены Севера, меж вами
Она является порой
И мимо всех условий света
Стремится до утраты сил,
Как беззаконная комета
В кругу расчисленном светил.

(«Портрет», 1828 — III, 112)

Ей же посвящено стихотворение *П* «Наперсник» (III, 113). Вяземский называл ее «медной Венерой». Баратынский писал о ней:

Как много ты в немного дней
Прожить, прочувствовать успела!
В мятежном пламени страстей
Как страшно ты перегорела!
Раба томительной мечты!
В тоске душевной пустоты,
Чего еще душою хочешь?
Как Магдалина плачешь ты,
И как русалка ты хохочешь!

(«К ...» — *Баратынский.* Т. 1. С. 49)

Закревская же была прототипом княгини Нины в поэме Баратынского «Бал». Именно это последнее было решающим для Вересаева (см. очерк «Княгиня Нина» в кн.: *Вересаев В.* В двух планах. Статьи о Пушкине. М., 1929. С. 97–102). Предположение это, принятое рядом комментаторов, было оспорено в 1934 г.

П. Е. Щеголевым, указавшим на следующее место в письме П. А. Вяземского к жене, В. Ф. Вяземской: Вяземский просит прислать образцы материй для Нины Воронской и добавляет: «так названа Завадовская в Онегине» (Лит. наследство. Т. 16–18. С. 558). Завадовская Елена Михайловна (1807–1874), урожденная Влодек, известна была исключительной красотой. Ей, видимо, посвящено стихотворение *П* «Красавица» (III, 287), упоминание в стихе 12 «мраморной красы» более подходит к Завадовской (ср. у Вяземского: «И свежесть их лица, и плеч их белоснежность, / И пламень голубой их девственных очей») и по внешности, и по темпераменту, чем к смуглой, с южной внешностью и безудержным темпераментом Закревской. Однако соображения Щеголева не были приняты единодушно. По мнению современного исследователя, «прототипом является, скорее всего, А. Ф. Закревская» (*Сидяков Л. С.* Художественная проза А. С. Пушкина. Рига, 1973. С. 52). Основанием для такого мнения является пропущенная строфа и то, что автор называет Нину Воронскую «Клеопатрой» (см. след. примеч.).

10 — *Сей Клеопатрою Невы... — Клеопатра* (69–30 до н. э.) — царица Древнего Египта, прославленная своей красотой и развращенностью. Образ Клеопатры заинтересовал *П* в 1824 г. Источником интереса явились строки латинского историка Аврелия Виктора, писавшего (вольный перевод *П*), что «Клеопатра торговала своею красотою ⟨...⟩ многие купили ее ночи ценою своей жизни» (VIII, 421). Работа над замыслом произведения о Клеопатре продолжалась до 1828 г. В дальнейшем, в 1835 г., в повестях «Мы проводили вечер на даче» (неоконч.) и «Египетские ночи» *П* вновь вернулся к этому образу. Клеопатра в художественном сознании *П* олицетворяла романтический идеал женщины —

«беззаконной кометы», поставившей себя и вне условностей поведения, и вне морали. Такое истолкование поддерживается наброском строфы XXVIa:

[Смотрите] в залу Нина входит
Остановилась у дверей
И взгляд рассеянный обводит —
Кругом внимательных гостей —
В волненьи перси — плечи блещут,
Горит в алмазах голова
Вкруг стана [вьются] и трепещат
Прозрачной сетью кружева
И шолк узорной паутиной —
Сквозит на розовых ногах... (VI, 515)

Обилие динамических глаголов, экстравагантный костюм создают контрастный Татьяне образ. *Горит в алмазах голова* — мода на бриллианты, распространившаяся с особенной силой с конца 1810-х гг., поражала иностранцев в Петербурге. «Самые роскошные и ценные брильянты той эпохи были императрицы Елизаветы Алексеевны. Они имели форму древесной ветви и располагались вокруг головы короною» (*Северцев Г. Т.* Петербург в XIX веке // Исторический вестник. 1903. № 5. С. 628). Закревская носила голубой тюрбан, заколотый крупными бриллиантами. С точки зрения Татьяны, бриллиантовые украшения на голове, конечно, vulgar.

Образ Клеопатры имел мужскую параллель в фигуре Фауста, также интересовавшего в это время *П* и определенным образом соотнесенного с онегинским типом. Поэтому введение такой героини в мир Татьяны и Онегина могло породить определенные сюжетные коллизии. Очевидно, что уравновешенная, холодная, «неземная» красавица Завадовская мало подходила в прототипы для «новой Клеопатры». Но Закревская не могла быть охарактеризована как мраморная красавица. Очевидно, поэтика второстепенных персонажей к восьмой главе существенно изменилась: они уже не являются выведенными на сцену реальными людьми, портреты которых читатель должен узнавать, а строятся по тем же законам художественного синтеза, что и центральные герои.

XVII, 3 — *Как! из глуши степных селений...* — *Степной* иногда употребляется у *П* в значении «сельский», как антоним понятия «цивилизованный» («На прелести ее степные / С ревнивой робостью гляжу» — *8, VI, 3–4*). Татьяна приехала не из степной полосы России, а из северо-западной (см. с. 395–396), и стих следует понимать: «из глуши простых, бедных селений».

10 — *С послом испанским говорит?* — В 1824 г., когда происходит встреча Онегина и Татьяны в Петербурге, Россия не поддерживала дипломатических отношений с Испанией, прерванных во время испанской революции. Испанский посол Хуан Мигуэль Паэс де ла Кадена появился в Петербурге в 1825 г. *П* познакомился с ним, видимо, в 1832 г. и записал с его слов рассказ секретаря Наполеона Бурьена о 18 брюмера (см.: XII, 204). Он же, возможно, прототип «путешествующего испанца» в отрывке «Гости съезжались на дачу...» (VIII, 41–42). О Паэс де ла Кадена см.: Рукою Пушкина. С. 210 и 326. Анахронизм появления этого персонажа совпадает с общей тенденцией *П* к изображению фона седьмой—восьмой глав на основании реальных впечатлений последекабристской эпохи.

XXII, 3 — *Но десять бьет; он выезжает...* — Нетерпение Онегина выразилось в том, что он выехал не только без опоздания, но и в максимально возможный ранний срок. Съезд гостей начинался после десяти вечера. Ростовы, приглашенные на бал к «екатерининскому вельможе», «в одиннадцать часов разместились по каретам и поехали» («Война и мир», т. 2, ч. III, гл. 14). От Таврического сада до Английской набережной они ехали не менее получаса, но прибыли еще до появления государя и начала бала. Онегин приезжает до появления гостей — «Татьяну он одну находит» (*XXII*, 6). Поскольку князь N дает не бал, а вечер, хозяева не встречают гостей при входе в зал, а запросто принимают в гостиной. Ср.: у Фамусовых собираются «потанцевать под фортепьяно»: они «в трауре, так балу дать нельзя». В момент появления гостей в комнате находится один Чацкий, Софья появляется несколько позже, что вызывает ядовитую реплику графини-внучки (д. III, явл. 8).

XXIII, 2 — *Сей неприятный tête-à-tête...* — разговор с глазу на глаз *(фр.)*.

XXIV, 14 — *Что нынче несколько смешно.* — Утонченная вежливость светского обращения и стиль тонкого остроумия беседы культивировались в XVIII в. Особый смысл это получило в 1790-е гг., когда приобрело политический оттенок; связанные с французскими эмигрантами круги петербургского общества демонстрировали сохранение в столице России истинно «версальского» тона, уже не существовавшего на его родине. XIX в. внес изменения в нормы светского поведения. С одной стороны, входила в моду «английская» манера — серьезные «мужские» разговоры и отрывистая речь сменяют утонченную и интонационно отработанную беседу с дамами. С другой — «солдатские» манеры наполеоновских генералов, по мере того как Франция становится признанным дипломатическим партнером, все более входят в стиль и даже моду в европейских салонах. В России они появились вместе с французским послом Коленкуром после Тильзита. Характеризуя стиль поведения людей империи Наполеона, мемуарист Ф. Головкин писал: «Изящные манеры, образование, скорее блестящее, чем основательное, и чрезвычайная ветряность характера» оказались совершенно чуждыми тому миру, где культивировались «положительные таланты и дурные манеры, как главные условия карьеры» (*Головкин Ф.* Двор и царствование Павла I. М., 1912. С. 336). Общее изменение светского тона коснулось и России, особенно резко сказавшись в поведении передовой молодежи (*Лотман-1*. С. 30–31). «Тонкость» светского обращения XVIII в. стала восприниматься как архаическая и смешная.

XXV, 6 — *На вензель, двум сестрицам данный...* (в рукописи: «На вензель, двум сироткам данный...» (VI, 511)) — Смысл стиха поясняется в записках А. О. Смирновой-Россет: «Генерал Бороздин приехал в Петербург после выпуска двух старших дочерей, занемог и умер на руках жандармского генерала Балабина, который донес государю через графа Бенкендорфа, в каком бедном положении он оставил своих сирот ⟨...⟩ Тогда взяли двух старших Бороздиных во дворец и дали им вензель. Граф Моден им завидовал. Тогда Пушкин написал стихи:

Всему завистливый Моден
На вензель, двум сироткам данный...»

(*Смирнова А. О.* Записки, дневники, воспоминания, письма. М., 1929. С. 83). Свидетельство это не следует, однако, толковать слишком прямолинейно. Во-первых, потому, что в черновиках *ЕО* не обнаруживается ни приводимого Смирновой варианта, ни строк с рифмами, позволяющими предполагать его наличие («Моден — мужчин» — рифма для *П* невозможная). Во-вторых, вряд ли граф Моден настолько интересовал *П*, чтобы он решился включить в *ЕО* стихи, не имеющие иного интереса, кроме персональной карикатуры на лицо, известное лишь узкому кругу читателей (мы уже отмечали, что поэтика резких переходов от общеизвестного к предельно интимным реалиям для восьмой главы нехарактерна). Вероятно, автору было необходимо придать разговорам в салоне Татьяны оттенок политической злободневности. С этим связано далекое от нейтральности осенью 1830 г. упоминание в рукописном варианте того, что Польша (или действия русских войск в Польше?) вызвала недовольство в обществе[1]. Не лишен специфического оттенка и эпизод с «двумя сиротками». Рассказ Смирновой, возможно неосознанно для самой рассказчицы, вскрывает тенденциозную сторону этого милостивого жеста: забота о сиротках осуществляется как акция жандармского корпуса. Генерал Бороздин умирает «на руках» начальника 1-го округа особого корпуса жандармов П. И. Баналабина, через последнего известие о бедственном положении сирот доходит до Бенкендорфа, а тот, в свою очередь, извещает Николая I. Это вполне соответствовало официальной версии о том, что корпус жандармов учрежден для того, чтобы непосредственно доставлять императору, минуя государственные инстанции, сведения о нуждах «вдов и сирот». В обществе повторяли легенду о том, что когда Бенкендорф спросил у Николая I инструкцию для нового учреждения, то император протянул ему свой носовой платок, сказав, что это и есть инструкция: вытирая этим платком слезы вдов и сирот, он лучше всего выполнит высочайшую

---

[1] Шестой стих читался: «На Польшу, на климат туманный», а вместо «на все сердитый господин» было: «граф Турин» (VI, 511).

волю. У истории «двух сироток» была другая сторона: вензель (знаки с инициалами императрицы, дававшиеся фрейлинам) получали лишь первые из выпускниц Смольного и Екатерининского институтов, а количество наград этого рода было ограниченным, так что «милость» одним из них должна была нарушить законные права других (дав вензель «сироткам», император лишил кого-то из выпускниц заслуженной награды). Затрагивать вопрос о жандармах как механизме «отеческого самодержавия» было абсолютно невозможно, но недовольство «всегда сердитого графа Турина» могло ассоциироваться с более серьезными вещами, чем зависть графа Модена.

7 — *На ложь журналов, на войну...* — Стих этот для 1824 г. звучит как анахронизм, между тем как в контексте 1830 г. он получил злободневный политический смысл. Ср. доносительную пьесу М. Н. Загоскина «Недовольные» и отклик на нее Чаадаева в письме А. И. Тургеневу: «„Недовольные“! Понимаете вы всю тонкую иронию этого заглавия? Чего я, со своей стороны, не могу понять, это — где автор разыскал действующих лиц своей пьесы. У нас, слава богу, только и видишь, что совершенно довольных и счастливых людей. Глуповатое благополучие, блаженное самодовольство, вот наиболее выдающаяся черта эпохи у нас...» (*Чаадаев П. Я.* Соч. и письма. М., 1914. Т. 2. С. 198). В контексте 1830 г. характеристика «сердитый господин» придавала образу окраску политического фрондерства.

XXVI, 1 — *Тут был Проласов, заслуживший...* — Н. О. Лернер, сославшись на Л. И. Поливанова, полагал, что имеется в виду Андрей Иванович Сабуров (см.: *Лернер*. С. 95). Рассуждения Лернера представляются лишенными оснований.

4 — *St.-Priest, твои карандаши...* — Граф *Сен-При* Эммануил (1806–1828) — гусар и светский карикатурист. Покончил самоубийством при неясных обстоятельствах.

6 — *Стоял картинкою журнальной...* — *Картинка журнальная* — гравюра с изображением последних мод. Такие иллюстрации, раскрашенные от руки, прилагались для увеличения подписки к ряду русских журналов.

7 — *Румян, как вербный херувим...* — *Вербный херувим* — фигурка ангела из воска, продававшаяся на «вербных базарах».

10 — *Перекрахмаленный нахал...* — Среди франтов 1820-х гг. было принято носить батистовые шейные платки. Слегка крахмалить такие платки ввел в моду знаменитый денди Дж. Брэммель. Ср. в «Пелэме»: «...передо мной стоял современник и соперник Наполеона — самодержавный властитель обширного мира мод и галстуков — великий гений, перед которым склонялась аристократия и робели светские люди, кто небрежным кивком приводил в трепет самых надменных вельмож всей Европы, кто силою своего примера ввел накрахмаленные галстуки и приказывал обтирать отвороты своих ботфорт шампанским...» (*Бульвер-Литтон*. С. 192). См. также: «Так это-то милый крокодил, который за каждым déjeuner dansant [танцевальный утренник] глотает по полудюжине сердец и увлекает за собой остальные манежным галопом? Mais il n'est pas mal, vraiment [но он, право, недурен]. Жаль только, что он как будто накрахмален с головы до ног или боится измять косточки своего корсета» (*Бестужев-Марлинский А. А.* Соч.: В 2 т. М., 1958. Т. 1. С. 189;

цитата из повести «Испытание», появившейся в «Сыне Отечества» и «Северном архиве», 1830). Слегка крахмалить галстук — признак дендизма. Перекрахмалить — переусердствовать по части моды, что само по себе противоречило неписаным нормам хорошего тона и было vulgar.

XXVII, 8–14 — *О люди! все похожи вы... А без того вам рай не рай.* — Имеется в виду библейский миф о сатане, в образе змия-искусителя пробравшемся в рай, соблазнившем первую женщину Еву, уговорив ее вкусить от запретного древа добра и зла.

XXVIII, 10 — *Пока Морфей не прилетит...* — *Морфей (др.-греч.)* — бог сна.

XXX, 10 — *Боа пушистый на плечо...* — *Боа* — «женский шарф, повязка из меха или перьев» (Словарь языка *П*. Т. 1. С. 142). В беловом автографе: «Змеистый соболь на плечо» (VI, 631).

XXXI, 14 — *Те хором шлют его к водам.* — Ср.: «В ряду модных явлений обыденной общественной жизни в двадцатых годах нынешнего столетия особенно резко сказалась страсть аристократического общества к лечению минеральными водами» (*Пыляев М. И.* Старое житье: Очерки и рассказы. СПб., 1892. С. 82). Ср. набросок *П* «Роман на Кавказских водах» и «Княжну Мери» Лермонтова.

Письмо Онегина к Татьяне. — Письмо Онегина написано, когда основной текст романа был уже закончен — под рукописью стоит дата: «5 окт. 1831» (VI, 518). *П* решил, что для общего построения романа необходимо уравновесить письмо Татьяны к Онегину аналогичным включением в последнюю главу. «Введение письма Онегина ⟨...⟩ устанавливало полную симметрию в отношении разработки основной любовной фабулы романа» (*Благой Д.* Мастерство Пушкина. М., 1955. С. 198). Однако попытки сделать текстуальные сближения отдельных стихов обоих писем (см.: *Бродский.* С. 303–304) не дают убедительных результатов. Единственный, казалось бы, бесспорный факт совпадения находим в начале обоих писем:

в письме Татьяны:

> Теперь, я знаю, в вашей воле
> Меня презреньем наказать (VI, 65);

в письме Онегина:

> Какое горькое презренье
> Ваш гордый взгляд изобразит! (VI, 180)

Однако, пожалуй, здесь особенно очевидно различие.

Совпадение объясняется, казалось бы, простым указанием на общность литературного источника: во втором письме Сен-Пре к Юлии читаем: «Я чувствую заранее всю тяжесть вашего презренья» («Je sens d'avance le poids de votre indignation»); в новейшем переводе А. А. Худадовой неточно: «Я заранее чувствую силу вашего гнева» (*Руссо Ж.-Ж.* Избр. соч.: В 3 т. М., 1961. Т. 2. С. 17). Эти знаменитые, хрестоматийно известные письма, конечно, были в памяти не только у Татьяны и Онегина, но и у читателей романа. Ср. в «Метели» объяснение в любви Бурмина и Марьи Гавриловны: «Я поступил неосторожно, предаваясь милой привычке, привычке видеть и слышать вас ежедневно...» (Марья Гавриловна вспомнила первое письмо St.-Preux). «Теперь уже поздно противиться судьбе моей...» (VIII, 85). Отметим совпадение не только с Руссо, но и с письмом Онегина: «Привычке милой не дал ходу» *(VI, 180)*, «И предаюсь моей судьбе» *(VI, 181)*.

Онегин и Татьяна используют одни и те же формулы, однако смысл и функция этих формул в их употреблении глубоко различны. Татьяна обращается к Руссо потому, что, «себе присвоя / Чужой восторг, чужую грусть» *(3, X, 9–10)*, чувствует и мыслит как героиня романов. Любовь ее глубоко искренна, но выражения литературны. Сен-Пре мог бояться презрения своей возлюбленной: он был неровня ей в социальном отношении, брак между ними заранее был исключен, юная ученица-аристократка могла ответить презрением на его чувство. Конечно, Татьяна, обращаясь первая с любовным признанием к мужчине, совершала весьма рискованный поступок с точки зрения житейских норм, но ведь она и не мыслит категориями этих «пошлых» установлений, а живет в мире романов. А в романах герои получают любовные письма от героинь и, получив, не презирают, а одаряют их счастьем или губят. Презренье же она упомянула лишь потому, что о нем говорилось в письме Сен-Пре.

Совершенно иной является ситуация с письмом Онегина. Прежде всего это письмо, видимо, написано по-русски. По крайней мере, тщательному обоснованию того, что в романе письмо Татьяны дано в переводе, во втором случае ничего не соответствует. Это не «дамская любовь», которая «не изъяснялася по-русски» *(3, XXV, 11–12)*, и вряд ли молчание здесь случайно. Даже если предположить, что в реальной жизни человек онегинского типа, вероятнее всего, писал бы любовное письмо по-французски, интересно обратить внимание на то, что автор предпочел не акцентировать этого момента, не делать его фактом романной реальности. Это приводит к тому, что в письме Онегина расхожие формулы перестают быть связанными с *определенным* текстом, а превращаются в факт общего употребления. Так, для выражения «милая привычка» (douce habitude) можно было бы указать десятки «источников». На самом же деле это выражение уже оторвавшееся от любого из них. Но именно потому, что Онегин употребляет эти выражения, не задумываясь, откуда они пришли к нему, что сами по себе эти выражения для него ничего не значат, они оказываются тесно связанными с его реальной биографией. У Онегина есть основания — вполне реальные — опасаться презрения Татьяны: отвергнув чистую любовь неопытной девушки и преследуя своей страстью замужнюю женщину, он как бы напрашивается на нелестные мотивировки своих действий. Письмо Онегина производит впечатление гораздо меньшей литературности: тут нет цитат, которые должны ощущаться как цитаты. Конечно, «бледнеть и гаснуть», «обнять ⟨...⟩ колени», «у ваших ног излить мольбы...» и проч. — выражения яркой книжной окрашенности и в большинстве случаев восходят к устойчивым клише французского любовного речевого ритуала. Но они формируют сферу *выражения* онегинского письма, которая именно в силу своей условности не оказывает влияния на *содержание*, как в прозе или в обыденной речи. Книжные же выражения в письме Татьяны формируют самый склад ее любовных переживаний. Как в поэзии, здесь выражение есть одновременно и содержание.

20–21 — *Я думал: вольность и покой / Замена счастью.* — Ср. противоположное утверждение: «На свете счастья нет, но есть покой и воля» (III, 330).

Утраченные Онегиным «вольность и покой» переходят к Татьяне: «она / Сидит покойна и вольна» *(8, XXII, 13–14)*.

XXXV — Строфа характеризует круг чтения Онегина. Г. А. Гуковский, считая, что в восьмой главе происходит быстрое идеологическое созревание Онегина, которое, по мнению исследователя, должно привести героя на Сенатскую площадь, подчеркивал значение данной строфы: «Этот список знаменателен; для современника он был понятен. В нем только одно имя вызывает представление о художественной литературе как таковой — Манзони. Остальные — философы, историки, публицисты и естествоведы (физиологи, врачи). Онегин от верхоглядства, светского полуневежества, скрашенного уменьем говорить обо всем, серьезно погружается в мир знания, стремится „в просвещении стать с веком наравне“» (*Гуковский Г. А.* Пушкин и проблемы реалистического стиля. М., 1957. С. 260). С этим трудно согласиться, так же как и с утверждением Н. Л. Бродского о том, что «перечень авторов говорит, что Евгений продолжал следить за разнообразными течениями европейской науки и литературы...» (*Бродский*. С. 304). Трудно назвать стремлением «следить» за течением науки и литературы чтение авторов, из которых лишь Манзони принадлежал современности, а остальные писали в XVIII или даже в XVII в. Если пытаться найти в перечне онегинских книг какую-то систему, то самым поразительным будет их несовременность. Это совсем не те книги, которые жадно читает сам *П*, просит у друзей в Михайловском или добывает через Е. М. Хитрово в Петербурге. В отличие от утверждения Г. А. Гуковского, список поражал современников именно бессистемностью и странностью. Вот мнение В. К. Кюхельбекера: «Из худших строф 35-я, свидетельствующая, что Александр Сергеевич родной племянник Василия Львовича Пушкина, великого любителя имен собственных; особенно мил Фонтенель с своими творениями в этой шутовской шутке» (*Кюхельбекер-1*. С. 101–102). Кюхельбекер имеет в виду ряд перечислений в стихотворениях В. Л. Пушкина:

Вергилий и Омер, Софокл и Эврипид,
Гораций, Ювенал, Саллюстий, Фукидид...

Не улицы одне, не площади и домы —
Сен-Пьер, Делиль, Фонтан мне были там знакомы.

(Поэты 1790–1810-х. С. 665, 667)

Однако Кюхельбекер, вероятно, помнил и пародию И. И. Дмитриева:

Какой прекрасный выбор книг!
Считайте — я скажу вам вмиг:
Бюффон, Руссо, Мабли, Корнилий,
Гомер, Плутарх, Тацит, Виргилий,
Весь Шакеспир, весь Поп и Гюм,
Журналы Аддисона, Стиля...
И все Дидота, Баскервиля!

(*Дмитриев-1*. С. 350; ср. с. 348)

Правильнее согласиться с автором, что Онегин «стал вновь читать» все «без разбора», «не отвергая ничего», хотя это и противоречит концепции духовного возрождения Онегина в конце романа. *Гиббон* Эдуард (1737–1794) — английский историк, автор капитального исследования «История упадка и разрушения Римской империи». В пушкинскую эпоху Гиббон — классический автор. Его читают: М. П. Погодин в 1831 г. просит *П* купить ему Гиббона (XIV, 171), в 1836 г. Вяземский просит у *П* мемуары Гиббона (XVI, 128). В Чите кружок ссыльных декабристов перевел «Историю упадка...» (см.: *Беляев А. П.* Воспоминания декабриста о пережитом и перечувствованном. СПб., 1882. С. 229). Однако Гиббон воспринимался как историк уже прошедшего века. М. С. Лунин считал, что «одна страница Тацита лучше знакомит нас с римлянами, чем вся история Роллена или мечтания Гиббона» (*Лунин М. С.* Письма из Сибири. М., 1988. С. 96). В «Истории села

Горюхина» Белкин не без иронии уподоблен Гиббону: «Ныне, как некоторый мне подобный историк, коего имени я не запомню (вариант: „некоторый англичанин“), окончa свой трудный подвиг, кладу перо и с грустию иду в мой сад…» (VIII, 133, 705). *Руссо* — см. с. 571. *Манзони* Алессандро (1785–1873) — итальянский поэт и романист, романтик. *П* высоко ценил роман Манзони «Обрученные», который читал по-французски. Однако некоторые публицистические произведения Манзони он читал в подлиннике. Книги Манзони имелись в библиотеке *П* (см.: Рукою Пушкина. С. 555–556). *Гердер* Иоганн Готфрид (1744–1803) — немецкий философ, фольклорист, автор трактатов «Идеи о философии истории человечества», «Критические леса, или Размышления, касающиеся науки о прекрасном» и др. Онегин, видимо, читал Гердера во французских переводах. *Шамфор* Себастьен-Рок-Никола (1741–1794) — французский писатель, автор книги изречений «Максимы и мысли» и сб. «Характеры и анекдоты». *П* и Вяземский интересовались Шамфором и как бытописателем, и как мастером афоризма. Один из афоризмов Шамфора, возможно, откликнулся в *ЕО* (см. с. 267). *Madame de Staël* — см. с. 255. *Биша* Мари-Франсуа-Ксавье (1771–1802) — знаменитый французский физиолог, автор «Физиологических исследований о жизни и смерти». *Тиссо* — неясно, имеется ли в виду Тиссо Симон-Андрэ (1728–1797) — врач, автор популярных в XVIII в. медицинских трудов (были переведены на русский язык его кн.: Онанизм. Рассуждение о болезнях, происходящих от малакии. М., 1793; О здравии ученых людей. СПб., 1787; Наставление народу в рассуждении его здоровья. СПб., 1781) или малоизвестный литератор Тиссо Пьер Франсуа (1768–1854) — автор «Очерка войн революции вплоть до 1815 г.» и некоторых незначительных сочинений. *Бель* Пьер (вернее, Бейль; 1647–1706) — французский философ скептического направления, автор «Исторического и критического словаря». Словарь Беля *П* упомянул в «Путешествии из Москвы в Петербург» (XI, 228–229). *Фонтенель* — см. с. 386.

Стоит ознакомиться с этим разнородным материалом, чтобы понять, что найти единую объединяющую формулу для интереса к нему так же трудно, как и объяснить сближение Онегина с декабристами интересом к Тиссо или Биша, равно как и к насмешившему Кюхельбекера Фонтенелю.

9–11 — *И альманахи, и журналы... Где нынче так меня бранят...* — Восьмая глава писалась в обстановке резких нападок критики на *П.* Объединение таких различных, по существу взаимовраждебных, критиков, как Булгарин, Греч, Надеждин, Полевой, в их едином осуждении поэзии *П* превратило критику 1829–1830 гг. в журнальную травлю поэта. Сигнал был подан Булгариным, резко отрицательно оценившим в «Сыне Отечества» «Полтаву». Еще суровее осудил поэму в «Вестнике Европы» Надеждин. Разбирая «Полтаву», «Графа Нулина» и *ЕО*, Надеждин обвинял *П* в «нигилизме» и «зубоскальстве», поверхностной оппозиционности и мелкотемье. Обвинения эти имели не только эстетический характер: в критике 1829–1830 гг. все отчетливее звучали ноты политической дискредитации *П.* После рецензии Булгарина на седьмую главу *ЕО*, где обвинение в антипатриотизме было высказано прямо, полемика приобрела исключительно острый характер. Под знаком борьбы «Литературной газеты» Дельвига, деятельным участником которой был *П*, с обвинениями в «литературном аристократизме» и с потоком открытых и тайных инсинуаций прошли для *П* зима и весна 1830 г. Все эти впечатления были очень живы, когда поэт работал над восьмой главой *ЕО*. См.: *Гиппиус Вас.* Пушкин в борьбе с Булгариным в 1830–1831 гг. // Временник. Т. 6. С. 235–255.

XXXVI — Онегин как бы второй раз переживает свою жизнь: кабинетное затворничество повторяет затворничество в первой главе («от света вновь отрекся он» *(XXXIV, 8)*, «ему припомнилась пора» *(XXIV, 10)*, чтение повторяет время, когда он «отрядом книг уставил полку, / Читал, читал — а все без толку...» *(1, XLIV, 5–6)*. XXXVI строфа дает повторное переживание третьей—пятой глав, погружение в мир народной поэзии, простоты и наивности, составлявших обаяние Татьяны в начале романа.

XXXVII — Идея повторного переживания жизни воплощается в этой строфе в образе *фараона* — азартной карточной игры. Воображение выступает как банкомет, который мечет перед Онегиным-понтером вместо карт сцены из прожитой жизни. В черновой рукописи банкометом оказывается Рок.

Итог игры горестен для Онегина:

Все ставки жизни проиграл (VI, 519).

Образ *проигранной жизни* глубоко волновал *П*. Сложное отношение *П* к проблеме игры анализируется в работе «„Пиковая дама“ и тема карт...» (*Лотман Ю. М.* Пушкин. С. 786–814). Отождествление сцен из романа с рассыпанной по столу колодой карт, уничтожая момент временно́го развития, движения и упования на «хороший» конец, представляет предшествующее содержание *ЕО* в новом, безжалостном свете. Одновременно происходит и эмоционально-стилистическое переосмысление прежних сцен и эпизодов. Так, в четвертой главе встречалась литературно-пародийная картина:

Покоится в сердечной неге,
Как пьяный путник на ночлеге,
Или, нежней, как мотылек,
В весенний впившийся цветок *(4, LI, 5–8).*

В повторном просмотре образ трансформируется трагически:

...на талом снеге
Как будто спящий на ночлеге,
Недвижим юноша лежит,
И слышит голос: что ж? убит *(8, XXXVII, 5–8).*

XXXVIII, 5 — *А точно: силой магнетизма...* — «Качество животного тела, которое делает его способным к влиянию тел небесных и взаимному действию тех, которые его окружают, явное в сходстве с магнитом, убедило меня назвать его животным магнетизмом ⟨...⟩ Действие и сила магнетизма, характеризованные таким образом, могут быть сообщены другим телам одушевленным и неодушевленным» (определение Ф. Месмера. — Цит. по: *Долгорукий А.* Орган животного месмеризма... СПб., 1860. С. 15). Магнетизм сделался в 1820–1830-х гг. модным словом для обозначения нематериальных влияний. Ср. употребление этого слова Смирновой-Россет (ответ на вопрос, как женщина чувствует возникновение для нее опасности): «...я сидела с Перовским в карете ⟨...⟩ Вдруг я почувствовала опасность.

— Как узнают опасность?

— Воцарилось молчание и опасный магнетизм» (*Смирнова-Россет*. С. 193).

6 — *Стихов российских механизма …* — Стих противопоставлен строкам из первой главы:

> Не мог он ямба от хорея,
> Как мы ни бились, отличить *(1, VII, 3–4)*.

12–13 — *И он мурлыкал: Benedetta иль Idol mio…* — А. П. Керн вспоминает, что в Тригорском распевались строфы «Венецианской ночи» Козлова на мотив баркаролы «Benedetta sià la madre» (А. С. Пушкин в воспоминаниях современников. Т. 1. С. 387).

О популярности баркаролы см. в воспоминаниях О. А. Пржецлавского (Русская старина. 1874. № 11. С. 462). *Idol mio* — вероятно, дуэттино итальянского композитора В. Габуси: «Se, o cara, sorridi» («Если ты улыбнешься, милая…») с припевом: «Idol mio, più pace non ho» («Идол мой, я покоя лишен»). Данные об этом см.: *Лернер*. С. 103, 105.

XXXIX, 11 — *На синих, иссеченных льдах…* — Зимой на Неве заготовляли большие кубы льда для ледников. С наступлением мартовских оттепелей их развозили на санях покупателям.

XLIV, 8 — *Что я богата и знатна…* — О понятии «богатства» см. с. 39–41. *Знатна* — быть знатным означает принадлежать к титулованной знати. Значительная часть русских древнейших боярских родов в начале XIX в. или исчезла, или потеряла титулы и выбыла из числа знати. Знать пушкинского времени в основном образовалась в послепетровскую эпоху. Выйдя замуж за князя N, Татьяна стала княгиней и сделалась знатна. Княжеский титул, в отличие от графского, был коренной, русский, и среди князей могли находиться потомки старинных фамилий, хотя значительная часть также относилась к «новой знати».

9 — *Что муж в сраженьях изувечен...* — Вопреки распространенному мнению, еще Н. О. Лернер (очерк «Муж Татьяны» в кн.: Рассказы о Пушкине. Л., 1929. С. 213–216) показал, что муж Татьяны вполне мог быть нестарым человеком. Грибоедов писал в 1816 г. Бегичеву: «...ныне большая часть генералов таких, у которых подбородок не опушился» (*Грибоедов А. С.* Полн. собр. соч.: В 3 т. Пг., 1917. Т. 3. С. 122). Онегину, который родился в 1795 г. или около этого, весной 1825 г. могло быть неполных 30 лет. Князь N — его родня и приятель, с которым Онегин на «ты», мог быть лет на пять старше. Михаил Орлов стал генералом в 26 лет, что считалось карьерой ранней и блестящей. Но то, что член Союза благоденствия Ф. Г. Кальм получил генеральское звание 36 лет, было для активного участника многих кампаний нормально. 28 лет сделался гвардии полковником (что равнялось армейскому генералу) Катенин. *Изувечен* — не означает «изуродован» или «сделался инвалидом», а лишь указывает на многократные ранения, что было обычно для поколения людей войны 1812 г.

XLVIII, 9 — *Читатель, мы теперь оставим...* — Решение оборвать сюжетное развитие *ЕО*, не доводя его до канонического для романа завершения, было для *П* сознательным и принципиальным. Каковы бы ни были биографические, цензурные или тактические обстоятельства, подтолкнувшие к такому решению, с того момента, как оно созрело, оно сделалось художественно осмысленным. Более того, каковы бы ни были обстоятельства, принудившие *П* отказаться от традиционных форм композиции, они натолкнули его на эстетическое открытие такой силы, что последствия его сказались на всем русском романе XIX в. *П* знал, что читатели и критика ждут от него традиционного «конца», в специальном стихотворном послании к Плетневу *П* собирался дать ответ «друзьям», убеждавшим его продолжить якобы неоконченный роман:

Вы говорите справедливо,
Что странно, даже неучтиво
Роман не конча перервать,
Отдав его уже в печать,
Что должно своего героя
Как бы то ни было женить,
По крайней мере уморить,
И лица прочие пристроя,
Отдав им дружеский поклон,
Из лабиринта вывесть вон (III, 397).

Однако такой подход для автора *ЕО* был теперь таким же архаизмом, как и требование, чтобы:

...при конце последней части
Всегда наказан был порок,
Добру достойный был венок *(3, XI, 12–14)*.

Поэтому все попытки исследователей и комментаторов «дописать» роман за автора и дополнить реальный текст какими-либо «концами» должны трактоваться как произвольные и противоречащие поэтике пушкинского романа. В. Г. Белинский писал: «Где же роман? Какая его мысль? И что за роман без конца? — Мы думаем, что есть романы, которых мысль в том и заключается, что в них нет конца, потому что в самой действительности бывают события без развязки ⟨...⟩ Что сталось с Онегиным потом? Воскресила ли его страсть для нового, более сообразного с человеческим достоинством страдания? Или убила она все силы души его, и безотрадная тоска его обратилась в мертвую, холодную апатию? — Не знаем, да и на что нам знать это, когда мы знаем, что силы этой богатой натуры остались без приложения, жизнь без смысла, а роман без конца? Довольно и этого знать, чтоб не захотеть больше ничего знать...» (*Белинский В. Г.* Полн. собр. соч.: В 8 т. М., 1955. Т. 7. С. 469).

L, 13 — *Я сквозь магический кристалл... — Магический кристалл* — стеклянный шар, служащий прибором при гадании. Освещая его свечой с обратной стороны, гадающий всматривается в появляющиеся в стекле туманные образы и на основании их предсказывает будущее (см.: *Лернер*. С. 105–108).

В последнее время М. Ф. Мурьянов оспорил объяснение Н. О. Лернера, увидав в нем «смысловую неувязку — ведь стекло является по своей природе веществом аморфным, а не кристаллическим и даже по внешней форме стеклянный шар не имитирует природный кристалл, который, как известно, имеет только плоские грани» (Временник. 1970. С. 92). Автору осталось неизвестным, что слово «кристалл» в высоком стиле могло означать «стекло». См. в «Вельможе» Державина: «Не истуканы за кристаллом (т. е. под стеклом. — *Ю. Л.*), / В кивотах блещущи металлом (т. е. в золотых рамах. — *Ю. Л.*), / Услышат похвалу мою». Вода, как известно, имеет аморфную структуру. Это не мешало *П* написать: «...отразилася в кристале зыбких вод» (I, 78), то есть в стекле, в зеркале вод. Это делает дальнейшие рассуждения М. Ф. Мурьянова беспредметными. Гадание на кристаллах действительно имело место, но в обиходе гадалок «магическим кристаллом» именовалась именно сфера (кстати, сам Мурьянов в качестве примера приводит изображение полусферы на картине Бальдунга, что также никакого отношения к природному кристаллу не имеет).

LI — строфа отличается необычной художественной концентрацией. Начинающее ее опасно-конфиденциальное биографическое признание, устанавливающее между автором и читателем отношение доверительной близости, сменяется предельной и необычной для *ЕО* образной абстракцией: сюжет романа спроецирован в плоскость таких понятий, как Идеал, Рок, Жизнь (все графически даются с заглавной буквы!). Образ Жизни раскрывается в двух ориентированных на глубокую литературную традицию метафорах: «жизнь — пир» (вариант «жизнь — чаша»), «жизнь — книга». Первый образ получил широкое распространение в романтической элегической поэзии (см.: *Бочаров С. Г.* Поэтическое предание и поэтика Пушкина // Пушкин и литература народов Советского Союза. Ереван, 1975. С. 54–73), второй, уходя корнями в античную и фольклорную традицию, был обновлен, с характерной заменой книги на роман, Карамзиным:

> Что наша жизнь? Роман. — Кто автор? Аноним.
> Читаем по складам, смеемся, плачем... спим.
>
> (*Карамзин-1*. С. 236)

Высокая концентрация литературной образности в двенадцати стихах строфы резко контрастирует с простотой двух заключительных стихов. Одновременно резко меняется точка зрения носителя текста и распределение сфер реальности и вымысла. В начале строфы Онегин и Татьяна предстают как литературные образы — создания авторского творческого воображения, далее намекается, что в облике Татьяны жизнь и поэзия сливаются. Но в следующих стихах сама Жизнь получает название романа, а автор перемещается в позицию читателя, который волен «дочитывать» ее до конца или нет. Такими средствами создается синтез основных стихий романа: литературы и действительности.

3–4 — *Иных уж нет, а те далече, / Как Сади некогда сказал.* — Стихи представляют собой пересказ текста, впервые использованного *П* как эпиграф для «Бахчисарайского фонтана»: «Многие, так же как и я, посещали сей фонтан; но иных уже нет, другие странствуют далече. *Саади*» (IV, 153). *Сади* (Саади; между 1203 и 1210–1292) — иранский поэт, родился в Ширазе. Высказывание, использованное *П* в качестве эпиграфа, содержится в поэме «Бустан», как это было установлено К. И. Чайкиным (см.: Временник. Т. 2. С. 468). Непосредственным источником для *П* послужил французский перевод «восточного романа» Т. Мура «Лалла Рук» (см.: *Томашевский*. Кн. 1. С. 506). Однако цитата эта в *ЕО* имела более сложный смысл. В № 1 «Московского телеграфа» за 1827 г. появилась статья Н. А. Полевого «Взгляд на русскую литературу 1825 и 1826 гг. (Письмо в Нью-Йорк к С. Д. П.)». В эту статью, содержащую ряд смелых политических намеков, П. А. Вяземский, как это было установлено М. И. Гиллельсоном (см.: Пушкин: Исследования и материалы. М.; Л., 1960. Т. 3. С. 424), сделал вставку: «В эти два года много пролетело и исчезло тех резвых мечтаний, которые веселили нас в былое время... Смотрю на круг друзей наших, прежде оставленный, веселый и часто (думая о тебе) с грустью повторяю слова Сади (или Пушкина, который нам передал слова Сади): *Одних уж нет, другие странствуют далеко!*» Как статья Полевого, так и вставка Вяземского не прошли незамеченными: правительство получило доносы (см.: *Сухомлинов М. И.* Исследования и статьи по русской литературе и просвещению. СПб., 1889. Т. 2. С. 386–391); считалось несомненным, что автор доносов Ф. В. Булгарин, однако М. И. Гиллельсон обнаружил, что они написаны рукой фон Фока (см.: *Гиллельсон М. И.* П. А. Вяземский: Жизнь и творчество. Л., 1969. С. 158). На основании этих доносов Вяземскому было направлено полуофициальное письмо. Действуя явно по поручению высших инстанций, осуществлявших наблюдение над литературой, Д. Н. Блудов писал: «...цитируются стихи Саади в переводе Пушкина. Я не могу поверить, чтобы вы, приводя эту цитату и говоря о друзьях, умерших или отсутствующих, думали о людях, справедливо пораженных законом; но другие сочли именно так, и я представляю вам самому догадываться, какое действие способна произвести эта мысль». История гонений на эпиграф из Саади, конечно, была известна *П* от Вяземского, и, употребляя его в заключении *ЕО*, он не просто совершил смелый акт, намекая на декабристов, но и сознательно дразнил Бенкендорфа, демонстрируя, что его не может остановить и то, что властям заведомо известен смысл намека.

6–7 — *А та, с которой образован / Татьяны милый Идеал...* — Обращенность концовки романа к его хронологическим истокам — южному периоду творчества *П* — вызвала у *П* воспоминания о Крыме (ср.: «Как я завидую вашему прекрасному крымскому климату: письмо ваше разбудило во мне множество воспоминаний всякого рода. Там колыбель моего „Онегина“...» — письмо Н. Б. Голицыну 10 ноября 1836 г. — XVI, 184 и 395; «крымская» атмосфера концовки, возможно, также способствовала цитированию Саади). Смыкая конец сложного реалистического текста с его романтическими истоками, *П* не только напомнил о своем декабристском окружении тех лет, но и счел необходимым восстановить в сознании читателей «И гордой девы идеал, / И безыменные страданья» (VI, 200), ту романтическую легенду, которая сопутствовала появлению южных поэм и рисовала их автора влюбленным изгнанником, исповедующим свои сердечные тайны (см.: «Посвящение „Полтавы“» в изд.: *Лотман Ю. М.* Пушкин. С. 253–265). Изучение ряда предположительных прототипов Татьяны (а их было немало) убеждает в чисто художественной природе этого образа: *«с кото-*

*рой образован*» и проч. — литературная мистификация, призванная обострить у читателя чувство житейской подлинности событий, составляющих содержание романа. См. с. 27–37.

## ОТРЫВКИ ИЗ ПУТЕШЕСТВИЯ ОНЕГИНА

Предисловие было предпослано автором отдельному изданию восьмой главы (1832), которая появилась с пометой: «Последняя глава „Евгения Онегина“». В издании романа в 1833 г. *П*, помещая после «Примечаний к Евгению Онегину» специальное добавление: «Отрывки из путешествия Онегина», перенес текст предисловия в начало этого раздела.

В «Путешествие» включены строфы, написанные в разное время: описание Одессы было создано в 1825 г., в период работы над четвертой главой. Начало опубликованного текста «Путешествия» писалось осенью 1829 г., последние строфы закончены 18 сентября 1830 г. во время пребывания *П* в Болдине. В какой мере «Путешествие» было закончено — неясно. В предисловии *П* сообщает, что ему пришлось исключить уже готовый и законченный текст всей главы («Автор чистосердечно признается, что он выпустил из своего романа целую главу, в коей описано было путешествие Онегина по России» — VI, 197). Добавляя, что ему пришлось «пожертвовать одною из окончательных строф», он закрепляет в читателе мысль, что текст был написан полностью, вплоть до последнего стиха. Однако как изучение рукописей, так и рассмотрение самих сохранившихся строф не позволяет подтвердить это. Видимо, у *П* был какой-то обширный, но вряд ли завершенный окончательно текст главы, когда он отказался от мысли о ее полном включении и прекратил работу над ней.

Прежде всего не ясен до конца маршрут путешествия. Сам *П* подчеркнул, что речь идет о путешествии по России. О том же писал и А. И. Тургенев, видимо слушавший какие-то фрагменты текста. Однако не исключено, что в некоторые моменты работы *П* предполагал описать заграничное путешествие. На это указывает, во-первых, хронология странствий Онегина: герой романа, «убив на поединке друга» *(8, XII, 9)*, оставил деревню зимой 1821 г.; 3 июля 1821 г. он отправился в путешествие. В Петербург Онегин возвратился осенью 1824 г. Таким образом, путешествие его длилось около трех с половиной лет. Учитывая, что сохранившиеся строфы «Путешествия» рисуют его как безостановочное бегство от тоски и постоянную и быструю «перемену мест», срок в три с половиной года кажется слишком длительным для путешествия по России. Летом 1823 г. Онегин встретился с *П* в Одессе. Где был он в последующее время? Во-вторых, в восьмой главе возвращение Онегина сравнивается с приездом на родину Чацкого и употребляется формула: «С корабля на бал» *(8, XIII, 14)*. Чацкий вернулся в Россию из-за границы, морем прибыв в Петербург и оттуда прискакав в Москву. Он «хотел объехать целый свет, / И не объехал сотой доли» (д. I, явл. 9). «Горе от ума» приходилось неоднократно упоминать в связи с *ЕО*. До сих пор это было обусловлено параллелизмом в изображении московского общества и построении сатирических образов. Не следует, однако, забывать, что Чацкий был единственным в современной *ЕО* литературе героем, который мог быть сопоставлен с Онегиным. Параллелизм сюжетной ситуации: «возвращение из путешествия — влюбленность — объяснение — крах надежд» — вряд ли ускользнул от внимания автора *ЕО*. Если же *П* чувствовал эту параллель, то упоминание о том, что Онегин возвратился «как Чацкий» и попал с корабля на бал, может служить основанием и для некоторых суждений о маршруте героя. Онегин, который еще в первой главе был «готов ⟨...⟩ увидеть чуждые страны» *(1, LI, 1–2)*, мог отплыть из Одессы, чтобы через год с лишним вернуться в Петербург. Однако даже если такого рода замыслы и имелись у *П*, от них не осталось следов. «Путешествие Онегина» фрагментарно и в пространстве, и во времени — нам остается лишь комментировать наличный текст и реконструировать те пропуски, которые имели не сознательно-художественный, а вынужденно-цензурный характер.

К последним в первую очередь относится эпизод посещения Онегиным военных поселений. О существовании его узнаем от авторитетного свидетеля — П. А. Катенина, который имел возможность ознакомиться с рукописным текстом и, как видно из пушкинского предисловия, обсуждал его с автором. В ответ на запрос Анненкова Катенин в письме от 24 апреля 1853 г. писал: «Об осьмой главе *Онегина* слышал я от покойного в 1832-м году, что сверх Нижегородской ярмонки и Одесской пристани, Евгений видел *военные поселения*, заведенные *Аракчеевым*, и тут были замечания, суждения, выражения, слишком резкие для обнародования, и потому он рассудил за благо предать их вечному забвению, и вместе выкинуть из повести всю главу, без них слишком короткую и как бы оскудевшую» (*Попов П. А.* Новые материалы о жизни и творчестве А. С. Пушкина // Литературный критик. 1940. № 7–8. С. 231). Естественно возникает вопрос: в какой момент путешествия Онегин посещал военные поселения? Традиционно эпизод этот ассоциируют с отрывком, посвященным Новгороду, и, таким образом, с него начинается странствие героя по России. Однако А. И. Гербстман высказал предположение, что Онегин должен был посетить Одесские поселения генерала И. О. Витта, с которым *П* был знаком в Одессе и в любовницу которого, Каролину Собаньскую, он был влюблен (см.: *Гербстман А. И.* Вопросы творческой истории и образной системы романа в стихах А. С. Пушкина «Евгений Онегин» (в связи с проблемой реализма): Автореф. дис. ... на соиск. учен. ст. д-ра филол. наук. Л., 1961. С. 13).

Одесские поселения привлекали внимание южных декабристов: Пестель намеревался даже жениться на дочери Витта и поступить в одесские военные поселения начальником штаба, чтобы получить ключи от того порохового погреба, которым они, по его мнению, являлись. Даже в 1825 г., когда обнаружилась провокационная роль Витта как главной пружины в раскрытии Южного общества, Пестель все еще предлагал в случае восстания «броситься в поселения», надеясь, что поселенцы взбунтуются, а Витт может «пристать» (см.: *Нечкина М. В.* Движение декабристов: В 2 т. М., 1955. Т. 2. С. 206). *П* мог знать о военных поселениях под Одессой из многочисленных источников. Если принять «одесскую» версию, то посещение поселений заключало бы путешествие Онегина по России и, может быть, стимулировало начало заграничного странствования. Однако для определенного решения этого вопроса материалов нет.

Чтобы понять, что означало введение в роман эпизода посещения Онегиным военных поселений, следует, с одной стороны, вспомнить непрекращающееся возмущение в обществе этой мерой правительства, слухи, постоянное обсуждение проблемы военных поселений в кругах членов тайных обществ, а с другой — атмосферу строгой секретности, которую создавало правительство вокруг районов поселенных войск. Последнее ярко характеризуется письмом Александра I Аракчееву, из которого видно, что сам император осуществлял мелочную слежку, тщательно просматривая по ведомостям, кто выехал из столицы в сторону новгородских военных поселений. Александр I писал: «Обращая бдительное внимание на все, что относится до наших военных поселений, глаза мои ныне прилежно просматривают записки о приезжающих. Все выезжающие в Старую Руссу делаются мне замечательны. 2 марта отправились в Старую Руссу отставной генерал-майор Веригин, 47 егерского полка полковник Аклечеев, служащий в Департаменте государственных имуществ форшмейстер 14 класса Рейнгартен для описи лесов, инженерного корпуса штаба капитан Кроль. Может быть они поехали и по своим делам, но в нынешнем веке осторожность небесполезна. Если сей Веригин есть тот самый, которого я знаю, т. е. брат Плещеевой и Диноуровой, то в нем веры больше не имею, человек весьма надменный. Но он в вчерашнем рапорте показан уже воротившимся из Старой Руссы, что довольно странно и время коротко было, что кажется ему нельзя было успеть и туда доехать, то воротился ли он с дороги или какая другая причина проявила сию странность — остается загадкою. Полковник Аклечеев довольно заметен. Он служил в Финляндском гвардейском полку и перешел в гвардейский Волынский в Варшаву. Там за содействие с другими офицерами в некоторой неуважительности к начальству своему братом был отставлен и шатался здесь по Петербургу. Полицией он был замечен между либералистами во время происшествий Семеновских в 1820 г. После просился на службу и по общему совещанию с братом написал его в Литовский корпус. Ныне здесь в отпуску. Может он помещик того уезда, но от него станется, что он из любопытства поехал в Старую Руссу посмотреть, что там будет ⟨...⟩ Вообще прикажи Морковникову и военному начальству обратить бдительное и обдуманное внимание на приезжающих из Петербурга в ваш край» (цит. по: *Окунь С. Б.* История СССР, 1796–1825. Л., 1948.

С. 348–349). Онегин «из любопытства» посетил военные поселения, чем должен был обратить на себя «бдительное и обдуманное внимание».

«Путешествие Онегина» не могло не вызывать в сознании автора и читателей, если бы они могли ознакомиться с ним в сколь-либо полном виде, ассоциаций с «Паломничеством Чайльд-Гарольда». Интерес *П* к этому произведению не затухал, и еще в середине 1830-х гг. он пытался переводить его текст (см.: «Рукою Пушкина»). Однако приходится скорее говорить о различии этих «Путешествий». Рассказ об онегинском путешествии отличается сжатостью, исключительной сдержанностью тона, освобожденного от каких-либо авторских отступлений, до строфы 16 (по условному подсчету номеров в черновой рукописи), то есть до прибытия Онегина в Крым. Это, видимо, связано с тем, что маршрут, избранный автором для Онегина, пролегал между Москвой и Кавказом, в местах, лично *П* в это время не известных и ни с чем для него не связанных. Тем более заметно, что *П* повез Онегина по местам, вызывающим у него не личные, а исторические воспоминания. Этим, вероятно, раскрывается и общий замысел «Путешествия»: сопоставление героического прошлого России и ее жалкого настоящего.

Печатный текст «Путешествия» начинается с неполной строфы, посвященной Нижнему Новгороду. В рукописном варианте ей предшествовали четыре строфы, которые затем в несколько измененном виде вошли в восьмую главу как X, XI, XII строфы (одна была сокращена). Далее шел текст:

⟨5⟩

Наскуча или слыть Мельмотом
Иль маской щеголять иной
Проснулся раз он патриотом
Дождливой, скучною порой

Россия, господа, мгновенно
Ему понравилась отменно
И решено. Уж он влюблен
Уж Русью только бредит он
Уж он Европу ненавидит
С ее политикой сухой,
С ее развратной суетой
Онегин едет; он увидит
Святую Русь: ее поля,
Пустыни, грады и моря

⟨6⟩

Он собрался и слава богу
Июля 3 числа
Коляска легкая в дорогу
Его по почте понесла.
Среди равнины полудикой
Он видит Новгород-великой
Смирились площади — средь них
Мятежный колокол утих,
Не бродят тени великанов:
Завоеватель скандинав,
Законодатель Ярослав
С четою грозных Иоанов
И вкруг поникнувших церквей
Кипит народ минувших дней

⟨7⟩

Тоска, тоска! спешит Евгений
Скорее далее: теперь
Мелькают мельком будто тени
Пред ним Валдай, Торжок и Тверь
Тут у привязчивых крестьянок
Берет 3 связки он баранок
Здесь покупает туфли — там
По гордым Волжским берегам
Он скачет сонный — Кони мчатся
То по горам, то вдоль реки —
Мелькают версты, ямщики
Поют, и свищут, и бранятся —

Пыль вьется — Вот Евгений мой
В Москве проснулся на Тверской

⟨8⟩

Москва Онегина встречает
Своей спесивой суетой
Своими девами прельщает
Стерляжей подчует ухой —
В палате Анг⟨лийского⟩ Клоба
(Народных заседаний проба)
Безмолвно в думу погружен
О кашах пренья слышит он
Замечен он. Об нем толкует
Разноречивая Молва
Им занимается Москва
Его шпионом именует
Слагает в честь его стихи
И производит в женихи (VI, 496–497).

Поверхностный характер скороспелого патриотизма Онегина в черновиках был подчеркнут резче: «Проснулся раз он Патриотом в Hotel de Londres что в Морской» (VI, 476) и «Июля 3 числа / Коляска венская в дорогу / Его по почте понесла» (VI, 476). Сочетание патриотизма с Hotel de Londres и венской коляской (ср.: «Изделье легкое Европы» — *7, XXXIV, 12*) производило бы слишком прямолинейный комический эффект, и автор смягчил иронию. Hotel de Londres (Лондонская гостиница) — находился на углу Невского и Малой Морской.

Предположения о том, что патриотические настроения Онегина — реакция на предшествовавшее путешествие по Западной Европе и, следовательно, европейская поездка должна была предшествовать путешествию по России (изложение подобного взгляда и возможных возражений см.: *Набоков*. Т. 3. С. 255–259), малоубедительны.

В описания пути Онегина из Петербурга в Москву сказались личные впечатления *П* от поездки весной 1829 г. Стих «Его шпионом именует» объясняется сплетней, распространенной о Пушкине в это время его приятелем А. П. Полторацким. В черновом письме Вяземскому *П* жаловался, что Полторацкий «сбол⟨тнул⟩ в Твери⟨?⟩, что я шпион, получаю за то 2500 в месяц⟨?⟩ (которые очень бы мне пригодились благодаря крепсу) и ко мне уже являются трою⟨ро⟩дн⟨ые⟩ братцы за местами⟨?⟩ и за милостями⟨?⟩ царскими⟨?⟩» — XIV, 266 (шпион, в употреблении той поры, — полицейский агент, доносчик; крепс — карточная игра).

Путешествие Онегина между Петербургом и Крымом длилось более двух лет (см. с. 25–26). Тем более заметны лаконичность пушкинского описания и полное отсутствие пейзажных зарисовок или сюжетных подробностей. Географические названия «мелькают мельком». Путешествие из Петербурга в Москву умещается в две строфы. Одна из них посвящена Новгороду Великому. «Новгородская строфа» является ключевой для всего «Путешествия»: в ней и задано противопоставление героического прошлого и ничтожного настоящего. *Завоеватель скандинав* — легендарный варяжский князь Рюрик, один из трех братьев-варягов, прибывших на Русь (879 г.). Назвав Рюрика завоевателем, *П* присоединился к мнению о насильственном «призвании варягов». Вопрос этот имел длительную историю. Карамзин решительно высказался в пользу добровольности призвания варягов: новгородцы «лобызали ноги» Рюрика, «который примирил внутренние раздоры ⟨...⟩, проклинали гибельную вольность и благословляли спасительную власть единого» (*Карамзин-2*. Т. 1. С. 683); «Скандинавия ⟨...⟩ дала нашему отечеству первых Государей, добровольно принятых Славянскими и Чудскими племенами, обитавшими на берегах Ильмена, Бела-озера и реки Великой» (*Карамзин Н. М.* Записка о древней и новой России. СПб., 1914. С. 1–2). В противоположность ему декабристы утверждали насильственный характер этого акта: «...сказку о добровольном подданстве многие поддерживают и в наше время, для выгод правительства...» (*Лунин М. С.* Письма из Сибири. М., 1988. С. 63). Вопрос этот привлекал широкое внимание декабристов. Он вызывал в памяти образ Вадима, имевший обширную литературную традицию от Княжнина до Рылеева. *П* в Кишиневе работал над поэмой «Вадим», посвященной восстанию новгородцев против Рюрика, а публикация отрывков из этой поэмы в альманахе «Памятник отечественных муз на 1827 г.» (СПб., 1827) явилась, возможно, замаскированным откликом на 14 декабря (VI, 477). *Законодатель Ярослав* — Ярослав I Владимирович (978–1054). Политическая биография его была тесно связана с Новгородом, куда его «посадил» его отец Владимир. Ярослав отказался посылать в Киев дань и, хотя имел с новгородцами кровавые столкновения, в дальнейшем с их помощью победил брата Святополка и в благодарность вернул Новгороду его прежние вольности. «Законодателем» он назван потому, что ему приписывалось создание «Русской правды». *С четою грозных Иоанов* — Иоанн III Васильевич (1440–1505), великий князь всея Руси, в 1471 г. в битве на Шелони разбил новгородцев и заставил Новгород подписать мир, который положил начало ликвидации независимости Новгорода; Иоанн IV Васильевич (Грозный) (1530–1584) — царь всея Руси, в 1570 г. учинил страшный погром Новгорода, перебив значительную часть жителей.

«Московская строфа» первоначально также резко противопоставляла настоящее прошедшему. На фоне исторических воспоминаний резко выступали «о кашах прения» в Английском клубе.

VI, 198 — *Макарьев...* — Ежегодная Нижегородская ярмарка, которая первоначально происходила у стен Макарьевского монастыря под Нижним Новгородом, а потом была перенесена в самый город, но сохранила свое название. «С барабанным боем 15 июля ярманка была открыта; но никого почти еще не было, и купцы только-что начинали раскладывать свои товары. Прежде, бывало, оканчивалась она 25-го числа в день святого Макария, а с перенесением ее в Нижний Новгород каждый год опаздывают с ее открытием, так что 25 июля едва начинается она, а торг продолжается весь август» (*Вигель*. Т. 2. С. 141). Переезд из Петербурга в Москву занимал три-четыре дня. Следовательно, в Москве Онегин был 6 июля. В Нижний Новгород он приехал не позже августа, если застал ярмарку. «Суета всякого рода, общее стремление к торговле, движение огромных капиталов, утонченный обман в оборотах, заготовление всего на всю Россию, словом, центр всех купеческих расчетов. Вот что такое Макарьевская ярмонка. Если вы хотите купить кстати и выгодно, что вам по хозяйству необходимо, приезжайте сюда, бросайте деньги и увозите с собой разные товары. Сюда Сибирь, Астрахань, Таврида, Польша, Архангельск и Киев привозят свои приобретения» (*Долгорукий И. М.* Журнал путешествия из Москвы в Нижний 1813 года. М., 1870. С. 23). Столкновение фальши и лжи (повторение слов «поддельны», «бракованные», сочетаний — «услужливые кости», «спелые дочери», «прошлогодни моды») с ожиданием увидеть «отчизну Минина» (VI, 498) служит объяснением повторяющегося рефрена «Тоска!».

*Минин-Сухорук Кузьма Миныч* (ум. 1616) — «выборный человек от Всея Русской земли», организатор нижегородского ополчения 1612 г. В 1830 г. *П* писал: «Имена Минина и Ломоносова вдвоем перевесят, м⟨ожет⟩ б⟨ыть⟩, все наши старинные родословные» (XI, 162).

*Меркантильный дух...* — дух торговли.

В печатном тексте две строфы, посвященные поездке Онегина по Волге, заменены единственным словом «Тоска!». В рукописном тексте имеются следующие строфы:

⟨10⟩

Тоска! Евг⟨ений⟩ ждет погоды
Уж Волга *рек озер краса*
Его зовет на пышны воды
Под полотняны паруса —
Взманить охотника нетрудно
Наняв купеческое судно
Поплыл он быстро вниз реки
Надулась Волга — бурлаки
Опершись на багры стальные
Унывным голосом поют
Про тот разбойничий приют
Про те разъезды удалые
Как Ст⟨енька⟩ Раз⟨ин⟩ в старину
Кровавил Волжскую волну

⟨11⟩

Поют про тех гостей незваных
Что жгли да резали — Но вот
Среди степей своих песчаных
На берегу соленых вод
Торговый Астрахань открылся
Онег⟨ин⟩ только углубился
В воспоминан⟨ья⟩ прошлых дней
Как жар полуденных лучей
И комаров нахальных тучи
Пища, жужжа со всех сторон
Его встречают — и взбешон
Каспийских вод брега сыпучи
Он оставляет тот же час
Тоска! — он едет на Кавказ (VI, 498–499).

*Рек озер краса* — цитата из стихотворения И. И. Дмитриева «К Волге»: «О Волга! рек, озер краса, / Глава, царица, честь и слава...» (*Дмитриев-1*. С. 87). Обращение *П* к этому стихотворению Дмитриева не случайно: в нем затронуты те же темы (восстание Разина и «воспоминанья прошлых дней»), которые волновали *П* и заставили его привести своего героя на Волгу:

Там кормчий, руку простирая
Чрез лес дремучий на курган,
Вещал, сопутников сзывая:
«Здесь Разинов был, други, стан!»
Вещал и в думу погрузился;
Холодный пот по нем разлился,
И перст на воздухе дрожал.

(*Дмитриев-1*. С. 88)

Тема восстания под руководством Степана Разина *П* очень интересовала. Еще в ноябре 1824 г. он просил у брата «историческое, сухое известие о Стеньке Разине, единственном поэтическом лице рус⟨ской⟩ ист⟨ории⟩» (XIII, 121). Разинская тема в стихотворении Дмитриева отчетливо связана с воспоминаниями о восстании Пугачева. Именно этим объясняется стих «Холодный пот по нем разлился» (пугачевская тема была запретной, и в цензурное стихотворение даже резко негативная оценка могла быть введена только намеком). Связь Разина и Пугачева была устойчивой; Бенкендорф, мотивируя в письме *П* недопустимость «Песен о Стеньке Разине» к публикации, писал: «...церковь проклинает Разина, равно как и Пугачева» (XIII, 336). Очевидно сплетение этих имен и в сознании *П*: они не только связываются в ряде мест «Истории Пугачева», но и прямо сопоставлены в письме А. И. Тургеневу: «Симбирск в 1671 году устоял противу Стеньки Разина, Пугачева того времени» (XV, 189).

Интерес *П* к личности Степана Разина был возбужден беседами с Языковым в Тригорском. В дальнейшем он ознакомился со свидетельством голландца Яна Стрюйса по публикации А. О. Корниловича (Путешествие Яна Стрюйса // Северный архив. 1824. Ч. X). В последующие годы *П* проявил большой интерес к этой книге, приобрел ее французский перевод и брал в библиотеке А. С. Норова редкий оригинал XVII в. (см.: *Модзалевский Б. Л.* Библиотека А. С. Пушкина // Пушкин и его современники. СПб., 1910. Вып. IX–X. С. 344; письмо Норову — XV, 94).

*Унывным голосом поют...* — Песни о Стеньке Разине *П* записывал со слов Арины Родионовны, а также знал тексты из сборника Чулкова. В 1836 г. *П* включил две песни о Степане Разине в прозаические французские переводы русских народных песен, выполненные им по просьбе Леве-Веймара (Рукою Пушкина. С. 615–616). Мысль об «унылом» характере русских песен высказывалась *П* несколько раз:

> Мы все поем уныло. Грустный вой
> Песнь русская. Известная примета! (V, 87)

«Свадебные песни наши унылы, как вой похоронный» (XI, 255). Ср.: «Грусть есть мотив нашей поэзии — и народной и художественной» (В. Г. Белинский). Анализ связи этого положения с пушкинской концепцией см.: *Мордовченко Н.* Белинский и русская литература его времени. М.; Л., 1950. С. 184. «Воспоминанья прошлых дней», в которые погружается Онегин, имеют весьма ясную целенаправленность: вольность и падение Новгорода — памятники смуты в Москве (башня Годунова) — Минин в Нижнем Новгороде — Степан Разин (с проекцией на Пугачева) на Волге. Что же касается исторических воспоминаний в Астрахани, то это вряд ли было взятие города Иваном IV (в этом случае уместнее было бы привести героя в Казань), — скорее, речь шла о взятии Астрахани Разиным, событии, которому *П* посвятил специальную песню в разинском цикле. Где-то в истоке или в конце этой цепи должны были поместиться описания военных поселений.

В печатном тексте «Путешествия», как и в сводной рукописи предполагавшейся восьмой главы, Онегин после Астрахани попадает на Северный Кавказ — на пятигорские воды. Однако в черновике этому, видимо, предшествовал переезд через Дарьяльское ущелье в Грузию, что разрешило бы некоторые хронологические трудности, возникающие при истолковании нынешнего текста (см. VI, 483). Картинам дикой и величественной природы Кавказа противопоставлено «водяное общество».

VI, 199 — *Кто жертва чести боевой, / Кто Почечуя, кто Киприды... — Почечуй* — геморрой; написанный с заглавной буквы и поставленный в один ряд с *Кипридой* (см. с. 293), здесь олицетворяющей венерические заболевания, он превращается в некоторый символический образ патронального божества канцелярского образа жизни.

*Зачем не чувствую в плече / Хоть ревматизма?* — Ревматизм в плече — болезнь денди; ср.: «Разве я последние полгода не страдал ревматизмом в левом плече и лихорадкой в мизинце? Так ли уж вам необходимо открыть это гнусное окно и одним ударом оборвать нить моей несчастной жизни?» (*Бульвер-Литтон*. С. 169).

*С Атридом спорил там Пилад...* — Идеальные друзья древнегреч. мифа Орест *(Атрид)* и *Пилад*, занесенные к берегам Тавриды и обреченные на смерть, великодушно спорили друг с другом, кого следует принести в жертву для спасения жизни другого. Храм Артемиды, с которым связан миф об Ифигении, Оресте и Пиладе, по преданию, находился около Георгиевского монастыря на Южном берегу Крыма. С развалинами храма — «камнем, дружбой освященным» — у *П* связались мысли о Чаадаеве (см.: «К чему холодные сомненья...» — II, 364).

*Там закололся Митридат...* — *Митридат* Великий — понтийский царь со 123 по 63 г. до н. э. Судьба его была известна *П*, в частности по одноименной трагедии Расина.

*Там пел Мицкевич вдохновенный...* — *Мицкевич* Адам (1798–1855) — польский поэт. Высланный из пределов Царства Польского, Мицкевич осенью 1825 г. путешествовал по Южному берегу Крыма. Плодом путешествия явились «Крымские сонеты», опубликованные в 1826 г. в Москве. Об отношении *П* и Мицкевича в связи с «Крымскими сонетами» см.: *Измайлов Н. В.* Мицкевич в стихах Пушкина. (К интерпретации стихотворения «В прохладе сладостных фонтанов») // Измайлов Н. В. Очерки творчества Пушкина. Л., 1975. С. 125–173.

*Свою Литву воспоминал...* — Литва вместо Польша — архаизм, сделавшийся в стиле *П* поэтизмом (синекдоха). Однако Мицкевич, учившийся в Вильно, проживавший до ссылки в Ковно, был биографически тесно связан с Литвой. Здесь: обычная для зрелого *П* стилистическая структура — условный поэтизм, заполняемый исключительно точным семантическим содержанием.

«Путешествие Онегина» до прибытия его в Крым определенно связывается с сюжетами будущих, только формировавшихся в сознании *П* произведений: с Волгой связан цикл размышлений над проблемой «джентльмен и разбойник» (Онегин и Степан Разин; два облика Дубровского; Пелымов и Ф. Орлов в планах «Русского Пелама», Гринев и Пугачев; напомним связь Онегина в сне Татьяны с разбойником из «Жениха» и Разиным из «Песен о Стеньке Разине» — все они «погубители» красы-девицы, все «хозяева» того страшного мира, который влечет любопытство героини); с Кавказом — мысли о столкновении, с одной стороны, мира Кавказа с ничтожеством светской жизни («Роман на Кавказских водах»), с другой — с подлинной цивилизацией («Тазит»). Таким образом, весь этот отрезок «Путешествия» можно считать своеобразным заповедником пушкинских творческих замыслов.

С момента появления Онегина в Крыму ситуация меняется: повествование, естественно, обращается к предшествующему творчеству поэта — крымским элегиям и «Бахчисарайскому фонтану». Такое столкновение творческих периодов делало уместным включение в роман трех строф, декларативно сопоставляющих романтическое и реалистическое направления в творчестве *П.* Сопоставление ведется в трех планах.

1. Идеал природы как: необычный, экзотический ↔ обыденный, простой; далекий ↔ близкий; восточный, южный ↔ русский, северный:

В ту пору мне казались нужны
Пустыни, волн края жемчужны,
И моря шум, и груды скал ⟨...⟩
Иные нужны мне картины:
Люблю песчаный косогор,
Перед избушкой две рябины,
Калитку, сломанный забор,
На небе серенькие тучи... (VI, 200)

2. Идеал женщины как: неземной ↔ реальный; возвышенный ↔ находящийся на земле; связанный

с безграничным романтическим пространством (буря, скалы, море) ↔ связанный с уютным и замкнутым миром дома, тепла и личной независимости:

> И гордой девы идеал…
> (ср.: «У моря на граните скал» — *1, XXXII, 14)*
> Мой идеал теперь — хозяйка… *(VI, 200–201)*

См.: *Макогоненко Г. П.* Творчество А. С. Пушкина в 1830-е годы (1830–1833). Л., 1974. С. 24.

3. Идеал собственной личности и собственного поведения: счастье ↔ покой и воля; создание условной «поэтической» биографии автора ↔ простота и истинность поведения, биографическая точность поэтической личности:

> И безыменные страданья…
> Мои желания — покой,
> *Да щей горшок, да сам большой* (VI, 200–201).

VI, 200 — *Безыменные страданья…* — Речь идет о романтическом культе «утаенной» и «безнадежной» любви, который входил в обязательный канон поведения романтического поэта. В период южной ссылки *П* энергично окружал свою личность романтической мифологией, создавая легенду об «утаенной», а иногда и «преступной» любви. Намеки, разбросанные в романтических произведениях южного периода, а также «признания», рассеянные в письмах и имевшие целью создание вокруг личности поэта атмосферы любовной легенды, — явление, типичное для бытового поведения романтика, — ввели в заблуждение пушкинистов и породили псевдопроблему «утаенной любви» *П.*

«Утаенную любовь» «к NN, неведомой красе» уже Лермонтов воспринимал как пошлый романтический штамп («И страшно надоели все»). В этой же связи должно отметить, что не следует придавать серьезного значения появлению NN в пресловутом «Донжуанском списке» Пушкина (см.: Рукою Пушкина. С. 629–630), хотя П. Г. Антокольский и посвятил ей поэтические строки (см.: Новый мир. 1977. № 6. С. 128). Следует учитывать, что этот документ — результат игры, создавался, видимо, с хохотом и той бравадой, в результате которой *П* бывал «Вампиром именован». Такая обстановка допускала игру в романтические загадки, но исключала серьезные лирические признания. Считать, что *П* в такой форме изливал перед барышнями тайны своей души (которые у него, как у всякого человека, конечно, были), — значит слишком невысоко ставить его культуру чувства.

Литература об «утаенной любви» обширна (см.: *Гершензон М.* Мудрость Пушкина. М., 1919. С. 155–184; *Щеголев П. Е.* Из жизни и творчества Пушкина. М.; Л., 1931; *Тынянов Ю. Н.* Безыменная любовь // Тынянов Ю. Н. Пушкин и его современники. М., 1968). Попытку поставить под сомнение самый факт существования «утаенной любви» см.: *Лотман Ю. М.* Пушкин. С. 253–265.

VI, 201 — *Да щей горшок, да сам большой.* — Цитата из пятой сатиры Кантемира «На человеческое злонравие вообще. Сатир и Периерг»:

Щей горшок, да сам большой, хозяин я дома...

(*Кантемир А.* Собр. стихотворений. Л., 1956. С. 137)

Стихи эти обрисовывают идеал «воли», независимости человека в его собственном доме — одну из существенных тем лирики позднего *П.*

*Фламандской школы пестрый сор!* — Речь идет о фламандской живописи бытового, «жанрового» направления.

Описание Одессы было создано *П* непосредственно после окончания четвертой главы. Строфы эти были опубликованы в 1827 г. в «Московском вестнике» как предназначенные для седьмой главы романа. Только в 1830 г. в Болдине они были перенесены в «Путешествие».

Написанные в другое время, нежели все остальные строфы «Путешествия», «одесские» строфы выдержаны в иной художественной манере: лаконизму и сухости первой половины странствия здесь противопоставлен яркий местный колорит и обилие характерных подробностей.

*Корсар в отставке, Морали. — Морали* (Maure Ali, *фр.* — мавр Али) — «этот мавр, родом из Туниса, был капитаном, т. е. шкипером коммерческого или своего судна, человек очень веселого характера лет тридцати пяти» (*Липранди И. П.* Из дневника и воспоминаний // Русский архив. 1866. № 7. Стб. 1471). «Подозревали, что он нажил состояние будто бы ремеслом пирата. Ходил он в Африканском своем костюме с толстой железной палкой в руке...» (*Бутурлин*. С. 16). «Одежда его состояла из красной рубахи, поверх которой набрасывалась красная суконная куртка, роскошно вышитая золотом. Короткие шаровары были подвязаны богатою турецкою шалью, служившею поясом; из ее многочисленных складок выглядывали пистолеты» (Из прошлого Одессы. Одесса, 1894. С. 359). Между Али и *П* существовала тесная дружба (см.: Пушкин: Статьи и материалы. Одесса, 1927. Вып. III. С. 24).

VI, 202 — *Одессу звучными стихами / Наш друг Туманский описал... — Туманский* Василий Иванович (1800–1860) — поэт, чиновник при М. С. Воронцове, одесский приятель *П*.

*Сады одесские прославил.* — Имеются в виду стихи Туманского «Одесса»:

Под легкой сению вечерних облаков
Здесь упоительно дыхание садов.
(Поэты 1820–1830-х. С. 272)

*...степь нагая там кругом... Давать насильственную тень.* — Ср.: «Всем известен этот клочок земли, обсаженный акациями, который величают садом герцога» (*Смирнова-Россет*. С. 35).

VI, 203 — *Без пошлины привезено.* — В Одессе существовало порто-франко, беспошлинная торговля.

VI, 204 — *...услужливым Отоном.* — *Оттон* Цезарь — хозяин ресторана и гостиницы на Дерибасовской, в которой некоторое время жил *П*.

*...легкое вино / Из погребов принесено...* — Оттон свидетельствовал, что *П* предпочитал шампанское Сен-Пере (Пушкин: Статьи и материалы. Одесса, 1927. Вып. III. С. 72).

*...упоительный Россини...* — *Россини* Иоахим (1792–1868) — итальянский композитор. *П* познакомился с музыкой Россини в Одессе, где выступала итальянская группа. В 1823 г. *П* писал Дельвигу, что «Россини и итальянская опера» — «это представители рая небесного» (XIII, 75), и Вяземскому: «Твои письма ⟨...⟩ точно оживляют меня, как умный разговор, как музыка Россини» (XIII, 210).

*Но, господа, позволено ль...* — См. с. 306–307.

VI, 205 — *Негоциантка молодая...* — Вероятно, А. Ризнич (см. с. 356–357).

*...фора закричит...* — *Фора* — от *ит*. fuora — «наружу!» (вызов артиста на сцену). В *ЕО* — «чета одесского

couleur local. В итальянизированный город оно зашло из „Италии златой“, а уже из Одессы перешло на север, и то довольно поздно» (*Лернер*. С. 113).

*Сыны Авзонии счастливой... — Авзония* — древнее наименование Италии.

## ДЕСЯТАЯ ГЛАВА

Десятая глава была уничтожена *П* и в канонический текст романа не входит. Каковы бы ни были обстоятельства, побудившие автора принять такое решение, единственным полноценным текстом романа для нас остается тот, который сам автор предложил читателю как законченный и который вошел в сознание русской читательской аудитории и критиков под названием «Евгений Онегин». Это тот текст, который читали Белинский и Аполлон Григорьев, Толстой и Достоевский. Мысль о том, что этот текст является искаженным, неполным и что для вынесения суждений о пушкинском романе его следует дополнить каким-то гипотетическом «окончанием», глубоко ошибочна и основана на непонимании новаторской поэтики *ЕО*.

Десятая глава романа представляет собой ценнейший источник. Но ценность его не в том, чтобы на ее основании придумывать за автора конец романа, а в том, что она позволяет судить об отношении *П* к наиболее сложным вопросам его эпохи, раскрывает, какими путями шла пушкинская мысль, прежде чем *ЕО* отлился в канонические и классические свои формы.

Следует подчеркнуть, что название «десятая глава» способно ввести в заблуждение: мы располагаем не главой, а незначительной ее частью. Всего в нашем распоряжении имеется 16 строф, из которых лишь две в относительно полном виде. Остальные насчитывают от 3 до 5 стихов. Если учесть, что обычный объем главы *ЕО* колеблется от 40 (самая короткая вторая глава) до 60 (самая длинная — первая) строф по 14 стихов в каждой (в некоторых главах имеются еще и нестрофические включения), то станет очевидно, каким незначительным фрагментом главы мы располагаем. К тому же ряд стихов допускает различное прочтение. Понятно, с какой осторожностью надо подходить к любой формулировке выводов, базирующихся на столь шаткой документальной основе.

История дешифровки десятой главы *ЕО* наиболее полно изложена Б. В. Томашевским.

Факт существования десятой главы *ЕО* подтверждается следующими данными:

1) На листе рукописи «Метели», датированной 20 октября 1830 г., помета: «19 окт⟨ября⟩ сожж⟨ена⟩ X песнь» (VI, 526); предложение читать дату как «18», а не «19» (Рукою Пушкина. С. 331).

2) В черновиках «Путешествия Онегина» против стихов:

Уж он Европу ненавидит
С ее политикой сухой —

на полях приписка рукой *П*: «в X песнь» (VI, 496).

3) В дневнике П. А. Вяземского под 19 декабря 1830 г. имеется запись: «Третьего дня был у нас Пушкин. Он много написал в деревне: привел в порядок и 9 главу Онегина, ею и кончает; из 10-й, предполагаемой, читал мне строфы о 1812 годе и следующих славная хроника; куплеты *Я мещанин, я мещанин*; эпиграмму на Булгарина за Арапа; написал несколько повестей в прозе, полемических статей, драматических сцен в стихах: Дон-Жуана, Моцарта и Сальери; *у вдохновенного Никиты, У осторожного Ильи*» (*Вяземский П. А.* Полн. собр. соч. СПб., 1896. Т. 9. С. 152).

4) В письме к брату Николаю от 11 августа 1832 г. Александр Тургенев сообщал: «Есть тебе и еще несколько бессмертных строк о тебе. Александр Пушкин не мог издать одной части своего Онегина, где он описывает путешествие его по России, возмущение 1825 года и упоминает, между прочим, и о тебе:

Одну Россию в мире видя,
Преследуя свой идеал,
Хромой Тургенев им внимал,
И плети рабства ненавидя,
Предвидел в сей толпе дворян
Освободителей крестьян.

В этой части у него есть прелестные характеристики русских и России, но она останется надолго под спудом. Он читал мне в Москве только отрывки» (Журнал министерства народного просвещения. 1913. № 3. С. 16–17).

Из этих сообщений вытекает самый факт существования некоторого текста, именуемого самим *П* и в его окружении «десятой главой». Правда, никто полного текста не видел, и те отрывки, которые позже были найдены в зашифрованном виде, в основном совпадают с тем, что слыхали Вяземский и Тургенев. Это заставляет предполагать, что только эти строфы и были написаны. Никто из слушавших десятую главу не упоминает в связи с ней об Онегине, Вяземский именует ее «хроникой», то есть видит в ней исторический обзор. Из этого можно сделать вывод, что каких-либо строф, где политические судьбы декабристов связывались бы с событиями из жизни центрального героя романа, не слышал никто. Столь же очевидно, что десятая глава каким-то образом переплеталась с путешествием Онегина. Об этом свидетельствует Тургенев, на это же указывает помета в рукописи.

5) Одним из наиболее весомых свидетельств современников о десятой главе обычно считаются воспоминания М. В. Юзефовича (см. с. 382–383). Это свидетельство не столь бесспорно, как принято считать: мемуары Юзефовича не вызывают сомнений с точки зрения их точности, однако из них очевидно, что *П* рассказывал на Кавказе в 1829 г. о своих *уже оставленных замыслах* (видимо, речь шла об оставленном варианте седьмой главы). Переносить эти рассказы на десятую главу, о которой *П* в то время еще не мог думать, у него нет достаточных оснований. Показания Юзефовича исключительно ценны, как свидетельство, что творческая мысль *П* постоянно возвращалась к декабристской теме. Выстраивается цепь сюжетов, связанных с этой темой: первоначальный замысел седьмой главы[1] с гибелью Онегина на Кавказе или участием в восстании — десятая глава — «Повесть о прапорщике Черниговского полка» — «Русский Пелам». Однако предположение, что *П* в 1829 г. почти посторонним людям рассказал некоторый сюжет, а через полтора года стал его же «перелагать» в стихи, подразумевает полное непонимание психологии творчества *П*, который редко импровизировал в устной форме и из незаконченного делился лишь замыслами, уже оставленными бесповоротно. Как источник реконструкции не дошедшей до нас части сюжета десятой главы воспоминания Юзефовича следует решительно отвести.

6) В 1931 г. в «Автобиографии» А. О. Смирновой-Россет были опубликованы данные о том, что через Смирнову-Россет *П* давал десятую главу на прочтение Николаю I (рукопись воспоминаний с четкими, исключающими возможность описки сведениями об этом

---

[1] Трагический финал, видимо, должен был произойти не в самой седьмой главе, а в том ее продолжении, которое вытекало бы из первоначального ее варианта.

хранится в рукописном отделе Российской государственной библиотеки в Москве). Данные эти привлекли внимание лишь в конце 1950-х гг., когда А. И. Гербстман обнаружил в архиве Аксаковых в Пушкинском Доме их подтверждение — конверт с пометой рукой Смирновой-Россет, что в нем Николай I вернул ей десятую главу *ЕО*. При всей интригующей сенсационности этих сообщений, они, к сожалению, не поддаются интерпретации: мы не можем выяснить, что Смирнова называла десятой главой и в какой мере известный ей текст пересекался с тем, что знаем об этой главе мы.

7) Основным источником для суждений о десятой главе являются зашифрованные рукописи *П* и несколько отрывков черновиков. Среди бумаг *П*, пожертвованных в 1904 г. в Академию наук вдовой Л. Н. Майкова, содержался перегнутый пополам лист с зашифрованным пушкинским автографом. Это были написанные в два столбца стихотворные строки, уловить связь между которыми казалось невозможным. Однако П. О. Морозов, обнаружив в тексте строки, сходные со стихотворением *П* «Герой», предположил, что правильный порядок восстановится, если первый стих брать из нижней половины второго столбца, второй — из его же верхней половины, третий — из верхней первого и четвертый из нижней первого столбца. Затем операция продолжается в том же порядке. Тогда же было высказано предположение, что дешифруемый таким способом текст принадлежит *ЕО*. Следующим шагом явился оставшийся неопубликованным доклад С. М. Бонди на Венгеровском семинаре Петроградского университета. Данные доклада были введены в научный оборот М. Л. Гофманом (см. с. 162). С. М. Бонди высказал убеждение, что текст должен быть написан онегинскими строфами и на дошедшем до нас листке зафиксированы первые четверостишия строф. На этом в основном

работа по дешифровке текста была закончена. Чтение отдельных стихов представляет значительные трудности и далеко не всегда дает однозначные результаты.

Кроме того, в нашем распоряжении имеется черновик с набросками двух с половиной строф. Анализ этих автографов см.: *Томашевский*. Кн. 2. С. 395–401.

Обзор исторических событий XIX в. *П* начинает с характеристики Александра I. Отношение *П* к Александру I было устойчиво негативным и окрашенным в тона личной неприязни. *П* писал Жуковскому 20 января 1826 г.: «...я не совсем был виноват, подсвистывая ему до самого гроба» (XIII, 258). Даже если не упоминать лицейской эпиграммы «Двум Александрам Павловичам», принадлежность которой *П* вероятна, но не доказана, перед нами развертывается непрерывная цепь колких высказываний, эпиграмм и личных выпадов. В Лицее отношение *П* к Александру I, видимо, еще не определилось. Об этом свидетельствуют такие стихотворения, как «На возвращение государя императора из Парижа в 1815 году» (I, 145), «На Баболовский дворец» (I, 292). Это неудивительно: не только в широких кругах дворянской общественности авторитет царя после успешного завершения Наполеоновских войн и взятия Парижа стоял выше, чем когда-либо, но и среди либералов Александр I был окружен в эти годы ореолом самого либерального монарха в победившей коалиции, защитника конституционных прав французского и польского народов. *П* был исторически точен, когда в 1836 г. вспоминал:

Вы помните, как наш Агамемнон
Из пленного Парижа к нам примчался.
Какой восторг тогда [пред ним] раздался!
Как был велик, как был прекрасен он,
Народов друг, спаситель их свободы! (III, 432)

В 1816 г. Н. Тургенев в дневнике писал об Александре I в связи с освобождением крестьян в Эстляндии: «Я всегда на него надеялся, как на существо, определенное сделать счастие своего народа и славу своего отечества» (Дневники Николая Ивановича Тургенева. СПб., 1913. Т. 2. С. 336). Следует учитывать, что высказывания этого рода были связаны не только с личным обаянием императора, но и с определенными надеждами на помощь абсолютной власти в борьбе с закоснелым крепостничеством русских помещиков. «...Не нужно терять *нимало* самодержавной власти прежде уничтожения рабства», — утверждал в 1815 г. Н. И. Тургенев (Дневники... С. 302). В дальнейшем вера в Александра таяла, но еще Союз благоденствия в 1818 г. не отказался от этих надежд, основывая на них тактику давления на правительство с целью ускорения крестьянской реформы. Даже в 1819 г. в «Деревне» *П* надеялся на освобождение крестьян «по манию царя» (стихотворение в духе тактики Союза благоденствия было передано через Чаадаева и Васильчикова царю).

Однако уже с 1818 г. в декабристских кругах все более распространялось скептическое отношение к идее использования правительства в освободительных целях. Одновременно резко падал личный авторитет Александра I. Точный мемуарист И. Д. Якушкин писал, что если в 1815 г. «императора, однако же, все еще любили, помня, как он был прекрасен в 13 и 14-м годах», то в 1818 г. «никто из нас [декабристов] не верил в благие намерения правительства» (*Якушкин И. Д.* Записки, статьи, письма. М., 1951. С. 10, 19). К этому же времени относятся и язвительные выпады *П* против фрунтомании Александра I, его покровительства Аракчееву и все более реакционной внешней политики. См.: «Сказки. Noël», эпиграммы. Не исключено, что в конце пребывания в Петербурге *П* начал вынашивать планы личного участия в цареубийстве. Тема эта появляется в надписи «Се самый Дельвиг тот...» (см.: *Цявловский М. А.* Летопись жизни и творчества А. С. Пушкина. М., 1951. Т. 1. С. 47–58). Ю. Г. Оксман видел намек на нее в послании «К Чаадаеву», видимо, о том же говорил *П* в неотправленном письме к Александру I летом-осенью 1825 г. (см. XIII, 227). Эволюция отношения *П* к Александру I в основном совпадала с эволюцией взглядов декабристов.

Ссылка на юг закрепляет в высказываниях *П* о царе тон личной насмешки. Он не только «Август» (а позже — «Тиверий»), но и «Иван Иванович» («Ты знаешь, что я дважды просил Ивана Ивановича о своем отпуске чрез его министров — и два раза воспоследствовал всемилостивейший отказ. Осталось одно — писать прямо на его имя — такому-то, в Зимнем дворце, что против Петропавловской крепости» — XIII, 85–86), и «Цензор» («Чорт с ними и с Цензором» — XII, 219). Своеобразной вершиной этой цепи насмешек является «Воображаемый разговор с Александром I» (см.: *Бонди С.* Подлинный текст и политическое содержание «Воображаемого разговора с Александром I» // Лит. наследство. 1952. Т. 58. С. 167–194). Однако одновременно *П* не оставлял мысли оценить деятельность Александра I как «главы царей» в более серьезном жанре («Недвижный страж дремал на царственном пороге...», 1824 — II, 310–312). В 1822 г. в стихотворении, не предназначенном для печати и свободном от оглядки на цензуру, — «Послании цензору» — *П* наметил такую концепцию царствования Александра I: мрачному периоду господства Аракчеева и мракобесия Магницкого противостоит

Дней Александровых прекрасное начало (II, 270).

В стихотворении 1836 г., обращенном к друзьям-лицеистам («Была пора: наш праздник молодой...»), *П* вспомнил Александра I 1815 г., окруженного ореолом победы и славы. Тем более примечательно, что в сохранившихся отрывках десятой главы образ умершего царя лишен каких бы то ни было оттенков — он дан в едином и, безусловно, сатирическом ключе, восходя по способам художественного решения к эпиграммам и «Сказкам. Noël» (1818), а не к «высокой» лирике типа оды «Вольность», стихотворения «Недвижный страж дремал на царственном пороге...» и др. Эпиграмматический стиль, перенесенный в обширное историческое повествование, вызывал, с одной стороны, ориентацию на Тацита («великого сатирического пис⟨ателя⟩», по выражению *П*, — XI, 316), а с другой — на «Дон-Жуана» Байрона.

⟨1⟩, 1 — *Вл⟨аститель⟩ слабый и лукавый...* — Ср.:

> Недаром лик сей двуязычен.
> Таков и был сей властелин:
> К противочувствиям привычен,
> В лице и в жизни арлекин (III, 206).

Обвинение Александра I в лукавстве и двуличии широко было распространено среди современников. Наполеон называл русского императора «византийцем». Наблюдавший царя во время Венского конгресса Михайловский-Данилевский записывал: «Опыт убедил его, что употребляли во зло расположение его к добру, язвительная улыбка равнодушия явилась на устах его, скрытность заступила место откровенности ⟨...⟩ Перестали доверять его ласкам, если он кому-либо их оказывает, и простонародное слово „надувать“ сделалось при дворе общим; может быть, оно не для всех будет понятно, но кто хорошо знает нашу эпоху, согласится, что оно и есть лучшая характеристика оной» (цит. по: *Шильдер Н. К.* Имп. Александр Первый, его жизнь и царствование. СПб., 1897. Т. 3. С. 273–274).

2 — *Плешивый щеголь враг труда...* — *Плешивый* — в песне XIV «Дон-Жуана» Байрона Александр I назван «плешивым фанфароном»; ср. в воспоминаниях Смирновой-Россет: «Вошел Александр Павлович, тотчас повел рукой по своей лысине» (*Смирнова-Россет*. С. 89). В дневнике 1834 г. *П* записал свой разговор с великим князем Михаилом Павловичем: «Разговорились о плешивых: — Вы не в родню, в вашем семействе мужчины молоды оплешивливают. — Государь Ал⟨ександр⟩ и К⟨онстантин⟩ П⟨авлович⟩ оттого рано оплешивили, что при отце моем носили пудру и зачесывали волоса; на морозе сало леденело, — и волоса лезли» (XII, 334).

*Враг труда...* — ср.: «И делом не замучен» (II, 69). В «Воображаемом разговоре с Александром I»: «Помилуйте, А⟨лександр⟩ С⟨ергеевич⟩. Наше царское правило: дела не делай, от дела не бегай» (XI, 23). Антитетический по отношению к Александру I смысл имеет стих о Наполеоне: «...мучим казнию покоя» (III, 252). В Николае I *П* позже будет в противоположность его старшему брату подчеркивать деятельный характер.

Обвинение Александра I в лености было широко распространено: «...в жилах его вместе с кровью текло властолюбие, умеряемое только леностью и беспечностью» (*Вигель*. Т. 1. С. 161).

⟨2⟩, 1 — *Его мы очень смирным знали...* — Речь идет о поведении Александра I в период военных неудач. Особенно «смирным» был император в те месяцы Отечественной войны, когда он, покинув, по требованию военных, отступающую армию, укрылся в Петербурге.

18 сентября 1812 г. он написал сестре Екатерине Павловне потрясающее по «смирению» письмо: «Относительно таланта, может, у меня его недостаточно: но ведь таланты не приобретаются, они — дар природы. Чтоб быть справедливу, должно признать, что ничего нет удивительного в моих неудачах, когда я не имею хороших помощников, терплю недостаток в деятелях по всем частям, призван вести такую громадную машину в такое ужасное время и против врага адски вероломного, но и высоко талантливого, которого поддерживают соединенные силы всей Европы и множество даровитых людей, образовавшихся за 20 лет войн и революций» (Русский архив. 1911. № 2. С. 307). Жалобы Александра I на отсутствие «хороших помощников» лишь обнаруживали его полную неспособность разбираться в людях — в этом же письме он пренебрежительно отзывается о Барклае де Толли, Багратион, по его мнению, «ничего не смыслит» в стратегии, у Кутузова «лживый характер». Письмо в целом демонстрирует крайнюю степень растерянности.

3–4 — *Орла двуглавого щипали / У Б⟨онапартова⟩ шатра...* — Поражение под Аустерлицем, Тильзитский мир, неудачи первых месяцев войны 1812 г. привели к крайнему падению авторитета царя. Образ ощипывания символа русской императорской власти у шатра Наполеона имел обобщенный характер и относился ко всем этим событиям. Однако в основе его лежала вполне конкретная деталь: Тильзитские переговоры велись в палатке, разбитой на плоту на середине Немана, между враждующими армиями. Хотя эта территория считалась нейтральной, Наполеон прибыл на плот специально несколькими минутами раньше и встречал русского императора как хозяин. Внешне радушный, жест этот по сути был оскорбителен: получалось, что Александр прибыл как побежденный в шатер своего врага.

⟨3⟩, 4 — *Б⟨арклай⟩, зима иль р⟨усский⟩ б⟨ог⟩...* — Об отношении *П* к Барклаю де Толли см. стихотворение «Полководец» — III, 378–380. *Барклай де Толли* Михаил Богданович (1761–1818) в начале войны 1812 г. был командующим Первой западной армией, а после соединения — Объединенной армией, пока не был сменен 8 августа 1812 г. на этом посту Кутузовым. Осуществляя тактику отступления, подвергался обвинениям в измене и прямым оскорблениям со стороны Багратиона, великого князя Константина Павловича и др. Об отношении *П* к Барклаю см.: *Мануйлов В. А., Модзалевский Л. Б.* «Полководец» Пушкина // Временник. Т. 4–5; *Кока Г.* Пушкин о полководцах двенадцатого года // Прометей. М., 1969. Вып. 7; *Трофимов И.* «Полководец» // Прометей. М., 1974. Вып. 10. *Русский бог* — выражение, приписываемое легендой Мамаю после поражения на Куликовом поле. Заключительный стих трагедии Озерова «Дмитрий Донской» (1806):

«Язы́ки ведайте: велик российский бог!»

(*Озеров В. А.* Трагедии, стихотворения.
Л., 1960. С. 294)

Об эффекте, производимом этими стихами, см.: *Жихарев С. П.* Записки современника. М.; Л., 1955. С. 326. Ср. также в стихотворении Н. А. Львова «Народное восклицание на вступление нового века» (1801):

Да каждый в правде убедится,
Что русский бог велик! велик!

(Поэты XVIII века: В 2 т.
Л., 1958. Т. 2. С. 255)

Став ходячим выражением официального лексикона, словосочетание это подверглось насмешке в стихотворении Вяземского «Русский бог»:

К глупым полон благодати,
К умным беспощадно строг,
Бог всего, что есть некстати,
Вот он, вот он русский бог.

(*Вяземский-1.* С. 216)

Ср. также в песне Рылеева:

Как курносый злодей
Воцарился по ней
Горе!
Но господь, русский бог,
Бедным людям помог
Вскоре.

(*Рылеев К. Ф.* Полн. собр. стихотворений. Л., 1971. С. 260)

*П* хорошо знал эти песни и, по свидетельствам современников, любил их распевать. Ср.: *Рейсер С. А.* «Русский бог» // Изв. АН СССР. Отд-ние лит. и яз. 1961. Т. 20. Вып. 1. С. 64–69.

Вопрос о причинах поражения Наполеона в 1812 г. был остродискуссионным, как и вопрос о роли народной войны («остервенение народа»). Ф. Глинка писал: «Война народная час от часу является в новом блеске. Кажется, что сгорающие села возжигают огонь мщения в жителях. Тысячи поселян, укрываясь в лесах и превратив *серп* и *косу* в оружия оборонительные, без искусства, одним мужеством отражают злодеев. Даже женщины сражаются!» (Декабристы. Поэзия, драматургия... М.; Л., 1951. С. 307). Утверждение, что фактическим победителем французской армии был мороз, встречало страстные возражения со стороны патриотически настроенных современников *П.* Полемизируя с наполеоновскими бюллетенями, Н. И. Тургенев набросал в дневнике в 1814 году в плане специального сочинения: «Опровержение общего мнения, что зима выгнала французов из России. Армия и народ, а не холод выгнали французов» (Дневники Николая Ивановича Тургенева. СПб., 1913. Т. 2. С. 257–258). *П*, видимо, в первую очередь имел в виду рассуждение в «Опыте теории партизанского действия» Д. В. Давыдова: «*Одни морозы причиною успехов россиян!* Но разве нет убежища от мороза, когда он не имеет союзниками других бедствий? Если один мороз угрожал французской армии, то не могла ли она расположиться на зимние квартиры в окрестностях *Москвы...*» (*Давыдов Д.* Опыт теории партизанского действия. 2-е изд. М., 1822. С. 33). Вопрос этот сохранял актуальность и в дальнейшем. Декабрист В. С. Норов в 1834 г. опубликовал анонимно книгу о войне 1812–1813 гг., где опровергал «неосновательные речи, выдуманные завистию и врагами славы нашего оружия, что холод был причиною наших успехов!» (⟨*Норов В. С.*⟩ Записки о походах 1812–1813 годов... СПб., 1834. Ч. 1. С. 134). В 1835 г. Давыдов опубликовал специальную статью «Мороз ли истребил французскую армию в 1812 году?» (Библиотека для чтения. 1835. Т. 10).

⟨4⟩, 2–3 — *И скоро силою вещей / Мы очутилися в П⟨ариже⟩...* — Стихи представляют собой выпад против Александра I, так как взятие Парижа рассматривалось как личная заслуга императора. Утверждение, что заслуга принадлежала «силе вещей», развивало определение Александра I в первой строфе: «Нечаянно пригретый славой».

4 — *А р⟨усский⟩ ц⟨арь⟩ главой ц⟨арей⟩...* — Перефразировка титула Агамемнона — вождя греческого ополчения в Троянском походе — «царь царей», который

широко применялся в публицистике 1813–1815 гг. к Александру I (ср. «наш Агамемнон» в стихотворении *П* «Была пора: наш праздник молодой...» — III, 432).

⟨5⟩, 1 — *И чем жирнее, тем тяжелее...* — Поскольку окончание предшествующей строфы отсутствует, а знаков препинания в пушкинском тексте нет, невозможно сказать, относится ли этот стих синтаксически к предшествующей строфе и, следовательно, характеризует Александра I, или он синтаксически и по смыслу связан с последующими двумя.

⟨6⟩, 1 — *Авось, о Шиболет народный...* — Реминисценция из «Дон-Жуана» Байрона (XI песня, строфа 12, стих 2): «Juan, who did not understand a word of English, Save their shibboleth „god damn!“» («Жуан знал лишь одно английское слово — шиболет god damn!»).

Междометие «god damn» (черт побери) как восклицание, характеризующее англичанина, *П* заменил на «авось».

Шиболет («колос» — *др.-евр.*) — слово, по произношению которого, согласно Библии, отличали своих от чужих, здесь: национальный пароль.

3 — *Но стихоплет великородный...* — Князь Долгорукий Иван Михайлович (1764–1825) — сатирик, светский поэт. Имеется в виду его стихотворение «Авось»:

О, слово милое, простое!
Тебя в стихах я восхвалю!
Словцо ты русское прямое,
Тебя всем сердцем я люблю!

(*Долгорукий И.* Соч. СПб., 1849.
Т. 1. С. 436)

Ср. также «Сравнение Петербурга с Москвой» Вяземского:

…«авось»
России ось
Крутит, вертит,
А кучер спит.

(*Вяземский-1*. С. 53)

⟨7⟩, 2 — *Ханжа запрется в монастырь*… — Видимо, имеется в виду князь А. Н. Голицын (1773–1844), совершивший эволюцию от крайнего безбожия в молодые годы к официальному мистицизму в начале 1820-х гг. Учредил «Библейское общество», в 1816–1824 гг. был министром народного просвещения и духовных дел. В пушкинской эпиграмме он назван «холопская душа» и «просвещения губитель» (II, 127). Ср. о нем же:

…святой отец,
Омара да Гали прияв за образец,
В угодность господу, себе во утешенье,
Усердно задушить старался просвещенье (II, 368).

Однако не исключено, что имеется в виду М. Л. Магницкий (1778–1855), к которому гораздо более подходит выражение «аренды забывая». Магницкий был исключительно корыстолюбив и постоянно выпрашивал себе награждения и аренды: «В звании попечителя Казанского округа получал он жалованья 12 000 руб., тогда как остальные попечители получали лишь по 3600 руб., а некоторые и вовсе не получали жалованья. В 1819 году сверх этих денег приказано было выдавать ему по 6000 руб. ежегодно из государственного казначейства; в 1822 году отведено было ему в аренду 6000 десятин земли в Саратовской губернии, на берегу Волги» (*Феоктистов Е.* Магницкий. СПб., 1865. С. 226–227). Даже после увольнения в 1826 г. от должности за чудовищные злоупотребления Магницкий выпросил себе 6000 руб. ежегодного пенсиона. *П*, конечно, знал о деятельности Магницкого по разгрому Казанского университета и насаждению в нем ханжеского правоверия. Известны ему были стихи, посвященные Магницкому в «Доме сумасшедших» Воейкова:

Пред безумцем, на амвоне —
  Кавалерских связка лент,
Просьбица о пансионе,
  Святцы, список всех аренд,
Дач, лесов, земель казенных
  И записки о долгах.
В размышленьях столь духовных
  Изливал он яд в словах.

(Поэты 1790–1810-х. С. 293)

3–4 — *Авось по манью* ⟨*Николая*⟩ / *Семействам возвратит* ⟨*Сибирь*⟩... — *П* в 1830 г. продолжал надеяться на царскую милость по отношению к ссыльным декабристам, однако в комментируемых стихах звучат ноты горькой иронии.

⟨8⟩, 1 — *Сей муж судьбы, сей странник бранный*... — Наполеон I.

3 — *Сей всадник Папою венчанный*... — В стихотворении «Герой» *П* этот стих читается:

Сей ратник, вольностью венчанный... (III, 251)

В соответствии с общим стилистическим заданием десятой главы *П* меняет метафорическое выражение на биографически точное и «прозаическое» (для коронации Наполеона императором папа римский приезжал во Францию).

⟨9⟩, 1–4 — *Тряслися грозно Пиринеи... / Из К*⟨*ишинева*⟩ *уж мигал*... — Строфа посвящена циклу европейских революций, потрясших посленаполеоновскую Европу и оказавших воздействие на формирование тактики декабризма в России. Имеется в виду испанская революция, которая началась в январе 1820 г. восстанием под руководством офицеров Риего и Квироги и созывом кортесов, а завершилась интервенцией Франции по мандату конгресса европейских держав и казнью Риего. Испанская революция интересовала декабристов как опыт военного восстания; неаполитанская революция (лето 1820 г.) также привлекала внимание декабристов.

3 — *Безрукий князь друзьям Мореи...* — *Безрукий князь* — генерал Александр Константинович Ипсиланти (1792–1828), офицер русской службы, потерял руку в битве при Лейпциге. В феврале 1821 г. перешел с отрядом через Прут, который служил границей России, и возглавил восстание греков в турецкой Молдавии. *Морея* (Пелопоннес) — полуостров на юге Греции, где также вспыхнуло движение против турок. *П* был лично знаком с Ипсиланти в Кишиневе и горячо сочувствовал планам освобождения Греции. В письме из Кишинева в начале марта 1821 г. *П* писал: «...прекрасные минуты Надежды и Свободы ⟨...⟩ Восторг умов дошел до высочайшей степени, все мысли устремлены к одному предмету — к независимости древнего Отечества ⟨...⟩ Первый шаг Ал⟨ександра⟩ Ипсиланти прекрасен и блистателен. Он счастливо начал — отныне и мертвый или победи⟨тель⟩ п⟨рин⟩адлежит истории — 28 лет, оторванная рука, цель великодушная! — завидная ⟨у⟩часть» (XIII, 23–24). В дальнейшем поведение Ипсиланти (в частности, предательская казнь им вождя крестьянских отрядов Владимиреско) значительно охладило отношение к нему *П*.

*Кинжал Л⟨?⟩ тень Б⟨?⟩* — Стих не поддается точной расшифровке. Обычно его читают как «кинжал Лувеля», то есть намек на убийство французским ремесленником Лувелем наследника престола герцога Берийского. *Б*⟨?⟩ — достоверно не расшифровывается.

⟨10⟩, 2 — *Наш ц⟨арь⟩ в покое говорил...* — Чтение ошибочное; в современных изданиях принято: «Наш царь в конгрессе говорил». Речь идет о конгрессах Священного союза: Лайбахском, принявшем решение подавить неаполитанскую революцию (1821), и Веронском (1822), выработавшем общую программу подавления революции в Европе. Возможно, слова, вложенные в уста Александра I, — начало легендарного диалога русского императора с Меттернихом в Троппау (*Шильдер Н. К.* Имп. Александр I, его жизнь и царствование. СПб., 1898. Т. 4. С. 184–185, 469). Согласно рассказывавшемуся в России 1820-х гг. анекдоту, на слова Александра I о том, что на спокойствие России он может положиться, Меттерних якобы сообщил еще ничего не знавшему царю о восстании в Семеновском полку. Такое предположение делало естественным переход к следующей строфе, повествующей о восстании в Семеновском полку.

4 — *Ты А⟨лександровский⟩ холоп...* — А. А. Аракчеев.

⟨11⟩, 1 — *Потешный полк Петра Титана...* — Гвардейский Семеновский полк был образован из «потешного» полка Петра I, именовавшегося по месту расквартирования в селе Семеновском.

3–4 — *Предавших некогда ⟨тирана⟩ / Свирепой шайке палачей...* — В ночь убийства Павла I — с 11 на 12 марта 1801 г. — внешний караул во дворце нес третий батальон Семеновского полка.

Дальнейшее развитие строфы, видимо, приводило к рассказу о событиях 1820 г. в Семеновском полку.

⟨12⟩, 1 — *Р⟨оссия⟩ присм⟨ирела⟩ снова...* — Чтение «Россия» является совершенно произвольным. В рукописи стоит «Р. Р», что, конечно, не дает оснований для такой расшифровки. Однако других, более убедительных расшифровок до сих пор предложено не было. Возможно, следует читать: «Народы присмирели снова», считая, что первые буквы — зашифрованное peuples (народы). Ср.: «...рабы затихли вновь» (II, 314).

⟨13⟩, 3 — *Они за рюмкой русской водки...* — Речь идет о так называемых «русских завтраках» у Рылеева, которые были одной из форм конспиративных встреч. М. А. Бестужев вспоминал, что эти завтраки были «постоянно около второго или третьего часа пополудни» и на них собирались «члены нашего Общества» и «многие литераторы», близкие к нему. «Завтрак неизменно состоял: из графина очищенного русского вина, нескольких кочней капусты и ржаного хлеба», в чем отражалась «всегдашняя наклонность Рылеева — налагать печать руссицизма на свою жизнь» (Воспоминания Бестужевых. М.; Л., 1951. С. 53).

⟨14⟩, 3–4 — *У беспокойного Никиты, / У осторожного Ильи. — Никита* — Муравьев Никита Михайлович (1796–1843) — член Союза спасения, Союза благоденствия и Северного общества. Один из наиболее деятельных членов тайных организаций, создатель проекта конституции. Осужден на 20 лет каторги. *П*, видимо, познакомился с Муравьевым еще в Лицее. Они оба были членами «Арзамаса» и, бесспорно, встречались в петербургском обществе до ссылки *П*. В варианте, цитируемом Вяземским, — «у вдохновенного Никиты». *Осторожный Илья* — Долгоруков Илья Андреевич (1798–1848), член Союза благоденствия. В Союзе благоденствия Долгоруков играл весьма видную роль (в 1819 г. был избран блюстителем), но в результате заступничества великого князя Михаила Павловича, адъютантом которого он был, роль его в обществе удалось затушевать и дело его «осталось без дальнейшего следствия» (Восстание декабристов. Л., 1925. Т. 8. С. 80).

Комментируя эту строфу, Н. Л. Бродский перечислил ряд «неточностей» и «ошибок» *П.* Первой из них он считает, что автор *ЕО* заблуждался, введя на заседание Северного общества Илью Долгорукова. «Включив себя в декабристскую организацию северян, Пушкин допустил другую ошибку против исторической правды: он не был членом тайного общества» (*Бродский*. С. 375). Но *П* ошибки не допустил. Это сделал комментатор. Строфа посвящена не заседанию Северного общества, а собранию менее конспиративного Союза благоденствия. Как свидетельствует опубликованное в 1953 г. М. В. Нечкиной показание декабриста Горсткина, *П* на таких заседаниях бывал и действительно выступал там с чтением своих «ноэлей». И. Н. Горсткин показывал на следствии: «Потом стали у некоторых собираться сначала охотно, потом с трудом соберется человек десять, я был раза два-три у к⟨нязя⟩ Ильи Долгорукого, который был кажется один из главных в то время, у него Пушкин читывал свои стихи, все восхищались остротой, рассказывали всякий вздор, читали, иные шептали, и все тут; общего разговора никогда нигде не бывало ⟨...⟩ бывал я на вечерах у Никиты Муравьева, тут встречал частенько лица, отнюдь не принадлежавшие обществу» (Лит. наследство. 1952. Т. 58. С. 158–159). Следует учитывать специфические условия, в которых создавались эти воспоминания, и то, что Горсткин был крайне заинтересован в том, чтобы придать «сходкам» у «осторожного Ильи» и «беспокойного Никиты» вид незначительных и случайных встреч. Можно согласиться с М. В. Нечкиной, писавшей: «Из свидетельства Горсткина мы не только впервые узнаем о факте личного знакомства Пушкина с Ильей Долгоруковым, но и впервые получаем здесь достоверное и со стороны декабриста идущее свидетельство об участии Пушкина в собраниях Союза благоденствия у Ильи Долгорукова. Ранее мы располагали лишь стихотворными строчками самого Пушкина. Их поэтическая форма и язык образов в какой-то мере все же допускали толкование условного характера: Пушкин якобы воссоздает не какую-либо реальную, а поэтически-условную картину своих встреч — он мог допустить художественный вымысел. Теперь подобное толкование начисто отпадает» (Там же).

⟨15⟩, 1–3 — *Друг Марса, Вакха и Венеры / Тут Л⟨унин⟩ дерзко предлагал / Свои решительные меры...* — *Марс* (рим.) — бог войны, *Вакх* (др.-греч.) — бог вина, *Венера* — см. с. 185. Такая характеристика Лунина основывается на его славе как одного из первых гвардейских кутил. *Лунин* Михаил Сергеевич (1787–1845) — участник всех тайных обществ декабристов. *П* говорил сестре Лунина, что последний — «человек поистине замечательный» (Звезда. 1940. № 8–9. С. 261–266). *П* познакомился с Луниным, видимо, после окончания Лицея и, как можно полагать, близко сошелся с ним. По крайней мере, когда Лунин уезжал из Петербурга, *П* взял на память у него прядь волос. *Решительные меры* — речь, видимо, идет о проекте цареубийства, выдвинутом Луниным в 1816 г. Проект этот обсуждался, конечно, в отсутствие *П*. Однако он, бесспорно, что-то об этом слыхал, вращаясь в том же кругу, а также, возможно, и на юге, куда в 1820 г. приезжали Н. М. Муравьев и М. С. Лунин и встречались с людьми, входившими в круг пушкинских знакомых. О Лунине см.: *Окунь С. Б.* Декабрист М. С. Лупин. Л., 1962; *Эйдельман Н.* Лунин. М., 1970.

5 — *Читал сво⟨и⟩ Ноэли Пу⟨шкин⟩...* — До нас дошел лишь один ноэль *П* — «Сказки» («Ура! В Россию скачет...» — II, 69), однако, видимо, их существовало несколько.

6–8 — *Мела⟨нхолический⟩ Як⟨ушкин⟩... Цареубийственный кинжал...* — *Якушкин* Иван Дмитриевич (1793–1857) — член Союза спасения, Союза благоденствия и Северного общества, осужден по 1-му разряду на 20 лет каторги. Познакомился с *П* у Чаадаева в январе 1820 г. и после встречался с ним на юге. *Цареубийственный кинжал...* — Предложение Якушкина убить Александра I *П* слышать не мог: это был эпизод «московского заговора» 1817 г. — времени пребывания гвардии в Москве и обсуждения на квартире у А. Н. Муравьева известий о планах Александра I отторгнуть от России и передать Польше ряд западных провинций. *П* знал о предложении Якушкина из официального донесения, однако, учитывая, сколь живо его волновала тема цареубийства, можно полагать, что определенные слухи о проекте Якушкина доходили до него и раньше. Проект не был глубоко законспирирован: Николай I был убежден, что Александр I узнал о нем в том же 1818 г.

9–14 — *Одну Росси⟨ю⟩ в мире видя... Освободителей крест⟨ьян⟩...* — *Тургенев* Николай Иванович (1789–1871) — декабрист, член ордена Русских Рыцарей, Союза благоденствия и Северного общества. В период пребывания в Петербурге (июль 1817 — май 1820) *П* часто встречался с братьями Александром и Николаем Тургеневыми и испытывал сильное воздействие со стороны последнего. В квартире Тургеневых написана часть оды «Вольность», влияние Н. И. Тургенева ощущается в «Деревне». Идея освобождения крестьян была основной мыслью всей деятельности Н. И. Тургенева. *П* с основанием подчеркнул эту сторону его воззрений, так же как и экзальтированный патриотизм Тургенева. Эпитет «хромой» связан с тем, что Н. И. Тургенев в результате перенесенной в детстве болезни прихрамывал на левую ногу.

⟨16⟩, 3–6 — *Блестит над Каменкой тенистой... — Днепром подмытые равнины... — Каменка* — поместье В. Л. Давыдова на берегу Днепра — место встречи южных декабристов. Во время кишиневской ссылки *П* бывал в Каменке. *Тульчин* — небольшой городок в Подольской губернии, место дислокации главной квартиры 2-й армии, которой командовал П. Х. Витгенштейн (1768–1842). В Тульчине была расположена Тульчинская управа Южного общества.

9 — *Там П⟨естель⟩ — для тир⟨анов⟩... — Пестель* Павел Иванович (1793–1826) — один из вождей декабристского движения, руководитель Южного общества. *П* встретился с Пестелем в Кишиневе. Встреча эта произвела на него сильное впечатление. В кишиневском дневнике он записал: «9 апреля ⟨1821⟩, утро провел я с Пестелем, умный человек во всем смысле этого слова. Mon coer est matérialiste, говорит он, mais ma raison s'y refuse (сердцем я материалист, но мой разум этому противится. — *Ю. Л.*). Мы с ним имели разговор метафизической, политической, нравственный и проч. Он один из самых оригинальных умов, которых я знаю...» (XII, 303).

11 — *Холоднокровный генерал...* — По основательному предположению Б. В. Томашевского (см.: *Пушкин А. С.* Полн. собр. соч.: В 10 т. М., 1957. Т. 5. С. 608), С. Г. Волконский, а не А. П. Юшневский, как это обычно считают. Юшневский не был генералом — он был

интендантским чиновником, занимавшим генеральскую должность (генерал-интендант 2-й армии). Он был штатский чиновник 4-го (т. е. генеральского) класса (см.: Восстание декабристов: Документы. М., 1953. Т. 10. С. 38–40). Юшневский не принимал участия в боях, и прозвище «холоднокровный» к нему мало подходит. *Волконский* Сергей Григорьевич (1788–1865) — один из руководителей Южного общества, генерал-майор, командир бригады. Осужден по 1-му разряду на 20 лет каторги. *П* встречался с Волконским в Кишиневе и Одессе. Имеются сведения, что Волконский получил поручение принять *П* в Общество, но не выполнил его (Лит. наследство. 1952. Т. 58. С. 162–166). Волконский был боевой генерал, и прозвание «холоднокровный» (видимо, известное в дружеском кругу) ему прекрасно подходило.

12 — *И Муравь⟨ев⟩ его скло⟨няя⟩... — Муравьев* — Муравьев-Апостол Сергей Иванович (1796–1826) — участник всех декабристских тайных обществ, организатор восстания Черниговского полка, казнен. *П* был знаком с Муравьевым-Апостолом еще в Петербурге, но, видимо, встречался и на юге.

⟨17⟩, 2 — *Между Лафитом и Клико...* — То есть во время обеда или ужина. *Лафит* — сухое вино, которым начинают обед, *Клико* — шампанское, которым заключают его. Серьезность разговора определяется не только содержанием, но также временем и местом его проведения. «Мазурочная болтовня» или горячие речи за дружеским обедом гораздо меньше обязывают и в меньшей мере выявляют серьезные намерения, чем те же речи в другой обстановке.

Сохранившиеся отрывки строф десятой главы рисуют широкую историческую панораму, охватывающую узловые моменты русской и европейской жизни первой четверти XIX в. Вяземский был прав, определив жанр этой части главы словом «хроника». Однако необходимо напомнить, что в сохранившейся части главы Онегин не упоминается вообще, и, следовательно, у нас нет никаких твердых оснований для гипотез о том, каким образом судьба центрального героя должна была соотноситься с этой широкой исторической картиной.

Утверждение, что в конце романа Онегин пережил нравственное возрождение, которое приведет его к участию в декабристском движении (см.: *Гуковский Г. А.* Пушкин и проблемы реалистического стиля. М., 1957. С. 250–252; *Бонди С. М.* Работа Пушкина над «Евгением Онегиным» и изменения в плане романа // Пушкин А. С. Евгений Онегин. М., 1964. С. 256), представляется спорным. *П* определил состояние Онегина в Одессе словами: «очень охлажденный» (VI, 505), что мало подходит для характеристики героя, якобы пережившего нравственное перерождение, особенно если учесть, что пламенным энтузиазмом Онегин не отличался и прежде.

Логически (для иных обоснований мы не располагаем данными) отношение «славной хроники» (Вяземский), включающей картину декабризма, и судьбы Онегина могло складываться тремя способами: 1) Онегин мог стать участником движения декабристов; 2) он мог сделаться свидетелем и наблюдателем его; 3) картина исторических событий могла вообще не влиять непосредственно на судьбу героя, а иметь более сложную художественную мотивировку — объяснять его характер всей суммой исторических условий. Приведем две весьма отличные одна от другой параллели. 1) В одну из начальных глав романа А. Мюссе «Исповедь сына века» автор ввел исключительно широко и напряженно написанную картину истории Франции и Европы между Революцией и Реставрацией. Однако сюжетно эта ма́стерская панорама никак не пересекается с судьбой героя повести Октава — из нее вытекают характеры и атмосфера романа Мюссе. 2) Работая над «Русланом и Людмилой», *П* еще не обладал той мерой проникновения в подлинный мир русского фольклора, которая стала доступна ему после пребывания в Михайловском. Однако, готовя новое издание, поэт не стал переделывать свою раннюю поэму — он ввел в нее синтезирующий фольклорные мотивы отрывок «У лукоморья дуб зеленый...», и это по-новому осветило текст, не меняя его. Начало 1830-х гг. было временем напряженных поисков *П* историзма, напоминавших более ранние поиски народности. Введение в текст романа синтезирующей исторической картины могло так же озарить уже готовые главы, как и дополнение «Руслана и Людмилы» изменило звучание поэмы.

Какой из этих трех путей был бы избран автором, мы не знаем. Бесспорно лишь то, что все эти возможности были *П* отвергнуты (пусть даже и вынужденно) и роман получил новое художественное решение, игнорировать которое мы не имеем права.

Если не говорить о работе по текстологическому анализу десятой главы *ЕО* (итоги ее подведены Томашевским — см.: *Томашевский*. Кн. 2. С. 395–401), то исследовательские усилия при изучении этого текста были направлены: 1) на сюжетное пополнение пушкинского романа за счет догадок о декабристском будущем Онегина; 2) на извлечение из текста тех или иных изолированных высказываний для иллюстрации политических воззрений *П*.

Первое направление нам кажется неплодотворным. Второе — значительно более обоснованно, поскольку невозможно при характеристике воззрений *П* обойти эти сильные и порой уникальные в его творчестве высказывания. Однако хотелось бы указать на известную опасность этого пути. Текст *ЕО* представляет собой сложное целое, в котором смыслы образуются не столько теми или иными высказываниями, сколько соотнесенностью этих высказываний, стилевой игрой, пересечениями патетики, лирики и иронии. В этих условиях извлечение вырванных цитат, да еще из дефектного текста, — путь опасный и неоднократно уже приводивший к комментаторским ошибкам.

Между тем в обширной литературе по десятой главе нет ни одного исследования, посвященного ее стилю, как нет и убедительных реконструкций целостного авторского замысла. Такое положение не случайно. Стилистический анализ десятой главы чрезвычайно затруднен, во-первых, поскольку стилистическое звучание частей текста существенным образом зависит от смысла целого, а целое в данном случае нам неизвестно. Во-вторых, стилистическое звучание строф *ЕО*, как правило, образуется за счет столкновения первых стихов строфы, которые задают ее тему, и «разработки» этой темы в последующих стихах. Однако известный нам текст дефектен: в нем, как правило, последние десять стихов отсутствуют. Таким образом, смысло-стилистическая «игра» в строфах десятой главы оказалась «стертой». В результате если обычный текст *ЕО* изобилует цитатами, ссылками, пересечениями интонаций и игрой точек зрения, то десятая глава представлена дошедшими до нас отрывками, выдержанными в одном и том же едином интонационном ключе.

Учитывая гипотетичность любых предположений на этот счет — неизбежного следствия неполноты и фрагментарности дошедших текстов, хотелось бы все же обратить внимание на следующис обстоятельства: «Болдинская осень» 1830 г. — время работы над десятой главой — период напряженного интереса *П* к проблеме повествования от лица условного рассказчика. Выработав в «Повестях Белкина» такой тип текста, *П* сразу заметил его не только художественные, но и тактические возможности: рассказ от «другого лица», казалось, мог позволить затрагивать опасные темы: так, в «Истории села Горюхина» была поднята запретная тема крестьянского бунта. Обращает на себя внимание, что оба основных замысла декабристского цикла: «Повесть о прапорщике Черниговского полка ⟨Записки молодого человека⟩» и «Русский Пелам» писались от лица условных повествователей — недалекого молодого человека белкинского типа в первом случае и русского денди — во втором. Правда, *П* скоро убедился, что надежды на бо́льшую цензурность такого типа сюжетов были необоснованными, и в результате произведения остались в планах и набросках.

Некоторый параллелизм построения может быть усмотрен и в десятой главе. Не все высказывания в ней в равной мере объяснимы, если их считать прямым выражением авторской позиции. Трудно безоговорочно приписать *П* выражения вроде: «О русский глупый наш народ». Бросается в глаза, что 5-й стих 15-й строфы:

Читал сво⟨и⟩ Ноэли Пу⟨шкин⟩... —

единственное место в романе, где автор его фигурирует в третьем лице. *П* не раз выводил себя на сцену как действующее лицо романа, но неизменно обозначал себя местоимением первого лица. В стихах типа:

С ним подружился я в то время *(1, XLV, 3)* —

*П* был тот, кто говорит, а Онегин — тот, о ком говорят. В десятой главе *П* становится тем, о ком говорит некто. Кто? Может быть, десятая глава задумана была как текст от лица Онегина, параллель к его «Альбому» (ведь и в «Альбоме» были «чисел тайных письмена» — VI, 430)? Эта гипотеза, возможно, объяснила бы известный налет иронии в декабристских строфах, вызвавший столь болезненную реакцию, например, Н. И. Тургенева, одновременно с тем странным обстоятельством, что наиболее лирические и поэтические строки в главе посвящены Наполеону. В отличие от злой сатиры в адрес Александра I, элемент иронии в декабристских строфах глубоко дружествен и проникнут сочувствием. Его можно сопоставить с такими выражениями, которые, например, сходили с пера П. Я. Чаадаева, писавшего горячо любимому им И. Д. Якушкину в Сибирь, что декабристы решали судьбы России «между трубкой и стаканом вина» (*Шаховской Д.* Якушкин и Чаадаев // Декабристы и их время. М., 1932. С. 184). Текстуальная близость к «между Лафитом и Клико» позволяет предположить, что Чаадаев, писавший в 1836 г., знал этот текст. Можно было бы отметить близость стилистической конструкции десятой главы к сохранившимся строфам «Альбома» Онегина.

Впрочем, эти предположения, как и другие опыты анализа десятой главы, следует принимать с большой осторожностью: фрагментарность материала запрещает здесь категорические суждения.

Текст *ЕО* — живое целое. Он живет неисчислимыми связями, расходящимися вширь — в бесконечное число реалий, упоминаемых в произведении или подразумеваемых, и намеками, ассоциациями, сцеплениями смыслов, уводящими, по счастливому выражению А. В. Западова, «в глубь строки». Исчерпать эти связи комментарий не может; его задача — приблизить читателя к *смысловой жизни* текста.

# Основная литература по «Евгению Онегину»


### Научные издания романа

*Пушкин А. С.* Полн. собр. соч.: В 16 т. М., 1937. Т. 6.

*Пушкин А. С.* Полн. собр. соч.: В 10 т. Л., 1978. Т. 5.

### Справочные издания

*Пушкин А. С.* Полн. собр. соч.: В 6 т. / Приложение к журналу «Красная Нива». Т. 6: Путеводитель по Пушкину. М.; Л., 1931.

*Цявловский М. А.* Летопись жизни и творчества А. С. Пушкина. М., 1951. Т. 1.

*Словарь* языка Пушкина: В 4 т. М., 1956–1961.

*Бродский Н. Л.* «Евгений Онегин». Роман А. С. Пушкина: Пособие для учителя. М., 1964.

*Мейлах Б. С.* «Евгений Онегин» // Пушкин: Итоги и проблемы изучения. М.; Л., 1966.

*Черейский Л. А.* Пушкин и его окружение. Л., 1975.

*Лотман М. Ю., Шахвердов С. А.* Метрика и строфика А. С. Пушкина // Русское стихосложение, XIX в. М., 1979.

*Nabokov V.* Eugene Onegin. A Novel in Verse by Aleksander Pushkin. V. 1–4. New York, 1964.

*Shaw J. T.* Pushkin's Phymes: A Dictionary. The University of Wisconsin Press, 1974.

### Литература о «Евгении Онегине»

*Ахматова А. А.* «Адольф» Бенжамена Констана в творчестве Пушкина // Ахматова А. А. О Пушкине. М., 1989.

*Белинский В. Г.* Сочинения Александра Пушкина. Статьи восьмая и девятая // Полн. собр. соч.: В 13 т. М., 1955. Т. 7.

*Благой Д. Д.* «Евгений Онегин» // Пушкин А. С. Собр. соч.: В 10 т. М., 1960. Т. 4.

*Благой Д. Д.* Мастерство Пушкина. М., 1955.

*Бонди С. М.* О Пушкине: Статьи и исследования. М., 1978.

*Бочаров С.* Форма плана // Вопросы литературы. 1967. № 12.

*Бочаров С. Г.* Поэтика Пушкина: Очерки. М., 1974.

*Виноградов В. В.* Стиль Пушкина. М., 1941.

*Винокур Г. О.* Наследство XVIII в. в стихотворном языке Пушкина // Винокур Г. О. Избр. работы по русскому языку. М., 1959.

*Винокур Г. О.* Слово и стих в «Евгении Онегине» // Пушкин: Сб. ст. М., 1941.

*Гессен С. Я.* Источники X главы «Евгения Онегина» // Декабристы и их время. М., 1932. Т. 2.

*Гроссман Л. П.* Онегинская строфа // Гроссман Л. П. Соч. Т. 1: Современные проблемы. М., 1928.

*Гуковский Г. А.* Пушкин и проблемы реалистического стиля. М., 1957.

*Долинина Н.* Прочитаем «Онегина» вместе. 2-е изд. Л., 1971.

*Лотман Ю. М.* Роман в стихах Пушкина «Евгений Онегин». Тарту, 1975.

*Макогоненко Г. П.* «Евгений Онегин» А. С. Пушкина // Медведева И. Н. «Горе от ума» А. С. Грибоедова; Макогоненко Г. П. «Евгений Онегин» А. С. Пушкина. М., 1971.

*Поспелов Г.* «Евгений Онегин» как реалистический роман // Пушкин: Сб. ст. М., 1941.

*Поэтическая* фразеология Пушкина. М., 1969.

*Пумпянский Л.* «Евгений Онегин». (К постановке оперы в Ленингр. гос. акад. Малом оперном театре). Л., 1937.

*Семенко И. М.* О роли образа автора в «Евгении Онегине» // Труды Ленингр. гос. библ. ин-та им. Н. К. Крупской. 1957. Т. 2.

*Сидяков Л. С.* «Евгений Онегин» и незавершенная проза Пушкина 1828–1830-х годов. (Характеры и ситуации) // Проблемы пушкиноведения. Л., 1975.

*Сидяков Л. С.* К истории работы над второй главой «Евгения Онегина» // Временник Пушкинской комиссии. М.; Л., 1973.

*Слонимский А.* «Евгений Онегин» // Слонимский А. Мастерство Пушкина. М., 1963.

*Станчек Н. А.* Восьмиклассники читают «Евгения Онегина». М., 1968.

*Тархов А.* Вступ. ст. и комментарий // Пушкин А. С. «Евгений Онегин». М., 1978.

*Томашевский Б. В.* X глава «Евгения Онегина». История разгадки // Томашевский Б. В. Пушкин. Кн. 2: Материалы к монографии (1824–1837). М.; Л., 1961.

*Тынянов Ю. Н.* О композиции «Евгения Онегина» // Тынянов Ю. Н. Поэтика. История литературы. Кино. М., 1977.

*Шкловский В.* «Евгений Онегин». (Пушкин и Стерн) // Очерки по поэтике Пушкина. Берлин, 1923.

*Jakobson R.* Puskin and His Sculptural Myth. The Hague; Paris; Mouton, 1975.

*Mejer J. M.* The Digressions in Evgenij Onegin. Dutch Contributions to the Sixth International Congress of Slavicists. The Hague; Paris; Mouton, 1968.

# Содержание

**Лотман Ю.**

Л 80 Роман А. С. Пушкина «Евгений Онегин». Комментарий / Юрий Лотман. — СПб. : Азбука, Азбука-Аттикус, 2018. — 512 с. — (Азбука-классика. Non-Fiction).

ISBN 978-5-389-08745-3

Юрий Михайлович Лотман — всемирно известный ученый, филолог и культуролог, действительный член академии наук Эстонии, Норвегии и Швеции, почетный доктор множества университетов. Его труды переведены на основные европейские языки. За работы «А. С. Пушкин. Биография» и «Роман А. С. Пушкина „Евгений Онегин". Комментарий» Лотман был награжден Пушкинской премией РАН.

«Комментарий» включает как общие статьи, раскрывающие особенности дворянского быта пушкинской эпохи, внутреннюю хронологию романа, историю его создания, проблему прототипов, так и два типа пояснений: собственно текстуальные (объясняющие смысл архаичных слов, утраченных реалий и литературных реминисценций) и концептуальные (анализирующие особенности структуры произведения, своеобразие авторской позиции, логику становления характеров персонажей). В заключение приводится перечень основных работ о «Евгении Онегине», знакомство с которыми поможет читателю лучше понять пушкинский роман, одно из самых сложных и значительных произведений в русской литературе.

**УДК 82(091)**
**ББК 83.3(2Рос-Рус)1**

Литературно-художественное издание

ЮРИЙ МИХАЙЛОВИЧ ЛОТМАН

РОМАН А. С. ПУШКИНА «ЕВГЕНИЙ ОНЕГИН». КОММЕНТАРИЙ

Ответственный редактор Оксана Сабурова
Художественный редактор Валерий Гореликов
Технический редактор Татьяна Раткевич
Компьютерная верстка Владимира Сергеева
Корректоры Наталья Бобкова, Светлана Федорова

Главный редактор Александр Жикаренцев

Подписано в печать 02.11.2017. Формат издания 75 × 100 1/32.
Печать офсетная. Тираж 2000 экз. Усл. печ. л. 22,4.
Заказ № 6895/17.

Знак информационной продукции
(Федеральный закон № 436-ФЗ от 29.12.2010 г.): 12+

ООО «Издательская Группа „Азбука-Аттикус“» —
обладатель товарного знака АЗБУКА®
119334, г. Москва, 5-й Донской проезд, д. 15, стр. 4

Филиал ООО «Издательская Группа „Азбука-Аттикус“»
в Санкт-Петербурге
191123, г. Санкт-Петербург, Воскресенская наб., д. 12, лит. А

ЧП «Издательство „Махаон-Украина“»
04073, г. Киев, Московский пр., д. 6 (2-й этаж)

Отпечатано в соответствии с предоставленными материалами
в ООО «ИПК Парето-Принт».
170546, Тверская область, Промышленная зона Боровлево-1,
комплекс № 3А.
www.pareto-print.ru

A-NFA-16753-05-R

ПО ВОПРОСАМ РАСПРОСТРАНЕНИЯ
ОБРАЩАЙТЕСЬ: